ガバナンスと評価 4

EUにおける
政策過程と行政官僚制

原田　徹 著

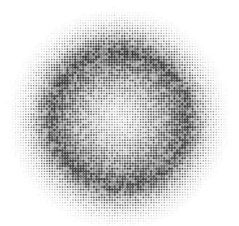

晃洋書房

はじめに
——本書の目的と概要——

　政治体制や行政の正しい単位・規模を設定するための一般的な基準は存在しない．たしかに，経済学分野では最適通貨圏の理論等によって理想的な圏域規模の解が得られるのかもしれない．しかし，政治体制や行政の単位については，民族国家論のような民族と国家を対応させるという手がかりはあったとしても，地理的範囲や政府規模そのものの適正さを判断するための基準は存在しないのである．国際次元においては，たとえば，国際連合に加盟する政治体の単位は，その機関名称のとおり国家である．しかし，歴史的経緯から国家という単位が偶然に「事実上の標準」（de facto standard）となっただけかもしれないのであり，依然として，政治体制や行政の単位の適正さを把握するための普遍的な解は存在しない．だからこそ，一国の内部でも，身近な基礎自治体の合併1つをとってみても論争の火種となるのであり，地方分権をはじめとする垂直的な政府間関係での権限区分設定の根幹には，常にこの政治体制や行政の単位の問題が横たわっている．

　今日のEU（European Union：「欧州連合」または「欧州同盟」[1]）を政治体制や行政の単位として考えてみた場合，国家よりも広域的な国際的次元のものとなるが，やはりこの単位の適正さを積極的に根拠づける基準はない．ただし，基準がないことは必ずしも善悪的な意味での「よくない」ことを意味するわけではないし，2016年6月の国民投票で英国がEU離脱決定したことも客観的基準で「よしあし」は判断できない．離脱の選択にも主観的には合理的な理由があるだろうからである．そこで，ここではEUの政治・行政単位に関する規範的議論はいったん脇に置き，まずはEUが事実として現状どおりの政治体制であり行政の単位であることをあるがまま受けとめたうえで，一般的なEUの存在価値とEUが果たしている機能を確認しておきたい．その延長上に，EUの政治行政の役割・機能に対する本書での筆者の問題関心を提示しつつ，本書の構成を素描する．

　EUは，法的な存在としては1993年11月のマーストリヒト条約発効によって発足したが，今日の実体的なEU統治構造の起源は1951年調印のECSC（European Coal and Steel Community：欧州石炭鉄鋼共同体）に求められる．このECSC発足以後，EUは，今日に至るまでの，加盟国数増加による地理的版図拡大や，折々に行われた基本条約改正とそれに伴う管轄分野拡大の歴史とともに，欧州統合過程と密接に結びつけて理解されてきた．冷戦構造が形成された当初は，EU（EC）は西側資本主義陣営としての象徴的意味合いも有して観念されていた．ただし，この象徴的意味合いは，冷戦構造崩壊以後，まさにEU発足と同時に希薄化しているといえよう．

　一方，世界を国際政治経済の観点から見た場合，第二次世界大戦後の「埋め込まれた自由主義」[Ruggie 1983]，つまり，貿易面では自由化を推進しつつ金融面では過剰な流動性を制約するブレトンウッズ体制が，各国内経済に一定の閉鎖性を生み，ケインズ主義に基づく経済政策や福祉国家制度の充実化がもたらされた．この「埋め込まれた自由主義」のもとで，域外に対する共通関税制度を設けた当時のEC圏域は，貿易自由化の観点からは世界の中での立ち位置的には異例であったが，EC圏内の加盟国間の関係に目を転じれば，そのEC域内の状況は，まさに「埋め込まれた自由主義」を実現していた．この状況下で当時のEC加盟各国は，戦後二十数年にわたって，域内単一市場形成を視野に入れたECによる経済統合に関与しながらも，同時並行で，国内政治を通じて各々がケインズ主義的な福祉国家を充実化させていった．つまり，EU（EC）の経済統合とその各加盟国の福祉国家拡大とは両立的に発展してきた．この状況では，経済政策面にはEU（EC）の管轄権が及びうる一方で，福祉国家に関わる社会政策面は基本的に加盟国が主権を保持するという権限配分が共通了解となっていた．

　このEU（EC）経済統合と福祉国家拡大という幸福な両立は，1970年代からのニクソン・ショックによる「埋め込まれた自由主義」の崩壊と，サッチャリズムに象徴される新自由主義の隆盛により，1980年代には終焉を迎える．逆にEU（EC）による域内単一市場形成や，共通通貨ユーロの導入・運営枠組であるEMU（Economic and Monetary Union：経済通貨同盟）のプロジェクトが進められる過程で，各加盟国が整えてきた福祉国家制度や社会政策の差異そのものが「域内単一市場の流動性を歪めるもの」として，平準化もしくは縮減されるべき対象となる．こうして，EU（EC）の域内単一市場を創出する政策的な取組み自体が新自由主義の志向性と符合しながら，加盟国の福祉国家制度との間に矛盾を生む状況が生じ，これが現在まで基調として継続しているのである．[2]

本書は，2000年代のEU政策過程を対象として，この矛盾の処理を，EUの行政官僚制として（限定）合理性を追求する欧州委員会がいかに戦略的に行ってきたのかを理解しようとする．すなわち，経済統合と福祉国家維持の間の矛盾に代表されるような政治的なコンフリクト等の非合理的な要素に対処する際に，EUの行政官僚制としての欧州委員会は，どのような政策提案の仕方や政策類型の工夫をしているのか，その実態を解明することを目的とする[3]．この過程において，EUにおいて「公共性」なるものがどのように扱われるようになっていったのかにも注視していく．

　以上の問題関心に誘われて，本書の分析枠組としては行政学のアプローチを用いたものを採用する．より具体的には，EUの政策過程（政治過程）[4]に焦点をあてて，政策体系の層として概念化できるマクロ・メゾ・ミクロの3レベルを分析水準として設定する．加えて，このレベル毎のEU政策過程の事例研究において，EU官僚制である欧州委員会とその他の政治的アクターらとの間の関係を「政官関係」として捉え，これらの政官アクターらが示す政策案の内容分析から，とりわけ，戦略としての「政策変化」の類型を見出すことを目的とする．この戦略としての「政策変化」の類型については，基本的な手がかりとして，歴史的新制度論で提示されてきた「制度変化」の概念を活用する．

　この分析枠組の導出作業を，第Ⅰ部を構成する第1章と第2章を通じて行う．第1章では，国際政治学領域や国家を対象とした行政学の先行研究を検証しつつ，EU政策過程の分析において有用と思われる「政策の体系性」への視座を導出する．第2章では，歴史的新制度論の議論を整理しつつ，欧州委員会が戦略的に活用する「政策変化の類型」を整理し，併せて，政策過程に関わるEU官僚制である欧州委員会と政治的アクターらの選好についての仮説を導出する．

　第Ⅱ部はEU政策過程のレベル別検証とレベルが交錯した政策過程での事例を検証し，欧州委員会を中心とするアクターの選好を確認しつつ，欧州委員会が戦略的に活用している政策変化類型を見出す作業を行う．第Ⅲ部を単独構成する第7章では，2010年以降，社会構造の変化に伴い，必ずしも経済面での問題だけではなく，移民問題等の文化面での対立軸も有意にEU政策過程に影響を及ぼし始めている実態に鑑みて，文化面でのEU政策過程での対抗関係の処理のされ方を検証する．以上を踏まえて，最後にEU官僚制たる欧州委員会が戦略的に活用してきた政策変化類型や概念操作のパターンを整理しつつ，本書での研究の理論的貢献について付言する．

注
1) European Union の標準的な日本語表記として「欧州連合」が普及する一方，「欧州同盟」と表記するべきとの見解が存在する［児玉 2004：473-540］．本書では標準表記として EU というアルファベットを用いる．また，文脈のうえで，1993年の EU 発足以前の EC（European Communities：欧州共同体）を指し示す場合であっても，EU と表記する場合がある．
2) 風間［1998：259-61］も，約20年前の段階での長期的な展望として，EU のすべての加盟国が，政策の「ヨーロッパ化」とともに，「小さな政府」の志向へと進み社会保障政策の削減を余儀なくされるとしている．
3) 必ずしも実証的な検証作業が行われているわけではないが，レイブフレイドは，EU がその加盟国の福祉国家の仕組みに間接的にプレッシャーを与えている情況に関心を有し，そこに EU の権力性を見出している［Leibfried 2015］．本書はそれを EU 政策過程で実証する作業として捉えることができる．
4) 「政策過程」と「政治過程」とでは，用語が異なるものの，観察している事象は同一である．公共政策を形成する過程は，同時に，多元的に複数の政党や利益集団が合従連衡しつつ争うなど，権力過程的要素や非合理な要素をはらむ「政治過程」でもある．それにもかかわらず，用語が使い分けられる理由につき，佐藤［2009：94-98］は，「政治過程」と対比してあえて「政策過程」という語を用いるときには，公共政策主体としての政府に注目し，政策的問題を知的に解く合理性に比重があることを指摘している．本書でも，本質的に非合理な政治過程において，EU 官僚制である欧州委員会が（限定的ながらも）合理的に政策目的を実現するために採用する戦略に関心を有するため，基本的に「政策過程」という語を用いる．

目次

はじめに
　——本書の目的と概要——

第Ⅰ部　EU政策過程の分析枠組

【第1章】
従来のEU政治行政分析へのアプローチ　……………… 3
　＋1．国際政治学における理論競合からEU政体論へ　（5）
　＋2．EUの正統性問題　（12）
　　　　——民主主義と効率性の観点から——
　＋3．行政学によるEU政策過程への着目　（19）
　　　　——既存の学術的政策過程類型論——
　＋4．EU政策体系の層（マクロ・メゾ・ミクロ）の概念化とその意義　（28）

【第2章】
EU政策過程における政官アクターの戦略と選好　……… 37
　＋1．歴史的新制度論での政策変化類型を
　　　　手がかりとしたEU政策の把握　（38）
　＋2．EU政策過程での政治的要因の捉え方　（49）
　＋3．分析枠組と実証研究の対応関係　（59）

第Ⅱ部　EU政策過程の実証分析

【第3章】
マクロレベルのEU政策過程　……………………………… 65
　　　　——基本条約改正での政官関係——
　＋1．「EUの将来」議論の動向と「欧州ガバナンス白書」　（65）

2．ラーケン欧州理事会への欧州委員会の事前対応　(75)
　3．コンベンションの開始と「EU のためのプロジェクト」　(78)
　4．コンベンションにおける作業部会報告の提出　(84)
　5．「政官関係」と政策変化類型の考察　(92)
　6．リスボン条約での政策および政策過程類型の設定方式　(94)

【第 4 章】
ミクロレベルの EU 政策過程 ……………………… 111
　──「公共性」と域内市場の相克──
　1．EU の公共サービス概念を巡る政治的対立の布置状況　(111)
　2．概念操作と言説戦略：
　　　　「社会的なもの」の「経済的なもの」への包摂化　(129)
　3．加盟国の福祉国家制度に関わる EU 政策過程　(138)
　4．「併設」「転用」「放置」および言説戦略の組み合わせ　(146)

【第 5 章】
メゾレベルの EU 政策過程 ……………………… 153
　──総合計画と政策評価──
　1．リスボン戦略と「第三の道」路線　(154)
　2．リスボン戦略の経年的観察　第Ⅰ期（2000年～2002年 3 月）　(157)
　3．リスボン戦略の経年的観察　第Ⅱ期（2002年 4 月～2005年 3 月）　(160)
　4．リスボン戦略の経年的観察　第Ⅲ期（2005年 4 月～2009年末）　(167)
　5．EUROPE2020 の構築プロセス　(174)
　6．リスボン戦略に見る「併設」のテクニック　(177)

【第 6 章】
政策体系の層を跨ぐ EU 政策過程 ……………… 187
　──欧州債務危機対応──
　1．欧州理事会での「集中的な政府間主義」による EU 政策過程　(188)
　2．メゾとミクロの層が交差した EU 政策過程　(193)
　3．EU 政策過程の体系性におけるヒエラルキー関係　(198)

＋4．「政策包含」と「政策移植」を通じた「併設」と「転用」　（199）
　　＋5．緊縮財政路線に対する反発と文化的対立軸の顕在化　（203）

第Ⅲ部　社会構造変化と EU 政策過程

【第7章】
2010年代の文化的対立軸をはらむ EU 政策過程 …………… 211
　　＋1．EU 政策過程におけるリベラルと保守の対抗関係　（211）
　　＋2．EU 懐疑主義と EU 政策過程　（228）
　　　　　——ポピュリズムと福祉ショーヴィニズム——
　　＋3．文化面と経済面が交錯する EU 政策過程　（237）
　　　　　——社会給付と自由移動の問題——

【終　章】
政策技術の論理と成否 …………………………………………… 259

あ と が き　（265）
初 出 一 覧　（269）
付　　　録　（271）
主要参考文献　（275）
人 名 索 引　（297）
事 項 索 引　（299）

第Ⅰ部　EU 政策過程の分析枠組

第 1 章　従来の EU 政治行政分析へのアプローチ

　これまで公的行政研究の対象は，欧米のみならずとりわけ日本の学界においても，国家や国内地方公共団体での行政事象に集中する傾向があったことは否めない．しかし，冷戦終了後に経済面でのグローバリゼーションが進展し，それが国内行政事象へと影響を及ぼしている現実を考慮すれば，国際次元で展開されている行政事象を主体的に研究対象として設定する必要があるだろう．

　もちろん，研究対象としての国内行政への集中傾向のなかでも，幾人かの行政学者によって国際行政事象への優れた着目は行われてきた．わが国の行政学者のなかでも，先駆的には戦前期に，蠟山政道が，国際政治を必要条件として展開しつつもその国際政治とは別概念で捉えるべき事象として国際行政に着目していた［蠟山 1928：253-307］．戦後期はしばらく国際行政への関心は薄れる傾向にあったが，片岡寛光によって，行政の単位として国家行政と地方行政と並んで国際行政が検討されている［片岡 1990：23-51］．さらに，体系的な国際行政の研究が，福田［1990；1992；1997；2003；2012］や城山［1994；1997；2013］によって著されてきたほか，近年では曽我［2013］による本人・代理人関係の適用可能な公的行政事象の研究対象として，国家行政と地方行政とともに等しい比重で国際行政が扱われるに至っている．研究対象としての国際行政の妥当性はますます高まっている．

　以上の状況を受け，本書は，国際行政事象の研究対象として，EU を設定する．

　EU に対する学問的アプローチとしては，欧州統合現象が経済面を中心に展開されてきたことから自ずと経済学者による研究，あるいは，EU（EC）独自の法体系に着目した国際法分野での研究が多く，行政学や政治学の研究対象には成りにくかった．政治学の範疇で EU（EC）を研究してきたのは，国際政治学の分野で国際統合理論の構築・実証に従事してきた研究者ぐらいであろう．

やがて，EU（EC）が経済関係の政策の範疇内とはいえ，その扱う政策領域を拡大・細分化させていくにしたがって，各政策領域に特化した政策研究が盛んになった．しかし，個別の政策分野のみに特化するのではなく，それらを包括しつつ，1つの統治システムとしてEUを意識したうえで行政学のアプローチを用いて研究された業績は，わが国でも福田［1992］によるものを例外として僅少と言わざるをえない．

　行政学によるEU研究が稀少である理由には，EUという統治システムの特殊性からくる分析可能性への懸念が挙げられるだろう．EUは行政の単位として，国家ではなく国際次元のものであるために，EUを研究する際に，国家行政を検証する際に用いられる分析概念の適用可能性に懸念がもたれるのであろう．しかし，現段階のEUは広範な政策領域を有しており，それらの政策形成・執行を可能とする高度に確立されたシステムが存在すること，さらにそれを裏付ける体系だった法構造を有していること，EUの統治構造内の諸機関同士の関係も手続きが定められた上で一定のネットワークが存在していることなどに鑑みれば，EUの統治構造内で政策形成の権限がいかに配分されているか，EU統治構造の諸機関が果たす機能がいかなるものかを検証・解明するにあたり，国家行政の分折概念をEUに適用して行政学のアプローチをとることは必ずしも不可能ではない．

　ここで，行政学のアプローチを用いてEUを研究する際の，本書の分析枠組を簡単に提示しておこう．本書では，EUの政策過程に焦点をあてて，政策体系の層として概念化できるマクロ・メゾ・ミクロの3レベルを分析水準として設定する．加えて，このレベル毎のEU政策過程の事例研究において，EU官僚制である欧州委員会とその他の政治的アクターらとの間の関係を「政官関係」として捉え，これらの政官アクターらが示す政策案の内容分析から，とりわけ，戦略としての「政策変化」の類型を見出すことを目的とする．この戦略としての「政策変化」の類型については，基本的な手がかりとして，歴史的新制度論で提示されてきた「制度変化」の概念を活用する．

　この分析枠組の導出に至る作業を第1章と第2章を通じて行い，第Ⅱ部以降のEU政策過程のレベル毎の事例研究を見ていくための視座を整える．このうち第1章では，EUの統治構造を確認した後に，国際政治学領域での先行研究の批判的検討を経て，行政学領域での政策過程に着目した先行研究を検討する．同時に，これらの国際政治学，行政学の両領域を跨ぎながら1990年代後半に隆

盛した，政体・ガバナンスとしてのEUの正統性（Legitimacy）問題についても考察を加える．これらの検討を行ったうえで，本書で採用する先述の分析枠組のうち，EUの政策体系への着目を引き出しながらその意義を述べる．本章に続く第2章では，EU官僚制たる欧州委員会がEU政策過程で採用する戦略の手がかりを，歴史的新制度論にて開発された政策・制度変化の諸類型から導出するとともに，欧州委員会と政治的アクターの選好仮説を設定する．

1. 国際政治学における理論競合からEU政体論へ

（1）EUの統治構造の概況と特徴

今日のEUの統治構造は図1-1のとおりである．政策をEU法令として策定する場合，中心となる3機関として，欧州委員会，閣僚理事会，欧州議会が存在する．これら3機関は，名称と各組織の構成について若干の変化はあったものの，ECSC正式創設前年の1951年から存続するEU（EC）の中核的な機関である．第3章以降の事例分析で頻出する鍵概念として，「共同体方式」（Community Method）というEU政策過程の類型が存在するが，その担い手がこの3機関である．

このうち，欧州委員会は，EUの行政府であり，EUの行政官僚制とみなされるものである．その組織の最上層部には，各EU加盟国から1名の欧州委員が管轄分野の割当とともに任命され，欧州委員会委員長が率いる（狭義の）欧州委員会が存在する．この狭義の欧州委員会は，官僚制の最上層部の意思決定機関であり，議院内閣制における内閣に近い存在である．狭義の欧州委員会は，少なくとも週1回（たいてい水曜日）に会議を行う．議長は欧州委員会委員長が務め，可能な限り意思決定はコンセンサスで行われるが，どの欧州委員も採決（投票）を提案することはでき，採決の場合は多数決で決めることとなっている．欧州委員会の任期は5年で，任命には各加盟国の合意と欧州議会の承認が必要とされている．欧州委員会は欧州議会に対して説明責任を負い，議会が不信任動議を可決した場合は，総辞職しなければならない．

狭義の欧州委員会の下に，メリットシステムの資格採用試験で登用されるEU固有の公務員から成る官僚組織が形成され，所轄領域別に「総局」（Directorate-General）と呼ばれる省体制が構成されている[1]．たとえば，「農業総局」「競争総局」といった政策機能別の総局に加えて，人事や予算などの組織

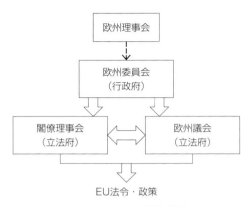

図1-1　EUの統治構造

横断的事項を担当する総局も併せて，2017年末現在で43総局から構成されている．国家行政官僚制における省庁間関係の場合と同様に，EUの行政官僚制である欧州委員会の総局間においても，行政の一体性の規範は求められている反面，実態としては，優先価値や推進を目指す政策が対立することは往々にしてある．そうした欧州委員会内での見解の相違は，各欧州委員の下に設置される「官房」間での調整等を経ることで均され，究極的には狭義の欧州委員会の意思決定により統一見解が図られることになる．本書においては，実際には欧州委員会の内部総局間の見解相違がありうることを了解しつつも，基本的には，EU政策の提案主体として他のEU機関と相互作用する欧州委員会を単一アクターと解して分析を行う．

閣僚理事会は立法府であり，審議事項の種類に応じて，加盟国の関係閣僚と該当分野を管轄する欧州委員会の担当委員が出席するものである．意思決定方式は歴史的には特定多数決制と全会一致制が混在してきたが，現状のリスボン条約体制の下では，二重多数決制（全加盟国の55％かつEU全人口の65％で法案可決）を基本とし，極めて限られた局面において例外的に全会一致制が用いられる．もちろん，加盟国の閣僚が常にEU事項に携わり続けることはできないため，それを補うものとして，1967年には加盟国本国の官僚がブリュッセルに派遣される形で加盟国別の常駐代表部が設置された．この常駐代表部の代表レベルで組織される常駐代表委員会（COREPER）が，閣僚理事会の下部機構として事前審議を行い，そこで合意が得られなかった事項のみが欧州理事会で審議される

制度が確立している．

　欧州議会が，閣僚理事会と並ぶ，もう1つの立法府である．1952年のECSC発足当初は「共同総会」(Common Assembly) と呼ばれ，その構成員は各加盟国の国会議員が兼ねていたが，1979年から直接選挙制が導入された．欧州議会議員選挙（各加盟国内での比例代表制による選挙）は5年に1度実施される．2017年末現在，欧州議会の議員は議長を含めて751人で構成され，各加盟国への議席数配分は概ね人口比に配慮されている．欧州議会では政党グループ（欧州会派）が形成され，その各欧州会派に各加盟国の国内政党が加入している．また，管轄分野に対応する法案の最初の審議の場として，議会内の常設の専門委員会が構成されている．

　このEUの統治機構の特徴としては，次の4点が指摘できるだろう．

　第1に，立法府が閣僚理事会と欧州議会の2つから成る二院制システムとなっていることである．ただし，歴史的には圧倒的に「閣僚理事会の優越」の状況にあったと言ってよい．なぜなら，ECSC発足時から，閣僚理事会には最終決定権限が備わっていたのに対し，当初の欧州議会には諮問的機能しかなかったからである．1979年の直接選挙導入以降になってからようやく，EUの基本条約を改正するたびに，協力手続き (cooperation procedure: 1987年発効の単一欧州議定書で導入)，共同決定手続き (co-decision procedure: 1993年発効のマーストリヒト条約で導入) というように，欧州議会は，徐々に閣僚理事会に匹敵する立法権限を有するものへと近づけられていった．現在のEUの基本条約であるリスボン条約（2009年12月発効）においては「通常立法手続き」のもとで，閣僚理事会と欧州議会は対等な立法府として位置づけられている．

　第2に，政策案（法案）の提出権限が欧州委員会にしかないことである．1993年の正式なEU発足以降，外交分野や司法内務分野などでは各加盟国政府による政策提案権が存在しているが，伝統的な経済面での政策案（法案）提出権限は，ECSCの頃から欧州委員会にしか存在しない．このEUの統治構造の特徴は，通常の国家の統治機構と対比すると非常に際立つ．議院内閣制の国家統治機構の場合，民主的観点からすれば本来的には議員立法が基本であるところを，内閣提出法案（政策案）のほうが多くなることは，行政国家化現象の一端として否定的に指摘される．また，大統領制の統治構造では行政府たる大統領に法案提出権限がない．これらに対して，EUの統治構造では，官僚機構（行政府）だけが政策案（法案）提出権限を独占している状況は，初期設定とし

て，行政国家的な仕組みとして設計されていることになる．このことは，同時に，民主的に選出されてはいない欧州委員会だけにしか政策提出権限がなく，民主的に選出されている欧州議会には政策案に対する修正権限しかないことから，EUの統治構造において，民主主義の要素が弱い「民主主義の赤字」（democratic deficit）論を招くことになる．

　第3に，政策執行は基本的にEU加盟国内の機関に依存することである．EU統治構造で「共同体方式」を担う3機関によってEUとしての政策を作成したとしても，それだけで自動的に政策執行が行われるわけではない．もちろん，それ自体で直ちに社会的に法的拘束力を有する「規則」という法的形式で制定される場合もある．しかし，同時に，各EU加盟国内での立法措置や行政機構を通じて執行されるべき内容自体をEUの政策として決めるもの（法的には「指令」という類型）も用いられている．EUの統治構造において，EU独自の行政機関として専門的な規制機関（欧州環境庁や欧州食品安全庁等の「エイジェンシー」）も存在するが，それだけでEUの政策実施の全般を行うことは想定されておらず，加盟国の機関を通じて最終的な政策効果を実現せしめること自体が政策手段となっているわけである．なお，その際，いわゆる「コミトロジー」の場を通じて，個別のEU政策をEU加盟国内での法制化等の対応を行う事前調整の局面に欧州委員会が関与することも，欧州委員会による政策執行の概念に含まれる．

　第4に，その時々のEUの方向性に全般的な指針を与える存在として，欧州理事会が存在する．欧州理事会はEU加盟国首脳会議であり，1973年から定例的開催とされたものである．当初は，主にEU域外との外交で当時のEC加盟国での共同歩調を担保する役割を果たしており，直接的に上記3機関による「共同体方式」の政策過程に関与する契機は弱かったが，1987年の単一欧州議定書で初めて正式にEU統治構造の機関として位置づけられて以降は，基本条約改正を行う判断の場となるほか，第5章で見る総合計画・政策評価のマイルストーンの場として，さらに第6章でも見るように，実体的なEU政策過程のアリーナとしても活用されることになる．

（2）国際政治学でのEU研究：理論とイデオロギーの混交

　政治学の範疇でEU（EC）研究に先駆的に取り組んできたのは，国際政治学で展開されてきた国際統合理論である．欧州統合現象の経緯としては，ECSC

発足後，欧州防衛共同体（European Defence Community）やとそれと連動して設計された欧州政治共同体（European Political Community）の構想が1955年に頓挫したものの，早くも同年中にはメッシーナ会議が開かれた結果，1957年にEEC（European Economic Community：欧州経済共同体）条約の調印を見た．この関税同盟や共通農業政策の計画を見通した経済統合の胎動が観察できたまさにそのときに，国際政治学者のエルンスト・ハースが『ヨーロッパの統一』（The Uniting of Europe）[Haas 1958] を著し，欧州統合現象のメカニズムにつき理論的説明を提出した．その中心的なテーゼが後に「機能的スピル・オーバー」と呼ばれるものである．すなわち，「ひとつのセクター（産業分野）における統合が，ほかのセクターの統合へと諸国家を向かわせるような，『技術的』圧力を生じさせるような，半ば自動的な『セクター的統合の拡張的ロジック』」[Haas 1958：283-317] である．このハースによる統合メカニズムの説明は「新機能主義」と呼称される．新機能主義の理論的主張は，ECSC（石炭・鉄鋼）→ EEC（欧州経済共同体）・EAEC（European Atomic Energy Community：欧州原子力共同体）発足 → 関税同盟創出 → 共通農業政策実現という一連の流れが現実世界で展開することで裏付けが強化され説得力を有していくことになる．

ただし，同時に，新機能主義と「超国家主義」（supranationalism）ないし「連邦主義」（federalism）とが結びつき，権限関係において国家主権とEU（EC）の権限とをゼロサム関係に見立てたうえで，EU（EC）が国家よりも強くあるべき，もしくは，事実として強いことを主張するイデオロギーが形成された．これに対抗して，国家主権の保持こそが重要であり，EU（EC）統合の度合いも自動的に進展していくものではなく，主権を有する国家が制御下に置いているのだと考え，EUよりも国家のほうが強くあるべき，もしくは事実として強いことを主張する対抗言説が生じた．これは現実においても，欧州統合の形態を巡る意見の対立として表面化し，1960年代の半ばに，当時の欧州委員会委員長のヴァルター・ハルシュタイン（Walter Hallstein）とフランス大統領のシャルル・ド・ゴール（Charles André Joseph Pierre-Marie de Gaulle）との間で，EECへの固有財源導入を巡る是非を端緒として争いが表面化し，7ヶ月にわたる閣僚理事会へのフランス代表のボイコット（空席戦略）を招くことになった [福田 1996；川嶋 2008：179-84；児玉 2011：85-98]．これは欧州統合の形態として，「超国家的統合」か「諸祖国からなる欧州」かを巡る論争として理解された．

こうしたEU（EC）と欧州統合の有様をめぐる対抗言説は，学術的理論のな

かでも展開される．超国家主義を志向する陣営にとっては基本理論として新機能主義が与えられていた一方，国家主権重視陣営が本格的に依拠できる理論は，アンドリュー・モラヴシック（Andrew Moravcsik）が提示する「リベラル政府間主義」（Liberal-Intergovernmentalism）を待つことになる［Moravcsik 1991；1998］．モラヴシックは，EU（EC）の基本条約改正での政府間会議での交渉に着目して欧州統合を考え，その交渉以外の時期や局面で EU 統治構造の三機関で展開される「日常的な」政策過程については，基本条約を具体化しているだけにすぎないとして関心を寄せない．そのうえで，EU の制度的選択は，どんなに欧州委員会や欧州議会の権限が増大していようとも，加盟国政府がデザインした範囲を逸脱することはないという．

以上の対抗陣営の一方を「新機能主義≒連邦主義≒超国家主義」，もう一方を「政府間主義≒国家主権志向」と名づけるとすれば，そのそれぞれが，EU 統治構造やそこで展開される政策過程での諸機関同士の関係に自らの理論的根拠を投影しながら，平行的に展開されることになる．それをやや図式化してまとめると概ね次のようになるだろう．

一方の，「新機能主義≒連邦主義≒超国家主義」は，幅広い分野で国家主権が EU レベルに委譲されていると認識し，EU 統治構造の 3 機関の相互関係においては，加盟国政府やその意思が表出される閣僚理事会よりも，欧州委員会や欧州議会の影響力のほうが強いとみなす．欧州委員会は独自の組織利益を有し，EU や欧州委員会自身の権限拡大を志向し，それが成功することを想定する．もう一方の「政府間主義≒国家主権志向」は，国家主権を保有する加盟国政府，特に大国の EU 加盟国政府の選好とそれに基づく交渉こそが重要であり，欧州委員会はプリンシパル（本人）である EU 加盟国政府らにとってのエイジェント（代理人）にすぎないとして，その影響力は弱いとみなし，欧州議会の影響力も限定的であるとみなす．

これらの対抗陣営は，基本条約の改訂が続いた時期（1987年発効の単一欧州議定書，1993年発効のマーストリヒト条約，1999年発効のアムステルダム条約，2003年発効のニース条約）には，改訂前後の条約規定の変化のなかに EU 機関間の影響力が推移した要素を見出しながら，しかし，その解釈について議論が互いに嚙み合わないという状態が継続したのであった．

（3）EU の政体論

「新機能主義≒連邦主義≒超国家主義」と「政府間主義≒国家主権志向」の理論的競合が継続するなかで，それと重なりつつも，やや趣向が異なる EU 研究のアプローチが90年代から見られ始めるようになった．EU とその加盟国を包括した政治体とみなして，その政体（polity）としての EU の特徴を描き出そうとするアプローチである．いわば EU の政体論と称すべきこの研究潮流においてさまざまな EU 観が提出されてきたが，それらは大きく，EU を国家とは違う特異な（sui generis）政体であるとみなすのか，それとも，EU も国家と類似した政体であるとみなすのか，この比重に違いが見られた．

たとえば，国家と比した場合の EU の特異性を強調するものとしては，リベラル政府間主義のモラヴシック [Moravcsik 1991；1998] が，基本的に加盟国政府間での交渉ゲームのアリーナとして EU を認識し，サンドホルツとスウィート [Sandholtz and Sweet 1998] は EU を「超国家的ガバナンス」（supranational governance）の一例であると捉えた．また，ヴェッセルズは EU を，官僚政治を含む「マルチレベルなメガ官僚制」（multi-level mega-bureaucracy）と表現し [Wessels 1998]，ラファンは「深い地域主義」（deep regionalism）というものに特徴を見出している [Laffan 1998]．逆に，EU の国家に類似した側面に，政体としての EU の本質を感知する見解も，幾人かの研究者により提示された．たとえば，ピンダーは EU を発生期の欧州連邦国家として捉えていた [Pinder 1995]．また，マヨーネは EU を「規制国家」（regulatory state）と表現し [Majone 1996]，カポラソは「ポストモダン国家」と EU を表現している [Caporaso 1996]．マヨーネの規制国家概念による EU の把握は，課税権や外交・軍事分野での権限などの伝統的な国家機能を未だに行使してはいないものの，規制を創出し，法治主義に則り，司法的解決手段を有する点で，EU が通常の国家の規制的性格を有しているという想定に基づいたものである．カポラソのポストモダン国家概念は，国家とは時代によりその役割機能を変化させてゆくものであり，EU が国家のカテゴリーに当てはまる程度に応じて，近代国家の特徴の再定義がそれに従うということを前提とする，逆説的な見解である．

2. EUの正統性問題
―― 民主主義と効率性の観点から ――

　現在のEUに繋がるECやECSCを誕生させる元となった理念は，ジャン・モネ（Jean Monnet）らによる欧州統合構想に求められるが，その理念が現実化したのは第二次世界大戦後の混乱期にあたっていた．欧州統合構想自体は戦争の産物ではなかったが，戦争で荒廃し経済再建を望む大陸の西欧諸国には，それをアメリカのマーシャル・プランによる復興援助と結びつける魅力的な構想であり，戦争によって現実化の機運がかなり高まったといえる．また，欧州統合構想はその現実化を通して，戦後の経済復興のみならず，19世紀から断続的に続いてきた欧州内での紛争を断ち切る手段と目されていたのであり，更に東西冷戦が国際政治上のパラダイムとして定着するのに伴って，西側陣営の構成要素としての象徴的意味合いをも有し，それがEU（EC）の存在やその取組みについての正統性を自ずと担保することになっていた．一般の人々にとっても，EU（EC）は無関心であるか，もしくは「消極的受容」（permissive consensus）の対象だった．

　しかしながら，冷戦体制が崩壊すると同時に，EUの存在意義や正統性が揺らぐことになる．もちろん，旧中東欧諸国がEU加盟を望んだこと自体はEUの正統性強化に寄与したかもしれない．しかし，EU発足とともに通貨統合など一層の統合進展を見たことは，EUが作成する政策がいっそう加盟国に深く浸透し，実質的に国家主権を侵害することへの危惧が生じた．にもかかわらず，先に見たように，EU政策は欧州委員会にしか政策提案権がないために，なおさら「民主主義の赤字」が問題視されたのであった[8]．こうしたEUに対する懸念は，マーストリヒト条約批准の国民投票にて，デンマークで拒否され（1992年6月），フランスでも賛成票が51.05％と僅差での批准（1992年9月）として可視化され，「消極的受容」の終焉とEUの正統性を確保する必要性とが痛感されることになった．こうした状況を背景として，国家のような国家理論や主権論などの確立された正統性理論がEUには存在しないなかで，1990年代後半には，実践的な問題意識からEUの正統性問題への処方箋が学術界からもさまざまに提案されてきた．これについて，前節で見たEUを巡る理論競合やEUの政体論とも関連づけながら，検討していくことにする．

(1) EUの正統性問題と処方箋の模索

EUの正統性をめぐる問題は，先述のように「民主主義の赤字」(democratic deficit) の問題から指摘されることが多い．その一方で，政体としてのガバナンスの機能面から，「政策形成の効率性」の問題，あるいは「政策の有効性」という観点からも，EUの正統性問題が論じられてきた [Beetham and Lord 1998; Horeth 1999]．しかし，それらの「民主主義」や「効率性」といった規範的価値そのものがさまざまなディシプリン・モデル・説明分析手法の違いを背景に多義的に解釈されたため，EUの正統性をめぐる議論はなかなか噛み合ってこなかった[9]．

ここでは，1990年代後半にEUの正統性問題をめぐる議論で採用されてきた2つの大きな価値原理，すなわち「民主主義」と「効率性」を切り口として，錯綜した議論を大きく4つのパターンに整理し，統治構造ないし政体としてのEUのガバナンス面から，EUの正統性問題の議論を整理しておきたい．「民主主義」と「効率性」とは，ともすればゼロサム関係として設定されうる価値原理であるが，EUの正統性問題は過度に「民主主義の赤字」に偏って議論されがちであったことにバランスをとる意味でも，また，行政学のアプローチにおいて「効率性」とは，合理性に拘るディシプリン上の価値観としても無視しえないものであることから，やはり「民主主義」と「効率性」の両者を考察の対象に含めて検討していく．

1） 議会制民主主義モデル（欧州議会の権限強化論）

このモデルによると，国家一般の統治機構に見られる「議会制民主主義」をEUに適用・実現すればEUの正統性が確保されることになる．その際，欧州委員会や閣僚理事会に対する欧州議会の相対的な権限強化が志向される．欧州議会は直接選挙によって「EU市民」を代表しているため，他のEU諸機関よりも正統であると考えられるわけである．市民による選挙を経ていない欧州委員会は民主的に正統ではないし，閣僚理事会については，構成メンバーである各加盟国閣僚が（国内で国民を正統に代表していると見なされる）各国議会の信任を受けているとはいえ，間接的で民意代表性が弱く，欧州議会よりも正統性レベルが劣るものとして捉えられる．閣僚理事会の日常的な業務はCOREPER以下の各種の作業部会によって遂行されているが，それらは各加盟国の官僚によって担われているので，欧州委員会と同じく，選挙を経ていないという理由で

正統なものではないと考えられる.

　現実に, このモデルに沿った制度改革は, 直接選挙制度の導入以降, 単一欧州議定書からニース条約に至る基本条約改正の度に観察されてきた. 静態的には, 欧州委員会の任命に欧州議会の承認を要件としたり, 不信任決議手続きの制度を導入したりするなど, 欧州委員会を「内閣」と見立てて, 議院内閣制を模した制度が導入されている. 動態的には, 政策形成過程において「諮問手続き」から段階的に「同意手続き」, 閣僚理事会との「協力手続き」や「共同決定手続き」が導入され, 「共同決定手続き」の適用事項が一層拡大されるなど, 欧州議会の政策形成への関与レベル向上が図られてきた.

　このモデルにおいて EU での「民主主義」および「効率性」はどのように捉えられているのであろうか. まず, 「民主主義」については, 直接選挙という民意代表制度により「EU 市民」の全体意思ないし一般意思が体現されるものとして捉えられている. 「効率性」については特に意識されてはいないが, 暗黙的に存在する解釈としては, マックス・ウェーバー流の伝統的な「官僚制」観に則った, 次の点が指摘できるだろう. すなわち, 欧州議会が統制するべき欧州委員会という「官僚制」は非民主的で必要悪的な存在として受忍されるが, それは欧州議会議員にあまり期待できない科学的・専門技術的な知識が期待できること, および, 命令系統の一元性に基づくヒエラルキー組織によって政策執行機能が果たされうることである. 欧州委員会は, 欧州議会で担保される「EU 市民」の民意を貫徹するためにこそ必要なのであり, アカウンタビリティ制度によって民主的コントロール下に置かれつつも, その組織活動においては典型的な「合法的支配」による「効率性」が要請される.

2) リベラル政府間主義モデル

　これは EU を加盟国政府間の交渉アリーナとして観念するモラヴシックらが採用しているモデルで, とりわけ基本条約改正の度に開催される「政府間会議」での加盟国政府間交渉を検証対象としたものである. このモデルでは, 各加盟国政府だけが交渉に実質的な影響力を持つアクターとして想定され, 欧州委員会や欧州議会は有意義なアクターとしては考えられない. 欧州委員会は, 建前上, 全加盟国に中立な独立機関とされているが, 当面はその組織上層部に置かれる欧州委員が少なくとも各加盟国から 1 人は任命されることで, むしろ「政府間機関」として捉えられやすい. 欧州理事会や閣僚理事会については

「政府間会議」と同様に加盟国政府間での交渉の場としての意義が認められる．
　このモデルをもとに EU の正統性問題にアプローチする立場からは，EU の「民主主義」について以下のような考察が導かれる．すなわち，各加盟国の国内議会において担保されている民主主義が，政府間会議・欧州理事会・閣僚理事会に出席する各加盟国政府代表を通じて EU に供給されることで，EU の民主的正統性が満たされていると．つまり，EU の民主主義は，「加盟国ごとの議会制民主主義の集合」として捉えられるのである．
　このような「民主主義」の解釈は，1）のモデルによる「民主主義」の解釈と明らかに対立する．この対立は，EU 諸機関による政策形成過程において，閣僚理事会と欧州議会とどちらの意思決定権限が優越するべきかという問題として立ち現れ，共同決定手続きはその妥協的制度として理解することができる．両モデルとも，「EU 市民」ないし各加盟国国民による選挙を経た代議制機関を EU の民主主義の源泉として捉えることに変わりないが，それが EU の統治構造においては対立してしまうのである．それゆえ，EU の「民主主義の赤字」は，むしろ「民主主義のジレンマ」と表現されることもある．
　この「民主主義」をめぐる閣僚理事会と欧州議会の対立関係は，同時に「効率性」をめぐる解釈の対立でもある．閣僚理事会の立場からは，共同決定手続きなどによる欧州議会の意思決定権限強化は，政策形成過程そのものを非効率にするものとして否定的に解釈される．一方，欧州議会の立場からは，政策形成過程そのものを効率的にするために，閣僚理事会内部の意思決定における多数決制度の拡大が要請される．しかし，全加盟国の国内議会に「民主主義」の根拠を置くリベラル政府間主義モデルからは，閣僚理事会の多数決で敗れる加盟国の議会の意思が損なわれるという懸念ゆえに，多数決よりも全会一致方式やコンセンサスが志向され，むしろそのほうが閣僚理事会の意思決定自体は効率的だと主張される．これに対して，再び欧州議会の立場からは，確かに全会一致方式やコンセンサスによるほうが閣僚理事会の意思決定そのものは効率的かもしれないが，決定に至る政策は全加盟国の最大公約数的な性質しか持ちえないのであり，それがゆえにもたらされる政策の質の低下を防ぐためにもやはり多数決制度のほうが要請されることになる．

3）　マルチレベル・ガバナンスモデルおよび政策ネットワークモデル
　マルチレベル・ガバナンスモデルとは，2）のリベラル政府間主義の EU 観

とは異なり，各加盟国政府のみならず，欧州委員会や欧州議会，さらには加盟国内の地方政府，民間企業，NGO などが国家という枠にとらわれず EU に実質的に関与していること，すなわち，水平的（公私）にも垂直的にも（EU―国家―地方），EU の政策過程に多元的なアクターが関与していることを強調するモデルである．このモデルは，EU 地域政策における構造基金を通じて地方政府が EU に直接関与する現象をもとに提示されたものであったが，それ以外の EU 政策分野でも，個別具体的な政策事例研究をマクロに枠付けるメタ概念として定着してきた．また，EU に関する政策事例研究では，イギリス行政学で発展してきた「政策ネットワーク」が分析ツールとして援用され，マルチレベル・ガバナンスモデルと政策ネットワークとが組み合わされてきた．政策ネットワークとは，特に政策課題を設定する段階において官僚・民間企業が「協働」するインフォーマル組織・集団である．それらは，組織・集団の結束が固い「政策共同体」と結束が緩やかな「イシュー・ネットワーク」とを両極とする軸上に定位するものとして捉えられる．EU における政策ネットワークには，欧州委員会の担当総局職員，COREPER 以下の作業部会を構成する加盟国公務員，欧州議会の議員，地方政府公務員，利害関係のある民間企業ないし集団などが含まれるが，これらのアクター構成は個別の案件ごとに異なる．ただし，政策発議権を独占的に有している欧州委員会の担当総局職員は，確実にメンバーに含まれることが想定されている．1）と2）のモデルでは，基本条約で設定されるマクロな機構制度に焦点が当てられる傾向があるのに対して，このモデルでは政策事例研究というディシプリンの性質上，メゾ・ミクロな政策形成過程に着眼点が置かれている．[10]

　1）と2）のモデル比較で見たように，欧州議会か加盟国国内議会かいずれか一方に EU の民主主義を見出すことは，結局ジレンマに陥った[11]．この問題を EU の統治構造上解決しえないものとして認識する立場からは，政策ネットワークにさまざまなアクターが直接関与することによる「参加型民主主義」に EU の正統性が見出される．もともと分析ツールにすぎなかった政策ネットワークが規範的価値を帯びて論じられることになるのである．

　1）と2）のモデルに基づく EU の正統性問題へのアプローチは「民主主義」に比重を置いた考察であるが，「効率性」については意識されていないか，付随的に配慮しているにすぎない．それに対して政策ネットワークモデルによる EU の正統性アプローチは「効率性」にも十分比重を置いた考察が含まれる．

まず，特に政策発議権を独占している欧州委員会が，課題設定という政策形成の初期段階から利害関係のある民間企業や地方政府の意向を組み入れることにより，政策実施段階で問題が生じにくいという意味で効率的であると考えられる．政策ネットワークでは，EU 諸機関の職員ないし議員も含めて意見調整が行われるので，事後的なフォーマルな政策形成過程そのものも効率的になるとされる．1）と2）での「効率性」の議論はフォーマルな EU 諸機関相互による政策過程の枠内にとどまるのに比べ，このモデルでの「効率性」は課題設定段階から最終的な政策実施段階まで広く射程に入れたものである．

4）「規制国家」モデル

これも3）と同様に，機構・制度よりも政策に着目したものだが，政策の形成過程ではなく，政策の類型に EU の特徴を見出してモデル化したものである．すなわち，EU 諸機関の相互作用によって形成される政策が，ほとんど「規制」であることに着目したモデルであり，提唱者のマヨーネは EU をアメリカ同様に「規制国家」として捉えている．確かに，競争政策分野で欧州委員会が発する公式な政策類型としての「規則」（regulations）や，環境政策分野などで設置されてきた独立エイジェンシーが定める基準は，純粋に「規制」と考えられる．また，閣僚理事会や欧州議会の議決を経て決定される政策も，各加盟国内の統治機構を通じて実施することが前提とされているという意味で各加盟国に対する「規制」として理解できる．

このモデルからの EU の正統性問題についての考察は，政策類型としての規制に特化したまま，再分配機能を有するような政策を扱わないかぎり，基本的に EU は正統である，というものである．域内単一市場の形成・維持に必要な規制は，欧州委員会や独立エイジェンシーなど中立的機関が担うのが望ましい．なぜなら，各加盟国や特定利益による政治的交渉から隔離され，かつ科学的・専門技術的知識が供給されることで，規制の創出が「効率的」になるからである．この市場形成・維持的な規制は，各加盟国内で確実に実施されることで初めて有効なものとなるが，この実施を監査して規制の「信憑性」（credibility）を確保する役割も中立的機関に求められる．現状において EU の正統性に問題があるとすれば，それは中立的機関が情報・財源の制約から規制の信憑性を確保できず，規制という EU 政策の有効性が損なわれることに原因がある，とされる．

このEUの正統性に関する考察では,「効率性」に比べて「民主主義」に対する配慮はほとんどない. なぜなら, 規制と再分配的政策とが明確に対置するものとして捉えられ, 規制の創出・監査には「効率性」, 再分配的政策の形成には多数決による「民主主義」, というように適用価値規範も明確に区別されているからである. EUは規制だけを扱うべきなのだから,「効率性」だけを考慮すれば事足りるのである. しかし, これは1)や2)のモデルに沿った「民主主義」に重点を置いたアプローチからは, 以下のような反論を受けることになる. 実際には, EU が統一市場形成・維持のために創出する規制も, それによって短期的観点からは各加盟国・民間企業間で経済的損得が生じ, 再分配機能を有する. だからこそ欧州委員会や独立エイジェンシーは「効率性」のために政治的交渉から完全に隔離されるべきではなく, 少なくとも現状以上の民主的アカウンタビリティの強化が必要である, と.

以上の1)〜4)が90年代後半に議論されたEUの正統性問題とその処方箋のパターンである. 特に1)と2)との比較からは, 国際政治学でのEU研究の二大競合理論を反映して, 民主主義の面でも, 効率性の面でも, EUに正統性をもたらす戦略においてもゼロサム関係が見出された. それに対して3)のモデルは, 民主主義の要素を間接民主主義的な議会制にではなく参加民主主義的な側面に見出しており, 同時にその局面において, かつてチャールズ・リンドブロム［Lindbrom 1959；1965；1977］が提唱した政策形成の態様としてのインクリメンタリズムが内包する「多元的相互調節」が機能することに, 効率性の確保を見出す発想であろう. このモデルは確かに欧州委員会が政策提案をする事前段階で多様なアクターの意向を聴聞しようとすることで, 欧州委員会自身の民主性を高めることには有効かもしれないが, 細分化された各政策分野のそれぞれが拡散的に民主性を持つとしても, 全体として複雑性が増し, 他の政策分野と総合して意思決定をする局面においては, 議会制民主主義に劣らざるをえない. この「議会制民主主義」と「効率性」のジレンマは, EUだけでなく, 国内政治行政でも普遍的に見られる問題であろう. ただし, EUの場合は, 欧州議会か閣僚理事会かいずれを重視するかで競合する1)と2)の議会制民主主義のジレンマが存在する状況において, それら同士の間での意思決定制度上での「効率性」にもジレンマがあることに加え, 3)のモデルの参加民主主義での「効率性」が競合関係を増幅させることになっているのである. これは「民主主義」と「効率性」を跨いだEUの正統性問題がトリレンマ状況にあることを

示唆しているであろう．一方，4）のモデルは，1990年代後半当時においても EU は正統であるという診断を引き出すものであったが，既に述べたことに加え，主に第 4 章で扱う 2000 年代の事例研究からしても，EU による規制がもたらす再分配効果を見据えた激しい角逐が EU の政策過程でも生じており，正統性問題の視座としては有効性に疑問を持たざるをえない．

（2）EU 政策過程に対する関心の高まり

EU の正統性問題を解決することはたしかに困難であるが，前節で検討した EU 政体論や，それをベースとした正統性問題におけるマルチレベル・ガバナンスの概念枠組や政策ネットワークモデル，「規制国家」でのマヨーネによる政策類型への視点が出現していることからは，国際政治学の範疇でスタートした EU 研究においても，90 年代以降は，政策過程という切り口から行政学のアプローチが適用可能となったことが窺えよう．たしかに，マヨーネ自身も公共政策を専門とする行政学者である．また，いまや EU 政策研究に非常に大きな意義を有している学術雑誌 *Journal of European Public Policy* が創刊されたのも 1994 年のことであり，この頃より国際政治学での国際統合論での理論競合に加えて，EU の政策過程研究がディシプリンとして EU 研究に参入してきたことを示唆している．そこで，次節では，行政学の観点から EU 政策過程を検討する分析枠組の手がかりを得る作業を行う．知見の源泉としては，まずは，国内行政を対象とした政策過程の類型論を渉猟し，続いて，国際行政を対象とした政策過程の類型論を確認し，それらを踏まえたうえで，EU に特化した既存の EU 政策過程の類型論を批判的に検討していく．

3．行政学による EU 政策過程への着目
──既存の学術的政策過程類型論──

（1）国内行政を対象とした政策過程の類型論

政策や政策過程への着目を含む行政現象についての研究は，これまで主に国内行政の次元を対象に行われ，そこにおいて政策と政策過程の類型論について豊富な蓄積がある．たとえば，政策類型論の嚆矢とも言えるセオドア・ロウィが，「分配政策」「規制政策」「再分配政策」「構成的政策」の分類論を示し，その各々に対応する政治過程モデルの特徴を対応させながら，「政策が政治を決

定する」というテーゼを提示したことはあまりにも有名である［Lowi 1972］．このロウィの政策類型論から刺激を受け，わが国の行政学者でも村松岐夫，真渕勝，山口二郎らによって，ロウィの政策類型論への批判を乗り越えようとしつつ，日本の国家行政に適した政策類型論ないし政治過程（政策過程）モデルが提示されてきた．本書での検討対象は国際行政の次元である EU の政策過程ではあるが，対象とする行政現象の次元が異なっても理論的に敷衍できる視座を探求する意味でも概観しておく．

まず，村松［1981：286-99］によっては，ディビッド・イーストンによる政治の定義に相似した表現であるが［Easton 1957］，既存の価値の権威的な配分を行うとされる「政策過程」を「内環」とし，既存の政治・行政体系に対してそれとは異なった価値体系をもって対決しその変革を迫る勢力と現体制を保持しようとする勢力の対抗過程とされる「イデオロギー過程」を「外環」とする，二重の同心円で形象される「内環—外環モデル」が提示された．この村松による内環—外環モデルを修正しつつ真渕によって提示された「政治過程の三重構造モデル」では，分配機能が争点となり政策領域としては金融・産業振興などが該当する政治過程Ⅰ，イデオロギーが争点となり政策領域としては防衛・憲法改正が該当する政治過程Ⅱ，再分配機能が争点となり政策領域としては農業・中小企業・福祉が該当する政治過程Ⅲという分類が行われた［真渕 1981：120-28］．さらに，また異なる切り口からの政策類型の分類を試みた山口［1987：33-57］によっては，政策の階層性・段階性の軸として「概念提示」「基本設計」「実施設計」の三段階，政策の包括性の軸として「構造」「総合機能」「個別機能」の三段階が設定され，それら両軸のマトリクスで表象される 9 つのセルでの政策類型が提示された．山口はさらに対応する政策決定過程として，図 1－2 のような理念型を提示している［山口 1987：85］．

政争過程とは，村松が言うイデオロギー過程に相当するものであり，「与野党含めた政治家，マスメディア，官僚がそれぞれ政治状況に対応して，政策システムの基本的目的を掲げて争う相互交渉の過程」とされる．一元的意思決定ないし戦略過程とは，「計画志向性が高く，基本的に少数の均質的・専門的官僚によって担われるものとされ，各種の計画など，必ずしも法律の形をとらず政治家が制度上は関与しない場合も多いもの」とされる．多元的相互調節ないし利益過程とは，「官僚，政治家，顧客集団（利益集団）の相互作用による政策過程」とされる．

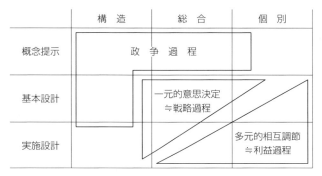

図1-2 山口による政策類型と政策決定過程モデル
出典：山口［1987：85］の図を加工．

　では，以上に概観した，国内行政を前提としたロウィや日本の行政学者らによる政策類型論ないし政治過程モデルによる知見を，EUを対象に国際行政という次元での政策過程の類型化を試みる際にどのように活かせるであろうか．まず，ロウィや日本の行政学者による政策・政策過程の類型論の試みの特徴として指摘できるのは，いずれも政策過程の各類型と対照的に見出されるアクター構成やアクター同士の関係の特徴を示そうとする志向性を有しているから，EU政策過程の類型を考慮する際にも関与する諸アクターとそれらの関係性に留意することが有用であろう．また，真渕による類型論では，分配・再分配などの政策の機能と照合できる政策領域を分類する試みが含まれる点に特徴があると思われ，さらに，山口による類型論では，ロウィが示したような政策の内実的な機能はさておき，外在的な特徴から分類したものでありながらも，政策の包括性や具体性の度合いから導かれる政策体系に配慮したオリジナルな類型論を提示したことと，それに対応する政策決定過程モデルを提示したことに意義があると思われる．

　とりわけ，政策過程でのアクター間の関係性に対応させて，① 価値体系と絡む与野党・官僚間での政治的対立を伴う政策過程（村松の「イデオロギー過程」および山口の「政争過程」），② 価値体系の対立まで含まないが政治家と官僚とがミクロな政策で関与する政策過程（山口の「多元的相互調節」ないし「利益過程」），③ 政治家の関与が極めて限定的で官僚内部での相互作用に限定される傾向がある「一元的意思決定」ないし「戦略過程」の政策過程とが概念区分できるという視点からは，政策過程における官僚と政治家の関係を意識せざるをえない．

これは，アメリカ行政学の黎明期に分析合理性の観点から志向された政治行政分離論のイメージで政策過程を捉えるのではなく，機能的に政治行政融合論に立脚して政策過程を捉える必要性を示している．また，山口が着想した政策体系という切り口から，EU 政策過程を類型化して把握するという作業はこれまでほぼ行われたことが無いため，本書での EU 政策過程の分析枠組として活かすことを意識しておきたい．

（2）国際行政における政策過程の類型論の手がかりの検討

前項では国内行政を前提とした政策過程の類型論を概観したが，国際行政としての EU にとって有用な政策過程類型の切り口とは何であろうか．ここでは，国内行政と比較した場合の国際行政の特徴から考えてみたい．

行政学者の曽我 [2013] は，マルチレベルの行政という視座を設定し，本人・代理人関係 (いわゆるプリンシパル・エイジェント理論) で通底的に分析可能な対象として，国家行政，地方行政とならび，国際行政を対象として同等の重きをおいて取り上げている．曽我によると，まず，国内行政と比較した場合の，地方行政と国際行政に共通する理論的特徴は「本人の複数性」に見出せるという．すなわち，国家行政の次元での本人 (主権者) は国民という「単一性」で観念でき，国家行政機構はその代理人であるのに対して，地方行政も国際行政もそれらの行政機関はたしかに代理人ではあるのだが，その仕える本人が国家行政の場合とは異なり複数あるとの指摘がなされる．ただし，地方行政と国際行政では，本人の複数性のあり方が異なる．地方行政機関にとっては，その地域の住民だけでなく，地域の住民とも重なる国民の代理人であるところの国家行政機関 (中央政府) もまた本人であるという意味で，本人の複数性がイメージされる．それに対して，国際行政機関にとっては，「EU のように最も統合の程度が高く，それ自体が議会を備えている場合であっても，依然として主権は国家に残されている」[曽我 2013：224-25] から「多数存在する各国政府が本人であり，国際機関がそれらの共通の代理人となる」[曽我 2013：225] という意味での，本人の複数性が理論的に想定できるという．さらに曽我は，国際行政の特徴として，その成立・発展の規定要因として，① (国際的な協調の可能性を説く) 理念やアイディア，② 各国の集合的利益 (国際的な公共の利益)，③ (国際機関への権限の集中と各国政府への分散に関わる) 制度面での各国個別の利益，に整理して挙げつつも [曽我 2013：277-83]，そのうち①の要因が，国家行政や地方行

政以上に，国際行政では鍵となる要因としてイメージされているようである［曽我 2013：220］．

一方，国際機構として主に EU と国際連合とを対象に国際行政現象を研究してきた福田耕治によると，「国際行政とは，国際機構の行政機関あるいは国内行政機関との歯車のかみ合うような『合成』，連携・協力を前提とする『混成システム』においてはじめて機能し，意味をもつ，国際公益の実現のための行政活動と国際公共政策過程である」との定義が試みられている［福田 2012：12-13］．この福田による国際行政の定義が含むニュアンスは，先の曽我による本人・代理人関係に基づく国際行政の特徴の見出し方とは重要な点で異なる．というのも，曽我の場合は，主権を有する本人たる国家と，代理人たる国際行政機関とは，主権の有無により「分離」された「他者」性がどこまでもつきまとうイメージがあるのだが，福田の場合は，「分離」でなく，「合成」や「混成システム」という「融合」的であることこそが国際行政の特徴だと捉えているからである．このように，基本とするニュアンスに差違はあるものの，曽我にも福田にも共通するのは，国際行政がパラダイムとして成立する前提として，国内行政の研究分野の主要な一角をなしてきた政府間関係，すなわち中央政府と地方政府との関係と同様の認識枠組が，関係する行政の次元を一段階上げながら，国際行政の次元で国際行政機関と国内行政機関との関係として見出せることに立脚している点である．たとえば，連邦制か単一国家か，権限関係が明確に分離されたレイヤーケーキモデルなのか，融合的なマーブルケーキモデルなのかといった議論の展開が，国際行政次元と国内行政次元との関係でさまざまに語られよう．そのいずれの形態が国際行政としての EU に合致するかはさておき，政府間関係のあり方を反映した切り口として，EU の政策過程の類型を考えてみることが手掛かりとなろうことは確認できたと思われる．

（3）EU 政策研究における政策過程の類型論：ウォーラスによる議論

それでは，単に国際行政としてというだけでなく，EU に特化して学術理論的な政策過程類型の整理はこれまで試みられなかったのだろうか．実はある．ここでは，EU 政策形成に関する標準テキストに記載されているゆえに，EU の学術的な政策過程の類型論としておそらく最も普及しているであろう，ウォーラスによる5つの政策過程の類型（ウォーラスの表記では Policy Modes）を確認しておきたい．

1) ウォーラスによる EU 政策過程の類型論の概要

ウォーラスは EU の政策類型を大きく5つに，すなわち，①古典的な共同体方式（The classical Community method），②規制モード（The EU regulatory mode），③分配モード（The EU distributive mode），④政策調整（Policy coordination），⑤集中的な政府間主義[13]（Intensive transgovernmentalism）として分類している［Wallace 2010：69-104］．

①古典的な共同体方式とは，主要な EU 立法機関である欧州議会，閣僚理事会，欧州委員会の3機関による EU 立法を経て執行されるものである．これは，1960年代後半の当時の共通農業政策のパターンを定式化した超国家的な要素が濃いものとして観念されており，欧州委員会に政策提案と政策執行の権限が限定され，その欧州委員会の権力を牽制しつつ，EU 加盟国間での国益追求に基づく交渉の場として閣僚理事会がイメージされている．そこでの欧州議会の権限は限定的で諮問的なものにとどまるものと想定されている．

②規制モードとは，欧州議会，閣僚理事会，欧州委員会の3機関による EU 立法を経て執行される点で①の典型的な共同体方式と変わるところはなく，政策提案・執行権限が欧州委員会に限定される点でも同じであるが，欧州委員会が対象となる利益団体等のステイクホルダーや専門家らと協力しながらますます「経済的基準」に則って規制の創出・運営にいそしむのに対して，欧州議会は，規制が立法化される際に，環境面・地域面・社会面などの「非経済的基準」を促進するものであるとのイメージが持たれている．この規制モードが典型的に該当する政策分野としては，EU 域内市場創設のための EU 加盟国間の規制差異の撤廃，域内市場のもとでの競争政策（独占禁止規制など），産業振興政策，環境政策などが挙げられている．

③分配モードとは，これも先述の3機関による EU 立法を経て執行される点で①②との違いはないが，共通農業政策分野での農産物の価格支持の仕組みを端緒として，1980年代半ばからは，経済発展が遅れている後進地域への，いわば日本でいう地方交付税のような「再分配」の仕組みが地域構造基金として「結束」（cohesion）という名称で導入されており，そこに典型的に見出せるものとされている．

④政策調整とは，法的に EU に政策の権限がない分野において，欧州委員会が EU 加盟国間で相互に政策を比較学習するための「ベンチマーキング」となる指標なりガイドラインなりを「ソフトロー」として産出するというもので

ある．上記①②③のような EU の立法にかかわる 3 機関の相互作用につき，この④ 政策調整の説明においては言及されていないが，EU としてのソフトローである限り，閣僚理事会や欧州議会による立法的な追認を要するものの，法的な遵守義務は EU 各加盟国に生じない．ただそれでも，いわばサイクル的な政策評価と政策学習の仕組みを通じて EU 各加盟国やさまざまな社会的アクターがそれに基づき行動変容が促されるものと想定されている．例としては，今日では既に EU の権限となっている環境政策分野がまだ EU の権限ではなかった時代から，欧州委員会が環境の専門家らとともに推進し，1986年調印の基本条約である単一欧州議定書にて，法的に EU（当時 EC）の権限とすることに至らしめたというように，EU に法的な政策権限がない分野であるにもかかわらず，準備的に協力の慣行を生み出し，最終的に EU の政策権限とするうえでの試行的な政策類型として観念されている．また，2000年以降の経済・社会面での EU 域内の包括的な方向付けの枠組みとして運用されてきた，いわゆる「リスボン戦略」においても，そこに含まれる OMC（open method of coordination: 開放的調整方式）が典型的に該当するものとされている．

⑤ 集中的な政府間主義とは，①〜④とは異なり，政策形成過程においての欧州委員会の役割が周辺的な位置にあり，欧州議会や欧州司法裁判所も排除される．代わって，EU 加盟国首脳の集まりである欧州理事会が全体的な方針を決め，それをもとに閣僚理事会が加盟国間での協力のための意思決定を行うというものである．これが典型的に該当する政策分野として，経済通貨同盟（EMU: Economic and Monetary Union）に係る金融政策分野が挙げられる．金融政策の主権が EU に移行するまで，1960年代から着々と金融政策の加盟国間での協調・統合を進めていくための協議枠組として，この政策類型が用いられてきたのだとして紹介されている．また，防衛面も含んだ共通外交安全保障政策の分野や，司法内務協力分野が該当するとされている．

2）ウォーラスによる EU 政策過程の類型論に対する考察

前項に見た①から⑤がウォーラスによる EU の政策過程の類型分類の概要であるが，この5類型は EU 政策過程類型についてのあくまで理念型として示されている．このウォーラスによる EU 政策過程の類型分類の含意は，EU には政策分野の違いに関わらず普遍的にあてはまる単一の政策過程の類型というものはなく，EU の政策分野ごとに対応する支配的な政策過程の類型が多様に存

在するということであった．このウォーラスによるEU政策過程の類型について，補足や批判も含めつつ検討して気づかされる点，また，彼女が日本の行政学者による政策過程の類型論や国際行政の検討を参照したことは想像しにくいが，それらも含め対照させて指摘できる点を合わせ述べると以下のとおりである．

第1に，政策を機能別に分類する発想が入っており，そこにはやはりロウィの分類論の影響を見いだせよう．②規制モードと③分配モードという分類設定は，実質的にロウィが言う規制政策と再分配政策とに該当する分類設定である．そして，各政策類型を機能別に分類しそれぞれに該当するEUの政策分野を対照的に見出しているという点は，真渕による日本の政策過程分類の発想とほぼ同じである．ただし，①古典的な共同体方式と⑤集中的な政府間主義は機能別分類とは言いにくく，立法過程手続の違いに基づく分類となっている．②規制モードと③分配モードも，もし，政策提案・実施権限が欧州委員会に集中しているとするならば，結局は①古典的な共同体方式と同様の立法手続きに則っていることになると思われるし，②規制モードに相当する政策分野も実質的に①古典的な共同体方式に則っていることがほとんどなので，①と②を分類区分する意義はあまりないだろう．

第2に，ロウィや日本の行政学者らは，政策の各類型と対照的に見出される政治過程やアクター構成の特徴を示そうとする志向性を共通して有していたわけだが，それがウォーラスによるEU政策類型論では明確には見えてこない．というよりも読み替えを要する．ロウィや日本の行政学者らが政治過程でのアクターと想定していたのは，国内政治行政アリーナに関わろうとするいわば経済的な利益集団などであるが，その要素は一応②規制モードにて欧州委員会の周辺に関わるものとして触れられている．しかし，実際は閣僚理事会であれ，欧州議会であれ，その周辺にもアクセスして活動しているであろう[14]．代わってウォーラスがEUの政策過程での主要な政治的アクターとして想定しているのは，EUの立法過程に関わる3機関のそれぞれが相互関係のうえで独自性をもつ主体としてのそれである．欧州委員会，欧州議会は単独アクターとして，閣僚理事会も，そのメンバーであるEU加盟国政府代表のそれぞれがアクターたりうるのだが，その集合体としては，欧州委員会や欧州議会と相対関係をなす単独のアクターとして理解されていると読めるわけである．上で①古典的な共同体方式と②規制モードや③分配モードの差異が実質的には相対化してい

ることを指摘したが，それにもかかわらず① 古典的な共同体方式が独自の政策類型としてウォーラスによってあえて設定されていることの意味は，① 古典的な共同体方式では，アクターとしての欧州議会の権限が3機関のなかで弱いのだが，② 規制モードや③ 分配モードでは，欧州議会にも有意義な立法権限があるという違いを含意しているのだと読み取れば理解できるだろう．⑤ 集中的な政府間主義では，EU 諸機関のうち，閣僚理事会だけが有意義なアクターであり，欧州委員会も欧州議会も排除されて，加盟国首脳から構成されるよりハイパーな存在たる欧州理事会が閣僚理事会をコントロールしているものであり，ここでは EU 域内社会のための行政活動としての政策過程というよりも，EU 加盟国政府が主アクターとしてそれらの相互関係が外交として展開されている分野と捉えられている．

　第3の点は，日本の行政学者による国際行政観の検討で見出された特徴として，曽我の「分離」であるか福田の「融合」であるかのニュアンスの違いはあれ，国際行政の次元での「国際行政機関と国内行政機関との関係」が鍵となりそうであり，そのあり方に応じた EU の政策類型の可能性に言及したことと関わる．ウォーラスによる EU 政策類型論の場合，「国際行政機関と国内行政機関との関係」に応じた EU 政策類型の視点が，今見たばかりの第2の点と組み合わさって織り込まれているのである．つまり，① 古典的な共同体方式では，EU の立法に関わる3機関のうちの欧州委員会と閣僚理事会とが対抗・牽制的関係にあるという点を強調すれば，欧州委員会（国際行政機関とイメージされる）と閣僚理事会（メンバーが加盟国政府代表であるがゆえに国内行政機関の集合体とイメージされる）とが，それらの間で「分離」的な状況にある政策類型と言えそうである．ただし，欧州委員会に排他的に政策提案権限が独占されているという要素を強調して閣僚理事会よりも欧州委員会に権限の比重があるとすれば，曽我がイメージしたような「代理人」としての欧州委員会というのではなく，現象的には主客転倒してむしろ本人であるかのような欧州委員会から，加盟国政府の集合である閣僚理事会へと一方的に政策提案が行われつつも EU としての政策決定（立法）が実現するという意味で，トップダウン的で「融合」的な政策類型と見ることもできよう．一方，② 規制モードや③ 分配モードでは，① 古典的な共同体方式とは異なり，加盟国政府の集合である閣僚理事会と同等に，「欧州市民」を代表する別次元の本人性を有した欧州議会も EU 政策過程での有意義なアクターとされている．伝統的な行政学説史で言うところの政治行政

分離論の考え方からすると，欧州議会という議事機関を「国際行政機関」とは位置付けにくいものの，政治行政融合論的な観点をとりながら「国際―国内」という二次元の極で見れば，欧州議会は紛れもなく「国際（行政）機関」に位置づけられる．とすると，閣僚理事会と欧州議会が同等な権限を有して共同立法として EU 政策決定を行うことがイメージされている② 規制モードや③ 分配モードには，文字通り福田が見出している「融合」の特徴を具備した EU 政策過程の捉え方が織り込まれているのである．

第4に，山口による政策過程の類型の発想に含まれていた，政策の階層性・段階性ないしは具体性というような政策体系を意識した発想は，ウォーラスによる類型論には含まれていない．

4．EU 政策体系の層（マクロ・メゾ・ミクロ）の概念化とその意義

（1）政策の体系性を視野に入れた EU の正統性問題へのアプローチ

第2節で，1990年代後半に百家争鳴的に出された EU の正統性問題とその処方箋を4つのパターンに整理した．そこでは議会制民主主義を重視する構想同士でもジレンマがあり，それらと参加民主主義との間でもジレンマがあることに加え，さらにそれらと効率性の概念も錯綜している状況を見た．ここでは，第3節で行政学分野での政策過程類型の先行研究を検討するなかで，EU 政策過程において「政策の体系性」に着目するという手がかりを得たことから，この政策の体系性を視野に入れた EU の正統性問題への処方箋を新たなアプローチとして提示したい．これを通じて，EU 官僚制たる欧州委員会が，現実には政治的な角逐とともに非合理性を帯びがちな EU 政策過程のなかでいかに合理性を確保しようとしているのかという，欧州委員会による合理性追求戦略の一端を予備的に考察できる．

同時に，この作業を行うことは，本書が EU の「政策の体系性」を分析枠組として採用する意義の説明ともなる．すなわち，第4章での通常の EU 政策過程分析に加えて，第3章で EU 基本条約改正の過程分析を扱う意義や，第5章で扱う「リスボン戦略」が OMC という政策類型とともに総合計画・政策評価として機能することで，EU の正統性問題への規範的処方箋たりえたことを理解する視座を提供できるだろう．

（2）インクリメンタリズム理論を契機とする EU 政策体系への視点

第2節で見た EU の正統性問題に関する各モデルのうちで，3) マルチレベル・ガバナンスモデルおよび政策ネットワークモデルや，4)「規制国家」モデルは，行政学や公共政策学の影響を受けたものだった．しかし，それらとは異なる行政学分野の知見を活かして EU を概念化したうえで，これをもとに「民主主義」と「効率性」の両面に配慮して EU の正統性問題を考察できないだろうか．その考察の視座として，ここでは，先に言及したリンドブロムによるインクリメンタリズムの議論を確認すると同時に，それを批判しつつイェッケル・ドローが示唆した「メタポリシー」概念やアミタイ・エチオーニの「根本的決定」概念を組み合わせて考察することで，「政策の体系」としてのインクリメンタリズムというものを提示したい．

1) インクリメンタリズム理論と EU 政策過程モデルとしての妥当性

インクリメンタリズムは，政策立案の規範的方法と考えられてきた，古典的な経済学理論に基づく「合理的意思決定」の否定から始められた[15]．完全な合理的意思決定は，政策立案者にとって，すべての選択肢，その各々を採用した場合の結果，それらの序列的な優先順位，これらが明らかであることを前提としているが，それは人間の知識・情報収集力・予想能力の限界ゆえに現実にはありえないとされた．また，所与の目的達成のために手段を選択するという政策立案の方法そのものも否定された．なぜなら，この方法では，目的の一次的手段候補に対してさらに手段候補を設定する作業の繰り返しによって，膨大な政策代替案の体系（目的―手段のヒエラルキー）が構築されるが，それらを比較分析するコストが莫大となるからである．そもそも，目的自体も明確でないことが多いし，可能な手段に合わせて目的が調整されることもある．そこでリンドブロムは，政策立案を「理想の目的達成」というよりも「差し迫った問題の改善・除去」として捉え，現状に対する僅かな修正を連続的に加える「模索」(muddling through) 型の意思決定を提唱した．「ある政策はある問題に向けられる．すなわち，政策は試され，改められ，改められた方式でまた試され，というように続いてゆく」というものである．

これは現実の描写・記述であるだけでなく，政策立案の規範的方法とされる[16]．なぜなら，漸進的な変化だけがなされるのであれば，大規模で深刻な失敗が避けられるからである．また，選択肢として既存政策と僅かしか変わらない政策

代替案に絞ること，それら代替案同士も互いに少しだけしか異ならないことによって，比較分析のコストが抑えられ「効率性」が達成されるからである．さらにリンドブロムによると，インクリメンタリズムは，単一の政策立案者の方法論にとどまらず，政策過程における複数アクター間での合意形成方法としても現実に合致し，かつ規範的であるという．政策過程でのインクリメンタリズムが規範的であるのは，複数アクターの政策案に含まれる価値基準が「多元的相互調節」(Partisan Mutual Adjustment) されることにより，結果として生じる政策は多元的「民主主義」を達成するからである，とされる．

このインクリメンタリズムの理論は，EUにおける政策過程の現実記述モデルとして，通常の国家以上に妥当するだろう．政策発案権を独占する欧州委員会は，政策過程を通じて，各加盟国の利益と，それらと本質的にジレンマ関係にある欧州全体の利益とを考慮しなければならず，政策立案の合理性は極めて制限された状態にある．先の曽我の表現に倣えば，代理人である欧州委員会は，複数の本人を構成する加盟国のそれぞれに資する政策案を立案しなければならず，調整の難度が高い．そのため欧州委員会の政策立案の方法は，通常の国家官僚による政策立案以上に「模索」型とならざるをえない．また，欧州委員会・閣僚理事会・欧州議会の相互作用によって展開される共同体方式の政策過程でも，日常的に立法化されている個別具体的な政策を観察してみると，それらのほとんどが既存の意思決定の取り消しや修正を内容としており，「政策の内実」としても実際にインクリメンタルなものである．

EUの政策過程が現実記述的モデルとしてのインクリメンタリズムに妥当するのであれば，それがリンドブロムによって規範モデルとされた根拠によって，以下のようにEUの正統性問題にアプローチできるのではないだろうか．すなわち，共同体方式によるEU統治構造の3機関の相互作用を通じた日常的なEU政策過程そのものは，欧州委員会の職員による政策立案がインクリメンタルであることで，分析コストが抑えられており「効率的」である．また，欧州委員会の各総局と閣僚理事会とが互いに整合性を保ちながら，政策セクターごとに分業されているが，この制度構造自体も，他セクターへの外部効果を考慮しない立案業務を可能とする点で分析コストを抑えるものとして「効率性」を担保している．第2節で見た1）議会制民主主義モデル（欧州議会の権限強化論）と2）リベラル政府間主義モデルからは，閣僚理事会での多数決制度や欧州議会の権限の問題を中心に「効率性」が考慮されていたが，それらは，EUの政

策過程自体の速度が遅いことの非効率性を問題としていた．インクリメンタリズムの観点からはこの意味での「効率性」は問題として立ち上がらない．また，「民主主義」についても，閣僚理事会と欧州議会との関係を「ジレンマ」として否定的に捉えるのではなく，まさに多元主義的により多くの社会的利益がEU政策過程に反映されることを保証する「二重の民主主義」として，むしろ肯定的に捉えられることになるだろう．

ただし，このリンドブロムのインクリメンタリズム理論に則ってEUの正統性問題にアプローチすることは，それだけでは結局は3）マルチレベル・ガバナンスモデルおよび政策ネットワークモデルの論拠と大きな違いはない．新たな分析基軸として「メタポリシー」概念との接合に至るためには，インクリメンタリズム理論に対して行われた批判について見ておく必要がある．

2) EU政策体系における「メタポリシー」と「根本的決定」

リンドブロムに対する批判は，インクリメンタリズムが現実記述的モデルとして概ね妥当することは認めつつ，それが規範的モデルと主張される点に対して向けられた．

その批判者の1人であるイェッケル・ドローによると，「模索」型の政策形成は，既存政策が概ね満足されており，問題の性質が持続的なものであり，かつ問題に対応するために利用可能な手段も持続的である，という条件下でのみ認められる．また，「模索」型の政策形成では，現状維持的な保守イデオロギーを強化するだけで，大規模な社会的変化が必要とされる場合には対応できない．社会に有意義にインパクトを与えるためには，「模索」によって完全に合理性を放棄するのではなく，現実の政策形成で見られる「模索」に何らかの合理的要素を回復させなければならない．その方法としてドローが提唱したのは，「政策をいかに決定するかについての政策」である「メタポリシー」を改善し，過去の個々の政策を体系的に評価して次の政策形成に活かせるようなシステムを構築する，というものであった [Dror 1964；1968]．

もう1人の批判者であるアミタイ・エチオーニは，「模索」型の政策形成での連続的な小変化が大きな変化を生み出す可能性を認めながらも，小変化が必ずしも累積的な効果を持つとは限らない点を指摘した．循環的にもとの状態に戻ってしまうだけかもしれないし，多方面に分散して方向性が見失われてしまうかもしれないのである．これを避けるためにエチオーニが提唱した規範的モ

デルが「混合走査法」と呼ばれるものである．この混合走査法は，基本的方針を定める「根本的決定」と，その基本的方針に沿って行う「小決定」とを峻別し，「根本的決定」に重要な価値選択と綿密な合理的分析を集中させる一方で，「小決定」についてはインクリメンタリズムの「模索」型で対応する，というものである［Etzioni 1967］．

　ドローによる「メタポリシー」も，エチオーニによる「根本的決定」も，共同体方式という，欧州委員会・閣僚理事会・欧州議会の相互作用による日常的な EU 政策過程を超えた視点を要請させずにはおかない．EU に「政策をいかに決定するかについての政策」である「メタポリシー」を見出そうとするならば，それは EU 統治構造の諸機関の構成やそれらの相互作用の枠組そのものを規定している基本条約そのものということになるであろう．EU の「根本的決定」に相当するものも同じく基本条約に見出せる．なぜなら，基本条約には，機構間関係の設定に関する規定とともに，政策領域別の規定が列挙されており，EU 諸機関が日常的に立法化している個別政策はそれらを具体化したものと解することができるからである．

　EU の基本条約を「メタポリシー」や「根本的決定」として，EU 統治構造における 3 機関を通じた「共同体方式」による EU 政策過程よりも上位の政策カテゴリーに位置付けることは，EU に「政策の体系性」を感知する契機となる．では，その際に，「メタポリシー」「根本的決定」と観念できる EU の基本条約自体はどのように形成されているのか．ドローやエチオーニの文脈に沿って解釈すれば，共同体方式による日常的な EU 政策過程では「模索」型を認めるとしても，基本条約の形成においては「模索」型を排除した合理的分析の要素がいっそう期待されるはずである．この観点から，第 3 章では，EU の基本条約の改正過程として，欧州憲法条約草案の形成過程を，実質的な議論の内容とともに詳細に検討する．このメタポリシーのレベルの EU 政策過程において，EU 官僚制たる欧州委員会が通常の EU 政策過程の合理性を追求するその内容が，同時に，欧州委員会の権限拡大志向を伴う状況を見出すことになる．

　3）「メゾ」レベルの政策への視点：総合計画としてのリスボン戦略

　ただ，現実の EU 基本条約そのもの自体は，1990 年代から将来的に中東欧諸国が EU に加盟し，加盟国数が従来の倍近くに増加することが見込まれるなかで，閣僚理事会での全会一致制を懸念する論理と同じく，改正の意思決定が非

常に困難になると考えられてもいた．そこで，先にウォーラスによる EU の政策過程類型論の④ 政策調整にて触れた，EU 加盟国に対して厳格な法的な拘束力を伴わない OMC という形式で，各 EU 加盟国が準拠するべき指標を含む政策ガイドラインから構成される EU の総合計画を構築し，各加盟国の進捗状況を定期的にチェックする政策評価の仕組みが導入された．これが第 5 章で扱う EU のリスボン戦略である．この総合計画の枠組では，EU での政策ガイドラインに対応した各加盟国のガイドラインの作成も推奨され，そのガイドライン作成には市民社会を含む多くのアクターらが関与することにより，少なくとも理論上は，EU の総合計画の体系全体に民主的な正統性がもたらされると考えられたのである．この総合計画には，OMC による政策ガイドラインだけでなく，EU 法令形式での通常の EU 個別政策も有機的に関連づけられ，それが「政策の体系性」をもたらすことになる．定期的モニタリングは，1 年に 1 度，3 月の欧州理事会の場が基準（マイルストーン）として設定され，前年度の評価と次年度へのフィードバックを行うこととされた．

　このリスボン戦略という総合計画は，メタポリシーである EU の基本条約というマクロな政策類型そのものではないが，通常の EU 政策過程をミクロな単位としたときに，それらの中間の「メゾ」単位の政策に相当するものである．先に見た山口による政策類型になぞらえれば，「総合機能」かつ「基本設計」に相当する（図 1 - 2 の 9 つのセルから成るマトリクスの中央に位置する）政策である．

　この総合計画を通じた「政策の体系性」の構築と，それを前提とした定期的な政策評価の仕組みは，政策ガイドラインが含む指標の変更可能性も視野に入れつつ「インクリメンタリズム」を制度化したものと観念できる．それゆえ，第 5 章の事例研究において焦点となるのは，欧州委員会がいかに合理的に政策ガイドラインを策定しているか，総合計画としてのリスボン戦略とミクロな通常の EU 政策過程との間に「目的─手段のヒエラルキー」が構築され，有機的に政策体系として機能することを通じて，通常の EU 政策過程に合理性がもたらされているかどうか，ということになるだろう．

注
1) 欧州委員会の組織論的な内部編成や総局毎の業務文化等に対する考察については Nugent［2000］を参照．
2) 戦前の国際行政連合の経験（国際河川委員会：ライン河の共同管理，国際電信連合，

万国郵便連合等）から，非政治的な領域における関係を育成・発展させていくことで国家間の協力を制度化していき，国際平和の基礎を確立するという発想をもとに，デビッド・ミトラニーによる「機能主義」が存在していた．ミトラニーの機能主義の場合，各政策セクターが無関係に発足していく素朴な「積み上げ式」のイメージとなるが，ハースの新機能主義の場合は，隣接する政策分野が連動的に統合へと促されるメカニズムを提示している点で機能主義の統合の論理とは異なる．それゆえ，理論として概念区分されるのである．この機能主義と新機能主義の際については最上 [1996: 261-73] を参照．
3) ハースも含めそれ以後の国際統合関連の理論については鴨 [1985] を参照．
4) モラヴシックの議論が本格的に展開される前から，たとえば，ミルワードによっても，欧州統合現象によって国家が弱まるというわけではなく EU（EC）の政策は国家を強化するものであるとの議論もなされていた [Milward 1992]．
5) この対抗図式は，国際政治学理論での，国際協調を志向するネオリベラル制度主義と，国家中心志向のネオリアリズムとの理論対抗の反映と見ることもできる．ネオリベラル制度主義とネオリアリズムについては進藤 [2001: 125-58] を参照．
6) 2000年代の基本条約改正の交渉過程について，「新機能主義≒連邦主義≒超国家主義」と「政府間主義≒国家主権志向」それぞれの理論的想定の弱点を修正しつつ，アクターの交渉スタンスの変化の合理的説明を試みているものとしては武田 [2013a, 2013b] を参照．
7) 2000年代に入って以降でも，鈴木一人による「規制帝国」としての EU 認識や，EU の（主に対外的に）自らの標準規制に従わしめる影響力としての「EU の規制力」が概念化されている [鈴木 2012] が，直接的にここでのマヨーネの議論とは別の議論として分けておかなければならない．
8) 「民主主義の赤字」が認識され始めながらも，一部の高名な EU 法学者が EU の正統性を是認する見解を出していた．たとえば，Weiler [1991] は，単一欧州議定書に含まれた，域内単一市場形成のために閣僚理事会での特定多数決制の適用が拡大されたことは，「欧州統合のイデオロギー的中立性」を揺るがしたものの，それを健全な展開として是認していた．
9) 政策，制度，アイデンティティの各側面から政体としての EU の正統性を考察した書籍として Banchoff and Smith [1999] を参照．
10) 中村 [2005] も「多次元的ネットワーク・ガバナンス」に EU の特徴を見出しているが，いわゆる「帝国論」のように遍在的に作用する権力作用状況にネットワーク性を見出すことに主眼があり，ここでの政策ネットワークモデルの脈絡とは区別しておく必要がある．
11) この2つの民主主義モデルのジレンマにつき邦語でわかりやすくまとめられているものとして押村 [1999: 79-98] を参照．
12) 片岡 [1976: 8] は，国家と社会とが相互に浸透しあって自同性が発達した状態を

「行政国家」と称し，その国家と社会の間を媒介するのが，政府行政機構の司る行政であるとしている．これと同様の関係性がEUと加盟国との間の融合的性質にも見出せるのであり，本書では，その媒介機能を果たすEUの政治行政機構を司る行政に注目していることになる．

13) ここでの「政府間主義」での「政府間」という言葉は，EU研究における学術用語の慣例として「EU加盟国政府間」という意味で用いるものであり，国内行政を対象とする行政学の学術用語として，地方自治体相互の関係以上に国と地方公共団体の関係が含意される「政府間」関係という言葉とは本質的に異なるものである．

14) Klemens and France [2004] においても，EU諸機関へのロビー活動を専門とするコンサルタント会社に依頼して，欧州委員会にではなく欧州議会の議員にアクセスして利益実現を図る事例が掲載されている．

15) インクリメンタリズムについての邦語によるまとまった解説として谷［1990］を参照．

16) このリンドブロムの議論は，科学哲学者ポパーの議論と重なる．ポパーはプラトンの国家構想を「ユートピア工学」として否定しつつ，代わって「ピースミール社会工学」を提唱した［Popper 1945：邦訳第一部 157-66］．「ユートピア工学」が，リンドブロムが否定する完全な合理的意思決定状況に対応し，「ピースミール社会工学」が，限定合理性のもとでの規範的な政策形成方法としてリンドブロムが主張するインクリメンタリズムに対応する．

第 2 章　EU 政策過程における政官アクターの戦略と選好

　本章の前半（第1節）では，EU 政策過程において，EU 官僚制である欧州委員会やその他の政治的アクターらが，政策目的実現のために採用する手段の類型を理解するために，主に比較政治学分野で発展してきた歴史的新制度論による「制度変化」の類型を検討する．結論を先取りすれば，「併設」(Layering)，「放置」(Drift)，「転用」(Conversion) という制度変化の類型が鍵概念として導出されることになる．次章以降の事例研究を通じて，これらの変化類型を政策案の実質的内容として採用している状況に，合理性を追求する欧州委員会の戦略性を見出すことになる．

　なお，本書では，政策戦略での「変化の対象」となる「制度」と「政策」との言語上の差異は相対的であると理解し，「制度変化」と「政策変化」という語を特段の区別なく同義で用いる．また，事例研究を通じて，歴史的新制度論にて従来示されてきた「制度変化」の類型とは異なる論理の政策変化の戦略を見出すことにより，歴史的新制度論自体への理論的貢献となることも企図している．欧州委員会は，基本条約規定を前提としつつも，基本条約規定ではただちに想定されていない政策類型の扱い方を意図的に用いることもあり，また，「言説」としての概念操作も併せて駆使している．EU 政策過程において欧州委員会が用いる戦略を理解するのが本書の主目的であるが，その基本パターンとして，まずは歴史的新制度論の変化類型を確認しておくのが，ここでのねらいである．

　本章後半の第2節では，政策過程に関わる政治的アクターの選好につき仮説を整理する．第1章で検討した行政学分野での先行研究からは，政策過程の類型を考慮する際に，政策過程に関わるアクターが官僚制に限られず，政治家や利益集団なども射程に収めていることが確認された．政策過程を基軸に分析する以上，政治行政融合論に従って，EU 政策過程での欧州委員会とその他の政

治的アクターとの相互関係を捉える必要がある. 政治的アクターは，欧州委員会のような官僚制と比した場合に，合従連携と角逐を繰り返す非合理的な存在とみなされる傾向があるが，各々の政治的アクターのほうでも主観的には合理的に独自の選好を有しながら EU 政策過程に関与している. ただし，政治的アクターの選好同士が対立する局面で非合理性の契機が芽生えるのである. EU 政策過程において，欧州委員会が合理的であろうとするならば，こうした多元的な政治的アクターらの選好の差異を不可避的なものとして織り込みつつ，それでもなお合理性を追求しながら戦略的に政策案を構想・提案するはずである. そのため，EU 政策過程の検証においては，官である欧州委員会のみならず，主要な政治的アクターの選好につき仮説を有しておく必要がある.

1. 歴史的新制度論での政策変化類型を手がかりとした EU 政策の把握

　この節では，EU の政治的な動態を把握し説明する分析枠組として，歴史的新制度論がいかに有意義に活用されてきたかを確認し，加えて，その歴史的新制度論自体の理論的進展を踏まえて，それを EU 政策過程研究で新たに適用するための準備作業を行う.

　歴史的新制度論自体は，EU 研究とは別個に，政治学や比較政治学分野において開発された分析枠組であり，邦語・邦訳文献でも数多くの解説がなされている．そのエッセンスを歴史的新制度論がアンチテーゼとする多元主義や行動科学と対照する形で素描すれば概ね次のようになろう．すなわち，従来の多元主義・行動科学では，政治現象を社会還元主義的に「各々が影響力を有する利益集団等の社会的アクターの相互作用」として理解し，各アクターの影響力や選好は外生的要因として扱われてきた．それに対して，歴史的新制度論では，各アクターは自由に所与の選好を有するわけでなく，制度的な制約や制度自体との関わりのなかで（相互構成的にも）自己の選好を発見・規定・再解釈するものと想定する．さらに，時間的に先行するタイミングで決定された政策や制度が，事後のタイミングにおいて，決定当初の想定になかった「意図せざる結果」をもたらしたとしても，その制度・政策に内在する要因や付随する要因ゆえに修正や除去が困難となり，その制度や政策が持続するというメカニズムを特に強調する．

歴史的新制度論がEU政策過程の研究での分析枠組として適用され始めたのは1990年代である．とりわけ，ポール・ピアソン（Paul Pierson）は，EU研究への適用にとどまらず，ほぼ同時並行的に歴史的新制度論自体の厳密な理論構築を行った第一人者でもあり，比較福祉国家研究でも活躍している．1990年代から2000年代前半にかけて，ピアソンの研究に牽引されながら，歴史的新制度論のEU研究への適用が行われたが，この時点までの歴史的新制度論自体の理論的特徴をそのまま反映して，EUの制度・政策の変わりにくさや「持続性」を強調する研究が産出された．やがて2000年代半ばに至ると，分析枠組としての歴史的新制度論自体が進化を遂げ，変わりにくさや「持続性」ではなく，制度や政策の「変化」の説明に比重を置く研究が現れ始めた．1990年代までの歴史的新制度論を「持続性」を重視する「第一世代」とすれば，2000年代半ば以降の「変化」の説明を重視する歴史的新制度論は「第二世代」に相当する［Pollack 2009：邦訳185-6］．そして，EU研究においては，第一世代の歴史的新制度論の適用ほどには，第二世代の歴史的新制度論は，僅かな事例研究を除いて十分には適用されていないのが実態である．
　本節では，理論発展の編年的体裁に沿って，まずは「持続性」を重視する第一世代の歴史的新制度論の分析枠組を活用したEU政策研究の成果や限界を，「拒否点」「意図せざる結果」等の鍵概念ごとに整理して検討する．続いて，「変化」を重視する第二世代の歴史的新制度論の分析枠組を紹介し，そのEU研究での若干の活用例を概観する．

（1）「持続性」重視の歴史的新制度論とEU研究：第一世代
　1）　EU制度における拒否点
　歴史的新制度論の分析枠組として比較的初期から着目された鍵概念に「拒否点」（Veto Point）が挙げられる．これは意思決定の成立・確定の必須条件を「拒否点」と捉えるもので，たとえば二院制議会システムで両院の賛成を要する制度や大統領同意署名制度の有無等，マクロな統治構造や政治過程に埋め込まれた制度に見出される．そして，この拒否点が多いほど，意思決定の停滞を招きやすく，それが拒否点に関わるアクターにとっての影響力の源泉となることが指摘される．たとえば，イマグートによるスイス・スウェーデン・フランスの健康保険制度の比較研究でスイスでの拒否点としての国民投票制度が，スイスの医師会が政府や他アクターとの交渉で妥協を引き出す脅しの源泉として

活用されたからこそ，スイスでは他二国に比べて医師に有利な健康保険制度が実現したのだと説明された [Immergut 1992].

　この拒否点の概念に合致したアプローチを EU 研究に先駆的に適用したのはシャルプフである．彼は当時の西ドイツの連邦制度とも比較しつつ，EU（当時 EC）の政治制度は次の3点ゆえに「共同決定の罠」（joint-decision trap）に陥りやすいことを指摘した [Scharpf 1988]．第1に，EC の基本条約の改正が成立するには全加盟国での批准を要する．第2に，特に EC 閣僚理事会での投票ルールとしての全会一致制は各加盟国政府が拒否権を有するため合意が困難である．第3に，EC 閣僚理事会でたとえ合意に至ったとしても，その内容は各国政府選好間での最大公約数的な画期性が弱いものになりがちである．

　折しも，シャルプフがこの指摘を行ったちょうど前年の1987年には，EU 域内単一市場実現のための加盟国の脱規制（シャルプフの統合モードでいう Negative Integration）に関わる立法の票決では，従来の事実上の規範となってきた全会一致制に代わり，特定多数決制度が導入されていた．一見すると，この現実の欧州統合の展開状況はシャルプフの指摘に沿った処方が施されたかのように思える．しかし，シャルプフの懸念は，経済面での脱規制については特定多数決制が導入された一方で，現出する域内単一市場での「市場の失敗」を矯正する社会的規制関連の立法（シャルプフの統合モードでいう Positive Integration）は EC 自体に権限がないか，あったとしても票決に全会一致を要するという，この非対称性であった[2]．

　シャルプフに触発された，EU での政策分野間での意思決定制度の非対称性への着目のパターンとしては，たとえば，1993年発効のマーストリヒト条約で新たに EU の政策分野となった共通外交安全保障政策や司法内務協力分野でも票決方式は当初は完全に全会一致制であったため，域内単一市場関連分野での特定多数決制との違いに原因を見出しながら，それら政策分野間での EU の立法成立量の違いに関心が持たれた．他方で，1990年代を通じて，EU の民主的正統性強化のために，閣僚理事会との「共同決定手続き」導入による欧州議会の権限強化が行われ，さらに，近い将来に中東欧諸国が新たに加盟する見込みとなっていたが，これらは EU での意思決定制度での拒否点が一挙に増えることを意味した．そこに全会一致制が組み合わされれば意思決定が非常に困難となる．そこで，閣僚理事会での特定多数決制の導入範囲をできるだけ拡げる制度改正提案がなされるなど，実践的な提案ともリンクする研究関心が持たれた．

2）「意図せざる結果」および「経路依存性」

歴史的新制度論における鍵概念である「意図せざる結果」(unanticipated consequences) と「経路依存性」(path-dependence) を EU 研究に適用したのがピアソンである．「意図せざる結果」とは，時間的に先行する意思決定時の目論見とギャップがある形でもたらされる結果のことであり，このギャップを発生しやすくする原因は，EU の場合，主に次の3つの局面に見出せる．第1に，行為主体の本人性を加盟国政府に見出すとすれば，その本人にとっての代理人たる欧州委員会等の EU 諸機関が本人の意図を外れた自律的行動をとることである．これはプリンシパル―エイジェント関係における「エイジェンシー・スラック」に相当する．第2に，加盟国政府が国政選挙との関係で短視眼的傾向にあることである．第3に，意思決定時の議題が過多で過負荷状態にあることである [Pierson 1996：132-47]．

しかし，意図せざる結果は，必ずしもマイナス要因として除去が望まれるとは限らない．むしろ，現状からの変更そのものを嫌い，安定した予測可能性が優先される場合には，その結果が維持される．そこで，その意図せざる結果という現状に利害を有するアクターが形成されれば，ますます現状をより積極的に固定化するメカニズムが作用するし，時の経過とともにそのアクターが既得権益化していけば，固定化メカニズムはさらに強化されるはずであろう．こうしたポジティブ・フィードバックや収穫逓増のメカニズムも作用することにより，「早期の決定がアクターに対し，たとえそれによって生じた結果が著しく不十分なものであっても，過去から引き継いだ制度的・政策的選択を永続化するインセンティブを提供すること」[Pollack 2009：邦訳 184] としての「経路依存性」がもたらされるのである．

ピアソンは，この歴史的新制度論の分析枠組を，EU での萌芽的な社会政策導入につながる「欧州社会憲章」での意思決定に適用した [Pierson 1996：150-56]．EU での社会政策の策定を望まない英保守党のメージャー政権は，他のEU 加盟国同士での社会政策面での共通の意思決定を妨げないままで，国政選挙での自党内部結束の目的だけで，英国は「欧州社会憲章」には参加しない「オプトアウト」を選択したが，この判断は「意図せざる結果」として社会政策面で英国の主権を実質的に脅かすことになった．なぜなら，英国以外の EU加盟国間での社会政策面の立法がメージャー政権の想定以上に進捗していくことで，共通市場での取引上の互換性の観点から，英国でもオプトアウトした

ずの立法内容に準拠せざるをえない圧力に晒されたからである．結果として，英国は1997年の政権交代を経てEUでの社会政策面に「オプトイン」することになったのであった．日本のEU研究者においても，山本［2001］が，EUの外交政策で歴史的新制度論の「意図せざる結果」の分析枠組を適用し，EUの東方拡大戦略について，フランスのシラク大統領が前ミッテラン大統領下の交渉での決定方針に拘束され，本来的な自らの選好を歪めざるをえない状況に置かれたことを見事に描き出している．

3）　加盟国制度の拒否点：「欧州化」研究での「適合性のよさ」

これは，1990年代の「持続性」を強調する第一世代の歴史的新制度論が，延伸的に2000年代になって新たな視角からEU研究に適用されたものである．先に見た拒否点概念のEU研究への適用では，「閣僚理事会での全会一致制」というEUの機構制度が独立変数としての「拒否点」となり，従属変数として，変わりにくい粘着性を有する事柄としては，そのEU機構制度のもとでの「EU立法・政策の産出のされにくさ」に見出されていた．それに対して，2000年代に入る頃から，各EU加盟国の国内制度のほうに拒否点を見出す研究が現れ始めた．すなわち，EUの規則や指令の国内法制化等の遵守度が加盟国によって異なるのは，EUの政策やガバナンスの諸制度に対して各加盟国の既存の政策や諸制度が「適合性のよさ」(Goodness of Fit) を有しているかどうかに依存するという問題設定をするのである．これは「欧州化」(Europeanization) 研究と呼ばれる分野で展開されてきたもので，欧州化研究の系譜を丹念に調査した河越［2006］によれば，1990年代は主に「欧州化」とは加盟国が自国制度に適した内容でEUレベルの制度設計を図ろうとする「上方へ垂直」(uploading) 型の局面の事象を指したが，2000年代に入り「下方へ垂直」(downloading) 型のものが出てきたと整理されている．この後者のタイプが，拒否点をEU側にではなく加盟国サイドに見出す研究に相当するものである．たとえば，ベイリーはEU包装廃棄物指令の国内での法的対応における円滑さを英独2カ国で比較する研究を行っている［Bailey 2002］．

このタイプの研究の多くは，EU政策の内容を価値的には問わず，先行する外生的要因として捉え，それに対する各加盟国の既存政策や制度との適合度を比較し，その違いが国内法制化等の実施局面での円滑さの度合いに影響を及ぼすであろうとの想定に基づいている．その意味で，EU規則・指令の実施を監

視する欧州委員会の実務家の目線に立てば，実践的に有意義な視点を提供するかもしれないが，国家の自律性を重視する立場から規範的に拒絶されやすい側面もある.[3]

4）断続平衡モデル

「持続性」を強調する第一世代の歴史的新制度論において，制度や政策の「変化」が全く考察されなかったというわけではない．時間的経緯のイメージとして，変化がなく持続する状態を「平衡」と捉えたとき，その前後に短期集中的な急激な変化が存在し，そうしたピリオディカルな急変化とその間をつなぐ平衡状態が繰り返されていくという「断続平衡モデル（区切られた均衡モデル）」（punctuated equilibrium model）が存在する．ただし，突然変異的な大変化が内生的要因か外生的要因により生じるのか，それとも，平衡と見える期間にインクリメンタルな小変化が累積してある閾値を超えたときに大変化が短期的に生じるのか，そのイメージの持ち方はさまざまに想定できる．特に前者のパターンは，EUの統合理論において，EUの基本条約改正での大変化を集中的に観察し，その間をつなぐ日常的なEUの活動を軽視する傾向があるとして批判されがちな「リベラル政府間主義」の見方に非常に符合する分析枠組を提供するであろう．逆に，後者のパターンは，EUの統合理論における新機能主義に則ってEUの基本条約改正を理解しようとする際の見方に符合するであろう．

（2）「変化」重視の歴史的新制度論とEU研究：第二世代

1）制度変化の分析枠組の登場

1990年代に展開された第一世代の歴史的新制度論では，制度・政策の粘着性や経路依存性を強調することで，制度・政策の「持続性」のメカニズムの説明に力点が置かれてきた．その後，2000年代半ばになると，歴史的新制度論の第二世代として，制度や政策の「変化」に着目する理論的枠組が開発されてきた．この理論的革新が促された背景には，第一世代の説明枠組の弱点として，制度や政策が原初的に発生する状況が説明できないことや，「断続平衡モデル」の概念のように，従前の制度や政策が短期集中的に変化した後に持続する平衡状況を射程に入れながらも，その変化を駆動させるメカニズムが説明できないこと，これらの弱点の解消が期待されていたことが指摘できる．

「変化」に力点を置いた先駆的研究としては，アメリカの社会保障制度の変

化のメカニズムが年金制度と医療制度とでは異なることを，「併設」(Layering) と「放置」(Drift) という政策・制度変化の類型区別とともに説明したハッカーの研究 [Hacker 2002：2005] が挙げられる．このハッカーの説明枠組に言及した宮本 [2008] によれば，「（アメリカでは）1980年代初めに，企業年金にカバーされない一部の被用者のみに認められていた個人退職勘定に関して，これをすべての被用者に開放する『制度併設』が行われた．その結果，多くの人々が公的年金から個人退職勘定に乗り換えていった．この場合は既存の個人退職勘定を前提に，その規制緩和を行うことによって，公的年金制度そのものには手を加えずに，その空洞化を進めたことになる」．すなわち，「併設」とは，既定の制度・政策を廃棄することなく新しい制度・政策を創設・拡大することで，既存の制度・政策を形骸化・空洞化するという変化類型のことを指す．それに対し，「放置」とは，制度を巡る環境の大きな変化に対して制度をそれに適応させることなく放置し，当初の制度の実効性を自動的に喪失させる変化類型のことを意味する．この「放置」に該当する状況は，たとえば，アメリカの雇用ベースの民間医療保険制度が労働市場の変化に合わせて調整されず，その結果，低所得層を中心とする無保険者が増加している状況に見出される．つまり，ハッカーが力説した制度・政策の変化とは，当該の制度・政策そのものの直接的廃棄・縮減ではなく，その制度・政策だけを見れば不変で「持続的」であるものの，取り巻く環境や隣接される別の制度との相互作用ゆえに実質的機能が変化するという意味での変化なのである．それゆえ，ハッカーはこれらを「隠された変化」(Hidden Change) とも呼び，世の中の制度や政策の変化は，わかりやすく明確な制度の新設や改廃よりも，むしろこの「隠された変化」のほうが常態である可能性に，われわれの注意を喚起した．その後，この変化類型の違いが生じる条件に何らかの法則性を見出そうという研究アプローチが彫琢され，最終的には2010年にマホニーとセーレンによる制度変化の分析枠組 [Mahoney and Thelen 2010] の提示に至っている．そこでは，創設当初の目的とは全く異なる目的のために機能する「転用」(Conversion) という変化類型と，わかりやすく明確に目に見える形での「廃棄」(Displacement) という変化類型を加えて，政策・制度変化の4類型として図2-1のように整理された．

　「転用」とは，「フォーマルなルールとしては同じままだが，インフォーマルに新たな方法で解釈され，実行される」という変化類型に相当するもので，たとえば，YMCAが，当初はキリスト教の啓蒙的活動など宗教的使命の実現を

	制度の解釈・実行面での裁量の余地	
	小	大
政治的文脈での拒否発動可能性 　強	併設 (Layering)	放置 (Drift)
政治的文脈での拒否発動可能性 　弱	廃棄 (Displacement)	転用 (Conversion)

図2-1　制度変化の4類型
出典：Mahoney and Thelen [2010：19].

目的とするものであったが，歴史の経過の中で，より広い共同体ベースでの公益活動に従事するものへと機能が変化したことなどが挙げられる [Mahoney and Thelen 2010：17-18].

　図2-1の整理において留意すべきは，従属変数としての政策・制度の変化の類型の違いを導く2つの独立変数として，制度自体の特徴に関わる「制度の解釈・実行面での裁量の余地」の大小，制度を取り巻く環境の特徴に関わる「政治的文脈での拒否発動可能性」の強弱が設定されていることである．ただし，その各独立変数を操作化した指標については詳しくは語られず，事例研究の際には具体的指標の設定が必要となる．また，これら2つの独立変数から直接的に4類型の制度変化が導かれるというパターンと，これら2つの独立変数からまずは媒介変数として「制度変化を牽引する4類型のアクター[5)]」が導かれてそれが4類型の制度変化をもたらすパターンとが想定されている [Mahoney and Thelen 2010：15].

2）　EU 研究への適用状況：2つの事例研究

　2000年代半ばに開発された制度・政策の変化を捉える分析枠組をEUに適用する事例研究は極めて僅少である．EUや加盟国の公共政策研究の学術雑誌である *Journal of European Public Policy* においても，2009年に『EUにおける政治的な時間』に関する特集号が組まれたが，その号の寄稿者の1人であるバルマーも述べるように，歴史的新制度論の活用という意識よりも，政治的アクターの任期という限られた時間的資源による制約の影響など，多面的な時間的要素を変数として取り入れてみることに主眼が置かれていた [Bulmer 2009].

しかし，それでも，政策や制度の変化を捉える分析枠組をEUに適用した若干の事例研究が存在する．ここではその2つの研究例の概要を見た後にそれらを突き合わせながら評価を加えてみたい．

　a）シュワーツァーによる欧州債務危機でのEU統治構造の変化への適用例

　シュワーツァーは，欧州債務危機への対応プロセスでのEU制度の個別の諸変化について，変化類型の違いを見出す研究を行った［Schwarzer 2013］．その際に依拠されたのは2005年段階のシュトレークとセーレンによる分析枠組での変化類型［Streeck and Thelen 2005］であり，それゆえ各変化類型の名称は前節で紹介したマホニーとセーレンによる呼称と異なるので注意を要するが，前節で見た「併設」「転用」「放置」に相当する変化の要素を見出している．以下，この順序で見ていこう．

　まず，シュワーツァーが「併設」として見出した変化の要素は大きく2つある．1つは，2009年発効のリスボン条約で欧州理事会に常設議長職が新設されたことに伴い，初代常設議長のヘルマン・ファン・ロンパイ（Herman van Rompuy）が調整役となりつつ，欧州理事会の危機管理イニシアチブが強化されたことが，この局面において，欧州委員会・閣僚理事会・欧州議会の3機関を中心とする従来の共同体方式の意思決定制度を形骸化したという点である．もう1つ「併設」として見出されているのは，危機管理メカニズムとしてESFS（European system of financial supervision：欧州金融安定基金）やESM（European Stability Mechanism：欧州安定メカニズム）が新設されたことに伴い，それらが融資条件のコンプライアンス監視を通じてユーロ採用国の経済政策調整に介入し始めたことによって，従来は欧州委員会が果たしてきた経済政策調整の機能を代替するようになった点である．

　欧州債務危機対応のなかで「転用」として見出されているのは，欧州委員会のユーロ圏加盟国に対する立場の変化である．すなわち，ギリシャ等の融資対象となった加盟国への査察団は欧州委員会，IMF（International Monetary Fund：国際通貨基金），ECB（European Central Bank：欧州中央銀行）のトロイカ体制で構成されたが，このトロイカ体制のなかでは欧州委員会がEU加盟国政府の代理という立場であるがゆえに，他の2機関とは異なり金融専門機関ではないにもかかわらず自らの見解を押し通すやすい状況となっていた．ここに，シュワーツァーは，ユーロ圏における欧州委員会の機能が，加盟国と対峙的なものから加盟国の忠実な利害代弁者へと変化したことを感知しており，この変化が「転

用」に相当するという.

「放置」に相当するものとしては,欧州理事会が役割を強化するなかで,従来から半年毎にローテーションで担当してきた議長国制度が形骸化し,議長国が有する議事設定の裁量が実質的に損なわれたままとされていることが挙げられている.

　b） シーニによる欧州委員会の倫理規程の変化への適用例

シーニは1999年から2011年までの欧州委員会内での職員倫理管理体制の変化を「併設」として説明した［Cini 2014］.彼女によると,欧州委員会では2004年と2011年に倫理管理体制に変化が見られたが,特に2011年の変化は,既存の倫理コードを詳細化しつつ,欧州議会やNGOやメディアからの批判圧力に対応して新たな要素を加味したものの,基本的には既存体制の修正に過ぎず,これはマホニーとセーレンによる変化の類型での「併設」に相当するという.独立変数としての「政治的な環境変化」は比較的長期スパンで考慮しており,1990年代初頭段階での「消極的受容」（一般市民がEUを無批判に性善説的に捉えてきた風潮）の終焉や,EU機関間のバランスにおいて,欧州委員会と欧州議会との間で,欧州議会が権限強化しつつ民主的正当性を高めるようになり,欧州委員会が欧州議会に対して劣位になってきたとして,「政治的環境において拒否される可能性」を「強」と判断している.もう1つの独立変数に相当する「制度の解釈実行面での裁量の余地」については,欧州委員会の倫理コードが中身としては当初から密度は低く解釈の余地が大きく,欧州議会からの監視圧力が高まってきたとはいえ,改訂権限は欧州委員会の内部事項として欧州委員会委員長が握っていた.この意味で,シーニは,独立変数としての「制度の解釈実行面での裁量の余地」を「大」と判断しているものと見受けられる.欧州委員会としては,倫理コードの強化を望まず非常に消極的であったために,改訂権限保有者として倫理コードに何の変化も加えないと決定することもできたはずだが,倫理コード強化を望む欧州議会やNGOの監視圧力に妥協して,形式的に些細な変更を加えるだけとしたのであった.

　c） 事例研究の評価

シュワーツァーとシーニの研究を比較すると,前者は,EU統治構造というマクロな制度に焦点を当てながら「隠された変化」の類型である「併設」「転用」「放置」のすべてを見出しているのに対して,後者は欧州委員会の「倫理コード」というミクロな制度に焦点を当てながら,その変化類型のロジックを

「併設」として特定している．このように焦点を当てる制度の水準に対応して見出す変化類型の数が異なることは仕方ないとしても，論理構成面で双方ともに犠牲にされている点がある．

　シュワーツァーの研究では，複数の変化類型を見出しているにもかかわらず，その従属変数としての変化類型の差異をもたらした独立変数の違いへの考察が含まれていない．また，異なる変化類型とされるものの区別が明確でないものが含まれる．たとえば「放置」とされた「議長国制度の形骸化」をもたらした原因は「欧州理事会の強化」であるとされているが，その同じ原因によって生じた「従来の共同体方式の意思決定制度の形骸化」は「併設」という変化類型に位置づけられている．

　一方の，シーニの研究では，媒介変数としてのアクターが意識されつつ，マホニーとセーレンによる分析枠組での2つの独立変数も意識されており，ミクロな制度に特化することで厳密な仮説構築と検証が試みられている．しかし，「制度の解釈実行面での裁量の余地」の独立変数が作用する因果に不定がある．すなわち，指標としての「倫理コード」の密度や改訂権限の所在から裁量の余地は「大」であるのだが，結果としては「小」に対応する「併設」に帰結している．さらに決定的にはシーニは「併設」の意味をマホニーとセーレンの意味とは異なって理解してしまっている．すなわち，シーニの場合は，元の制度の実質が変わらないような表面的取り繕いのことを「併設」として理解しているのだが，マホニーとセーレンによる「併設」概念はそうではなく，本来的には「表面的な修正や併設的な制度によって，元々の制度自体が実質的に変化してしまうこと」を指していたはずである．

　このようにEU研究への適用事例は萌芽的であるためか，概念設定の不定性等の混乱を含んでいるように見受けられる．もちろん，マホニーとセーレンによる制度変化の分析枠組に含まれる概念や独立変数および従属変数の設定が絶対的に正しいわけでもないだろうが，その妥当性の検証も兼ねながら，必要であれば修正を加えつつEU政策過程の研究でも積極的に活用していけばよい．本書では，EU政策過程において，欧州委員会をはじめとする諸アクターが，政策目的を実現する手段として，現状の政策・制度にどのようなメカニズムでの変化を企図しているのか，この戦略理解の手がかりとなる基本類型として，「併設」(Layering)，「放置」(Drift)，「転用」(Conversion) を活用することにする．

（3）EU 政策過程への第二世代の歴史的新制度論の適用とその課題

　第一世代の歴史的新制度論が政策や制度の変化を十分に説明できないという批判の後に，第二世代の歴史的新制度論は，漸増的な変化の累積とともに創設当初の機能が変質しながら，「隠された」形式で政策や制度が変化しうることを示してきた．しかし，純粋に制度に焦点を当てているだけでは，変化を突き動かす原因そのものについてほとんど説明できない．それは第一世代でも第二世代でも変わりない限界である．そのため，この変化のトリガーとなる「駆動力」は，従来の研究では，通常，社会・経済変動，政治的アクター，理念や言説といった外生的要因に求められてきた．たしかに，第二世代は，第一世代での駆動力が専ら外生的要因であることを批判しつつ，「内生的要因」として制度や政策の漸進的変化を説明すると主張する．また，マホニーとセーレンの分析枠組を評した早川は，「制度に内在する権力配分という内生的要因がアクターの選好に変化を生じさせ，制度変化に至る経路を示している」［早川 2011：80］点に意義を見出している．しかし，アクターらの選好やその変化を規定する要因を制度・政策そのものに見出すのであれば，たしかにそのアクターらは制度・政策の「内生的要因」なのかもしれないが，制度や政策そのものではない「外生的要因」としての性質は拭いきれない．その意味では「内生」か「外生」かは相対的なものにすぎない．また，マホニーとセーレンの分析枠組では変化の契機が不明確である［早川 2011：81］との課題も指摘されている．

　本書では，さしあたり，EU 政策過程における（政策案に含まれる）政策変化の類型は，欧州委員会やその他の政治的アクターの選好が戦略として表出された結果，すなわちアクターの選好を独立変数とした場合の従属変数として理解しておくことにしたい．

2．EU 政策過程での政治的要因の捉え方

　ここでは EU 政策過程に関与するアクターの選好を考察する．最初に，政策過程において限定合理性（bounded rationality）を追求するアクターと想定される EU の行政官僚制としての欧州委員会について扱う．続いて，EU の「政治」現象そのものの捉え方とともに，政治的アクターの単位として，欧州議会の政党会派や，加盟国の国内政党という単位を視野に入れることの意義を確認する．最後に，こうした政治的アクターらが，EU という政治状況でいかなる

対立構造を形成しているのかを確認することで，欧州委員会にとって合意調達対象となる政治的アクターらが EU 政策過程において表出するであろう選好の仮説を得る．

（1）官僚制としての欧州委員会の選好仮説：限定合理性をどこに見出すか

行政学では組織論の影響を受けながら，とりわけサイモンによる「限定合理性」（bounded rationality）の概念の提示［Simon 1957：198-202］以降，人間行為の無謬性に相当する「包括的合理性」（global rationality）は不可能であるとの認識が普及した．それにより，政策過程における行政の行動原理としても，完全な合理性の実現は困難であり満足化基準こそが現実的であるとされた．既に見たリンドブロムのインクリメンタリズムもその一環として捉えられるべきである．それでも，行政をはじめとする組織は，合理性の追求を完全放棄するのではなく，限定性の留保がありつつも可能な限りの合理性を目指す．ドローやエチオーニが「メタポリシー」や「根本的決定」の局面で合理性を確保しようとしたのもそのためであった．それゆえ，前章で言及したメゾレベルの EU 政策を通じた総合計画・政策評価の構築・運用も，官僚制としての欧州委員会の合理性追求行為と捉えらえる．

では，「限定」という留保つきながらも合理性を追求する官僚組織は，政策過程で「非合理」な要素をもたらしうる政治的アクターにいかに対処するのか．その対応戦略として，官僚組織が有する専門的・技術的知識が政治的アクターに対する官僚制の優位性をもたらし，結果として官僚組織が政治的アクターの説得に成功するというものがある．しかし，やがて政治的アクターが「族議員」現象のように専門的・技術的知識を蓄積すれば，この論理は成り立たない．一方で，消費税導入事例で日本の政官関係を分析した加藤［1997］は，政党内部が異なる選好を有するグループに割れており，その一部が官僚組織の選好と近い場合，官僚組織は，その一部の政治的アクターとの連携・合意を形成しながら意思決定する状況を活写し，これを官僚組織が限定合理性を実現するパターンとして提示している．この加藤による，政治的アクターとの関わりにおける官僚組織の限定合理性の実現形式は，政党内部での見解割れに限らずに，複数の政治的アクター間（政党間・政府間）での見解割れという状況にまで拡張すれば，EU 政策過程における，EU 官僚制である欧州委員会が自己の選好と近い一部の政治的アクターと連携しつつ，政策案を実現する戦略を見出せる可能

性があるだろう．

ただし，国内行政と比した場合，国際行政次元に相当する EU 官僚制たる欧州委員会の選好を，欧州委員会組織を構成する個々の職員の動機付けから導出するのは困難である．たとえば，国内行政の一例として日本の国家行政で考えると，国家公務員の組織内での採用・昇進システムやエリート層におけるアップ・オア・アウト原則[7]とそれと連動した天下りシステムとが，ミクロな政策過程での「鉄の三角同盟」を形成し，政治家からの影響に加え，捕虜理論が想定するような利益集団からの影響が，当該政策過程での官僚組織としての選好を規定するという構図は，欧州委員会職員につき学術的には見出されていない．

そこで，本書では，EU 政策の実質的内容における欧州委員会の組織としての選好は，とりわけ，ミクロレベルの共同体方式による EU 統治構造の 3 機関を通じた政策過程においては，マクロレベルの EU 基本条約とともに規定された事項を具体化することにあると考える．その EU 基本条約の中核的内容は，経済政策面では EU 域内単一市場形成に伴う市場自由化志向であること，同時に，その域内単一市場での経済要素の流動性の観点から，EU 加盟国間の国境を跨いで移動する人につき，移動先加盟国内での平等性確保を志向するものであることから，欧州委員会が EU 政策過程で表出する選好も，経済政策面については自由主義，社会文化的側面では，平等性を追求するという意味でのリベラリズムに沿う傾向があることを指摘しておく．

（2）「EU の政治」の捉え方：政治的アクターの単位をどう考えるか

第 1 章では，国際政治学分野での「EU の政治」やそこでの政治的アクターの単位としては，大きく 2 通りの理解がなされてきたことを見た．それを手がかりとしながら，ここでは，本書の EU 政策過程研究での政治的要因の考え方を導出しておくことにする．

1）従来の「EU の政治」の捉え方と本書での活用局面

1 つは，リベラル政府間主義モデルと同じく，互いに独立した加盟国政府というアクターを一枚岩的な単位として理解し，その加盟国政府間での交渉・駆け引きそのものを「EU の政治」とみなすものである．これは，伝統的な主権国家システムを前提とした国際政治の理解と同じく，それぞれの国を一枚岩であることを前提に擬人化して「イギリスは」「フランスは」と語る国際政治観

である．

　もう1つは，EUの基本条約で規定される，EU統治構造の3機関（欧州委員会，閣僚理事会，欧州議会）の間での法的な権限関係をもとにしながら，まさにその3機関のそれぞれを1つのアクターとして見立てて，それらの相互作用を「EUの政治」と理解するものである．これは，国際政治学での「新機能主義≒連邦主義≒超国家主義」と「政府間主義≒国家主権志向」の理論対抗を下敷きとして，EU統治構造の3機関のうちで影響力を見出す機関が異なるという形で反映されていたし，ウォーラスによるEU政策過程の類型論においても，基本的に織り込まれているアクターは，EUの3機関それぞれそのものであった．このような「EUの政治」の理解の仕方は，静態的な法的権限関係を平板に解釈しているだけにすぎないとの批判も予想されよう．しかし，その法的権限関係を規定するEUの基本条約を改正するプロセスそのもの，すなわち，第3章の事例研究で行うような，メタポリシーとしてのEU政策過程に相当する条約改正過程において，EU官僚制たる欧州委員会を「官」，その他の政治的アクターを総合して「政」と括ったうえで，EUの「政官関係」を見出そうとする際には，EUの機関間関係を「EUの政治」と理解する見方は依然として有効である．

　2）　新たな「EUの政治」の捉え方：国内政党というアクターへの着目
　ただし，本書では，以上のような「EUの政治」や政治的アクターの単位の見方に加えて，最も細分化した単位としては，各加盟国の国内政党レベルで捉えることにしたい．従来のEU政治の見方においては，伝統的な国際政治のアクターである加盟国政府が，たとえば政権変動した際にEU政策に関しても前政権と異なる選好を有する可能性への意識が弱かった．すなわち，EU政策過程のなかでも，閣僚理事会（や欧州理事会）で表出する選好が，同じ加盟国政府代表であっても，政権与党がどの政党であるかによって異なりうるのである．それを確認するためには加盟国政党というレベルの視点が欠かせない．
　また，欧州議会の権限がEU統治構造のなかで向上してくるにしたがって，欧州議会での政党会派そのものが，EU政策過程における政治的アクターの単位として意義を有している．そのため，本書の事例研究でも，欧州議会の各政党会派そのものを基本的な政治的アクターとして見据えた分析を行うことになる．

しかしながら，あわせて，欧州議会の各政党会派に属する加盟国の国内政党を分析単位として視野に入れる必要がある．なぜなら，ある EU 政策案の内容に対する選好の持ち方として，欧州議会の加盟国内政党は，所属する欧州議会政党会派の選好と，自国の事情に基づく合理的選好とが矛盾する場合に，所属する欧州議会政党会派の党議拘束を破り，自国の事情に基づく合理的選好を優先することもあるからである．さらにいえば，欧州議会に属する加盟国の国内政党は，国内で政権与党にもある場合には，EU 政策過程において，欧州議会と閣僚理事会とを跨ぎながら連動的に選好追求することが可能である．逆に，閣僚理事会に出席する加盟国政府（政権与党）と欧州議会の国内野党とが，EU 統治構造における両機関をまたぎながら，国内政治の文脈での対抗関係から反目し合うという構図も想定できる．

　もちろん，EU 政策過程での政治的アクターを常に加盟国の国内政党の単位にまで細分化する必要はなく，ミクロなレベルの EU 政策過程だけで意識すればよいと考えられるかもしれない．しかし，第 5 章の「メゾ」のレベルに相当する EU 政策過程の事例研究や，以後の各章の事例研究でも，特に主要国の政権交代が EU 政策過程に有意に影響を及ぼす状況が見られることに鑑みれば，EU 政策過程の分析単位として標準的に国内政党を射程に入れておくほうが望ましいであろう．

3）　欧州議会の各政党会派と加盟する国内政党の概要

　本書の第 II 部以降の事例研究では，国内政党の次元だけでなく，欧州議会の各政党会派そのものを基本的な政治的アクターとして見据えることになる．そこで，欧州議会での政党会派とそれらに属する加盟国の国内政党について概要をここで示しておく[8]．

　時期によりやや変動するが，欧州議会の政党会派は政治的志向性ごとに大きく 7 会派が存在する．まず，二大会派として，EPP（European People's Party: 欧州人民党），S&D（Progressive Alliance of Socialists and Democrats: 社会民主進歩同盟）（2009 年 6 月 22 日までの名称は PES（Party of European Socialists: 欧州社会党））がある．

　EPP が中道右派であり，各国のキリスト教民主主義政党や一部の保守政党，たとえば，独 CDU/CSU，仏 UMP（現共和党），ポーランド市民プラットフォーム，ハンガリーのフィデス等が属する．S&D が中道左派であり，各加盟国の社会民主主義政党の，独社会民主党（SPD），仏社会党，英労働党等が属する．

リベラル会派としては ALDE（Alliance of Liberals and Democrats for Europe group: 欧州自由民主同盟）があり，英独の自由民主党，オランダの自由民主国民党及び民主66等が属する．保守会派としては，2000年代を通じて UEN（Union for Europe of the Nations: 欧州国民同盟）が存在したが，2009年6月22日以降はECR（European Conservatives and Reformists: 欧州保守改革グループ）として存在し，主要な所属国内政党は，英保守党，ポーランド「法と正義」である．ECR が発足したのは，従来は EPP と提携して統一会派を形成していた，英保守党を中核国内政党とする ED（European Democrats）が2009年の欧州議会選挙を経てEPP との提携を解消したという経緯に伴うものである．
　その他，環境会派 Verts-ALE（Groupe des Verts/Alliance libre européenne: 欧州緑グループ・欧州自由連盟），左翼会派 GUE/NGL（Confederal Group of the European United Left/Nordic Green Left: 欧州統一左派・北方緑の左派同盟），各国極右政党等によるEU懐疑会派として2009年から2014年にかけて EFD（Europe of Freedom and Democracy: 自由と民主主義のヨーロッパ）（2014年欧州議会選挙以降，EFDD（Europe of Freedom and Direct Democracy: 自由と直接民主主義のヨーロッパ））がある．
　欧州議会での票決等に際し，これらの各会派は所属各国内政党に対し党議拘束的縛りをかけるが，各国内政党はそれを逸脱した投票行動を見せることもままある．以上の7会派につき，2009～2014年の欧州議会構成での議員規模と併せて，経済面での対立軸における単一左右次元の左から右へと並べ直せば，GUE/NGL（35），Verts-ALE（58），S&D（195），ALDE（85），EPP（274），ECR（56），EFD（33）となっていた．

（3）政治的アクターの選好仮説：EUにおける政治的対立構造を手掛かりとして
　それでは，欧州議会の各政党会派やそれらに加盟する各国内政党は，EU政策過程においてどのような選好を有するのか．その選好把握の手がかりとして，ここでは，EU の政治的対立状況を析出しようとした，マークスとスティーンベルゲンらの編著書『欧州統合と政治的対立』[Marks and Steenbergen 2004] による，EU での政治的対立構造の検証結果を概観しておこう。[9]

1）　3つの対立次元とそれらの関係性に基づく仮説モデル
　同書の冒頭では，EU の政治的対立構造についての4つの仮説モデルが提示されている．各モデルの違いは，3つの対立次元，すなわち①「EU―国家次

元」（EU 統合推進か国家主権保持か），②「社会経済的左右次元」（自由市場志向か社会的規制志向か），③「環境―保守次元」（環境・リバタリアン志向か伝統・権威・保守志向か）の関係性への異なる解釈に由来する．留意すべきは，②と③の対立次元が，EU 加盟国の国内政党レベルでは既に強い相関関係とともに融合している，つまり，市場への社会的規制志向と環境・リバタリアン志向が「左派」を形成する一方，自由市場志向と伝統・権威・保守志向が「右派」を形成し，加盟国内政治で「単一の左右次元」として存在することが，基本想定とされている点である．

　そのうえで，EU の政治的対立構造として，②と③の次元が融合した「単一の左右次元」が，①の「EU―国家次元」と相関しているのか，それとも全く関係ないのか，という違いが大きな争点とされており，ここから４つの仮説モデルのうちの２つが導出される．すなわち，ホーヘとマークスによる仮説モデルでは，「単一の左右次元」と「EU―国家次元」は完全には融合しないものの，「左派」が「EU 統合推進」と結びつく一方，「右派」が「国家主権保持」と結びつくという方向で相関し，EU 政治対立構造において「規制された資本主義」対「ネオリベラリズム」という単一の対立軸がおぼろげながら出現する．これへの対抗仮説モデルとして，「単一の左右次元」と「EU―国家次元」とが全く相関しないことを主張するものとして，ヒックスとロードによる仮説モデルが提示される（The Hix-Lord model）．また，ギャレットとツェベリスによる仮説モデル（「規制モデル」）は，「単一の左右次元」というよりは主に②の「社会経済的左右次元」と「EU―国家次元」とが完全に融合した単一対立次元として EU の政治的対立構造が理解され，その場合の左右の結びつく方向は，ホーヘとマークスによる仮説モデルと同じである．なお，「EU―国家次元」のみの単一対立次元を想定する仮説モデル（「国際関係モデル」）も提示されているが，これについては同書での検証結果からは妥当性が棄却されている．

２）　市民レベルでの仮説検証結果

　市民を対象とする検証結果では次のことが見出された．すなわち，各加盟国の社会保障給付水準と，各国民の「EU―国家次元」との間の相関関係が発見され，高福祉国であるほど，「社会経済的左右次元」における「左派」が「国家主権保持」と結びつき，「右派」が「EU 統合推進」と結びつくことが実証された．反対に，福祉給付水準が低い加盟国ほど，「左派」が「EU 統合推進」

と結びつき，「右派」が「国家主権保持」と結びつく．これは，一般市民が，EU統合により各加盟国の社会保障給付水準の差異が中間レベルに収斂するイメージを持っているためだと解釈される．いずれにせよ，高福祉国の国民の間では，「規制モデル」やホーヘとマークスによる仮説モデルの想定とは全く逆方向の結びつきが見出されたことになる．また，加盟国別の国民を対象に，さらに詳細に各加盟国の資本主義制度・福祉国家制度の差異（労使賃金交渉の集中度，積極的労働市場政策の度合い，企業株式保有の分散度合い，キリスト教民主主義的な福祉国家における現状維持（階級安定）志向度，所得再配分への制限度など）[10]を加味したによる分析結果からは，福祉国家制度の差異が最も強力に「EU―国家次元」を規定することが明らかにされた．ここでも，「福祉国家制度を保護・維持志向が「国家主権保持」と結びつき，福祉国家制度縮減志向が「EU統合推進」と結びつくのであり，「規制モデル」やホーヘとマークスによる仮説モデルの想定とは逆の結果となった．

　3）　欧州議会の政党会派についての仮説検証結果

　検証方法としては，欧州議会の4大会派が第1回欧州議会選挙（1979年）から第5回選挙（1999年）までに作成したすべての選挙マニフェストからの因子分析が用いられた．その結果，PES（中道左派）は，EU（EC）の経済統合につき，1979年段階では不支持だったが，以後着実に上昇し，1989年以降急激に支持度を下げたEPP（中道右派）とALDE（リベラル）を1999年段階での支持度において完全に上回ったことが明らかにされた．これは，EU（EC）の経済統合に対する支持度につき，1979年と1999年との間で，PES（中道左派）とEPP（中道右派）が逆転したことを示している[11]．1999年段階において，左右両極の政党会派以外はEU経済統合を支持していたが，支持度に強弱が見られた．

　4）　国内政党を対象とした仮説検証結果

　検証方法は，個別の国内政党につき，EU統合全般への支持度合いと，EUの7政策領域別（環境政策，地域政策，移民政策，雇用政策，財政政策，対外政策，欧州議会権限拡大）の支持度合い，さらに「単一の左右次元」での政党の位置の特定を，その国内の専門家複数名にアンケートするものであった（1999年実施）．その結果，EU統合全般への支持度を縦軸，「単一の左右次元」を横軸とするグラフ上で，極左と極右が反対し，中道左右が同程度にEU統合を支持する「逆

Uカーブ」が描けるとされた．しかし，この点の集合の配置は，見方によれば，例外的な極右政党を除けば「右肩上がり」の直線的傾向との解釈もでき，その場合，ホーヘとマークスによる仮説モデルは，想定する左右との結びつきが逆方向となるので決定的に妥当性を欠くと判断されることになるだろう．

　また，特に極左政党が反EUである理由は，単に選挙での得票率向上を狙った中道政党との差異化ではなく，EUが進める域内市場統合が原理的に許容不可能であるためであることが解明されている．さらに，仮説モデル提示の際に「単一の左右次元」として融合的に構成された2つの対立軸のなかでも，「環境―保守次元」（環境・リバタリアン志向か伝統・権威・保守志向か）のほうが，「社会経済的左右次元」以上に，EU統合全般への支持度との相関関係が強いことが発見され，その次元の強度を規定するのが，環境・リバタリアン志向のEU支持強度ではなく，国家主権を重視する極右・大衆政党および保守政党の一部の強烈なEU反対である状況も明らかにされている．

5）　EUの政治的対立構造の検証から導かれる含意

　以上のような『欧州統合と政治的対立』でのEUでの政治的対立構造の分析結果から，本書で検証するEU政策過程で示される政治的アクターの選好仮説を導出しておこう．

　まず，本書では直接的な政治的アクターとして市民を射程には含めないが，市民レベルの政治的対立構造分析結果からは，「社会経済的左右次元」での「左派」や福祉国家制度の保護・維持を重視する人は，EU統合を進めるEU政策について反対する傾向がある一方で，逆に「右派」や福祉縮減を志向する人はEU統合を進める政策に賛成する傾向が見て取れた．しかし，現状の福祉国家制度の手厚さの違いによってその選好が逆となることも見出されていた．欧州議会で同じ政党会派に属しつつもその党議拘束から各国内政党が逸脱するというケースはこの状況での発生が想定される．

　欧州議会の政党会派を対象とした分析結果からは，EU政策について，1999年段階では，EPPやPESといった中道左右政党会派，リベラル，保守，環境らの政党会派らは賛成するが，左右両極の政党会派は反対するパターンが見出されていた．しかし，同時に，中道左右政党会派であるEPPとPES（現在のS&D）の間でのEU政策への賛否は経年的に変化したことが明らかになった．これはEU政策に対して，必ずしも中道左右で一致的でばかりであるとは限ら

ないことを示している．現実の EU 政策において，1993年のマーストリヒト条約発効前後から，市場矯正的側面を有する社会政策分野にも萌芽的に EU が関与してきたために，それゆえに中道左派が90年代に EU 支持度を高め，逆に中道右派やリベラルらは EU 支持度を弱めたのだと解釈することもできるだろう．ただし，この1999年段階の欧州議会政党会派の中道左右の選好想定は，市民レベルでの選好想定と基本的には逆になっていることにも注意しておく必要がある．いずれにしても，本書の事例分析で扱う2000年代以降の EU 政策過程において，中道左右が一致的に賛成ばかりを選好として示すとは限らないことを想定しておく必要がある．

　国内政党を対象とした分析結果からは，左右両極の政党を除いた場合の各国内政党においては，社会経済的左右次元における「右派」であるほど EU 政策支持，「左派」であるほど EU 政策への支持度が弱まる傾向も看取できるとされた．これは市民レベルでの考察と一致し，1999年段階の欧州議会政党会派での考察とは矛盾するものであるが，再び，同一欧州議会政党会派からの国内政党の逸脱現象の発生可能性を説明している．

　さらに，重要な指摘としては，「環境―保守次元」のほうが，「社会経済的左右次元」以上に，EU 統合全般への支持度との相関関係が強いことが発見されたことである．この「環境―保守次元」は，知識人層を中心とする文化的な「脱物質主義的価値観」についてのイングルハートの指摘［Inglehart 1977］を契機に新たな社会的亀裂とされたものであるが，政治的対立軸としての有効性を疑問視する向きも一部で見られた［Dahrendorf 1990：邦訳 215-21］ものである．ただし，このようなリバタリアン志向の極の有意性を留保したとしても，伝統・権威・保守志向の極による反 EU の強度が対立軸としての有効性を生じさせていることになる．国内政党の選好把握のためのアンケート項目に「環境―保守次元」を問う項目があったとしても，実際の EU 政策過程においては，この「環境―保守」次元に関する政策が提案されていなければ，特に大きな賛否の分断が問題として顕在化はしないだろう．しかし，とりわけ「保守」に関わる争点を含む事項が EU 政策過程で扱われる場合には，該当する政治的アクターから強い反対が想定される．この状況において，合理的に EU 政策の実現を図ろうとする際に，欧州委員会はどのような戦略をとることができるだろうか．このテーマは，本書の第Ⅲ部で扱う EU 政策過程の事例で見ていくことになる．

3．分析枠組と実証研究の対応関係

　EU 政策過程において，欧州議会の政党会派や加盟国の国内政党などの政治的アクター間で政治的対立が生じたりそれが想定されたりする際に，それを単に「非合理的要素」として捨象してしまうのではなく，限定的ながらも合理性を追求しようとする欧州委員会としては，いかなる戦略をとるのだろうか．先述のように，対立し合う政治的アクターの選好の一部に欧州委員会の選好との近似性を見出して連携を図ろうとするパターンもあれば，対立し合う政治的アクターのいずれによっても受容可能な包括的内容の EU 政策を提案することで対立の顕在化を未然に防ぐというパターンも考えられる．第Ⅱ部以降の EU 政策過程の事例研究では，こうした欧州委員会の合理性追求戦略も観察されることになるが，第一義的には，第 1 節で見た，「併設」（Layering），「放置」（Drift），「転用」（Conversion）という政策変化の類型に戦略性を見出すことに留意していきたい．なお，マホニーとセーレンの分析枠組での制度変化の 4 類型には，「廃棄」（Displacement）も含まれるが，この政策変化の類型としては，欧州委員会が一度は提案した政策案を自ら取り下げるパターンが該当すると考えられるが，本書での分析対象としては扱わないこととする．[12]

　ここで，第Ⅱ部の EU 政策過程の事例研究の構成について概説しておこう．第 1 章で導出したように，EU の「政策の体系性」に配慮した分析水準として，マクロ・メゾ・ミクロの 3 つの政策過程の水準を設定する．

　第 3 章は，マクロレベルの政策として EU のメタポリシーに相当する EU 基本条約交渉過程を扱う．素材は欧州憲法条約草案の策定過程である．現実の EU 政治において，欧州憲法条約は草案策定と調印にまで至ったが，批准過程で拒否をされて不成立となった．しかし，その後 2009 年 12 月に発効した現行の EU の基本条約であるリスボン条約の内容は，形式的な部分を除けば，従来の EU 基本条約からの実質的な改訂内容としてはほぼ欧州憲法条約草案の内容と変わりがない．また，このマクロレベルでの政策過程の事例での論点には，ミクロやメゾのレベルの政策過程のあり方自体に関する内容が含まれるため，第 3 章でこれを詳細に検証することは，第 4 章以降の EU 政策過程の事例の意味づけもよりよく理解できる効果を有する．このメタポリシーでは，EU の「政官関係」で，「官」にあたる欧州委員会は独自の選好を有する単独アクターと

して扱うが，「政」である政治的アクターは未分化の総体として「官」である欧州委員会に対抗するアクターとして扱う．その意味で，このマクロレベルのEU政策過程での「EUの政治」の捉え方は，従来の国際政治学での「EUの機関間関係」をベースとしたものと軌を一にする．

　第4章では，ミクロレベルのEU政策，すなわち，EU統治構造の3機関を通じて展開する「共同体方式」での事例として，EU加盟国間での官民の役割分担における「公共性」のあり方や，加盟国の福祉国家制度への影響が想定されるEU政策過程を検証する．EU域内単一市場での優先原理となる自由移動性を追求しようとすれば，各加盟国の公共サービスの保護・維持の基準や個々の福祉国家制度が加盟国間で異なること自体が自由移動の障壁であると認識され，それを平準化・均一化することを企図したEU政策を欧州委員会が提案した事例が中心となる．このEU政策過程で欧州委員会がとった政策変化の戦略の特徴を見出すことが目的である．

　第5章では，メゾレベルのEU政策として，EUの総合計画・政策評価枠組みに相当するリスボン戦略の10年にわたる運用推移の分析を行う．ここでは，とくに加盟国政権交代の影響を受けつつも，政策変化の戦略と言説戦略を組み合わせながら，欧州委員会が制度的に欧州統合を進めるテクニックを見出すことになるであろう．

　第5章までの政策過程事例はほとんどが2000年代1桁の事例であるが，第6章では2010年代に入ってからの事例として，欧州債務危機対応のEU政策過程を扱う．この事例を扱う理由は，特に第5章で扱ったメゾレベルの総合計画・政策評価枠組の延長上にそれを活用・強化しつつ，そこにミクロレベルのEU政策も有機的に連携させた集大成的枠組が構築されたからである．第4章でミクロレベルの政策過程，第5章でメゾレベルの政策過程という順序をとる理由は，第6章との連続性に配慮した構成とするためである．この欧州債務危機対応のEU政策過程においては，欧州委員会が，政治的アクター間の見解相違を視野に入れながらも，EUの権限を強化する内容でEU政策が実現する状況と，そこで活用された政策変化の戦略に特徴を見出すことが焦点となる．

注
1) 政治任務と行政任務の概念分類を試みたニクラス・ルーマンに対して，政治行政体系の正統性調達の面でも両者は融合的であることを指摘したMayntz［1986：邦訳45

2) この制度的な非対称性の結果として，シャルプフはEUでは社会的側面がないがしろにされかねないという危惧を抱くわけである．
3) とはいえ，力久 [2007] が述べるとおり，欧州化研究そのものは，EUレベルの政治研究と国内政治研究との間での対話の場となる意義を有している．
4) Drift の邦訳として「漂流」も可能だろうが，「ニュアンスを汲んで『(制度)放置』と訳したい」とする宮本 [2008：54] に本書もならう．
5) 暴動者（Insurrectionaries），共生者（Symbionts），転覆者（Subversives），御都合主義者（Opportunists）の4類型のアクターが想定されている．
6) 日本を研究対象として，歴史的新制度論の第二世代での「転用」や「併設」の類型を明確に意識しながら分析された研究としては，日本の健康保険制度の発展過程を題材とした北山 [2011] の研究がある．
7) ヒエラルキー組織上層部の職位数が，原則的に横並び昇進する同期入省者数を受け容れきれないため，同期入省で昇進できない職員は組織を去るという原則のことを指す．
8) 欧州議会の政党会派についてはその形成・発展経緯も含めて安江 [2007：85-122] を参照．EPPについては，PESについては Ladrech [2000]，EPPを構成する加盟国内キリスト教政党については van Kersbergen [1999]，欧州議会の政党会派よりもさらに拡張的に EU 加盟国以外の国内政党も包摂した欧州政党の存在については Day [2006] がそれぞれ参考になる．政党一般の国際的連帯についての知見は，岡沢 [1992：212-23] を参照．
9) 本項については，マークスとスティーンベルゲンの編著書 [Marks and Steenbergen 2004] についての原田 [2006] による書評を参照．
10) これは市民の対 EU への選好が，自国の福祉国家制度の特徴によって規定されるのか，それとも，いわゆる「資本主義の多様性論」での自国の特徴によって規定されるのかを見出そうとした設問設定である．「資本主義の多様性論」については，Hall and Soskice [2001] を参照．
11) 英仏独を含む各加盟国の社会民主主義政党（中道左派）が欧州統合過程で戸惑いつつも EU に対応していく様子については Dimitrakopoulos, ed. [2011] が参考になる．
12) 本書で扱わないからとて「廃棄」が研究対象として無価値となるわけではない．関連する学術成果としては日本のケースを中心に「政策終了」が特集テーマとされた『公共政策研究』第12号所収論文を参照のこと．とりわけ山谷 [2012：62-3] は，「終了」の対象として「機能」「組織」「プログラム」「政策」の4つを挙げつつ，「政策」のサブカテゴリーである「プログラム」が終了しても「政策」自体は存続する傾向も指摘しており，この視座は，表層的には変化しているように見えても実質的には「政策変化」には至っていないことを捉えるものとして有益である．

第Ⅱ部　EU 政策過程の実証分析

第3章 マクロレベルの EU 政策過程
――基本条約改正での政官関係――

　本章では，EU のマクロなメタポリシーに相当する基本条約の改正プロセスとその結果の事例研究を通じて，メタポリシーというマクロな政策レベルでの EU の政官関係に焦点を当てる．素材は，欧州憲法条約の起草に至るまでの政策過程研究（第1節から第5節まで）および，現行 EU 基本条約に相当するリスボン条約の分析（第6節）である．
　結論を先取りすれば，欧州憲法条約草案策定の時点において，EU 統治機構の官僚組織，すなわち EU 政官関係における「官」に相当する欧州委員会は，加盟国政府や各国議会代表等から構成される政治家の総体，すなわち EU 政官関係における「政」に敗北することになる．しかし，欧州憲法条約の批准失敗を経てさらに修正されたリスボン条約の条文規定内容を分析すると，法制度的に EU 統治構造における欧州委員会の相対的優位性が強まったことが示される．

1.「EU の将来」議論の動向と「欧州ガバナンス白書」

　EU では，2003年2月1日にニース条約が発効したが，既にその時点で，次の条約改正に向けた議論のプロセスがかなりの進展を見せていた．この議論のプロセスは，ニース条約に付せられた「連合の将来に関する宣言」[Official Journal of the European Union 2001：85-86]（以下，「ニース宣言」と略す）に従って，条約調印直後の2001年3月7日から，市民レベルを巻き込んだ「EU の将来」議論として開始されたものである．その後，市民レベルでの広範な議論は，同年12月のラーケン宣言 [European Council 2001c] で設置されたコンベンション（European Convention）へと収斂され，その議論の成果として2003年7月には「欧州憲法条約草案」[European Convention 2003] がまとめられるに至り，この草案を叩き台として，議長国イタリアのもとで2003年10月上旬から政府間会議

(Inter-Governmental Conference: IGC) が開始される運びとなっていた．

　こうした「ポスト・ニース」をめぐる議論のプロセスは，条約改正プロセスそのものの手続的民主性の観点からは，欧州統合史上，非常に画期的な試みとして評価することができるだろう．従来の条約改正の場合，その実質的な交渉は IGC において加盟国政府代表者らのみによって行われてきたが，この IGC 方式はエリート主導的で「民主主義の赤字」(Democratic Deficit) の1原因として批判されてきた．アムステルダム条約に至る IGC 以降は，欧州議会も関与可能となったとはいえ，あくまでオブザーバー的な地位しか与えられていなかった．ましてや，国内議会や一般市民は，各加盟国政府が調印した条約を，その批准過程において「承認か否決か」を事後的に二者択一することしかできなかったのである．

　それに対して，この際の条約改正議論のプロセスは，IGC の事前段階で，加盟国政府以外の広範なアクター，特に加盟候補国も含めた市民レベルや国内議会を巻き込んだ議論を喚起し，その中から条約改正の論点を抽出することが企図されていた．「EU の将来」議論において市民レベルでの議論の喚起が図られ，コンベンションにおいて，国内議会の代表者らを構成員に含め，地域委員会や経済社会委員会の代表者もオブザーバーとする方式が採られたのもそのためであった．このような事前的な論点抽出に広範なアクターが関与することは，従来の事後的な二者択一による承認とは異なり，彼／彼女らが条約改正の実質的内容そのものに影響力を持ちうることを意味しており，条約改正の手続的民主性は明らかに向上することになるのである．

　条約改正プロセスにできるだけ広範なアクターを関与させる方式は，学界における理論的な観点から捉え直せば，通常の EU 政策過程の分析モデルとして台頭してきた「マルチレベル・ガバナンス」［Marks, Hooghe, and Blank 1996］という概念が，基本条約というメタポリシー形成のレベルにおいて，しかも規範モデルとして適用されたものとして理解できるだろう．「ポスト・ニース」をめぐる議論の基本的な進め方を設定したのはニース宣言であることから，同概念を規範的に受容したアクターは，ニース条約に至る IGC の交渉当事者である加盟国政府代表者らということになる．

　同じくマルチレベル・ガバナンス概念を規範的に採用しつつ，「ポスト・ニース」をめぐる議論に積極的に参加してきたアクターとして注目されるのは，欧州委員会である．議論の端緒となったニース宣言を見るかぎり，欧州委員会

に対しては，「EU の将来」議論を喚起する議長国をサポートする役割しか想定されていなかった．しかし，EU の行政官僚制たる欧州委員会は，そのような「官僚的」役割にとどまらず，一連の提言文書を発表することによって論点の特定に影響を及ぼし，自らが望む方向性へと議論の誘導を試みるなど，まさに1つの政治的アクターとしても活発な動きを見せてきた．欧州委員会によるマルチレベル・ガバナンス概念の受容は，この議論のプロセスでの最初の提言文書である「欧州ガバナンス白書」[European Commission 2001a] に反映されている．

　本節（第1節）から第4節では，この欧州委員会の動きを基軸としながら，ニース宣言からコンベンションへと至る議論の流れを2002年後半まで跡付けていくことにする．その際，特に以下の2点について留意する．

　第1に，欧州委員会が提示してきた改革内容がいかなるものであったのか．これについては，欧州委員会が発表してきた一連の提言文書の中から，特に「欧州ガバナンス白書」，「共同体方式（Community Method）の刷新」[European Commission 2001c]，「EU のためのプロジェクト」[European Commission 2002a] の3文書を取り上げて明らかにしていく．

　第2に，欧州委員会が提示してきた改革内容は，全体的な議論の方向性や意見形成に有意義に影響を与えてきたのかどうか．これについては，欧州理事会による議長総括や付属文書の内容，およびコンベンションでの議論や作業部会報告の内容を確認し，それらを欧州委員会の主張と照らし合わせながら検討することにしたい．

（1）ニース宣言の内容

　「ポスト・ニース」をめぐる論議の口火を切るものとなり，特に2001年における議論の流れを構造化したのは，ニース宣言である．本章が基軸とする欧州委員会の動きも，このように構造化された議論の流れとの関連において理解されなければならない．そのために必要不可欠な準備作業として，ニース宣言の内容から確認しておくことにしたい．

　まず，ニース宣言には，ニース条約が残した根本的な課題が掲げられていた．すなわち，東方拡大に対応した EU 機構改革の手筈を整えたことをニース条約の成果として認めながらも，さらに，EU とその諸機関の民主的正統性と透明性を改善・監視し，それらを加盟諸国の市民（citizens of Member States）に近づ

ける必要があることが明示されていた．

　ニース宣言には，この課題に対応するための議論の方法やスケジュールも設定されていた．すなわち，2001年に，スウェーデン・ベルギー両議長国が，欧州委員会と協力し，欧州議会を関与させながら，すべての利害関係者 (interested parties) による「EU の将来の発展に関する深く広範な議論」を喚起することが求められた．その「すべての利害関係者」としては，「国内議会の代表，および政治・経済・大学関係や市民社会の代表など，世論を反映するあらゆるもの」が挙げられた．議論のスケジュールとしては，ヨーテボリ欧州理事会 (2001年6月) での報告を踏まえ，ラーケン欧州理事会 (2001年12月) において，その後の議論の継続に適したイニシアチブを含む宣言に合意するプランが提示された．加えて，以上の議論のプロセスを，2004年開催予定の IGC での条約改正交渉の準備作業として位置付ける旨が明記されたのであった．

　ニース宣言において，さらに注目されたのは，議論の手掛かりとするべき論点が，「特に」という留保つきながらも挙げられていたことである．その論点として掲げられたのは，① 補完性の原理を反映した，EU と加盟国との間での一層明確な権限配分の確立・評価方法，② 欧州基本権憲章の地位，③ 実質的内容の変化を伴わない基本条約の単純化，④ EU 機構における国内議会の役割，以上の4つであった．

（2）「EU の将来」議論の開始とヨーテボリ欧州理事会

　ニース宣言が求めていた「EU の将来の発展に関する深く広範な議論」は，2001年3月7日に開始された．同日，ブリュッセルのある小学校で開催されたオープニングイベントにおいて，スウェーデン首相が議長国の議長という立場で講演するとともに，スウェーデン首相・ベルギー首相・欧州委員会委員長・欧州議会議長によって，公式に議論を開始する旨の共同声明が発表された．その声明において，欧州ワイドな議論の場とすることを目的に "Futurum" と名づけられたウェブ・サイトを同日から開設する旨が表明された．この共同声明のメンバー構成は，明らかにニース宣言に従ったものであった．

　さらに同日，スウェーデン首相から，各加盟国・候補国政府および各 EU 機関に対して書簡が送られ，各々「EU の将来」議論を喚起することが求められた．この要請に沿って，その後，各加盟国・候補国内でも，一般市民や若者を対象とする EU に関する問題意識を啓発するセミナーなどが開催され始めた．

こうした各国内での議論の進捗状況・成果は，4月9日，5月9-10日の非公式外相会議で順次フォローされた．

翌月の6月15-16日にはヨーテボリ欧州理事会が開催された．そこでの議論のテーマとしては，「持続可能な発展」という環境的側面をもリスボン戦略の一環として含めることに重点が置かれたが，「EUの将来」議論に関する首脳レベルでの意見交換も行われ，特に以下の2点の動きがあった．

1点目は，議長国スウェーデンから「EUの将来」議論の中間報告［Swedish Presidency 2001：2］が提出され，それを受けて議題をニース宣言で提示された論点にとらわれず拡張する必要性が確認されたことである．議題を拡張する必要性は，「EUの将来」議論が開始された当初から，特に議長国スウェーデンのイニシアチブで求められており，それが追認されたことになる．

2点目は，議論の進行方法に関して，市民レベルを巻き込んだ議論を「開放的検討」（Open Reflection）として継続しながらも，それをまとめ上げる「体系的検討」（Structured Reflection）の段階を設けた上で，実際のIGCへと至るプランが合意されたことである［European Council 2001b：3］．「開放的検討」の継続が要請されたのは，この欧州理事会の直前にアイルランドの国民投票によってニース条約の批准が否決されたことから，一層市民を巻き込んで喚起していく必要性が痛感されていたからである．また，「体系的検討」については，その方法は議長総括でも明言されてはいなかったが，欧州基本権憲章の作成作業と同様のコンベンション方式が想定されていたと考えられる．それは，既に5月31日に欧州議会がコンベンション方式による議論を求める決議をしていた［European Parliament 2001］ことから，さらに時期が前後するが，7月10-11日には欧州議会の機構問題委員会が主催した加盟国・候補国議会の会合でも同方式が適切であるとの見解が出されたことからも窺える．

以上を見るかぎり，2001年6-7月では，「EUの将来」議論は，実質的な議論というよりもブレイン・ストーミング的な状況にあり，議論の進行手続きそのものが決められただけであることが分かるだろう．ニース宣言で特定された論点による拘束も解き放たれたことにより，議論はむしろ拡散的な状況にあったと言えよう．

（3）「欧州ガバナンス白書」の内容

「EUの将来」議論が始まってからヨーテボリ欧州理事会に至るまで，欧州

委員会は，比較的大人しい動きをしていた．理事会議長としてスウェーデン首相が演説する際にプロディ委員長が同伴したり，先述の"Futurum"の運営管理を請け負ったり，議論に関する予算を組んだりと，ニース宣言の内容に従って議長国の補佐的な役割に徹していたのであった．

しかし，2001年7月25日に欧州委員会は，「欧州ガバナンス白書」を発表し，EUの運営方法についての具体的かつ包括的な改革案を公開するに至った[1]．この白書は「現行条約のもとで，条約改正の必要がないままで可能な改革案」とされてはいたが，欧州委員会がこの白書の考え方をもとに「EUの将来」議論に参画する旨も明記されており［European Commission 2001a：4-9］，議論のプロセスが手続き面の整備にとどまっていた状況下で，初めて実質的な「議論の中身」を提供するものとなった．

この白書の構成では，まず，「EUの政策形成・政策実施により多くの人々・機関を関与させるために，政策形成過程を開かれたものとする」という目的が掲げられ，欧州委員会自身だけでなく，その他のEU各機関，各国政府・議会，地方政府・議会，民間アクターが共通して従うべき「グッド・ガバナンスの原則」[2]が提示された．引き続いて，「より良い関与」「より良い政策，規制，実施（delivery）」「グローバル・ガバナンスへのEUの貢献」「政策・機関の見直し」の4セクションに分けて具体的な改革方策の必要性が説かれていた．ここでは紙面の都合上，記述が薄い第3セクションは割愛して，各セクションを概観しておくことにする．

1）「より良い関与」

最初のセクションにあたる「より良い関与」においては，「公開性」と「透明性」を促進する方策として，欧州委員会がEU政策形成過程のあらゆる段階に関する情報を，EUR-LEXサイトに一元的な電子情報として提供することが示されている［European Commission 2001a：12］．さらに，政策形成過程の中でも，特に政策発議の準備段階と政策執行段階において，欧州委員会がより多くのアクターを巻き込む必要性があるとされている［European Commission 2001a：12：18］．

政策発議の準備段階では，地方政府や市民社会への聴聞機会の拡大により「参加」の促進が図られている．その際，各々の地方政府や一般市民への個別対応というよりも，各国レベルやトランスナショナルなレベルでの地方政府連

盟，同様のレベルでの産業別連盟，NGO の連合体など，何らかのネットワークを単位に聴聞することが志向されている．

政策執行段階では，関連する産業・地方政府・市民社会との協力強化による，政策の「有効性」の促進が謳われている．その際，特に地方政府との関係が，政策発議の準備段階でのネットワーク単位の考え方とは対照的に，各々の地方政府との個別関係として捉え直されている．それを顕著に示すものとして注目されるのは，地方レベルでの EU 政策執行を「有効」にするため，欧州委員会・加盟国政府・地方政府の三者間での政策執行契約を実験的に導入するという提案である［European Commission 2001a：13］．

このセクションでは「関与の対象」として広範囲のアクターが想定されている一方で，主要アクターである加盟（候補）国政府についての言及は薄いものとなっている．各国政府については，欧州委員会が発議した EU 政策案に対する国内での意思形成過程に地方政府を関与させることと，地方レベルでの EU 政策執行を監督する責任があることが指摘されているだけであり，特に政策発議の準備段階での聴聞対象として想定されていないことに留意しなければならない．

以上，各国政府との関与についての言及が薄いことが意図的にせよ，偶然にせよ，このセクションでの全般的な提案骨子は，広範な諸アクターに対する欧州委員会自身のアカウンタビリティの確保にあると言えるだろう．

2) 「より良い政策，規制，実施」

第 1 セクションの「より良い関与」は，EU の政策形成過程の中でも，特に政策発議の準備という最初の段階と，地方レベルでの政策執行という最終段階での改革方策を扱っていた．それに対して，第 2 セクションの「より良い政策，規制，実施」では，その間の段階，すなわち政策発議から立法化の意思決定を経て政策執行へと至るプロセスの改革方策を扱っている．

このセクションの冒頭では，EU 政策・法律の「複雑性」が問題として取り上げられている．ここで言う「複雑性」とは，法律に不必要なレベルの詳細事項が含まれることを意味している．法律に詳細事項が含まれると，立法過程が遅くなり，技術・市場変化への適応が複雑で時間を要することになるため，全体的に政策の柔軟性，有効性が損なわれると考えられている［European Commission 2001a：18］．これに関連して，第 1 セクションでは，法律が詳しすぎる

と，地方の条件・経緯に十分に合わないことも指摘されていた．また，法律の複雑性によって，いくら政策過程の透明性を向上させても，一般市民の理解が難しくなるという弊害も懸念されている．

　注目すべきは，EU 政策・法律の「複雑性」の根本的原因が，「閣僚理事会・欧州議会が欧州委員会に政策執行の余地を与えたがらない」[European Commission 2001a : 18] ことに見出されていることである．すなわち，EU 政策・立法に含まれる詳細事項は，本来ならば，閣僚理事会と欧州議会による立法後，それを具体化して執行する欧州委員会自身が決定するべき事柄と考えられているのである．

　この欧州委員会の問題意識に沿って考えれば，EU 政策・法律の複雑性を低減させるためには，まず，欧州委員会が閣僚理事会や欧州議会から詳細事項の決定権限を取り戻すための方策の提示が予想されよう．しかし，この直後の記述箇所はやや的が外れている．すなわち，詳細事項の決定に専門的アドバイスを活用する意義が指摘され，専門家の意見を用いる場合のガイドラインを2002年秋までに欧州委員会が作成する旨が提示されている．このガイドラインの作成は，政策の質の向上というよりも，欧州委員会が専門家の意見を取り込む際の透明性の向上を目指したものと言えよう．

　引き続いて，EU 政策・規制を「より良く」するために，それらの質・有効性・単純性を改善すること，および，規制の立法化と実施を「より速く」することを目的とした，多岐にわたる提案が示されている．その改善に必要な7要素として，① 政策のインパクトや補完性・比例性に考慮した事前評価制度を導入すること，② 法律と法律以外の非拘束的な政策手段を一層組み合わせて活用していくこと，③ 法律が必要な際，正しい政策手段を用いること，④「共同規制」（co-regulation: 執行段階で協力する一般企業等，執行手段についての記述も含んだ法律）の利用，⑤ 開放的調整方式（open method of co-ordination: OMC）[3]による補完・強化，⑥ 学習的な評価とフィードバック文化の強化，⑦ 立法段階で発議目的や補完性原則が損なわれた場合に欧州委員会が発議案を撤回すること，が掲げられている．

　さらに，文書のグループ化や古い条項の削減などを通じた共同体法の単純化に加え，加盟国内でのEU 指令（Directive）の国内法化も単純化すべきことが記されている．その理由として，加盟国がEU 法を国内法化する中で，新たなコストを生む手続きを加えたり，法律を複雑化する傾向があり，それがEU

法・国内法を問わず複雑性の低減を望む市民の意思に反してしまうことが挙げられている．また，2002年内に規制エイジェンシーの設置ガイドラインを作成する旨が示され，加盟国内でのEU法の遵守を徹底させるために，欧州委員会による欧州司法裁判所への訴訟をより戦略的に行うことが示されている．

3）「政策・機関の見直し」

第4セクションは「政策・機関の見直し」というタイトルがつけられているが，その内容は，EUの機構間関係についての提言が中心となっている．

ここでの提言事項は非常に端的なものである．すなわち，EU機構間の相互作用による政策過程での意思決定方式を，本来の「共同体方式」（Community Method）へと回帰するというものである．ここで言う「共同体方式」とは，「EUの諸機関がそれぞれの中核的任務に特化するべきである．すなわち，欧州委員会が政策を発議・執行し，閣僚理事会と欧州議会が立法と予算に関して決定し，その際，閣僚理事会は可能な場合は常に特定多数決制度を用い，欧州理事会が政治的指針を与え，欧州議会が予算・諸政策の執行に対する監査を行う」〔European Commission 2001a : 29〕というものである．[4]

では，現状のEUのどのような点に，本来の「共同体方式」からの乗離が認識されているのだろうか．それは，文書の終章に相当する「Ⅳ．ガバナンスからヨーロッパの未来へ」での記述ではあるが，政策形成過程における立法権限と執行権限とが峻別されていないことに見出されている．より具体的には，閣僚理事会と欧州議会による立法段階での審議内容が，執行段階で決めるべき詳細事項にまで及んでいるため，実質的に欧州委員会の執行権限が侵害されていることが問題視されている．これは，既に第2セクションで政策・法律の「複雑性」の原因として指摘されていたことでもある．

この問題を解決するための提案内容は，第2セクションと第Ⅳ章の記述を組み合わせれば次のように表現できるだろう．すなわち，欧州議会と閣僚理事会は，「共同体方式」における立法権限に忠実に，欧州委員会が発議した政策案の「基本的諸要素」（essential elements）の決定だけに役割を限定すべきで，「技術的詳細」の具体化については欧州委員会の自由裁量とするべきである，と．

このセクションでは，さらに欧州委員会の執行機能に関する問題点として，いわゆる「コミトロジー」の問題が挙げられている．コミトロジーとは各加盟国官僚によって構成される専門委員会の総称であり，欧州委員会が執行段階で

決定する詳細事項について審査するものである．この委員会には「規制委員会」(regulatory committees)，「管理委員会」(management committees)，「諮問委員会」(advisory committees) などがあるが，このうち，制度的には閣僚理事会への差し戻しが可能となっている「規制委員会」と「管理委員会」の廃止も含めた再検討が提案されている．

（4）「欧州ガバナンス白書」の評価
──欧州委員会による権限集中志向の顕在化──

「欧州ガバナンス白書」の内容を評価すると，まず，第1セクションで地方政府や市民社会のネットワークを通じて広範なアクターを政策過程に組み込むことが強調され，白書自体に「マルチレベル」という文言が含まれるなど，ニース宣言における IGC の加盟国政府代表者らと同様に，欧州委員会も「マルチレベル・ガバナンス」概念を規範的に受容して，通常の政策形成過程における民主性向上を企図していると言えよう[5]．

その一方で，特に第2・4セクションを中心に，「共同体方式」へと回帰した政策形成方法を提示しながら，EU 機構間関係において欧州委員会への権限集中を志向するものとなっている．具体的な政策形成方法における欧州委員会の権限集中志向は，特に以下の4点において如実に示されている．

第1に，技術的詳細事項の決定については，閣僚理事会や欧州議会による立法権限ではなく，欧州委員会の執行権限に含めるべきであるとの考え方がとられ，そのために加盟国官僚から成る規制委員会と管理委員会の廃止を求めている点である．これは，たとえ各加盟国に執行手段の裁量を委ねるべき指令 (Directive) による立法が行われたとしても，欧州委員会が執行権限において技術的詳細事項の決定を独占することになるため，結局は各加盟国の裁量範囲が極度に制限されてしまうことになるのである．また，この白書では直接的には触れられていないが，現状の立法段階において「技術的詳細事項」を検討している COREPER 以下の作業部会の存在意義を否定することにもなろう．

第2に，欧州委員会による政策発議権の独占については所与とされている一方で，閣僚理事会と欧州議会による審議が発議目的を損ねたり，補完性原則に抵触すると判断できる場合にはいつでも，欧州委員会が，自ら発議した政策案を撤回する旨を明言していることである．これは，執行権限の侵害について閣僚理事会や欧州議会を批判している欧州委員会自身が，それらの立法権限を侵

害することを意味している．以上の第1，2点だけでも，欧州委員会が政策発議，立法化による政策決定，政策執行の全段階において実質的な意思決定権限を独占することになる構図が読み取れよう．

第3に，閣僚理事会において，法的に可能な場合，できるかぎり早い時期に特定多数決による票決を採ることを要請している点である［European Commission 2001a : 22］．立法過程が長期化する分だけ，当然ながら，政策発議案に対する変更が加えられる可能性は高くなる．自らが作成した政策発議案を，なるべく原形を留めたままで自ら執行したい欧州委員会としては，立法過程はなるべく短期間であってほしいわけである．

第4に，法律以外の非拘束的な手段を活用する必要性に言及しているにもかかわらず，「開放的調整方式」については，あくまで「共同体方式」を損ねない範囲での限定的・補完的利用しか認めていない点である[6]．開放的調整方式は，基本条約でEUレベルでの立法が認められていない分野においても，加盟国がEU機構を用いて相互監視・相互学習する機会を提供するものであり，2000年代に入って以降は，リスボン戦略の一環として特に雇用政策分野で適用されるなどして脚光を浴びている．この方式では，欧州委員会には政策発議権や執行権限はなく，各加盟国の自律権が完全に保持される仕組みとなっている．それを忌避するかのように，この白書では，「共同体方式」を損ねない範囲での適用という歯止めをかけているのである［European Commission 2001a : 21-22］．その一方で，万が一この方式を適用するならば，欧州委員会がそれに十分に関与し，調整的役割を果たすべきことが要請されている．この方式は，EUに権限がない分野で活用されやすいが，この方式への十分な関与を通じて，欧州委員会は新たな権限範囲の拡大を図ることも想定に入れているわけである．

2．ラーケン欧州理事会への欧州委員会の事前対応

(1)「共同体方式の刷新」

「欧州ガバナンス白書」は，欧州委員会に権限を集中させ，とりわけ閣僚理事会を構成するEU各加盟国政府代表の権限を弱める，極めて純粋な超国家主義的な内容であった．そのため，まだ論点が定まっていなかった全体的な「EUの将来」議論のプロセスにおいて，初めて具体的な改革方策を提示したにもかかわらず，議論の叩き台として積極的に受けとめられることはほとんど

なかった．欧州委員会は，2002年3月末日まで同白書に対する意見募集を受け付けたが，その結果，全加盟国から意見が出されたわけではなく意見総数も僅か260に過ぎなかった．欧州理事会レベルでは，アメリカ同時多発テロを受けたブリュッセル特別欧州理事会（9月21日）でも，ゲント非公式欧州理事会（10月19日）でも，それらの声明において言及されることはなく，ラーケン欧州理事会の議長総括の中で，白書をただ「歓迎する」として軽く触れられた程度の扱いでしかなかった．

そのため，2001年の後半期も，「EU の将来」議論は，ほとんど議論の進行方法の協議だけに終始したといってよい．まず，10月8日の総合問題理事会（General Affairs Council: 各加盟国外相レベルで構成）において，「体系的検討」にあたる議論方式をコンベンションとし，加盟候補国議会の代表者も関与させること，議長を設置すること，さらに改めてニース宣言の論点にとらわれず議論することなどの案がまとめられた．これを受けた10月19日のゲント非公式欧州理事会で首脳レベルによるコンベンション設置の方向性が固められ，コンベンション議長の人選の動きが水面下で始まったと推察される．あとは，12月14-15日に開催予定のラーケン欧州理事会で最終調整を行い，正式にコンベンション設置を発表する宣言が出される見込みとなっていた．

このようにコンベンション設置が確定的となっていた12月5日，欧州委員会は「共同体方式の刷新」［European Commission 2001c］と題する提言文書を発表し，その時点ではまだ未設置であるにもかかわらず，コンベンションが取り上げるべき論点，および各論点に対する欧州委員会の意見を表明した．これはラーケン欧州理事会で採択予定の宣言に，ニース宣言と同様に特定の論点が含まれることをも計算に含めた対応であり，再び欧州委員会が議論の方向性を誘導しようと試みたものであった．

この文書では，「欧州委員会にとって，将来の改革の目的は『共同体方式』を刷新することである」［European Commission 2001c : 3］と明記されたように，「欧州ガバナンス白書」の考え方を踏襲しつつ，改めて「共同体方式」に基づく立法機能と執行機能の峻別が強く求められていた［European Commission 2001c : 7-8］．その意味で，この文書においても欧州委員会の権力集中志向は変化していなかった．

その他にコンベンションが考慮するべき事柄として挙げられたのは，主に以下の5点であった．①EUと加盟国との間の権限を補完性の原則に従いつつ明

確に区分すること，しかしながら，それはEUと加盟国との間での権限区分を固定的にリスト化するという方法ではなく，比例性原則と補完性原則の監視システムや，権限区分のモデルを示すという方法をとること，②条約の構成は根本規定を定める部分とそれ以外の各論規定をまとめた2部構成とし，条文自体も簡素化すること，および各論規定から成る第2部については簡易な修正手続きを導入すること，③欧州基本権憲章を条文に組み込むこと，④国内議会をEU政策過程に一層関与させる方法について考えること，しかしながら，既存のEUシステムの有効性を損ねるべきではないため，国内議会の代表によって構成される新たな立法機関をEUレベルで設けるべきではないこと，⑤多数決方式の意思決定の適用範囲を拡大させること［European Commission 2001c：6-7］．以上のうち，①から④は，順不同ながらも，ニース宣言に掲げられた4論点に対応した欧州委員会の意見となっている．

さらにこの文書ではコンベンションの機能や構成についても言及され，その意思決定方式をコンセンサスとする意義を認めながらも，「希薄化した」コンセンサスを避けるために，絶対的な権威を持つ議長のもとに少数メンバーから成る幹部会（praesidium）と事務局（secretariat）を設置することが提案されていた［European Commission 2001c：4］．

（2）ラーケン宣言

ラーケン欧州理事会（12月14-15日）での協議の成果は，議長総括の附属文書として，ラーケン宣言（European Council 2001c）にまとめられた[7]．同宣言は，第Ⅰ・Ⅱ章で，現状のEUの問題分析や，疑問文形式で50以上にも及ぶ論点が散りばめられ，予想された通り，第Ⅲ章においてコンベンションの設置やその構成・作業方法の詳細が含まれていた．

第Ⅰ章では，EUの目的・活動と市民との乖離を緩和するという民主的観点からの問題提示，グローバル化かつ多極化した世界においてEUが果たすべき役割についての問題提示，環境汚染・気候変動などトランスナショナルな問題や雇用・生活の質・犯罪防止・公衆衛生など市民の具体的期待に直結した対応をEUレベルでとっていくべきことが示された．

第Ⅱ章は，「EUにおける権限のよりよい区分・定義」「EUの政策手段の単純化」「EUにおける一層の民主主義・透明性・効率性」「欧州市民のための憲法に向けて」という4項目に分けられており，ニース宣言に含まれた問題意識

と論点を包含しつつ，さらに細分化した論点が数多く含まれることとなった．ここには「共同体方式の刷新」の中で欧州委員会が挙げていた論点が一応すべて含まれたものの，そのすべてが疑問文形式で記され，価値中立的な論点提示にとどめられていた．

　第Ⅲ章では，コンベンションの構成について，① ジスカール・デスタン元仏大統領を議長とし，アマート元イタリア首相とデハーネ元ベルギー首相を副議長とすること，② 各加盟国から政府代表1人と国内議会代表2人，欧州議会代表16人，欧州委員会代表2人がメンバーとなること，③ 13の加盟候補国も当時の加盟国と同じ構成の代表で協議に参加するが，当時の加盟国間によるコンセンサスを妨げることはできないこと，④ 議長・副議長，および9人の[8]メンバーから成る幹部会（Praesidium）を設けること，⑤ 地域委員会代表の6人，経済社会委員会代表の3人，欧州レベルの労使代表3人，欧州オンブズマン1人が，オブザーバーとなること，などが示された．また，議事期間を2002年の3月1日から1年とすること，具体的な作業手続きはコンベンション自身が幹部会の任命とともに決定すること，議長が毎回の欧州理事会に口頭で進捗状況を報告すること，コンベンションの最終成果が複数の代替案形式でも1つの勧告（recommendation）形式でも構わないこと，閣僚理事会事務局員を主体とするコンベンション事務局を設置して幹部会を補佐すること，などが定められていた．

　こうしたコンベンションの構成自体は，「共同体方式の刷新」での欧州委員会の主張にほぼ沿ったものとなっていた．しかし，オブザーバーを除くコンベンションの全構成員105人のうち，欧州委員会代表が僅か2人とされたのは，両者とも幹部会のメンバーに含まれることにはなったものの，予想以上の少なさだったと言えるだろう．

3．コンベンションの開始と「EUのためのプロジェクト」

(1) コンベンションの開始

　コンベンションの初会期（2002年2月28日）では，それに先立って開催されていた幹部会（2月22日，27日）での決定事項に対する承認が行われた．まず，議長のジスカール・デスタンが，コンベンションの最終文書を単一の勧告形式の「憲法条約草案」として作成する意向を示した［European Convention 2002a：12-

25].また,幹部会で承認された作業手続き (Rule of Procedure) の試案が提示され,それに対する意見を書面で受け付けることが伝えられた [European Convention 2002b：3].その後は,幹部会は毎週,会期 (Plenary Session：コンベンション全メンバーによる協議) は月1度のペースで開催されることとなった.

第2会期 (3月21-22日) では,EUの現状問題,市民の期待に対する分析などについてのブレイン・ストーミングが行われるとともに,作業手続きに対するコンセンサスが採られた [European Convention 2002c：6].これにより,会期の議題については,幹部会が事前に選択した1つか2つを次回の議題として承認することになり,幹部会が会期の議論の方向性を形成していくリーダーシップが確立された.

第3会期 (4月15-16日) と第4会期 (5月23-24日) では,「EUの行政任務とその範囲」「EUと加盟国の権限区分とその基準」「効率性と正統性に配慮したEUの活動方法」に関して議論が行われた.賛成意見が多く見られた事項としては,①国際舞台でのEUの役割を高めるための共通外交政策や,対テロ対策や不法移民問題など自由・安全・正義の領域に対応したEU政策を強化すること,②文化政策や社会保障関連の政策は加盟国権限とすること,③補完性原則と比例性原則を権限区分基準とし,そのチェック機能を国内議会の役割とすること,④加盟国権限は,条約でリスト化して定めるのではなく,条約規定でEUに与えられない権限が原則として加盟国権限であることを条約自体に明示すること,⑤EUの権限規定も固定化させるのではなく,市民の期待の変化に対応しやすい柔軟なものとすること,などがあった.

また,第4会期の直前に開催された幹部会において,特定の論点を詳細に検討するための作業部会を設置する方針が固まり,会期での承認を経て,6月半ばには「補完性」「欧州基本権憲章」「EUの法人格」「国内議会の役割」「補足的権限」(Complementary Competences)「経済ガバナンス」の6テーマを扱う作業部会が発足した[9].これらはコンベンションのメンバーから希望者を募って構成されることとなった.2002年10月以降の各会期では,事実上,各作業部会の進捗報告や最終報告を叩き台として議論が進められることになり,幹部会とともに,各作業部会が会期の議論の方向性に大きな影響力を持つことになった.

(2)「EUのためのプロジェクト」の内容

ここで上記のコンベンション開始期における,欧州委員会の対応について見

ておこう．コンベンションへの２人の欧州委員会代表には，地域政策・機構改革担当委員のミシェル・バルニエと司法内務協力担当のアントニオ・ヴィトリーノが選ばれ[10]，ラーケン宣言に従って両者とも幹部会のメンバーに含まれた．彼らは毎週「委員会会合」（Commission Meeting: 欧州委員会の最高意思決定会議）において幹部会や会期の進捗状況を報告し，欧州委員レベルでの情報共有が図られた[11]．また，「欧州ガバナンス白書」の取りまとめと「EUの将来」議論の対応にあたってきたタスクフォースが，引き続きコンベンションの動向に対応する体制を整えていた．

欧州委員会による直接的なコンベンションへの働きかけは，第４会期の前日にあたる2002年５月22日に採択・発表された「EUのためのプロジェクト」［European Commission 2002a］と題する提言文書によって行われた．この文書は２部構成となっており，第１部では，EUが果たすべき３つの基本的任務として「繁栄と一体性を確保する経済的・社会的発展モデルの強化」「自由・安全・正義の領域の確立」「世界的パワーとしての責任行使」が掲げられ，それぞれにおける個別改革方策について，第２部では制度面でのより一般的な改革方策について提案されていた．

第１部の「繁栄と一体性を確保する経済的・社会的モデルの強化」については，東方拡大後も既存の共通政策を堅持・発展させていくべきとの見解がとられ，そのために閣僚理事会の意思決定ルールを特定多数決だけとし，政策執行権限を可能な限り欧州委員会に与える必要性が訴えられている［European Commission 2002a : 5-6］．また，ユーロにより金融政策が共通化されている一方で，経済・予算政策では加盟国間での単なる調整（coordination）にとどまっていることの非一貫性が問題視され，この調整の強化が求められている．その強化方法としては，「広範経済政策ガイドライン」（Broad Economic Policy Guidelines: BEPGs）[12]を閣僚理事会が作成する際，欧州委員会による勧告（recommendation）ではなく，「共同体方式」と同様の提案（proposal）に基づかせ，閣僚理事会はその提案を全会一致によってしか覆せないようにすることが挙げられている［European Commission 2002a : 6-7］．また，そのガイドラインから著しく逸脱した加盟国に対して欧州委員会が発する警告についても，逸脱した加盟国の代表がメンバーに含まれる閣僚理事会の決定手続きを経ることなく，欧州委員会による直接発令を可能とすることも提案している．さらに，同様の趣旨で，現状では条約規定に直接的根拠がない「安定成長協定」（stability and growth pact:

SGP）においても，欧州委員会による直接の意見（opinion）提出を可能とすべきことが示されている．

「自由・安全・正義の領域の確立」については，まず，それが欧州市民権の基本的要素である民主主義や人権尊重の原則を保証するために不可欠であることが説明されている．引き続いて，特に，国境管理，移民・難民対策，組織的テロ・犯罪対策に有効に対処するために，刑事司法協力分野も含めて，これらの分野を完全に「共同体化」（communitarisation）することが提案されている [European Commission 2002a：9]．さらに，加盟国間での民法・刑法の調和（harmonisation）をも射程に入れ，その調和の程度を特定するための規定を条約中に設けることも提案されている．

「世界的パワーとしての責任行使」についての改革事項は，この文書中で最も強調されており，注目すべき提案が行われている．まず，EUの対外政策には関税・貿易・環境政策から軍事政策を含むCFSP分野まで幅広く含まれるが，それらの一貫性を図り，全般的な対外政策の有効性を確保するためには，政策執行を管理し，共通利益を特定する「単一の重心」が必要であると説かれている [European Commission 2002a：12-13]．そのために提案されている改革事項は，対外政策全般において「共同体方式」を採り，欧州委員会を「単一の重心」とするというものである．より具体的には，閣僚理事会事務局長と兼任となっていたCFSP上級代表の機能を，欧州委員会の対外関係委員が併合する案が示され，そのための条件を定めることがコンベンションに求められている [European Commission 2002a：14]．また，防衛政策分野も例外とすることなく，閣僚理事会の意思決定方式における全会一致制を廃止することが提案されている [European Commission 2002a：15]．

第2部では，「憲法条約草案」を作成するという方針との関連で，EC条約・EU条約の法文の一体化，欧州基本権憲章の包含，単一のEU法人格の付与が提案されている．また，憲法的な性質を有する条約案を作成する以上，市民間での平等性が確保されなければならないが，現状においてユーロや人の自由移動分野で特定加盟国だけに認められている「逸脱」（derogation）は，その平等性を損ねるとの見解が示されている．この逸脱については，運用次第でその傾向を助長しかねない「より緊密な協力」規定のあり方と併せて，その批判的検討が求められている．さらに，条文の構造を基本的規定と適用規定（application provision）との2部構成とし，後者は前者よりも簡易な手続きで改正できるよ

うにすることが提案されている．

その他，第2部に含まれていた提案事項は主に以下の7点である．①国内法に対するEU法の優越性や補完性原則・比例性原則などをEUの基本的行動原則として条約に明記すること，②EUと加盟国の間での権限区分の規定方法としてリスト化による「分類」が不適切であること，③EUの立法，非立法の各種政策手段の運用方法を必要性に応じて合理化すること[13]，④EUの権限範囲に柔軟性をもたらすEC条約308条の運用を制限的にするためには，EUの目的を明確化する方向性で議論すべきこと，⑤EU法の意思決定方式としては共同決定手続きを普遍化し，さらにEC条約202条で曖昧とされている政策執行権限の所在を明確にし，立法事項と執行ルールとを峻別すべきこと[14] [European Commission 2002a：22]，⑥EU法が加盟国内で法制化される際に過剰規制を避ける方法を検討するべきこと，⑦補完性原則と比例性原則の遵守については，欧州司法裁判所による事後監査に加え，立法段階と執行段階の間に第三者的監査システムを導入すること [European Commission 2002a：23-24]．

さらに第2部の後では，改めて「共同体方式」の意義が強調されている．そのもとで欧州委員会自身は，ヨーロッパの一般的利益を護るために，国益や部分利益から独立したままであることが重要であり，その独立性によってこそ欧州委員会の正統性が確保されるとして，文書が締めくくられている [European Commission 2002a：24-25]．

(3)「EUのためのプロジェクト」の評価
——欧州委員会による権限集中志向の先鋭化——

この文書の第2部以降から検討してみると，大部分が先の「共同体方式の刷新」での内容を繰り返しつつ具体化したものであり，特に⑤の点にあったようにEU機関間関係での「共同体方式」を強調する方針は継続されていた．その意味で，「欧州ガバナンス白書」以降の欧州委員会による権限集中志向がベースにあることに変わりはない．また，これまでの文書では示されてこなかった「逸脱」，いわゆる「オプトアウト」への懸念からは，加盟国の均一性を重視した強い統合志向も窺える．

さらに第1部の提案内容を併せて考慮すると，欧州委員会の権限集中志向は一層先鋭化したものと評価されよう．なぜなら，「欧州ガバナンス白書」において欧州委員会に権限が集中する仕組みとして定式化された「共同体方式」を，

いわゆる従来の「3つの柱」の区別なく適用することを主張しているからである．「欧州ガバナンス白書」では「現行条約のもとで可能な改革案」という留保があったゆえに，あくまで「第1の柱」の枠内で欧州委員会が政策発議権を独占している分野での「共同体方式」が主張されていた．ところが，この提言文書では，従来は欧州委員会に排他的な政策発議権が無かった分野についてもすべて「共同体方式」を適用し，欧州委員会が政策発議権を独占する方向性を打ち出しているのである．

「第1の柱」に属する分野では，経済・予算政策の調整手段である広範経済政策ガイドライン（BEPGs）の作成手続きにおいて，欧州委員会の「勧告」を「提案」とすることが企図されている．現状通りの「勧告」であれば，閣僚理事会は特定多数決による「勧告」の修正が可能であるが，「提案」の修正には，閣僚理事会が全会一致で決定する場合以外は，欧州委員会の同意が必要とされることになるのである．発想としては，「欧州ガバナンス白書」に示されていた，「発議案の目的が損なわれた場合には，その発議案を撤回する」というものに近い．これは，ガイドラインの作成権限を実質的に閣僚理事会から欧州委員会に移すことになり，欧州委員会による中央集権的計画経済に近づくことを意味していよう．また，政策発議権を欧州委員会が実質的に独占することだけに焦点が置かれ，共同決定手続きによる欧州議会の関与強化について併記されていないことから，「共同体方式」以上に，欧州委員会の権限集中志向を際立たせている．

「第2の柱」に属するCFSPについては，対外政策全般の一貫性を図る観点から，「現状と『共同体化』との中間」策として，CFSP上級代表と欧州委員会の対外関係担当委員とを兼任させる案が提示されている［European Commission 2002a：13］．しかしながら，この地位の人物は「特に欧州委員会委員長の権威のもとに任務にあたる」［European Commission 2002a：14］のであり，さらに，「今日，すべての加盟国と欧州委員会が発議権を有している――その結果は混乱であり，発議の準備段階で共通利益が十分に考慮されない危険である．それゆえ，政策発議と行動の一貫性を確保するための重心は，欧州委員会に置くべきである」［European Commission 2002a：13］との記述を併せて考慮すると，やはり，CFSPの「共同体化」が志向されていると評価せざるをえないだろう．CFSPの政策発議権を欧州委員会が独占することまでは明示されてはいないが，文脈から判断すると，将来的にはCFSP上級代表と対外関係担当欧州委員を

兼任する地位にCFSPの政策発議権を独占させることを企図していると考えられるのである[15]．

「第3の柱」の刑事事項における警察司法協力分野については，国境管理，移民，難民庇護の各分野に続いて「第1の柱」に移管することが提案されており，それらすべての分野において，立法規範を採択する場合に「共同体方式」を適用することが求められている．これは，既にEC条約の「第1の柱」に移管された各分野でも，実際には意思決定手続きが「第3の柱」と同様であることに対する挑戦であろう．「第1の柱」に移管された後のEC条約の規定では，国境管理の一部を除いて，アムステルダム条約発効から5年間は，欧州委員会のみならず各加盟国にも発議権が与えられ，閣僚理事会の意思決定ルールも全会一致制とされている．この5年が経過した後は，政策発議権を欧州委員会が実質的に独占することによって「共同体方式」に近づきはするものの，共同決定手続きと特定多数決制を適用するための決定自体が，閣僚理事会によって全会一致で行われなければならない．さらに，難民庇護分野では，アムステルダム条約発効以後5年という条件に関係なく，閣僚理事会がこの分野での共通ルールや基本原則を定める法律を全会一致で採択した後でなければ，共同決定手続きと特定多数決制は適用できないとされていた[16]．欧州委員会は，このように「共同体方式」への移行自体が「共同体方式」ではない手続きでしか決定できない困難性を払拭したがっているわけである．

4．コンベンションにおける作業部会報告の提出

(1)「EUのためのプロジェクト」以降のコンベンションの進展状況

「EUのためのプロジェクト」が採択・発表された後，第5会期（6月6-7日）では，「自由・安全・正義の領域におけるEUと加盟国の役割」と「EU機構における国内議会の役割」とが議題とされた．前者については，「第3の柱」を共同体化するか，あるいは共同決定手続きと特定多数決制とを一般化して列柱構造を解消することで大多数の賛成意見が見られた[European Convention 2002d：1-7]．また，後者については，国内議会の代表により構成される「第二院」を新たに創設することで大多数の反対があり，国内議会は主に補完性原則や比例性原則について監視する役割を中心に考える意見が多く見られた［European Convention 2002d：7-10]．これらの意見は，基本的に「共同体方式の刷新」

と「EUのためのプロジェクト」において欧州委員会が主張してきたことと一致していた．

　この第5会期の後，先述の6つの作業部会が発足し，それぞれに活動を開始した．その中で「欧州基本権憲章」をテーマとする作業部会の責任者は欧州委員であるヴィトリーノが担当することとなった．第6会期（6月24-25日）では，環境・人権・女性団体など各種NGO，学界，地方政府など広範なアクターからの聴聞が実施された［European Convention 2002e］．続く第7会期（7月11-12日）では特に若者からの聴聞が実施されるとともに，「EUの対外活動」を主題に議論が行われた．そこでは，CFSP上級代表／閣僚理事会事務局長に，CFSPの発議権だけでなく，CFSP活動に要する実施資金をEC財源から調達する権限も付与するなどのアイディアが出された．

　また第7会期においては，議長から新たに「対外活動」「防衛」「政策手段・意思決定手続きの単純化」「自由・安全・正義」の各テーマを扱う4作業部会を新設する意思が表示され，7月18日の幹部会で確定された[17]．同時に「防衛」作業部会の責任者には欧州委員のバルニエが就任すること[18]，これらの4作業部会が9月半ばから活動を開始することが決定された．これで，既に活動を開始していた先述の6作業部会と併せて10の作業部会が設置されることになった．ニース宣言以降，長らく錯綜してきた議論の論点も，ようやくこれらの作業部会が担当する10のテーマに収束したことになる．

（2）各作業部会による最終報告提出
　　――欧州委員会の意見との比較――

　各作業部会による最終報告は2002年10月の会期から順次提出され始めた．これらの最終報告に含まれた提案や意見は，わずかな再検討事項以外は，会期でもその大部分が受け容れられ，2003年以降から着手される憲法条約草案の起草作業の根本的な土台を提供することになった．ここでは，そのような重要な意義を有する各作業部会の最終報告の内容を，これまで欧州委員会が3つの提言文書を通じて示してきた意見との比較を交えつつ見ていくことにしたい．この作業を通じて，全体的な議論の意見収斂が最高潮に達した段階で，「官」である欧州委員会の意見が政治的アクターらにどの程度受容されていたのかについても理解することができるだろう．

1）「補完性」及び「EU の法人格」

　まず，10月3-4日の会期においては，「補完性」と「EU の法人格」の各作業部会による最終報告が提出された．

　「補完性」の作業部会の最終報告には，主に以下の4点が含まれていた．① 欧州委員会が政策発議案を提案する際，財源・経済的効果・加盟国内の法律への影響など詳細に記した「補完性シート」の添付を義務付けること［European Convention 2002f：4］，② 欧州委員会が正式に政策発議案を出す以前の段階で，補完性原則違反を懸念した国内議会が意見提出できる「早期警戒システム」を設けること，③「早期警戒システム」によって事前に補完性原則に対する懸念を表明した国内議会には，政策案が立法化された後の段階で，欧州司法裁判所に提訴する権限を与えること，④ 地域委員会が諮問をうける分野での立法につき，地域委員会にも欧州司法裁判所に補完性原則の適合性について審査を求める権限を与えること［European Convention 2002f：5-8］．

　以上のうち，①の点に関しては，既に欧州委員会も同様の方法を考案していた．「欧州ガバナンス白書」には「事前評価」制度を導入する旨が示されており，実際に2002年6月には補完性原則へのチェックを含む「インパクト評価」(impact assessment) の概要が発表されていた［European Commission 2002b；2002c］．それによると，政策発議案に付される覚書 (explanatory memorandum) の中に事前評価結果を含めることが想定されていた．しかし，「インパクト評価」であれ，作業部会報告の①であれ，欧州委員会による自己評価の要素が強い．

　他方で，②の点に関しては，「EU のためのプロジェクト」での欧州委員会の主張と異なっていることが注目される．すなわち，第三者的な監視システムの設置段階について，欧州委員会は立法段階と執行段階の間と提案していたが，作業部会の最終報告では，政策発議段階という，より早い段階を要請したわけである．これは，政策発議段階での欧州委員会による自己評価に，第三者評価の要素を加味することを意味している．作業部会が提示した「早期警戒システム」の場合，6週間以内に国内議会の3分の1以上から意見が出された政策案については，欧州委員会に撤回も含めた再検討を促すことが企図されており［European Convention 2002f：6］，法的義務ではないものの，政治的監視機能として欧州委員会の政策発議権をかなり牽制することに繋がるものと考えられよう．

　「EU の法人格」の作業部会からは，EU が単一の法人格を持ち，国際法上の単一主体となるべきこと［European Convention 2002g：8］，および EU が単一の

法人格を持つことにより，EC 条約と EU 条約を併合した単一の憲法条約の作成が可能であることが報告された［European Convention 2002f：15］．この報告に基づいた会議の議論においては，さらに，単一の憲法条約の構成を根本規定と各政策分野の規定から成る2部構成とすることでもコンセンサスを見た［European Convention 2002h：4］．

　この最終報告の内容と，それに基づく会期での合意事項は，「EU のためのプロジェクト」における欧州委員会の提案内容と一致していた．ただし，欧州委員会は，憲法条約草案の第2部には第1部よりも簡易な修正手続きを適用することを主張していたが，その点についての議論は含まれなかった．

2）「欧州基本権憲章」および「国内議会の役割」

　10月28-29日の会期では，「欧州基本権憲章」と「国内議会の役割」[19]の各作業部会の最終報告が提出された．

　「欧州基本権憲章」の作業部会の最終報告では，①欧州基本権憲章を憲法条約に組み込むこと，②EU が欧州人権会議に加盟することは可能であり，その時期と方法については閣僚理事会が全会一致で決定する，という結論が示された［European Convention 2002i：1-18］．

　このうち①については欧州委員会も主張してきたことであった．欧州基本権憲章の条文をそのままの形で条約中に組み込むのか，附属文書とするのかなど，それを組み込む形式については，作業部会の多数意見はそのまま組み込む形式を支持するものであったが，最終報告では特定しきれず，会期でも明確な決定はなされなかった［European Convention 2002j：9-10］．この点については欧州委員会の提言文書では見解が出されていなかった．

　「国内議会」の作業部会からは，欧州委員会が諮問文書や政策提次文書を出す際，閣僚理事会と欧州議会への提出と同時に，それらのすべてを国内議会にも送付することを義務付けることが提案され，これにより補完性原則に対する国内議会による監査が担保されるとされた［European Convention 2002k：6-12］．

　国内議会の役割については第5会期の段階で，既に「第二院」とはしないことでコンセンサスができており，欧州委員会が「共同体方式の刷新」と「EU のためのプロジェクト」で主張してきた意見と一致していた．ただ，「第二院」に代わる国内議会の役割として構想されたのが補完性原則についての事前監視機能であり，それによって欧州委員会の政策発議権に牽制がかかることは，先

述の通りである.

　3）「補足的権限」および「経済ガバナンス」
　11月7-8日の会期では,「補足的権限」と「経済ガバナンス」の各作業部会から最終報告が提出された.
　「補足的権限」の作業部会からは主に以下の各点が示された. ① 以後,「補足的権限」を「支持権限」(supporting measures) と呼称すべきこと［European Convention 2002l : 1-2］, ② このEUの支持権限によって, 加盟国の国内法が取って代わられないこと, ③ 支持権限は, EUおよび加盟国の共通利益の範囲内でのみ適用可能であること, ④ 既存の詳細な個別政策毎の規定とは別に, 条約中に権限に関する独立のタイトルを設け, そこで各政策領域に適用される「権限の種類」を簡単に特定するべきこと, ⑤ 雇用, 教育・職業訓練, 文化, 公衆衛生, 欧州横断ネットワーク[20] (Trance-European Networks), 産業, 研究開発の各政策分野を, 支持権限の適用領域とするべきこと, ⑥ EUと加盟国との間での権限区分は, EC条約308条の保持により一定の柔軟性が確保されるべきであるが, これはいかなる状況でもEUの権限拡大に資するものでない旨を特記すべきこと.
　補足的権限とは, EUに立法権限がなく完全に加盟国権限とされている政策領域でも, 勧告, 決議, 財政支援, 行政協力, 実験的事業, 開放的調整方式など多様な非立法手段を活用して, EUが援助的・調整的機能を果たす権限である. 欧州委員会は,「欧州ガバナンス白書」でも,「EUのためのプロジェクト」でも, 多様な政策手段の活用を提唱し, 特に後者ではそれら「政策手段の形態」を条約中でリスト化することを志向していた. しかし, この作業部会の報告では, ④において「政策手段のリスト化」ではなく「権限のリスト化」が提唱されている. これは「共同体方式の刷新」と「EUのためのプロジェクト」を通じて, 欧州委員会が忌避してきたものに他ならない. しかも, 実際に⑤において補足的権限のリストの試案が実際に具体的に示されているのである.
　「経済ガバナンス」の作業部会からは, 経済政策が加盟国権限であることでは作業部会内で意見が一致した［European Convention 2002m : 2］が, 経済政策の調整を強化する方法については最終的に意見が一致しなかったと報告された. しかしながら, 意見の大勢として, 以下の点が示された. ① 広範経済政策ガイドライン (BEPGs) は欧州議会の諮問手続きを経て, 閣僚理事会が採択する

こととし，欧州委員会の役割の強化についても考慮すること，② ガイドラインから逸脱した加盟国に対して欧州委員会の提案に基づいて閣僚理事会が決定すること，③ 安定成長協定（SGP）のもとでの警告も欧州委員会が直接発令するが，具体的な対応手段については閣僚理事会が決定すること，その際，欧州委員会の役割強化も講じること［European Convention 2002m：4-5］．

4）「自由・安全・正義」および「政策手段・意思決定手続の単純化」

12月5-6日の会期では，「自由・安全・正義」と「政策手段・意思決定手続の単純化」の各作業部会から最終報告が提出された．

「自由・安全・正義」の作業部会の最終報告では，① 難民庇護・査証・移民分野での「立法」に共同決定手続きと特定多数決制を適用すること，② 警察司法協力分野での立法手続きにも，通常は共同決定手続きと特定多数決制を適用するべきであるが，加盟国の基本的責任に関わる事柄には全会一致制を維持すべきこと［European Convention 2002n：14-15］，③ 警察司法協力分野での発議権を，欧州委員会の排他的権限とするのではなく，「4分の1以上の加盟国によること」を要件に，加盟国も発議権を保持すべきこと［European Convention 2002n：15］，④ ユーロポールとユーロジャストの任務・権限を拡張しやすくするために各々の任務規定を簡素化すること，また，ユーロポールに欧州議会や国内議会による政治的統制を及ぼすようにすること，などが提示された．

以上のうち，特に①については，欧州委員会による「EU のためのプロジェクト」の主張と一致している．②③についても，「共同体方式」が完全には適用されてはいないが，標準的な立法手続きはやはり「共同体方式」とするべきとしている点で，比較的欧州委員会の主張と重なる意見が見られたといえよう．

「政策手段・意思決定方式の単純化」の作業部会からは主に以下の各点が示された．① 政策手段を「EU法」(European Union law)，「枠組法」(Framework law)，「決定」(Decision)，「規制」(Regulation)，「勧告」(Recommendation)，「意見」(Opinion) の6つに整理すること[21]［European Convention 2002o：3-4］，② 政策手段の形態を「立法」(Legislative acts)，「委任立法」(Delegated acts)，「執行法」(Implementing acts) の3段階にヒエラルキー化して整理すること[22]［European Convention 2002o：8-12］，③ 「規制」(Regulation) は従来と同名称の「規則」(Regulation) とは異なり，委任立法や執行規則とすること［European Convention 2002o：6］，④ 例外分野を残しつつも，共同決定手続きが適用される分野では

特定多数決制を一般化すべきこと［European Convention 2002o：14］，⑤ 加盟国にとって政治的に繊細な分野を除き，「立法」の決定方法について共同決定手続きを一般化すること，⑥ 協力手続きを廃止し，同意手続きの適用は国際的合意の批准に限定されるべきこと［European Convention 2002o：16］，⑦ 予算面で，義務的支出と非義務的支出とを単一の手続きで決定可能とすること．

　この「政策手段・意思決定方式の単純化」の報告内容は，欧州委員会が「欧州ガバナンス白書」以来繰り返し主張してきた「立法権限と執行権限の明確な区別」と「共同決定手続きと特定多数決制の一般化」とによる「共同体方式」適用の論点と密接に関連している．特に，②の点につき，「立法」「委任立法」「執行法」という，法的手段のヒエラルキー的区分概念を設けるとする作業部会の案は，「立法権限と執行権限の明確な区分」につながることになるため，欧州委員会の主張と一致しているかのように見える．しかし，欧州委員会が主張してきた「立法権限と執行権限の明確な区別」の方法はあくまで権限と機関とを対応させて区別すること，すなわち「閣僚理事会にも欧州委員会にも執行権限を与えている EC 条約202条を修正して，憲法条約レベルで執行権限を欧州委員会だけに帰属させる」というものだった．この方法は，「執行法」の権限を閣僚理事会にも残すこととされたことから明らかなように，作業部会の報告では完全に退けられることとなった．

　「委任立法」については，「立法」から技術的詳細事項を取り除き，立法の複雑性を避けることつながるため，欧州委員会の意見と一致しているように見える．しかし，「委任立法」の場合は，欧州委員会への委任範囲を「立法」が決定するというルールが導入される以上，欧州委員会が恣意的に技術的詳細事項の範囲を決めることはできなくなるのである．また，④と⑤の点については，「共同体方式」の考え方にかなり近づいてはいるが，いずれにも例外的な適用除外分野が想定されており，欧州委員会の意見とは異なっている．この作業部会の報告により，欧州委員会が強く主張してきた形式での「共同体方式」は原則的なレベルで否定されたと言えよう．

　5）「防衛」および「対外活動」
　12月20日の会期では，「防衛」と「対外活動」の各作業部会から最終報告が提出された．
　「防衛」の作業部会からは，危機管理分野については，① ペテルスブルク任

務の多様化，②ニース条約（EU条約）25条を活用し，政治安全保障委員会 (Political and Security Committee) に対する実施決定権限の委譲を促進すること，③ CFSP 上級代表に発議権を付与し，緊急時の場合に閣僚理事会の許可のもとに意思決定権限を付与すること，④活動の実施決定手続きには建設的棄権や緊密な協力によって柔軟性を残しつつも，全会一致制を適用すること，が示された．また，テロ攻撃への対応に関しては，条約中に「一体性条項」(solidarity clause) を設けること，機構面に関しては，「欧州軍事戦略研究庁」(European Armaments and Reseach Agency) を設置する案が示された [European Convention 2002：16-23].

　この「防衛」の作業部会による最終報告で注目されるのは，④において，防衛政策の実施決定の意思決定方式は全会一致制とする見解が明示されていることであり，この点が欧州委員会の意見とは異なっている．「EUのためのプロジェクト」において，欧州委員会は，確かに防衛政策を含めて，対外活動全般の意思決定方式を特定多数決制とする提案をしていた．さすがに欧州委員会も，防衛政策という繊細な政策分野の特質上，通常の特定多数決制より高い敷居の設定を想定はしていた．しかし，いくら柔軟性に配慮した制度がオプションとして存在したとしても，「共同体方式」に固執する欧州委員会は，とにかく一般的原則として全会一致制が残ることことについて猛反対なのである．「防衛」の作業部会の議長は欧州委員のバルニエが務めたとはいえ，結局，欧州委員会が採っていた全会一致制廃止案は同作業部会で受容されなかったのであった．

　「対外活動」の作業部会による最終報告では，主に以下の各点が含まれていた．①政策分野毎に分散している対外関係規定を1セクションにグループ化すること，② EU 対外活動の一般原則と目的を条約中で定義し，それに基づいて欧州理事会が EU の戦略的利益と目的を定めること，③ EU が域内で権限を有している事項に関して国際的合意を締結できることとし，その締結手続きには生きないと同様の方法が適用されるべきこと，④ CFSP 上級代表と欧州委員会対外関係委員との役割に一貫性を持たせる方法については，作業部会内でさまざまな選択肢が考慮されたが，単一人物に両方の役割を兼任させるという案に多くの賛成があったこと [European Convention 2002q：19-23]，⑤ CFSP 上級代表と欧州委員会とによる「共同イニシアチブ」(joint initiatives) を政策手段として導入すること [European Convention 2002q：25]，⑥ CFSP の意思決定手続きにおいて，建設的棄権も含めて特定多数決制を最大限に活用すべきこと，

⑦ CFSP での欧州議会の権限は現状の監視的機能のままとすること，⑧ CFSP 活動に対して迅速な資金供給を可能とするために CFSP に十分な財源が与えられるべきこと．

以上の「対外活動」の作業部会の最終報告は，経済分野から CFSP に至る対外政策全般の一貫性を図る発想，および④で賛成多数を見た CFSP 上級代表の地位と欧州委員会の対外関係担当委員の地位を併合する案について，「EU のためのプロジェクト」における欧州委員会の意見と一致している．ただし，この作業部会の報告では，CFSP 上級代表を兼任する対外関係担当欧州委員に排他的な政策発議権を付与することまでは想定されてはいない．また，⑥において CFSP での特定多数決制の最大限の活用が提案されているが，欧州委員会の意見とは異なり，全会一致制の廃止にまで踏み込んだ見解はとっていない．

6) 各作業部会の最終報告の振り返り——欧州委員会の見解との比較から——

以上のように，コンベンションの各作業部会の最終報告では，欧州委員会が一貫して主張してきた「共同体方式」の適用は，総じて受容されなかった．確かに，「自由・安全・正義」の作業部会の最終報告では，刑事事項の警察司法協力分野も含めて，標準的な立法手続きを「共同体方式」とすべきとの考え方が採られ，「共同体方式」の一般化に繋がるかのような側面も見受けられた．しかしながら，特に「政策手段・意思決定方式の単純化」の作業部会の最終報告において，「執行権限は欧州委員会が独占する」という「欧州ガバナンス白書」で定式化された「共同体方式」の原則そのものが否定された[23]ことにより，欧州委員会の主張は根本的に退けられることになった．「補完性」「国内議会」「補足的権限」「経済ガバナンス」「対外活動」「防衛」の各作業部会の最終報告でも，それぞれにおいて見たように，欧州委員会の主張する「共同体方式」とは馴染まない見解が含まれていた．

5．「政官関係」と政策変化類型の考察

本章では，マクロレベルの EU 政策過程として欧州憲法条約草案策定過程での議論の推移を検証してきた．コンベンションやその作業部会に集約された政治的アクターの見解の総体を「政治」の次元と捉えるとすれば，EU 官僚制たる欧州委員会は「官」の次元として捉えることができ，これら両者の関係は

EU 政策過程での「政官関係」に見立てることができる．本事例での検証の結果，欧州委員会が，ミクロレベルのあるべき EU 政策過程の状態である「共同体方式」を主張ながら，同時に自己の権限の集中・拡大を選好として，しかも政策文書の回を重ねる毎に先鋭化させながら示していたこと，および，この欧州委員会の主張・選好が，総体としての政治的アクターらには受け容れられなかったことが確認された．その意味で，この事例では「政」が「官」より優位な EU 政官関係にあり，国際政治学の理論系譜でいえばリベラル政府間主義の妥当性を裏付ける結果が見出された．

このメタポリシーでの欧州委員会による提案内容に，マホニーとセーレンの分析枠組での「戦略的な政策変化の類型」を典型的に採用している状況は見出しにくい．しかし，次のような局面では類似した発想を看取できる．すなわち，欧州委員会にとって，EU 統治構造自体の本質的機能が「共同体方式で EU 法令を策定する機能を果たすこと」であるならば，この EU 統治構造を場として法的強制力がない開放的調整方式（OMC）による EU 政策を産出すること自体が，非本質的機能を併せ行うことを意味する．

これは，EU 統治構造・制度そのものの機能について，「転用」，すなわち「フォーマルなルールとしては同じままだが，インフォーマルに新たな方法で解釈され，実行される」というという変化類型，もしくは「併設」，すなわち「既定の制度・政策を廃棄することなく新しい制度・政策を創設・拡大することで，既存の制度・政策を形骸化・空洞化する」という変化類型に該当するだろう．たしかに，この欧州憲法条約草案策定の時期は，まもなく 10 カ国規模で中東欧諸国が正式加盟することが視野に入っており，とりわけ閣僚理事会での法案可決ハードルが上がるために，ミクロレベルの政策過程で EU 法を成立させるうえでの「政策過程そのものの効率性」が疑問視されていた．その点，法的強制力がないゆえに合意調達がたやすい OMC のようなソフトローを採用することに合理性が見出されていたし，それが EU の正統性向上に寄与するとも考えられていた．しかし，本章の事例からも垣間見えたように，欧州委員会は，この OMC の活用にはアンビバレントな態度を示していた．それはちょうど，立法機能と執行機能とが峻別されずに本来的な「共同体方式」から乖離している現状に懸念を覚え，その是正を求める構図と似ている．すなわち，EU 統治構造の機能として OMC 策定のほうが主となるとともに，本来的な EU 法の立法機能が形骸化・空洞化するという「併設」による負の効果を懸念しているの

である．その一方で，このOMCは従来EUに権限がなかった社会政策分野等での活用も想定され，その部分では欧州委員会は積極的に関与したい態度も見せるのであり，その結果，アンビバレントな態度となるのであった．

　この事例では，欧州委員会以上に，総体としての「政治的アクター」のほうにこそ，戦略的な政策変化の類型の恩恵を被ってきた状況を指摘できる．つまり，本来的な「共同体方式」からの乖離は，実質的には執行権限を欧州委員会から各加盟国に移転させる効果をもたらすことになり，これは欧州委員会からすれば是正すべき問題であるものの，政治的アクターからすれば「望ましい乖離」だったのである．つまり，制度を巡る環境の大きな変化に対して制度をそれに適応させることなく放置し，当初の制度の実効性を自動的に喪失させる「放置」を志向していたことになる．

　もう1点，戦略的な政策変化の類型そのものではないが，欧州委員会による政策上の戦略に関わる事項を指摘しておきたい．それは「EUと加盟国の間の権限区分」に関するものである．欧州委員会は，「共同体方式の刷新」にて，EUと加盟国との間の権限を「補完性原則」に沿って考えるべきだが，権限区分を固定的にリスト化する方式は避けるべきことを主張したものの，コンベンションの作業部会ではそれは却下された．つまり，EUと加盟国の間の権限区分において，欧州委員会はレイヤーケーキ方式のごとく明確に権限を割り当てるのではなく，マーブルケーキ方式で権限区分のあいまい性を残すことを志向し，このあいまい性を活用して加盟国権限事項への関与余地を企図していたと考えられる．このように，概念区分をあえてあいまいにするという戦略は，このメタポリシーの政策過程だけではなく，次章以降のミクロレベルのEU政策過程においても看取される欧州委員会の戦略である．これは欧州委員会がEU政策過程において活用する，「概念操作」も含む言説戦略の一環として留意しておきたい．

6．リスボン条約での政策および政策過程類型の設定方式

　コンベンションは，各作業部会からの最終報告の成果を実際に条文化し，EU各機関の構成，議長国制度，特定多数決制度などの機構問題の議論の成果も盛り込みつつ，2003年7月半ばに欧州憲法条約草案を完成した．その草案をもとに2003年10月からIGC（政府間会議）を経て約1年後の2004年10月29日に欧

州憲法条約が調印されたものの，周知のように，2005年5月29日のフランス，同年6月1日のオランダそれぞれの国民投票で批准拒否され不成立となった．その後，2009年12月に発効した現行のEUの基本条約であるリスボン条約は，欧州基本権憲章を条約本体に組み込まない形式としたり，「憲法」的要素の文言を削除したりと，形式的な部分を除けば，実質的に欧州憲法条約草案の内容を踏襲していると解されることが多い．しかし，実質的な新要素が規定された可能性もある．そこで，本節では，法解釈的な検証作業が中心となるが，現行の基本条約であるリスボン条約でのEU政策過程に関わる規定を実際に確認し，前節までの議論と対照させた考察を行いたい．[24)]

(1)「権限の所在の分類」×（かける）「政策分野別分類」
　現行のEUの基本条約はTFEUである．[25)]全358条から成るTFEUのうち，EUの政策類型の分類に関わる規定が見られるのは，まず3条から6条にかけてである．一部に筆者による補足的記載をしつつ抜粋すると次のとおりである．筆者補足記載は（　）に記す部分である．

　3条
　1．EUは，次の分野において，排他的権限を有する（この「排他的権限」とは，EU加盟諸国からEUへと権限が完全に移譲されて，もはやEU加盟諸国には権限がないとされるものである）．
(a)関税同盟，(b)域内市場の機能に必要な競争法ルールの確立，(c)ユーロを通貨とする加盟国の金融政策，(d)共通漁業政策のうちの海洋生物資源保存，(e)共通通商政策
（3条2項では，1項に加えて，EU域内でのEU立法措置にかかわる国際協定の締結権限が付記されている）．

　4条
　1．EUは，両条約がEUに授権した権限で3条と6条で挙げられる政策領域と関連しない権限において，加盟諸国とその権限を共有する．
　2．EUと加盟諸国間での共有権限は，次の主要分野で適用する（EUにも加盟国にも権限があり共有されている分野である）．
(a)域内市場，(b)この条約に規定された側面での社会政策，(c)経済的・社会的・領域的結束，(d)海洋生物資源保存を除く，農業および漁業，(e)環境，

(f)消費者保護，(g)輸送(h)トランス・ヨーロピアン・ネットワーク，(i)エネルギー，(j)自由・安全・正義の領域，(k)この条約に規定された側面での，公衆衛生上の共通の安全にかかわる事項

(以上の4条2項に加えて，4条3項では研究開発（R&D），4条4項では開発協力・人道的援助が挙げられている).

5条
1．EU加盟諸国はEU域内において各々の経済政策を調整しなければならない．この目的のために，閣僚理事会は，諸手段を，特に各加盟国の経済政策のための広範なガイドラインを，採択しなければならない．通貨をユーロとする加盟国には特定の条項が適用されるべきである．
2．EUは，加盟国の雇用政策の調整を確保するための諸手段を，特に加盟国の雇用政策のためのガイドラインを定義づけることによって，採らなければならない．
3．EUは，加盟国の社会政策の調整を確保するためのイニシアチブをとることができる．

6条
EUは，加盟諸国の活動を支援（support）・調整（coordinate）・補完（supplement）する活動を実施する権限を有する．そのような活動がヨーロッパレベルで適用される政策領域は次のとおりである（該当する政策分野の権限は加盟国にあるが，EUはそれをサポート・調整・補完的役割をするとされる分野である）．(a)人間の健康の保護と改善，(b)産業，(c)文化，(d)観光，(e)教育・職業訓練・若年者・スポーツ，(f)市民保護，(g)行政協力

以上のTFEUの3条から6条から明らかなように，EUの基本条約での政策類型の分類の切り口の設計としては，「権限の所在の分類（EUと加盟諸国との間での権限割り当て）」として，大きく「排他的権限（3条）」「共有権限（4条）」「支持権限（6条）」と呼ばれる3つのカテゴリーが設定され，その3つのカテゴリーに該当させる形で「政策分野別分類」で分けた各政策分野を振り分ける体裁となっていることがわかる．EUの実定法上の最高規範性を有する基本条約においては，政策類型的含意として，「権限の所在の分類」と「政策分野別分類」との2つの軸が組み合わされていることになる．

まずは,「政策分野別分類」について考えてみよう. 3条から6条を眺めると, 分類された各単位としての政策分野が非常に多岐にわたることに目が行きがちであるが, そのことと, これらの分類が論理学で言われる MECE (漏れも重複もない完全分類状況) を実現しているとは限らない. また, 4条2項では「(a)域内市場」と「(b)この条約に規定された側面での社会政策」とが並列的に記載されているが, 必ずしも並列ではなく, 実態としては(b)は(a)に包含されるという関係性にあるかもしれない.

　一方の「権限の所在の分類」についてはどうであろうか. EU とその加盟諸国との間での権限割り当てとしての3カテゴリー, すなわち「排他的権限」「共有権限」「支持権限」という分類基軸の設定からは, 第1章で国際行政での政策過程の類型論の手がかりを探った際の, 曽我と福田の国際行政観で共通の焦点となっていた政府間関係という切り口が体現されていることに気づかされるであろう. とりわけ4条が示す「共有権限」なるジャンルの存在からは, 福田が着目していた「合成」「混成システム」「融合」という国際行政の特徴がとりわけここで現れているように見える. ただし, この4条でいう「共有」とは, もう少し特定の意味付けがなされている. 遡って TFEU 2条2項を見ると, そこには次のように記されている.「両条約が特定の政策領域において EU に加盟諸国と共有する権限を授権する場合, EU と加盟諸国はその政策領域で立法して法的に拘束力を有する措置を採択してよい. 加盟諸国は, EU が EU の権限を行使しない限りにおいて, 自らの権限を行使しなければならない. また, 加盟諸国は, EU が EU の権限を行使することを止めると決定した限りにおいて, 自らの権限を行使しなければならない」. つまり, EU と加盟国との「共有」とはいうものの, 基本的には「EU が立法活動しない限りにおいて, 加盟国が立法活動してよい」という意味付けなのである. だから, EU と加盟国が対等であるというのではなく, EU の権限か加盟国の権限かどちらかと言えば EU の権限に近いニュアンスが含意されたうえで, ジャンル名称が一応は「共有権限」となっていることに留意しなければならない.

　6条の支持権限は, 第1章で検討したヘレン・ウォーラスの EU 政策類型でいうところの④ 政策調整が適用される分野であり, EU に権限がない (だから権限は加盟諸国にある) 分野でも, 加盟諸国間での協力を醸成する方策を EU として決定することができる分野にあたる. ウォーラスによる政策類型にひきつければ, 3条の排他的権限の該当政策分野には① 古典的な共同体方式が, 4

条の共有権限の該当政策分野には② 規制モードや③ 分配モードが相当するのに対して，6条の支持権限の該当政策分野では④ 政策調整が相当するというイメージを持てばわかりやすいであろう．

　そして，TFEU の 3 条から 6 条を引きつつもここまで触れてこなかった TFEU の 5 条に着目してみよう．5 条で挙がっている政策分野は，加盟国の「経済政策」「雇用政策」「社会政策」であり，それらを「調整」することが述べられている．だから，これらの加盟国の政策分野について，権限の所在としては加盟国にあり，EU も権限を共有するというわけではない．適用される政策類型は，6 条の支持権限と同じくウォーラスによる政策類型でいう④ 政策調整が該当するであろう．そして，この「経済政策」での政策調整ツールこそが，広範経済政策ガイドライン (BEPGs) である．

（2）「法的措置」による政策類型の原則的規定

　前項では，EU の基本条約にて，政策類型の分類として「権限の所在の分類」と「政策分野別分類」とが組み合わされたものが示されていることを見た．ただし，基本条約たる TFEU には，実はもう 1 つの EU 政策類型の切り口と目せるものが記載されている．政策の「手段」に基づく類型である．本項では，この EU の政策手段に基づく基本条約上の類型を検討していく．EU は，その政策手段として自らが運用できる法的権限や資源を有してはいるものの，立法なりで決定した政策を実施する際には，大部分は EU 加盟諸国の行政機関に実施協力してもらわなければ成り立たないと想定される．これは，先に見た福田による国際行政の特徴としての「合成」「混成システム」「融合」と符合する．であるならば，その EU の政策手段というものも，EU と EU 加盟諸国とを媒介するパターンとして類型化されるだろう．そして，EU も法治行政の原理を免れないのであり，EU の政策活動も必ず EU 法上の根拠と手続きに則って行われるはずであるから，EU の政策手段とは，EU と加盟諸国とを媒介する法的パターンの類型として示される．この EU の法的な政策手段の類型化が記されているのが，TFEU の 288 条から 292 条にかけてであり，その諸類型は「法的措置」(legal acts) と総称されている．その 288 条から 292 条を抜粋すると次のとおりであるが，政策手段類型を判別するうえで留意すべき語に筆者が『　』を付してある．

288条

　EUの権限を行使するためには，EU諸機関（institutions）は，『規則（regulations）』，『指令（directives）』，『決定（decisions）』，『勧告（recommendations）』，『意見（opinions）』を採択しなければならない．

　『規則』は，一般的適用の効力を持たなければならない．規則はそれだけで拘束力を有しすべてのEU加盟国内に直接適用されなければならない．

　『指令』は，その適用対象となる各加盟国に対して，達成されるべき結果について，拘束力を有しなければならないが，その達成の形態や方法の選択については各加盟国の権限官庁に委ねられなければならない．

　『決定』は，それだけで拘束力を持たなければならない．適用対象を特定する決定はその対象についてのみ拘束力を有しなければならない．

　『勧告』と『意見』は法的拘束力を有してはならない．

289条

1．『通常立法手続』（The ordinary legislative procedure）は，欧州委員会からの提案に基づき，欧州議会と閣僚理事会による共同決定において，『規則』，『指令』，『決定』を採択するものでなければならない．この手続きは294条で定義される．
2．条約に規定された特別の場合には，閣僚理事会の参加を伴う欧州議会による，または，欧州議会の参加を伴う閣僚理事会による，『規則』『指令』『決定』の採択が『特別立法手続』を構成しなければならない．
3．立法手続によって採択された法的措置は，『立法措置』（legislative acts）を構成しなければならない．
4．条約で規定された特別の場合には，『立法措置』（legislative acts）は，欧州中央銀行からの勧告もしくは欧州司法裁判所か欧州投資銀行からの要請に基づき，加盟国のグループもしくは欧州議会のイニシアチブによって採択されてもよい．

292条

　閣僚理事会は『勧告』を採択しなければならない．その場合，閣僚理事会は，両条約によって欧州委員会からの提案に基づいて措置を採択しなければならないと規定されている場合にはすべてそのとおりに欧州委員会からの提案に基づいて意思決定しなればならないし，EUの法的措置の採択

に全会一致が必要とされる領域では，全会一致で意思決定しなければならない．欧州委員会，そして，条約で規定されている特別の場合には欧州中央銀行も，『勧告』を採択しなければならない．

以上が，EUの政策手段である法的措置の分類に関する規定である．種類としては，『規則』『指令』『決定』『勧告』『意見』があることがわかる．ただし大別すると2つに分けられることもわかる．まず，『通常立法手続』ないし『特別立法手続』により採択される『立法措置』であり，その『立法措置』に該当するものとして『規則』『指令』『決定』がグループ化され，それらは法的拘束力を持つ手段である．一方，『勧告』と『意見』は法的拘束力を持たないものである．『勧告』の採択手続は292条で指定されているが，『意見』について同様の規定は見られない．

これらのうち『立法措置』である『規則』『指令』『決定』を特に考察してみよう．注視すべき点は次のとおりである．四点につき指摘するが，四点目だけは『立法措置』に限らず『法的措置』というEUの政策手段の枠に広げつつ考察を加える．

第1に，EUの政策手段としての『立法措置』によって直接的に対象とされるのが，なにもEUの加盟国だけに限られるというわけでなく，加盟国内の個人・企業なども含めて直接的に対象となりうる想定となっていることである．すなわち，『規則』『決定』は政策手段の名宛人は加盟諸国だけでなく個人・企業などでもありうるということである．そして『規則』と『決定』の政策手段上の違いは，その対象となる名宛人たる主体が，『規則』が普遍的であるのに対して，『決定』では特定的であるという違いである．その一方で『指令』は加盟諸国だけしか対象とならない．いずれにしても，先に，曽我や福田による国際行政観での特徴から，国際行政機関と国内行政機関の間の関係性への着眼を手がかりとして導出したのだが，それだけではなく，国際行政機関から直接的に国内社会の個人・企業などのアクターに作用する政策手段がパターンとして存在しており，それに留意する必要があることを示している．

第2に，『規則』『指令』『決定』は，そのいずれもが加盟諸国が対象となりうるが，その効果が異なる．すなわち『規則』はそれが政策手段として採択されれば，全加盟国がその『規則』の内容の実現につき，手段と結果の両方について，それだけで法的義務を負うわけであるが，『指令』の場合は，全加盟国

が『指令』の内容で指定された結果の実現につき法的義務を負うものの，その実現に至る達成の方法や手段については加盟国の裁量が認められている．[26] 加盟国が対象となる場合の『規則』『指令』に対する『決定』の効果の違いは，『規則』『指令』のように全加盟国が一律対象となるのではなく，特定の加盟国だけが対象となる場合に適用されるということである．

　第3に，『規則』『指令』『決定』は，289条1項にある通り，基本的に『通常立法手続』で採択されなければならない．それは，閣僚理事会と欧州議会による共同の決定であり，議会制度の類型論的には二院制システムとなっている．しかし，その『通常立法手続』では，それを政策原案として（法案として）発議・提案する権限は，欧州委員会，閣僚理事会，欧州議会というEUの立法に関わる主要な3機関のうちで，欧州委員会に排他的に独占されていることが肝要である．このことは，国際行政としてのEUを，国内行政と比較してみた場合に，非常に特徴的であると言えよう．なぜなら，国内行政の場合，たとえば議院内閣制の日本であれば，政策（法案）提出権限が，国会議員にも内閣にも認められてはいるのであるが，傾向として内閣提出法案の数のほうが多くなっており，それが，政低官高の「行政国家化現象」の一環として，ややもすれば否定的に論じられがちであるわけだが，国際行政としてのEUの場合は，基本条約という根本的なレベルで，そもそも初めから「行政国家」として設計されているからである．国内行政のシステムとして大統領制をとる国の場合であれば，議会への政策（法案）提出権限がそもそもないのであり，EUはそれとは真逆の仕組みで意図的に制度設計されている行政システムということになろう．近年，特にEUの基本条約が改訂されるたびに，従前に比べて欧州議会の権限が拡大してきたとされる．それは，かつては限定的な政策分野においていわば監査的機能を果たす「諮問手続」だけであった状態から，関与できる政策分野の範囲が拡大されつつ，「協力手続」を経て，いまや，閣僚理事会と共同でEU立法の意思決定権限を有する「共同決定手続」が標準化されたことを根拠として主張され，また，EU自体もそのことを喧伝して「EUの民主主義の赤字」批判に応えてきた．しかし，それは閣僚理事会との相対関係においては該当するのであるが，閣僚理事会と欧州議会とによる「共同決定手続」が標準として盛り込まれている，現行のTFEUでの『通常立法手続』においても，欧州委員会に排他的に政策提案権限が有するという状況は変わっていないのである．そして，この『通常立法手続』は，先に見たウォーラスによるEU政策過

程類型でいう①古典的な共同体方式，②規制モード，③分配モードの差異に関わりなく適用されるものであることからすると，ウォーラスが企図していた，①古典的な共同体方式と，②規制モードや③分配モードとの間の類型区分の根拠はやはり相対化してみなければいけないと思われる．

　第4に，前項で検討したTFEUでの基本的なEUの政策類型で設定されていた「権限の所在の分類」「政策分野別分類」との組み合わせ内容と照らし合わせてみながら，本項で着目しているEUの政策手段としての『規則』『指令』『決定』といった『立法措置』のみならず，ここでは『勧告』まで含めた『法的措置』の枠にまで広げて考察しよう．前項では，「排他的権限（3条）」「共有権限（4条）」「支持権限（6条）」という3カテゴリーに沿った，EUと加盟諸国間での権限割当のグラデーションとそれぞれに対応する個別政策分野の配置や，「共有権限」と「支持権限」にまたがるかのような「加盟国の経済政策・雇用政策・社会政策（5条）」という政策分野を見出したわけだが，これらの各カテゴリーに対照的に，適用される政策手段が見出せるのであろうか．抽象的なレベルでいえば，おそらく次のようなことは推測できそうである．すなわち，「排他的権限」にあたる政策分野では，加盟国に権限はなくEUにしか権限がないのだから，『規則』もしくは『決定』が多用されるであろう．「共有権限」にあたる政策分野は，EUにも加盟国にも権限はあるのだが，加盟国はあくまでEUが活動しない範囲での立法が認められるという意味での「共有」であり，そこでの政策手段としては『指令』が該当しそうである．つまり，「共有する」ということの意味を，規範立案的な部分の意思決定機能をEUレベルでの『指令』が果たし，その『指令』を国内で実施・執行するという機能は各加盟国による裁量的な国内立法化が果たすというように「決定（立案）—実施（執行）」という次元で分業することをもって，「共有」と観念することが適合しそうだからである．「支持権限」にあたる政策分野では，そもそもEUには権限はなく加盟国に権限があるため，対応するEUがとりうる政策手段は『勧告』という形式でしかなさそうである．「共有権限」と「支持権限」にまたがるかのような「加盟国の経済政策・雇用政策・社会政策」にも，『勧告』が該当するしかないであろう．でなければ，EUが加盟諸国の主権を侵害するということになるからである．

（3）「法的措置」による政策類型の原則からの逸脱的規定：
　　「委任措置」「実施権限の授権」
　前の2つの項では，基本条約であるTFEUの規定に沿って，「権限の所在の分類」「政策分野別分類」「政策手段（法的措置）」による分類を見てきた．この項では，前項で見たばかりのTFEUでの政策手段たる『法的措置』を採択する「通常」パターンである『通常立法手続』からの，基本条約規定自体での逸脱規定の存在に着目する．その逸脱規定とは，前項でみたTFEU288条から292条の抜粋においてはあえて省略した290条及び291条に規定されている．

　　290条
　　1．『立法措置』は，立法措置を補完（supplement）したり立法措置の何らかの非本質的要素を修正したりするために一般的に適用される『非立法措置』(non-legislative acts)を採択する権限を，欧州委員会に委任することができる．その立法措置では，委任の目的，内容，範囲，権限の委任期間が明確に定義されなければならない．本質的要素は立法措置に留保されなければならず，権限の委任の対象となってはならない．
　　2．『立法措置』は，対象となる委任の諸条件を明確に定めなければならない．その諸条件とは次の通りである．
　　　(a) 欧州議会または閣僚理事会は委任を撤回できる．
　　　(b) 委任された措置は，立法措置によって設定された期限内に，欧州議会か閣僚理事会から反対が表明されない限りにおいて，初めて発効可能となる．
　　この(a)と(b)については，欧州議会はその構成員の多数決により，閣僚理事会は特定多数決により，意思決定しなければならない．
　　3．委任された措置の題名には，「委任による」(delegated)という形容詞が挿入されなければならない．

　　291条
　　1．加盟国は，法的拘束力を有するEUの法的措置を実施するためには，それに必要な国内法のあらゆる手段を採択しなければならない．
　　2．法的拘束力を有するEUの法的措置を実施するための統一的な条件が必要な場合には，そのEUの法的措置は，『実施権限』(implementing powers)を欧州委員会に授権するか，十分に正当化される特別の場合や

TEU の 24 条と 26 条に規定された場合には，閣僚理事会に授権しなければならない．
3．上記 2 の目的のために，欧州議会と閣僚理事会は，『通常立法手続』にしたがった『規則』の採択によって，欧州委員会による実施権限の行使を加盟国がコントロールするためのメカニズムについてのルールと一般的原則を事前に定めなければならない．
4．『実施権限』に基づく措置の題名には，「実施」（implementing）という語が挿入されなければならない．

　290 条も 291 条も『立法措置』，つまり『規則』『指令』『決定』に関わるものである．このうち 290 条は，立法権限の一部を立法本文中で行政機関に委任する，いわゆる「委任措置」と呼ばれるものであり，同様のものは日本の政治行政現象においても「委任立法」という形で見られる．たとえば，根拠となる法律に基づいて政令や省令で細かな基準を設定するというものだが，それが多用されればされるほど，いくら「非本質的要素」であっても，実質的に行政権が立法権を侵食しているとして，政低官高の行政国家化現象の典型例として批判されてきたものである．この「委任立法」が理屈として正当化される際の主たる論拠は，政治家には必ずしも専門的知識・能力があるわけではないので，そうした知識・能力を有する行政機関に委ねるほうが能率的であるからというものである．いずれにしても，これと同じ構図が EU でも，『通常立法手続』にて立法権である閣僚理事会と欧州議会が，行政権である欧州委員会に立法の「非本質的要素」を委ねることができるものとして規定されているわけである．ただし，EU『指令』による委任によって，欧州委員会が採る委任措置が『委任された規則』（delegated regulation）というように，『指令』を根拠に欧州委員会が『規則』を決めることもできるのであり，これは日本の国内行政でいう「法律―政令―省令」というような体系性が国際行政としての EU では成り立たない，つまり，政策体系の「転倒可能性」が予定され，実際に行われてもいることには留意しなければならない．

　291 条，特にその 2 項は，『実施権限』の欧州委員会への授権に関する規定である．（TEU の 24 条と 26 条については共通外交安全保障政策分野での閣僚理事会への実施権限の授権について述べられている）これは，一見すると，290 条の『委任措置』と何が違うのかが分かりにくいかもしれない．なぜなら，たとえば，国内行政，

第3章　マクロレベルのEU政策過程　*105*

　日本の場合であれば法律を根拠とした「委任立法」の典型例として，省令レベルでの「〜法施行令」「〜実施規則」という名称のものがイメージされやすく，実施権限の授権は委任立法の範疇に含めて概念化されやすいからである．EUにおいてこの291条2項の実施権限が290条の委任措置とは別途規定されている謎を解く鍵は，291条1項にある．ここでは，加盟国に対してEUの法的措置につき国内法を通じた実施の遵守義務規定が置かれているのである．とすれば，291条2項で欧州委員会に授権される『実施権限』とは，本来的には加盟国が有する実施権限のこと，つまり『指令』でいえば，結果の実現につき加盟国は法的義務を負うものの，その実現に至る達成の方法や手段については加盟国の裁量が認められているという，その「実現に至る達成の方法や手段」についても，統一的な基準が必要な場合には欧州委員会が定められるということを意味するのである．

　290条の「委任措置」に加え，別途，291条の「実施権限の授権」が行政機関になされうるというのは，国内行政と比較した場合の，国際行政としてのEUにとりわけ特徴的な類型ということができるだろう．いずれにしても，この「委任措置」と「実施権限の授権」の類型としては，delegated regulation,[27] delegated directive,[28] delegated decision,[29] implementing regulation,[30] implementing directive,[31] implementing decision[32] が，組み合わせのうえで想定されるが，欧州委員会によりすべて実際に用いられている．

　そして，これら290条と291条を通じた『通常立法手続』からの基本条約レベルでの逸脱の仕組みは，『通常立法手続』において政策提案権がそもそも排他的に欧州委員会にしか存在しないことと合わせて考えると，欧州委員会の権限が非常に強いものことになる仕組みであることに気づかされるのである．

（4）欧州憲法条約草案とリスボン条約の比較：政官関係の視点から

　前節までで検証した欧州憲法条約草案の調印から，ほぼ5年後に本節で見た現行のリスボン条約は発効している．この欧州憲法条約草案とリスボン条約との比較から得られる気づきをまとめると次のようになる．

　欧州憲法条約草案の段階で見出していた政官関係での「政高官低」の構図が，リスボン条約の法的文言からは逆転しているように読み取れる．たとえば，「EUと加盟国の間の権限配分のリスト化」に関しては，欧州憲法条約草案策定段階では，欧州委員会はレイヤーケーキ的な明確な権限配分のリスト化に反

対していた．実際にリスボン条約の規定を確認すると，本節の第1項で確認できたように，EUの基本条約での政策類型の分類の切り口の設計としては，「権限の所在の分類」(EUと加盟国との間での権限割り当て)として，大きく「排他的権限」「共有権限」「支持権限」と呼ばれる3つのカテゴリーが設定され，その3つのカテゴリーに該当させる形で「政策分野別分類」として各政策分野が振り分けられていた．これは体裁としてはまさにレイヤーケーキ方式が採用されたことを意味している．しかし，「共有権限」というカテゴリー自体があいまい性を残していると同時に，EUと加盟国との「共有」とはいうものの，基本的には「EUが立法活動しない限りにおいて，加盟国が立法活動してよい」という意味での「共有権限」という設計となっており，EUと欧州委員会の権限拡張の余地が見出されるのである．また，欧州憲法条約草案段階にて「共同体方式」への回帰とともに，欧州委員会がこだわってきた「立法権限と執行権限の峻別」に関しては，リスボン条約の規定での「通常立法過程」からの逸脱可能な仕組みが「委任措置」「実施権限の授権」とともに，執行権限を有する欧州委員会が恣意的に立法権限を侵食できてしまう余地が見出されるのである．ここからは，現行のリスボン条約の規定では，EU―加盟国間で一見すると明確に権限区分されたように見えるものの，「共有権限」に残されたあいまい性や，「通常立法手続」に備えられた逸脱規定を手がかりとすれば，欧州憲法条約草案策定時とは異なって，EUや欧州委員会が実質的に幅広く権限を行使できる仕組みとなっていることが看取される．

注

1) この白書の作成計画は実はかなり以前からあり，2000年2月のにニース条約に向けたIGCが開催された折に，プロディ欧州委員会委員長が欧州議会の前で「1年後に提出する」と公言していたものであった．白書作成の実質的な準備作業は，2000年10月，11月に作業プログラム (SEC (2000) 1547/7final) の決定によって始まり，各総局から選抜された職員を中心に，外部の専門家も交えた12の作業部会に分かれて活動が進められた．この白書は，本来，「EUの将来」議論の文脈で提案が想定されていたわけではなかったが，2001年1月31日に発表された欧州委員会の Work Program の中で，議論のプロセスに位置付けて発表する意図が示され，引き続いて作業が継続された．各作業部会による研究報告が出揃った段階で，3月10日の「委員会会合」に作業結果報告をまとめたメモランダムが提出されたが一旦拒絶されてしまった．しかし，その理由は明らかではない．その後，再度，白書全体の構成の練り直しが行われ，ようやく

7月25日の発表に至ったのであった.
2) 「グッド・ガバナンスの原則」としては,公開性・参加・アカウンタビリティ・有効性・一貫性の5原則が挙げられている [European Commission 2001a:10]. 新川 [2011:20-21] は,欧州ガバナンス白書でのグッド・ガバナンスの概念については,表面的には世界銀行や OECD が用いている同概念との差異は感じられにくいが,EU の場合には,ガバナンスのプロセスにおける市民参加の視点があることに特徴を見出している.
3) この政策手段は,規則(Regulation),指令(Directive),決定(Decision)など正式な EU 法手段ではなく,ベンチマーク方式に基づく加盟国間での相互比較・相互監視を,閣僚理事会や欧州理事会の場を利用して行うというものである.すなわち,EU 機構を加盟国間による「ベストプラクティス」の学習・共有の場とし,EU 法手段を用いることなく,各加盟国による自主的な学習成果の実施を促そうというものである.
4) 欧州ガバナンス白書では,この部分以外の2箇所でも「共同体方式」の意義が力説されている [European Commission 2001a:8;34] ことから,この文書の最大の主張は,まさにこの「共同体方式」の回帰にあると考えてよいだろう.
5) この白書作成の準備のために12の作業部会が設置されたが,その1つに,Working Group 4c "Multi-level governance: linking and networking the various regional and local levels" という部会が置かれていたことからも,同概念が白書に影響を与えていることは明らかである.この白書の文書末にも "multi-level system" との記述が見られる.
6) マヨーネも,この白書において,欧州委員会が開放的調整方式に対して,共同体方式との競合可能性を憂慮してあまり熱心ではない点を指摘している [Majone 2014:邦訳上 104-5].
7) 同宣言の解説については,鷲江 [2002] を参照.
8) 9人の内訳は,コンベンション開催期間中の議長国政府代表3,国内議会代表2,欧州議会代表2,欧州委員会代表2,である.
9) 作業部会の設置根拠については第2会期でコンセンサスを見た作業手続きに規定があった.また,各作業部会の議長には幹部会のメンバーが就くこととされた.
10) コンベンションへの欧州委員会代表2人の選抜過程については明らかではない.
11) これは,コンベンション初会期の前日に開催された委員会会合(2月27日)での決定に基づく対応である.同会合の議事録である PV (2002) 1557final によると,以後の委員会会合で毎回コンベンション関連事項を議題に盛り込み,本質的な議論を平均して隔週ペースで行うこと,4月30日までにコンベンションへの提言文書として「ヨーロッパのプロジェクトの将来」についての,5月15日までに EU と加盟国の間での権限配分についての提言文書を採択することなどが決定された.
12) 広範経済政策ガイドライン(BEPGs)の作成方法・運用方法の根拠は当時の EC 条約99条に記載されていた.また,Hodson [2001] のように,この広範経済政策ガイド

ラインそのものを「開放的調整方式」として捉えている研究者もいる．
13) これは，基本条約において，公衆衛生，文化，教育などの政策分野で加盟国間の「調和」が明示的に禁じられているにもかかわらず，教育政策でのエラスムス計画のように実際には EU レベルで有意義な成果をあげている現実に鑑みて，それを可能としている立法以外の EU 政策手段の諸形態を，条約中でリスト化することを求めているものであろう（「権限の種類」のリスト化ではなく，「政策手段の形態」のリスト化を求めていることに注意すべきである．欧州委員会は「権限の種類」については逆にリスト化に消極的なのである）．この「政策手段の形態」の1つに開放的調整方式があるが，これにも憲法条約の中で根拠を与えようとしていると考えられる．
14) 閣僚理事会も執行権限を有すると解される規定を改定することが志向されている．
15) 実際，その後の欧州委員会による 2002 年 12 月 5 日発表の提言文書，'For the European Union Peace, Freedom, Solidarity Communication of The Commission on The Instituitional Architecture' (COM (2002) 728final/2：12月11日付の修正版) の中では，「対外関係担当欧州委員」の代わりに，「欧州委員会副委員長」と CFSP 上級代表とを同一人物の「EU 長官」("Secretary of the European Union") とし，「EU 長官」が有する CFSP の発議権を欧州委員会の発議権と見なし，移行期間を経た後に，その人物の排他的権限とする構想が明示されるに至った．この場合，CFSP の発議を望む加盟国は，「EU 長官」にただ発議の依頼手続きだけが残るような制度が構想されている．同文書 pp. 12-14 を参照．
16) 当時のニース条約段階での EC 条約 Article61-69.
17) この4作業部会のマンデート（議題）の詳細は，Note 'Working Groups: Second Wave' (CONV206/02) Annex, pp. 3-6 を参照．これらのマンデートはそれまでの会期での議論を着実に反映させていた．
18) 作業部会の構成員はコンベンションのメンバーであることが要件であったため，2人の欧州委員以外は作業部会のメンバーたりえなかった．しかし，各作業部会のテーマに関連する分野を担当委員が聴聞される可能性は高く，「委員会会合」において，バルニエは繰りかえし他の委員も積極的に聴聞に関わるように促していた．特に6月17日 (PV (2002) 1572) と 10月16日 (PV (2002) 1585final) の委員会会合の議事録を参照．7月2日の委員会会合では，各作業部会への聴聞を定期的・調整的に行うべく委員会内のタスクフォースが計画を練る決定までされていた (PV (2002) 1574final)．その後，実際に，対外関係の作業部会でラミー，パッテンの両委員が，経済ガバナンスの作業部会でソルベ (Solbes)，ディアマントポロウ (Diamantopoulou) の両委員が聴聞を受けたほか，法務関係の総局長級の人物も幾人か聴聞を受けた．
19) この会期では，幹部会から憲法条約草案の構造案（骨組みのようなもの）が提示されたことも注目された点であった．特に Part One の Artticle15bis において，欧州理事会に新たに議長 (Presidency of the European Council) を置くことが企図されていたが，この段階では，その権限・責任・任期・任命手続きがどのようなものである

のかについては空白であった．Preliminary Draft Constitutional Treaty（CONV 369/02）p. 3 and p. 12. を参照．
20) 越境的な運輸・旅客交通網のことを意味する．
21) 「EU 法」はこれまでの「規則」（Regulation）に相当し，「枠組法」は従来の指令（Directive）に相当する．
22) 「委任立法」とは，「立法」の内容に伴う技術的追加事項などの決定を，「立法」が欧州委員会に委任するものであり，委任の範囲は「立法」によって柔軟に決めることができる．「執行法」は，「立法」ないし「委任立法」の実施に関するもので，一般的に欧州委員会の権限とし，例外的に閣僚理事会の権限となる．新たな政策手段の「規制」（Regulation）は，この「委任立法」と「執行法」とに相当する政策手段となる．「委任立法」も「執行法」も，「立法」がその範囲を決めることになる点が重要である．それは，欧州委員会が享受していた，執行権限範囲の自律的解釈の余地が失われることを意味している．
23) EU の政策手段の形態を，「立法」（Legislative Acts）「委任立法」（Delegated Acts）「執行法」（Implementing Acts）に整理することとされたが，このうちの「執行法」は閣僚理事会にも策定権限があり，このことによって，欧州委員会が主張してきた「立法機能と執行機能の峻別」は原則的なレベルで否定されたのである．
24) リスボン条約の全体の解説については鷲江編［2009］参照．
25) 正式名称は TREATY ON THE FUNCTIONING OF THE EUROPEAN UNION である．2007年12月13日調印，2009年12月1日発効．なお，正確には，EU の基本条約は，TFEU とともに，TREATY ON EUROPEAN UNION（TEU）も存在するが，この TEU と TFEU はともに同じ法的価値を有するものとして，両条約文中にて相互参照されつつ，両条約を合わせて 'the Treaties'（「両条約」）と呼称するものとされている．（TFEU 第1条2項）本節では，主に EU の政策類型を切り口に論を進めるため，それが規定されている TFEU を主たる参照テキストとする．
26) これは，日本における地方自治法を知る読者を想定していえば，国が地方公共団体に「関与」する際の，関与の類型として「是正の指示」と「是正の要求」とが設定されており，前者が達成の結果だけでなくその手段・方法にも法的義務が生じるものであるのに対し，後者が達成の結果だけに法的義務が生じるがその手段・方法は対象となる地方公共団体の裁量に委ねられるという違いに相似していることに気づかされるであろう．
27) たとえば，COMMISSION DELEGATED REGULATION（EU）No 231/2013 of 19 December 2012 supplementing Directive 2011/61/EU of the European Parliament and of the Council with regard to exemptions, general operating conditions, depositaries, leverage, transparency and supervision.
28) たとえば，COMMISSION DELEGATED DIRECTIVE 2012/50/EU of 10 October 2012 amending, for the purposes of adapting to technical progress, Annex III to

Directive 2011/65/EU of the European Parliament and of the Council as regards an exemption for applications containing lead.
29) たとえば,COMMISSION DELEGATED DECISION of 3 February 2012 amending Directive 2009/42/EC of the European Parliament and of the Council on statistical returns in respect of carriage of goods and passengers by sea.
30) たとえば,COMMISSION IMPLEMENTING REGULATION (EU) No 920/2013 of 24 September 2013 on the designation and the supervision of notified bodies under Council Directive 90/385/EEC on active implantable medical devices and Council Directive 93/42/EEC on medical devices.
31) たとえば,COMMISSION IMPLEMENTING DIRECTIVE 2013/45/EU of 7 August 2013 amending Council Directives 2002/55/EC and 2008/72/EC and Commission Directive 2009/145/EC as regards the botanical name of tomato.
32) たとえば,COMMISSION IMPLEMENTING DECISION of 26 June 2013 providing the rules for the establishment, management and transparent functioning of the Network of national authorities or bodies responsible for health technology assessment (2013/329/EU).

第4章　ミクロレベルの EU 政策過程
―――「公共性」と域内市場の相克―――

　本章では，EU 統治構造の3機関を通じて行われている通常の EU 政策過程を検証する．第1節と第2節では，EU における公共性の概念をめぐる解釈の技術と関連させながら，欧州委員会が EU 域内市場をさらに進展させようという意図で2004年に提案した「域内市場サービス指令案」の政策過程とその事後対応を扱う．第3節では，この域内市場サービス指令案に前後して，EU 加盟国の福祉国家制度にも影響が及びうる個別の EU 政策案が審議されており，その政策過程を素材として検証を行う．

1．EU の公共サービス概念を巡る政治的対立の布置状況

（1）従来の EU での公共サービス概念とその位置づけ

　1990年代を通じて，EU では，電気通信・電気・ガス・郵便・輸送分野など，従来は各加盟国内で公共サービスとされてきた事業分野に民営化や競争原理を導入し，欧州規模での市場形成を目的とする一連の指令が成立してきた．これらの動きは，一見すると，欧州委員会による国庫補助金に対する規制の強化や，EMU と安定成長協定による財政規律などと相俟って，ネオリベラルな経済政策の一環として理解されやすい．しかし，それらの立法過程で欧州議会が環境保護要件を追加したり，各加盟国も，国内法制化の段階で，サービス提供主体や独立規制機関の認証・評価基準などにさまざまな公共的意義・使命を要件とするケースが多く，域内単一市場創出効果とネオリベラル性は薄められてきた．それにより，加盟国間にもともと存在していた公共サービスに対する法的な考え方や制度設計の差異，典型的にはアングロサクソン型と大陸国家型との差異などにも折り合いがつけられてきた［Prosser 2005：39-120］．

　こうした動きを補強する概念として唱導されたのが，上記の各公共サービス

事業が含まれる「経済的な一般的利益サービス」(services of general economic interest: SGEI)，及び「一般的利益サービス」(services of general interest: SGI) である．特に前者については，アムステルダム条約11条（EC条約）でSGEI尊重規定が新規挿入されるなど，90年代後半のEUは，総じて，市場メカニズムに委ねるだけでは必ずしも実現できない公共サービスの特殊性を配慮する機運が高まっていた．

ところが，2000年3月のリスボン戦略の採択以降，SGEIやSGIという公共サービス概念の唱導のされ方に変化が見られるようになってきた．すなわち，SGEIやSGIにも可能な限り市場メカニズムを適用するほうがよりよく公益を実現できるという考え方が台頭してくる一方で，それに対抗して，90年代後半のように公共サービスを保護的に唱導する立場からは，欧州社会モデルを維持・発展させるためにも，新設の11条に条約根拠としての機能性を持たせつつ，SGEI全体として公共性担保のための具体的な共通原則をEUで枠組指令として法制化することなどが要請されてきた．このSGEIないしSGIの扱いをめぐる両立場の議論を整理するために，欧州委員会は2003年5月21日のグリーンペーパーで広く利害関係者等からの意見を募っていたのであるが，その結果を待つまでもなく，やや意表をつく角度から，欧州委員会がこの議論に大きな影響を及ぼすことになる1つの指令案を発議した．それが2004年1月13日の「域内市場サービス指令案」[European Commission 2004a] である．

この指令案は，「サービス事業者が母国以外の加盟国内でサービスを提供する場合でも，提供先の加盟国の法令でなく母国の法令に従ってさえすればよい」という「原産国 (country of origin) 原則」を通じてサービスの域内市場創出を企図するものであり，公共サービス概念へのアプローチをめぐる議論の発端と同様にリスボン戦略採択を直接的契機として準備されてきたものである．ただし，その適用対象は未だ議論の途上にある公共サービス部門を除く通常の民間サービスに限られるであろうとの大方の予想に反し，それらをもカバーする内容であった．仮にこの指令案がそのままの形で成立すれば，その効果としては，上記の両立場のうちの前者が志向するように公共サービスに市場メカニズムが適用されるのみならず，具体的な公共性担保要件の差異に関係なく国境を跨いだ公共サービスの自由移動がほぼ自動的に発生することになる．それゆえ，公共サービスの特殊性を主張してきた後者の立場からは，当然この指令案の飛躍的内容に対して，欧州社会モデルを崩壊させる「ウルトラリベラリズ

ム」だとして強い反対が出される一方，市場メカニズム適用の延長としての域内自由移動化を想定してきた前者からは，欧州委員会による原案通りの指令成立が積極的に望まれ，以後，SGEI や SGI の議論もこの指令案を巡るその他の論点も含めた大きな政治的論争の枠内で展開されることとなったのである．

　本節では，まず，欧州委員会の政策文書を手掛かりに，リスボン戦略後に公共サービス概念への2つの異なる考え方が拮抗してきた状況を確認する．続いて，欧州委員会による「域内市場サービス指令案」の発議から2006年2月11日の欧州議会第一読会による修正案採択による妥協成立までの約2年間を射程に置いて，その間の同指令案を巡る議論の推移を検討していく．その際，欧州委員会の政策案の内容だけではなく，各加盟国政府（政権担当政党），欧州議会の政党会派や各国内政党の議員などの政治的アクターらが，SGEI や SGI に関する論点について示したスタンスにも留意する．[4]

（2）公共サービス概念への2つのアプローチの顕在

　まず，EU における SGI や SGEI とは何を意味しているのかを確認しておこう．SGEI については，1957年段階の EC の基本条約であるローマ条約（EEC）90条2項に文言があり，一定の範囲での競争法適用除外の根拠として運用されているが，条約中にその具体的な定義はされていない．

1）SGEI であることの意義と概念の曖昧さ

　既にローマ条約で SGEI が規定されていたということは，域内単一市場の創出が目指されつつも，当初より通常の民間財・サービスとは異なる特殊なサービスの存在が認知されていたことを示している．では，あるサービスや事業が SGEI として一定の公共性や公益性が認められることで，具体的にどのような効果が生じるのか．それは，EU では，域内単一市場での自由競争をゆがめる恐れがあるから「国庫補助」(State Aid) は原則として一律に違法とされ，加盟国内政府（地方政府を含む）による補助金には原則として欧州委員会への「事前届け出」(prior notification) が義務づけられているのだが，その拠出対象事業が SGEI であれば，その補助金は原則違法な国庫補助ではなく，公共サービス任務達成に対する「補償」(compensation) とみなされ，EU 競争法ルールが適用除外されうる．すなわちその補助金拠出が正当化される可能性があるということである．可能性があるというのは，無条件に正当化されるわけでなく，

「SGEI が果たす特殊な任務が EU 競争法の適用で損なわれてしまう」と判断される場合に限ってという留保条件付きだからである．その意味で，原則としては域内単一市場の自由競争原理が優越した規定ぶりではあるのだが，例外としての公共サービスについては，通常の財・サービスとは異なり，EU 域内市場の競争法ルールに服さないで済む可能性があるとされ，その場合は補助金の拠出が正当化されるという設定であった．

ただし，この SGEI が EU（EC）での具体的課題として顕在化してくるのは 1990 年代前半からである．域内単一市場の創出が加速度的に動き出したのは，単一欧州議定書を経た 80 年代半ば以降からであり，EU 競争法のもとで国庫補助が厳しく取り締まられる必要性もそれに連動的にしか高まらなかったからである．イギリスを嚆矢とする電話・エネルギー・運輸部門などの国内レベルでの公共部門の民営化の流れを受け，これらの大規模なネットワーク型のインフラストラクチャーの EU レベルでの自由化と域内市場化が目指され，そのための指令案（二次立法）が練られ始めた．この経緯の中で，基本条約本文中や二次立法には明確な定義がないにもかかわらず，これらの部門が SGEI に相当するものであろうとの暗黙の了解だけが醸成されてきた．

そして同時に，あらゆる財・サービスが商品化され市場化される傾向において，ある加盟国で社会権ないし基本権の実体的保障として当然視されてきた公共サービスについても，政府が直接に運営・供給したり特定の民間事業者に独占的に供給を委託している場合，それがもし EU レベルで，定義はないものの SGEI だと定位されてしまえば，EU 域内市場の競争法ルールに服しうるし，政府による補助金が正当化されない可能性も出始めてきた．実際，欧州司法裁判所では，1991 年の先行判決にて，ドイツ連邦雇用庁による雇用斡旋サービスにつき，「事業主体の官民に関係なく，民間企業でも提供できる可能性が少しでもありさえすれば，それは経済活動に該当し，原則として EU 競争法に服する」との解釈が示された．つまり，SGEI の定義が曖昧だからこそ，これまで国内での民間サービスとの相対関係において「経済的ではない」ことを自らの特性として当然視してきた福祉関連部門や雇用関連部門などの公共サービスについても，EU において「経済的なもの」として SGEI と位置付けられる余地があり，EU 競争法に服し，原資とする補助金が EU から違法と判断される可能性が出てきたわけである．福祉関連部門や雇用関連部門などの公共サービスの供給主体の運営資金の多くが，国からであれ自治体からであれナショナルな

範囲内での補助金に依存しているために，ここに大きな懸念が持たれ始めてきたのである．

2）SGI 概念創出の意義：「経済的なもの」と「非経済的なもの」の二分法：
　　SGI 概念の創出と公共サービスの特殊性の保護

　このように EU において SGEI 概念の範囲に関する課題が先鋭化する状況で，1996年に欧州委員会が『SGI に関するホワイトペーパー』[European Commission 1996] という政策文書を発表し，SGI という新たな造語を創出した．それによると，SGI とは「公的諸機関が一般的利益として分類し，特別の公的サービス義務に服する，市場的および非市場的なサービス」(market and non-market services) とされた．また，SGEI とは「EC 条約90条（当時）に含まれる用語であり，加盟国が一般的利益の基準に照らして特別の公的サービス義務に服する市場的サービス」(market services) であり，「輸送ネットワーク，エネルギー，電気通信などをカバーする傾向があるもの」とされた．つまり，SGI とは，SGEI を包含するより広い概念として創出されたわけである．

　競争法適用について，SGEI については，電気通信関連の指令等で盛り込まれてきた「ユニバーサルサービス」原則を通じた公共性担保の必要性を認めつつも，EC 条約86条2項（旧90条2項）の規定に従い留保付きで競争法ルールが適用されるとされた．

　SGI のうちで SGEI でないものについては，同文書18パラグラフにて，「非経済的な活動」(non-economic activities) や「国家の主権事項で重大な国益に関わる事柄」(matters of vital national interest, which are the prerogative of the State) とされ，前者の例として「義務教育や社会保障など」が挙げられ，後者の例として「安全保障，司法，外交，戸籍など」が挙げられた．同パラグラフでは，これらの「非経済的な活動」と「国家の主権事項で重大な国益に関わる事項」である SGI については，SGEI と同様に扱われるべきではないことは明らかであるとして，EC 条約90条の SGEI に関する競争法適用規定が免除されると明記されている．16パラグラフでは，なにが SGI であるのかを定義づけ，その SGI の構成や供給，規制のあり方をどうするか，また補助金拠出を伴う場合は EC 条約90条に沿う範囲で，それらを決定するのは加盟国の自由であるとされた．

　以上をまとめると，SGI という概念の創出により，「経済的なもの」(eco-

図4-1　欧州委員会による1996年時点での
公共サービスの概念枠組図

nomic) と「非経済的なもの」(non-economic) との二分法の設定がなされ，「経済的なもの」(economic) = 従来の SGEI と想定する概念を SGI との関係で限定領域化したということができるだろう（図4-1参照）．

　SGEI を包含する SGI という概念の創出，それに伴う「経済的なもの」と「非経済的なもの」との二分法の設定は，いかなる意図あるいは効果を持ったのか．それは，SGEI に含められ EU 競争法に服する恐れを感じていた福祉関連部門や雇用関連部門などの公共サービスにとっては，SGEI ではなく「非経済的なもの」と位置付けられるのならば，より確実に EU 競争法に服さないで済むとの期待ないし安堵をもたらしたことである．

　『SGI に関するホワイトペーパー』[European Commission 1996] は，SGEI についても電気通信分野で開発された「ユニバーサルサービス」原則を，EU レベルでの自由化が構想され始めた輸送網，郵便サービス，エネルギーなどの大規模ネットワーク産業の各セクターに盛り込むことを志向する主張も展開しており，SGI 全体として純粋な民間財・サービスとは異なる公共サービスの特殊性を保護・強化する志向性を持つものと評価できる．同文書のパラグラフ1では「ヨーロッパ人の多くが SGI を経済的・社会的結束に資する社会権としてさえ見なしており，これが，SGI が欧州社会モデルの中核に位置する理由である」と記されていた．

　2000年3月，「経済成長・国際競争力向上」と「欧州社会モデルの現代化」を目標とするリスボン戦略を採択した欧州理事会は，同時に，SGEI 尊重規定の16条を新たに含むアムステルダム条約が前年に正式発効したのを受けて，発足したばかりのプロディ率いる欧州委員会に1991年の上記文書の更新を要請した [European Council 2000a]．それを受けて半年後の9月に発表された欧州委員

会の文書 [European Commission 2000b] では，「欧州社会モデル」の基盤としての SGI や SGEI の意義を認めつつ，SGEI は「消費者にとっての，普遍的なアクセス，高品質，手頃な価格の保障が，ニーズの基礎を構成するもの」とされる程度に留まり，公共サービスの特殊性を重視するアプローチからの大きな変化は見出せない．また，同文書では，28パラグラフから30パラグラフにかけて，従来は「義務教育や社会保障など」という表現だけでしかなかった「非経済的なサービス」の例示も若干充実化されている．

　翌2001年の春の欧州理事会でも再び欧州委員会に SGI についての検討が要請された [European Council 2001a]．その背景には，欧州委員会による，特に SGEI への補助金等に対する競争法適用基準や SGEI か非経済的な公共サービスかの区別が曖昧であり，その不確実性の解消が望まれていたことがある．それを受けた同年10月の文書 [European Commission 2001b] では，従来のセクター別の公共性担保の原則ではなく，SGEI 全体としての共通原則の必要性を認識し，その共通原則を EU による「枠組指令」という形式で法規範化するアイディアが示された．共通原則の候補については，既存のセクター別自由化関連指令からの抽出を試みており，普遍的なアクセス，ユニバーサルサービス，継続性，高品質なサービス，手頃な価格，利用者・消費者保護などが挙げられている．ただし，それらと並列して挙げられた「透明性の確保」や「モニタリングの重視」については，SGEI のサービス提供者の選択に一般競争入札を適用可能な分野であれば適用すべきことが繰り返し強調された．さらに，「経済的」と「非経済的」との区別，すなわち，SGI のうちでの SGEI とそうでないものとの区別につき，「時代とともに市場による提供が可能なサービス範囲が拡大し，より多くの活動が経済的妥当性を有するので，その区別は困難である」とし，「両者を区別するアプリオリな定義的リスト化は非現実的だし望ましくもない」との見解が明記されている．この文書における，法制化を通じて公共サービスの特殊性をより積極的に確保しようとする発想と，それらをなるべく通常の民間サービスと同様に扱おうとする発想との共存は，SGI や SGEI の概念につき，欧州委員会や文書起草内容に働きかけるロビイング勢力（加盟国政府を含む）の間で2つの対抗的潮流が顕在化してきたことを物語っている．

　この2つの潮流の折り合いがつかないまま，両立場からの不満が寄せられるなかで，2003年5月21日，欧州委員会は SGI に関するグリーンペーパー [European Commission 2003b] を発表し，SGI に関する「枠組指令」を作るべ

か否か，作るとしたらどのような内容にすべきか，SGEIへの独立規制機関による第三者評価方式導入を一般原則化すべきか否か，などにつき意見を広く募るに至った．[6]

(3) 欧州委員会による域内市場サービス指令案の発議 (2004年前半)

このように，SGEIやSGIについてのコンサルテーションが行われている中，2004年1月13日に，欧州委員会が「域内市場サービス指令案」を発議した．この指令案は，前述の「原産国原則」を通じて，EU域内でのGDPの61%，雇用の35%を占めるとされるサービス部門全般の域内自由移動を図り，欧州規模での経済成長・国際競争力向上と雇用創出を目指すものである．たしかに，既に1957年のローマ条約 (EEC条約) の段階で「サービス事業者の設立の国籍がサービスを提供する加盟国の国籍でない場合につき，共同体内でのサービス提供の自由に対する制限は段階的に廃止されなければならない」(59条) と定められていたが，実際には，サービス提供者の他加盟国内での店舗設置やサービス提供自体を妨げる各加盟国行政制度の障壁によってサービスの自由移動は制限されてきた．それらの障壁を除去し，サービス部門でも製造物部門で進展したような域内市場化を実現しようというわけである．従来の「サービスの自由移動」に関するEUの政策は，電気通信・電気・ガス・郵便など主に大規模なネットワーク系の公共サービス分野と金融サービス分野を中心に策定され，それらだけをもって「サービスの自由移動」として意図的に誤魔化されてきた感があったが，この指令案は，その他のサービス部門の域内市場化への初の本格的な政策対応であり，しかも各サービス別にではなくサービス全般を包括的に，「原産国原則」という方法で一気に自由化する点で衝撃的であった．SGEIもこの指令案の適用対象となるサービスに含まれるが，既に各セクターでの指令が策定されてきた電気通信・電気・ガス・郵便・輸送などのSGEI，及びSGIのうちでSGEIではない「非経済的」な公共サービスについては適用対象外とされている．

欧州委員会がこのネオリベラル色の強い指令案を発議しえた主要因は，ボルケシュタイン (Fritz Bolkestein) 域内市場担当欧州委員の主管事項であることに帰せられよう．[7] タイミングとしても，2004年のEU議長国がリベラルな経済政策を志向するアハーン政権のアイルランド，ボルケシュタイン自身所属のリベラル保守政党VVDがバルケネンデ (Jan Peter Balkenende) 連立政権に参加す

るオランダと続き，両議長国による指令案の円滑な審議進展が期待されたのである．

　同指令案は共同決定手続事項とされており，以後その手続に沿って審議が進められることとなる．加盟国政府間では，3月11日の競争力閣僚理事会で閣僚級の初の意見交換が持たれたが，そこでは「スピーディーな進展のために高い優先事項とする」というように指令案に好意的であった [Council of the European Union 2004a]．さらに3月25-26日の欧州理事会でも，リスボン戦略の一環として「諸サービス部門は強く細分化されたままであり，（中略）いっそうの競争が不可欠である．域内市場サービス指令案は，絶対的な優先事項であり，想定された審議スケジュールを尊重しなければならない」との記述を含む議長総括が採択された [European Council 2005]．このように，指令案発議直後の政治家レベルの反応を見るかぎり，何ら政治問題化する様子は見られなかったが，それはまだ詳細な指令案内容の検討が進んでおらず，各加盟国政府や政党での意見集約が固まっていなかったからでもあろう．他方，欧州議会では，法律問題・域内市場委員会で同指令案担当報告者（Rapporteur）に任じられた中道左派の PES（欧州社会党）・SPD（ドイツ社会民主党）所属議員のゲブハルト（Evelyne Gebhardt）が3月30日付の簡単な作業文書でいくつかの問題点を発見していたが，欧州議会は6月13日に選挙を控えており，本格的な議論はそれ以降に持ち越された．

　中東欧諸国10カ国加盟直後の5月12日になり，ようやく欧州委員会から前年のグリーンペーパーによる諮問結果に基づく「SGI に関するホワイトペーパー」[European Commission 2004b] が発表された．諮問で寄せられた意見では，加盟国政府間での見解の相違があり，たとえば，イギリスがSGEIへの独立規制機関による第三者評価方式の導入を一般原則とすることに賛同しつつ，SGEI 共通原則の枠組指令には反対意見を出していたのに対して，フランスは全く逆の意見を出していた．しかし，欧州委員会としては独立規制機関を多用しつつ SGI や SGEI への市場メカニズム導入志向を示すとともに，「SGEI 共通原則を打ち立てることのフィージビリティや，枠組指令の必要性についてコンセンサスはなかった」とし，枠組指令の必要性については欧州憲法条約発効後に再検討するとの見解を示した．その一方で，社会・ヘルスケア（医療及び介護を含む）分野の公共サービスと電気通信などのネットワーク系の公共サービスとの違いへの配慮の必要性は示しつつ，2005年内に社会・ヘルスケア分野

の SGI につき別個の政策文書を発表することとされた．

 (4) 指令案が含む問題点の顕現（2004年後半）
 6月13日に選挙を済ませ，前回同様に中道右派・保守系の EPP-ED（European People's Party-European Democrats）が多数派を占めた欧州議会では，域内市場サービス指令案の主管委員会である域内市場消費者保護委員会において，8月30日，3月のゲブハルト議員による作業文書をもとに初の意見交換が持たれ，EPP-ED，リベラル，PES の多くの所属議員が指令案の目的には好意的であったが，左翼政党グループの所属議員や，PES でもフランス社会党のパトリエ（Beatrice Patrie）を含む数名の議員が，明確に反対の意思を示した．さらに，同委員会は9月14日にはボルケシュタインから聴聞をとった後，11月11日には専門家への公聴会を開催して検討課題の洗い出しに努めている．
 それと並行して閣僚理事会では，2004年11月25-26日に競争力理事会が開催され，指令案の目的については全般的な合意があったものの，個別の問題に対する意見の相違が生じ始めた．議長国オランダのブリンクホルスト経済相（Laurens Brinkhorst）による提出文書では，原産国原則，サービス提供者への監査に係る加盟国間行政協力，行政手続き単純化の具体的方法の3論点に焦点が当てられていたが，実質的な議論は，原産国原則の是非と，その適用除外分野と適用免除事項を明確化することに集中した．原産国原則に関しては，フランス・ベルギー・ドイツ・オーストリア・スウェーデン・ルクセンブルクの6加盟国の閣僚が懸念を示したと伝えられているが，それを議論の出発点とすることでは合意が取れた．原産国原則の適用除外分野では，ヘルスケア分野，税サービス分野，宝くじの独占事業サービスなどが挙げられ，特にヘルスケア分野を指令自体の適用範囲から除外する要求が多く見られた．適用免除事項については，候補として環境規制や消費者保護規制などが言及されたほか，さらに，指令案が欧州社会モデルを損ねるものではなく，海外労働者派遣指令などの既存の EU 法と抵触しないことを明確化する必要性も指摘された［Council of the European Union 2004b：16］．このように，指令案の問題点や加盟国間での見解の相違が現れてきたものの，理事会終了後にブリンクホルストは「最終的な合意は，原産国原則の適用免除事項によって左右されるだろう」と語り，原産国原則という方法自体は残した形での指令成立に期待を見せていた．
 この直前の11月22日にバローゾ（José Manuel Durão Barroso）新欧州委員会が

欧州議会で承認されたが，欧州委員会メンバーの変化が指令案へのコミットメントに影響があるとは考えにくかった．バローゾは2002年3月に社会民主党（名称と裏腹に中道右派）・民衆党連立によるポルトガル政権で首相に就き，EMU加入後に財政規律が緩んだ国内経済を立て直すべく急激な自由化推進を断行してきた人物であり，経済政策においてかなりのリベラリストと目されていたし，委員会構成における政党別比率でもかつてないほど中道右派・リベラルの割合が高くなっていた．機運としても，2005年度以降のリスボン戦略を立て直すべくオランダのコック（Wim Kok）元首相に委嘱された報告書が提出されたばかりであり，そこでは「欧州社会モデル」よりも「経済成長・国際競争力向上」の重要性が強調され，5つの強調点の1つとして域内市場自由化が謳われていたのであった［European Commission 2004c］．ただ，域内市場サービス指令案へのバローゾ欧州委員会の実現意欲の強度がよりはっきりと露呈するのは翌年になってからであった．

（5）2005年春の欧州理事会前の動き（2005年初め）

2005年に入ると，議長国のルクセンブルクが1月10日に指令案の修正案文書であるdocument5161/05［Council of the European Union 2005a］を発表し，この文書を叩き台としてCOREPERやそれ以下の作業部会で加盟国間での検討が進められた．ルクセンブルクは前年1月の競争力閣僚理事会で既に原産国原則への懸念を表明していたが，その背景には，6月の欧州議会選挙と同時に行われた国民議会選挙の結果，ユンカー（Jean-Claude Juncker）首相率いるキリスト教社会党（中道右派）の連立パートナーとして社会労働党が加わる内閣が発足していた事情もある．さらに各国政府の意見を汲みつつ作成されたこの修正案によると，原産国原則自体は指令案のメインな要素として残し，SGEIにもそれが適用されるという内容は維持されながらも，第1条で指令案そのものがSGEIの自由化や民営化を直接的に扱うものでない旨の規定を置くとともに，原産国原則の適用免除事項を列挙的に書き加えるなど，欧州委員会原案について出された懸念を和らげる修正が施されていた．

欧州議会では，1月の域内市場消費者保護委員会において，ゲブハルト議員が2004年12月21日付で提出した作業文書［European Parliament 2004］をもとに議論が行われたが，その作業文書では同議員は「11月の公聴会から出された諸見解を踏まえても，域内市場サービス指令案は問題を多く含んでいるので，欧州

委員会が原案を撤回するのが望ましいが，再度深く検討し直す必要がある」と記すとともに，指令の適用範囲が曖昧であることを第一の問題点として挙げ，SGIのうちの非経済的なサービスとSGEIの区別が曖昧であることの問題性を指摘していた．

　2月に入ると政治エリート間での同指令案を巡る対立が明らかになってきた．まずバローゾ欧州委員長が「サービスの自由化は最優先事項であり，それによって，環境問題や労働者権利改善が経済成長の必要性と同等の優先事項とされてきた近年の欧州の考え方とははっきりと断交する[12]」と発言すると，それを受けて2月2日にフランスのシラク大統領が，同指令案が「社会的・財政的ダンピング」を惹き起こすとして指令案を撤回すべきと主張した．同時期には，フランス国内で労働組合や社会党左派・左翼政党が，「ボルケシュタイン指令」が「ポーランドの配管工」など中東欧諸国の低賃金労働者の流入を招き，国内労働者の職を奪うものとして反対運動を活発化させてきていた[13]．同様の懸念はドイツ国内でも出始めており，シュレーダー首相も公には立場を曖昧にしながらもドイツ政府から欧州委員会に譲歩の要請が行われていたと考えられる[14]．対立を仲介するべく，ドイツ社会民主党所属のフェアホイゲン（Gunter Verheugen）企業・産業担当欧州委員は，欧州委員会が「特に原産国原則と幾つかのセクターへのその潜在的影響などの問題に集中して，受け入れ可能なコンセンサスを見つけるように努力する[15]」と発言したが，域内市場担当欧州委員のマクリーヴィ（Charlie McCreevy）はバローゾと同調して原産国原則の貫徹を主張し，欧州委員会内での見解相違が表面化した[16]．結局，3月3日にマクリーヴィが，欧州委員会が，欧州議会の第一読会の後，指令案原案を大きく修正する意思があり，原産国原則が賃金水準と安全基準が損なわれないように見直されうること，また，ヘルスケア分野の指令適用範囲からの除外についても示唆した[17]．これを受けて3月22-23日の欧州理事会では，ルクセンブルク議長国のユンカー首相が取り持つ形で，域内市場サービス指令案は撤回することなく「欧州社会モデル」を尊重する内容に向けて，とりあえずは引き続き共同決定手続の審議過程を通じた修正に委ねられるものとして加盟国首脳間での妥協がなされた［European Council 2005］．欧州委員会をはじめとする，なるべく原案通りの内容を維持したい勢力がこうした妥協を飲んだのは，5月末に予定されたフランスでの欧州憲法条約の国民投票への懸念があったからだと考えられる[18]．フランス国内での同指令案への反対運動は3月に入っても続いていたが，欧州憲法条約

賛否を巡り内部分裂していた社会党の反対派，特にファビウス（Laurent Fabius）などが本来は関係ないこの指令案が有する社会的ダンピングの問題とリンクさせて憲法条約反対キャンペーンを展開し始めていたので，それによる国民投票への悪影響の回避が優先されたわけである[19]．

（6）欧州議会常設委員会内での政治的駆け引き（2005年中葉）

　欧州理事会での妥協を受け，欧州議会の域内市場消費者保護委員会のゲブハルト議員は，指令案原案のネオリベラル性を弱め，欧州社会モデルを尊重した内容へと組み替えるための具体的修正案の作成に弾みをつけた．ゲブハルト議員は4月13日（19日提出）に中間報告を公表し，さらに5月25日にも追加事項をカバーした最終報告として修正案を完成させたが，既に中間報告の段階で修正内容のエッセンスは明らかだった［European Parliament 2005a, 2005c］．

　まず，サービスの域内市場化に完全に賛成するとしつつも，その方法としては，サービス提供者の母国による監督を前提としてサービス提供先加盟国の監督禁止事項を規定するという原産国原則を否定し，サービス提供先の加盟国にサービス提供者を監督する幅広い権限を与えるアプローチが採られた．また，サービス提供者が，サービス提供先の加盟国における，契約・消費者保護・環境保護基準・労働法に従わなければならないことが明確に盛り込まれた．さらに，指令の適用範囲から，オーディオビジュアル分野の他，SGEI も含めてすべての SGI を除外する内容となっていた点が画期的であった[20]．

　ゲブハルト議員が，内容的にかなりネオリベラル性を取り除いた修正案をあえて2段階に分けて提出したこと，及びそのタイミングからは，5月29日のフランスでの欧州憲法条約の国民投票の期日をかなり意識していたことが窺える．その一方で，4月26日には，プルヴィス（John Purvis）議員（EPP-ED・英保守党所属）が同指令案の担当者を務める，欧州議会の産業委員会で修正案の票決が取られ，若干のセーフガードが盛り込まれたものの，内容として欧州委員会の原案に沿った原産国原則をほぼ温存する案が採択された[22]［European Parliament 2005b］[21]．

　フランスの国民投票は批准拒否という結果だったが，その投票に関する世論調査で反対理由の多くが EU のネオリベラル性に関する項目だったことが明らかになると，域内市場サービス指令案の問題がやはり深刻に受け止められ，EU レベルで市場原理の負の側面に配慮する風潮が広がった．3月13日には欧

州議会の雇用社会問題委員会で，この指令案の担当者であるベルギー出身でPES所属のファン＝ランカー（Ann van Lancker）による提案項目を多く含む修正案（人材派遣サービスの他 SGEI を含む SGI 全般が適用除外とされていた）が可決されたが（European Parliament 2005d），欧州社会党（PES），環境政党グループ（Verts-ALE），左翼政党グループ（GUE/NGL）だけでなく，EPP-ED やリベラル（ALDE）の所属議員からも賛成票があった[23]．

しかし，主管委員会である域内市場消費者保護委員会[24]では様子が異なった．同委員会では，PES 所属のゲブハルト議員の最終報告として修正案が5月に出された後，他の政党グループからの対抗修正案が1100項目以上も寄せられ，11月22日の票決では，欧州政党グループ間での立場の違いが鮮明に現れた．まず原産国原則の採否については，それを実質的になくすゲブハルト議員による修正案が PES と Verts-ALE から支持されたものの，福祉目的と環境基準を適用免除要件とする以外は欧州委員会原案に沿って原産国原則（ただし名称が「サービス提供の自由」に変えられた）を残すという，EPP-ED と ALDE による共同修正案のほうが，賛成20反対16棄権3で可決された［European Parliament 2005e][25]．適用範囲に関しては，SGI のうちで SGEI ではない「非経済的」な公共サービスを適用除外とすることでは合意があったが，ゲブハルト議員の修正案が SGEI も包括的に適用除外していたのに対して，「提供するサービスに公共性があるという理由で，そうしたサービスを提供する民間企業が自由市場への参加を妨げられるのは不公平」と考える EPP-ED と ALDE がそれに反対した[26]．投票の結果，ゲブハルト議員による SGEI を包括的に適用除外とする修正は，賛成93反対19棄権3で否決された．ただし，ヘルスケア，ギャンブル・宝くじ，オーディオビジュアル，公証サービスなど公権力に関わる分野，法律サービスを適用除外とすることでは妥協された．このように各項目が修正された最終修正案［European Parliament 2005f］は，賛成25反対10棄権5で可決ということになった［European Parliament 2005g］．主管の域内市場消費者保護委員会で，SGEI を包括的に含めた原産国原則適用という欧州委員会原案に近似した修正案で決着を見たことは，公共サービスの特殊性を求める立場の敗北を意味した．

この約1週間後の11月28-29日，イギリスが議長国を務める丁競争力閣僚理事会で，域内市場サービス指令案について議論が交わされた．ただし，3月の欧州理事会の段階で，閣僚理事会としては欧州議会の第一読会の結論を待つスタンスが決まっていたため，ここで結論を出すことが目指されていたわけでは

ない．加盟国政府の間では，指令の適用範囲からヘルスケア，ギャンブル，税サービスなどの除外を求めることでほぼ合意があったが，SGEIの包括的な適用除外の是非や原産国原則の扱いについては意見が分かれた［Council of the European Union 2005b：25-26］．

（7）欧州議会本会議第一読会での妥協（2006年）

自らの理念に近似した修正案が欧州議会内委員会で可決されたのを受けて，バローゾ欧州委員会委員長は，欧州議会での第一読会での票決後，その内容に沿った欧州委員会の修正提案を3月23-24日の欧州理事会までに速やかに提出する意思を表明した[27]．また，2006年前半期の議長国であり，かねてから域内市場サービス指令案への懸念を示していたオーストリアからも，経済相のバーテンスタイン（Martin Bartenstein）によって，欧州委員会の修正提案は「賃金・社会的ダンピングへの懸念を排除し，ヘルスケアや社会福祉に関わるサービス分野は除外しつつも，SGEIは指令案の適用範囲に含められるべきである」との見解が示された．

このように2006年初の段階では，2月半ばに予定された欧州議会第一読会の票決においても，SGEIを包括的に適用対象に含めて原産国原則を適用する案が採択されるというが見方が強かった．しかし，欧州議会による票決の1週間前の2月8日になって，突如，前年の域内市場消費者保護委員会で可決された内容からは大幅に変更された修正案が，EPP-EDとPESの中道左右2大政党グループ間での妥協文書として合意された［European Parliament 2006a］．EPP-EDとPESだけで欧州議会議員732人中の465人を占めるのでそのインパクトは大きい．この妥協修正案によると，原産国原則に相当する「サービス提供の自由」については，加盟国による留保を可能とする適用免除事項として「公共政策・公衆の安全・社会政策・消費者保護・環境保護・公衆衛生」を導入していた．これらの要件のすべては「非差別的で，必要性があり，比例的」でなければならないとされていたが，欧州委員会原案が企図していた原産国原則の効果は極めて制限的なものへと転換されたと言える．また，指令の適用範囲については，SGEIを指令自体の対象には含めるものの，指令の中核的要素である「サービス提供の自由」規定からは適用除外され，補足的な「サービス設立の自由」に関する規定のみが適用されることとなった．さらに注目されたのは，「SGIは本指令の適用対象から除外される」との明言規定が盛り込まれていた

ことであった.これは SGEI にも指令が部分的に適用されることと矛盾するようだが,ここでの SGI という文言の用いられ方は,指令案全体の内容のバランスからして,SGI のうち SGEI ではない「非経済的」な公共サービスのことを指すとも解釈されるのが自然であるかもしれない.しかし,SGEI が「サービス設立の自由」規定についても適用除外となると解釈しうる効果も有しているのであり,ここにかなりレトリカルな駆け引きの跡が窺えるのである[28].

　このような前年までの修正案の内容を覆す妥協がもたらされた背景には,前年9月18日ドイツ総選挙の後,拮抗したキリスト教民主社会同盟と社会民主党による連立交渉と政策調整の中で,域内市場サービス指令案の「原産国原則」を排除する方向で両党間に妥協が成立し,その意向が反映されたものである[29].キリスト教民主社会同盟が EPP-ED に49名,社会民主党が PES に23名の議員を擁しており,その影響力は大きかったのである[30].

　この EPP-ED と PES による妥協修正案に不満を持ち,欧州委員会の原案に沿ったアプローチを望む勢力は,マクリーヴィ域内市場担当欧州委員に,欧州委員会の修正提案においては,原案をできるだけ損なわない内容とする旨を要請した.これは妥協修正案発表翌日の2月9日付で,ポーランド,チェコ,ハンガリー,オランダ,スペイン,イギリスの6加盟国閣僚による共同書簡として送付されている[31].しかし,欧州委員会のバローゾもマクリーヴィも,EPP-ED と PES による妥協修正案が可決されれば,その内容を受け入れざるをえないと判断していた[32].

　ただし,中道左右政党グループ間での妥協文書とはいえ,グループ内部での支持度合いや意見の相違も確かに残っていた.中道左派の PES では,たとえば,ハンガリー出身のヘルクォグ(Edit Herczog)議員が,「妥協修正案に賛成票を投じるつもりだが,それは原産国原則が弱められた内容でも指令がないよりはあるほうがましであるという,ただそれだけの理由による」と述べていた[33].また,フランス社会党のアモン(Benoit Hamon)議員は,「妥協文書内容でも,まだ原産国原則の要素は残っているのであり,EU 法による対応もないままにサービス活動への加盟国の法律を崩壊させる」とし,反対票を投じる意思を隠さなかった[34].中道右派の EPP-ED 内部でも,ハンガリー出身で EPP-ED 副議長も務めるスチャヤー(Jozser Szajer)議員によれば,ほぼすべての中東欧諸国出身議員がいっそうのサービス市場開放を望んでおり,妥協修正案に満足できない議員からの「反乱」が懸念されていたという[35].さらに,中道左右政党グル

ープ以外では，極右に加えて，環境政党（Verts-ALE）や左翼グループ（GUE/NGL）からの反対票が予想される一方で，90名を擁するリベラルグループ（ALDE）からは賛成票があるだろうと予想された．

最終的に，2月16日に欧州議会本会議における第一読会の票決において，2月8日のEPP-EDとPESによる妥協修正案に沿った修正指令案（European Parliament 2006b）が，賛成394反対215棄権33で可決された（そのうち，EPP-ED賛成186反対32棄権16[36]，PES賛成135反対35棄権9[37][38]，Verts-ALE賛成0反対38[39]，ALDE賛成61反対13棄権1，GUE/NGL賛成0反対39[40]）．

この欧州議会第一読会による修正案を受け，3月12日に開催された非公式首脳会合では，欧州委員会が出すことになる改正指令案の内容についての意見交換が行われ，オランダのバルケネンデ首相やポーランドをはじめとする中東欧諸国首脳からも欧州議会による修正案に沿うことへの不満を表明したと伝えられる．しかし，3月23-24日の欧州理事会において，1年前に取り決めたように，欧州議会第一読会での修正内容を尊重することが確認され，4月4日に欧州委員会から改正指令案［European Commission 2006a］が出された．さらに，欧州議会修正案と欧州委員会の改正指令案を受け，閣僚理事会でも5月29日の競争力理事会において，ベルギーとリトアニアが棄権したものの政治的合意が成立し，7月24日に「共通の立場」が採択された．欧州委員会による改正指令案，閣僚理事会の「共通の立場」のいずれにおいても，欧州理事会第一読会による修正案に沿った内容が維持され，11月15日の欧州議会第二読会票決にて大きな修正なく最終的にEU指令として成立した．この域内市場サービス指令を通じたSGIやSGEIへのラディカルな市場メカニズム導入と域内自由移動化はひとまず回避されたと言って差し支えないだろう．

（8）政策過程における唱導連携のパターンと妥協成立のメカニズム

域内市場サービス指令案の審議過程において，政治的アクターの言動から確認できるのは，PES所属のゲブハルト議員によるSGIやSGEI保護スタンスの一貫性に典型的に見られるように，EUの経済政策面に関して，欧州議会の中道左派勢力であるPESが中道右派勢力EPP-EDとの差異化に成功しており，国内政治における伝統的な意味での「左派対右派」という構図がEU政治の文脈でも成立していることである．特に加盟国内においては，「第三の道」路線の経済政策が中道左派政党の多くに受容されたことで中道左右の差異が曖昧化

したと考えられやすいが，EU レベルの自由化関連政策では必ずしもそうではない．[41)]

とはいえ，域内市場サービス指令案での妥協，特に欧州議会第一読会での修正案採択に至る妥協で作用していたのは「左派対右派」の要素だけでなく，加盟国間での「国内事情」の要素も複雑に絡み合っていた．中東欧諸国出身の欧州議会議員の多くは，中道左右という所属政党の差異に関わらず，原産国原則によるサービス全般の域内市場化を志向していたし，その真逆に該当するのがフランスであった．ここには新旧加盟国間での「東西」による亀裂の契機があった．また，PES 所属のイギリス労働党やスペイン社会労働党も，欧州議会から離れた加盟国政府としての対応では，マクリーヴィへの共同書簡のケースで見られたように原産国原則の SGEI への適用を望んでいた．さらに，EPP-ED 所属のドイツキリスト教民主社会同盟も国内選挙後の連立交渉の観点から指令案内容への立場を推移させたのであった．このように各加盟国の「国内事情」という要素が絡むことにより，中道左派と中道右派のそれぞれの内部がねじれながらも結びつくという唱導連携のパターンが欧州議会を舞台として生じていたのである．[42)]

域内市場サービス指令に絡めた SGEI や SGI へのアプローチの対立は，欧州議会第一読会における票決で収束した感がある．しかし，同指令の枠外で，EU による政策対応として公共サービス分野に市場メカニズム適用を志向する勢力と公共性の担保を重視する勢力との論争が継続していくことになる．上記の2006年4月4日の欧州委員会による修正提案の後，早速，4月23日に欧州委員会から「社会的な一般的利益サービス」(social services of general interest: SSGI) に関する政策文書 [European Commission 2006b] が発表された．[43)] SSGI とは，要するに SGI のうち，SGEI ではない「非経済的」な公共サービスを概念化した新出の造語である．この文書においては，SSGI に該当するものとして，年金・健康保険・労災・失業・障害者などを含むあらゆる社会保障分野，ヘルスケア，公営住宅託児施設，介護施設サービス，職業訓練などが挙げられ，SGEI との区別の目安が多少便利になったという意義はあるが，SSGI も完全に市場と関係なくサービスを提供しているものはほとんどないという認識に基づき，SGEI の場合と同様に公共サービス任務の明確な事前の定義と公開競争入札の適用を強く勧める内容となっている．このように，欧州委員会は SSGI を実質的に SGEI 化させながら SGI 全般への広範な市場メカニズム適用への積

極的姿勢を見せ続けている．域内市場サービス指令案で除外されたヘルスケア分野に関しては「労働者人口の11％ほどを占める成長産業」と位置づけられ，OMC（開放的調整方式）の枠内で2004年初から取り扱われていた．

一方，公共性の担保を重視する勢力からは，2006年5月30日に公共サービスの共通原則法制化を企図するPESが詳細な「SGEIに関する枠組指令案」を独自作成してキャンペーンを展開したものの，欧州委員会がそれを受け入れることはなかった．ただ，本節で見た域内市場サービス指令案を契機とするEUでの公共サービスを巡る議論の動向は，雇用政策分野や社会保障分野などと同様に「欧州社会モデル」への考察に欠かせないテーマとして認識されることになった．

2．概念操作と言説戦略：
「社会的なもの」の「経済的なもの」への包摂化

（1）実践レベルで意義を有するEUの公共サービスの三概念

国際的な次元で公共性や公益を語ろうとするとき，ときに「国際公共財」あるいは「国際公益」ということが言われることがある．たとえば，「平和」「民主主義」「人権」「環境」という規範もそうであるし，それら規範の実現化に資するであろう，国際法というシステムそのもの，あるいは国際機構やレジームが，国際公共財や国際公益に該当するとされることもある．それに対し，ここでは，EU政策過程においては，「国際公共性」「国際公益」という概念がもう少し具体的な実践の水準でイシューとなっている現状を見ていく．

EUはその前進であるECの頃より，経済統合，すなわち域内単一市場の創出というプロジェクトを中核としてきた．一方で，各加盟国内で公共サービスとされるものの範囲・構成・供給の仕方には差異がある．公的機関による直接供給か民間セクターによる供給か，また，公共性や公益を法的に枠づけるかそうでないか［Koukiadaki 2012］という差異もある．この公共サービスの加盟国ごとの多様性を，域内単一市場との両立を図りながらいかに扱い調整するかがEUでは課題とされてきた．その調整のあり方として，EU，とりわけその執行部門に相当する欧州委員会の考え方のここ約20年の変遷を検討していく．

手がかりとなるのは，「公共性」「公益」に関してEUで累積的に作られてきた3つの概念である．これらは既に前節で登場した概念であるが，改めて確認

しておくと，①「経済的な一般的利益サービス」(services of general economic interest: SGEI) ②「一般的利益サービス」(services of general interest: SGI) ③「社会的な一般的利益サービス」(social services of general interest: SSGI) という，3つの概念である．

このうち，かねてより存在した基本条約レベルでの法的文言がSGEIであり，既に1957年調印のローマ条約（EEC）90条2項で規定されていた．ただし，SGEIが何であるのかの具体的定義は条約文中でも二次立法でも示されていない．対して，SGI（1996年初出）とSSGI（2006年初出）は，欧州委員会がその政策文書において順次開発した概念である．後にSGIは2007年12月調印のリスボン条約（現行基本条約）議定書に含まれ，現在ではSGEIとともに基本条約レベルの法的文言化されているのに対し，SSGIは基本条約でも2次立法でも文言化はなされていない．

（2）欧州委員会の方針転換とSSGI概念の創出
1) 欧州司法裁判所の判決を受けた欧州委員会の方針転換

ここで，前節で見た域内市場サービス指令案が欧州委員会から出される直前の状況に立ち返ってみよう．「経済的なもの」「非経済的なもの」の二分法とSGI全体の特殊性を保護・強化するという欧州委員会のスタンスは，2000年9月20日のSGIに関する政策文書［European Commission 2000b］でも変化は見られなかった．

この状況が転換したのは，2001年10月17日に欧州委員会がラーケン欧州理事会に提出したSGIに関する政策文書［European Commission 2001b］においてであり，欧州委員会は，「経済的なもの＝SGEI」と「非経済的なもの」との二分法を自己否定し始めた．既に見たように，特に同文書30パラグラフでは，「『経済的なもの』と『非経済的なもの』との区別は，時代とともに市場による提供が可能なサービス範囲が拡大し，より多くの活動が経済妥当性を有するので，その区別は困難である」とされ，「両者を区別するアプリオリな定義的リスト化は非現実的だし，望ましくもない」とされたのである．その論拠としては，2000年9月12日の欧州司法裁判所の判決（Joined cases C-180/98 to C-184/98 Pavel Pavlov and Others v Stichting Pensioenfonds Medische Specialisten）で示された「所与の市場での財・サービスの提供を含むいかなる活動も経済的活動である」との見解が挙げられている．時期は前後するが，既に1998年4月28日の2つの

判決（Case C-158/96 Kohll v Union des caisses de maladie, C-120/95 Decker v Caisse de maladie des employés privés）にて，他の加盟国で受けた医療サービスへの自国での健康保険の適用可能性を認めており，これはSGIのうちで「非経済的なもの」として例示された社会保障や，連動する医療サービスがSGEIあるいは通常の財・サービスとして扱われる可能性を開いてもいた．欧州司法裁判所の判決を手掛かりとしつつ，欧州委員会が「非経済的なサービス」を「経済的なもの＝SGEI」に含めていく形で二分法を反故にしようとするアプローチは，2003年5月21日の『SGIに関するグリーンペーパー』［European Commission 2003b］でも繰り返された．

　その約2カ月後の2003年7月24日，欧州司法裁判所は，SGIが依存しているナショナルな範囲内での補助金に関わる重要な判決（C-280/00 Altmark Trans and Regierungspräsidium Magdeburg）を出した．そこでは，SGEIが域内単一市場で取り締まり対象となる「国庫補助」を構成しないで済むための判断基準が示され，そのためには次の4要件を満たす必要があるとされた．すなわち，①サービス供給主体（事業者）は公共サービスを供給する義務を実際に有していなければならず，この義務が明確に定義されていなければならない．②サービス供給の対価としての「補償」の金額の計算根拠があらかじめ客観的に透明性ある方法で確立されていなければならない．③補償金額は，妥当な報酬と合理的な利潤を考慮に入れつつも，公共サービスを供給する義務の遂行で生じたコストの全部または一部を補償するために必要な額を超過することはできない．④最も安価でサービス供給可能な事業者を選ぶ公共調達手続きによらずに選ばれた供給主体については，必要な補償金額の水準は，同様の典型的なサービス供給者がうまく運営し十分に装備された状況で通常かかるであろうコストの分析を基礎として決定されなければならない．以上の4要件である．

　これを受けて，2005年11月28日に，欧州委員会は，いわゆる「SGEIパッケージ」とも呼ばれる，委員会決定［European Commission 2005d］と実務上の準則である「国庫補助—補償フレームワーク」［Official Journal of the European Union 2005］とを定め，SGEIに拠出される補償（補助金）の正当性の判断基準が示された．その内容は概ね上記判決の4要件を追認したものだが，正確には4要件のうち最初の3つまででしかない［Klasse 2013］．すなわち④の要件の判断は実際には困難であり，欧州委員会の実務判断上のあいまいさを残したことになる．それがのちに引き続き公共サービス事業主体にとっての不安の種としてくすぶ

り続けることになる．

　このSGEIパッケージでは，同時に，補償額（補助金）が年間3000万ユーロ以下の公共サービスであれば欧州委員会への事前届け出が免除とされ，かつ，補償額の多寡に関わらず，病院と公営住宅 (social housing)，離島や利用者数の少ない公共交通も事前届け出が免除とされることになった．これにより，病院や公営住宅は原則的にEU競争法に服せずに済むという判断がなされたわけであり，結論としてはそれらの公共サービス主体にとっては安堵的なものだが，ここで注意すべきは，それらが「SGEIパッケージ」での競争法適用免除であるということである．つまり，病院や公営住宅は「経済的なもの＝SGEI」であるのか「非経済的なもの」であるのかは，ただちには明らかではないにもかかわらず，あたかも当然のごとくそれらがSGEIであるという前提に立ったうえでの判断なわけである．

2） 公共調達指令と域内市場サービス指令案

　前項で見た「非経済的なもの」を「経済的なもの」へと相対化する動きを，欧州司法裁判所の判決への欧州委員会の受動的反応とだけ見るのは単純に過ぎる．欧州委員会による能動的な方針転換の志向性も同時期に明らかに見てとれるからである．たとえば，2000年5月に欧州委員会が立法提案して2004年3月31日にいわゆる公共調達指令［Official Journal of the European Union 2004］が成立している．これもSGEIないしSGIに実効的に影響が出てくるものである．ある加盟国での公共サービスが公的機関当局により直接供給されている場合には影響が及ばない内容とされている一方，もし民間委託により供給されている場合には，民間事業者の選択あたってより広い事前公告と一般競争入札をとるように仕向ける内容である．そして，公的機関当局による直接供給形式を民間委託化することを求める内容でもない［Manunza and Berends 2013］．しかし，たとえば，公的機関の一部とみなされる部門や，官民共同出資の事業についての適用範囲は必ずしも明確ではない点などが問題であり，特に前者についても公共調達指令の内容が適用されれば，それは直接供給形式のものを民間委託化や民営化へと実質的に促す効果を持ちうることを意味する．

　前節で検討した域内市場サービス指令案は，欧州委員会がよりラディカルに通常の民間サービスかSGEIかを問わず，域内市場自由化を図ろうとしたものであり，「非経済的なもの」は当初から適用除外とすることが指令案中に明記

されていたが，SGEIとともに，医療サービスも対象に含むものとされ，大きく政治問題化したものであった．「非経済的なもの」を適用除外するとはいっても，既に見てきたように2001年秋以降，欧州委員会は「非経済的なもの」も「経済的なもの＝SGEI」と同様に扱おうとしていることを考慮すれば，この適用除外には実質的意味はなくなるのであり，だからこそ本指令案への反対運動が高まったのである．結論的には，医療サービスは審議過程で適用除外化され，SGEIへの域内市場自由化の仕組みとなる「原産国原則」を取り下げる修正がなされたうえで2006年11月に指令として成立したのであった．

3) SSGI概念の創出

　域内市場サービス指令案への反対が高まり，2006年2月に欧州議会での同指令案の希釈化がなされてから間もなく，同年4月26日に欧州委員会が政策文書［European Commission 2006b］を発表した．これにより新たに創出された公共サービス概念がSSGIである．このSSGIという用語は，economicかsocialか，その形容詞が付く位置に違いはあれ，いかにもSGEIの対概念的な体裁をとっている．それゆえ1996年当初の欧州委員会による「経済的なもの」「非経済的なもの」という二分法と同様に，「経済的なもの」「社会的なもの」という二分法を印象づける効果を持つ．また，「一般的利益サービス＝SGI」が「経済的な一般的利益サービス＝SGEI」と「非経済的な一般的利益サービス＝SSGI」とから成り立つ印象を持つ．これによって，域内市場サービス指令案の審議過程で激しい抵抗を受けた欧州委員会としては，「社会面」を重視する姿勢をアピールする意図があったものと推測される．同文書では，SSGIに相当するものの例として，公的・補完的な社会保障スキームや，個人のさまざまなリスク（老齢，労災，失業，退職，借金，障がい，薬物依存，家庭崩壊など）を軽減するもの，職業訓練や，公営住宅が挙げられた．同文書では直接対象としないとしながらも，また2005年の「SGEIパッケージ」ではSGEIであると前提されていた病院を含む医療サービスもSSGIであるとされた．しかし，この文書からは，SSGIとEU競争法や域内市場関連のルールとの関わりについて深い分析は見られず，今後隔年で，SSGIの状況を把握して報告する旨を述べて締めくくられている．

　さらに意義深いのは，SSGIとされながらも，医療サービスはあえて別文書で取り扱うとされたことであり，実際，2006年9月26日に医療サービスについて聴聞する文書が出されている［European Commission 2006d］．その内容は，前

述の1998年4月28日の欧州司法裁判所による2つの判例を端緒として可能性が開かれた「越境的な医療サービスの自由化」について，確定的なEU政策としての成立を目指すものであった．つまり，域内市場サービス指令案からは審議過程で適用除外化されたが，医療サービスに絞って改めて域内市場の自由化が企図されたわけである．その後，越境的医療サービスに関する指令案は実際に2008年7月2日に発議され2011年3月9日に指令として成立している．この指令案の政策過程については次節で見る．

このような，SSGIでありながらも他のSSGIとは異なるという医療サービスの扱い方からは，裏を返せば，医療サービス以外のSSGIは域内市場自由化の対象とはされないとの期待を抱かせるものではある．しかし，これまで「非経済なもの」とされたものが「経済的な」SGEIへと位置づけられようとしてきたのと同様に，欧州委員会が隔年で出すとしたSSGIの報告書作成の過程で変化する恐れは残っていた．また，引き続きEU競争法のもとでは，SSGIであっても病院，公営住宅以外は，年間3000万ユーロより多い補助金を受けていれば，国庫補助として違法化される可能性は継続していた．さらに，これまでに欧州委員会から出された隔年のSSGIの報告書では，初回の2008年7月の段階で既に，SSGIは「雇用を生むもの」として市場妥当性に言及がなされてきたのであった [European Commission 2008a]．

(3) SSGI事業者の集団化と欧州委員会による対応
1) SSGI事業者の集団化とその要求内容の成否

新たに創出されたSSGIに該当する公共サービス主体らは，引き続きEU競争法と域内市場ルールに服する懸念を抱いていた．それを払拭するために追求されたのはSGIやSSGIを基本条約や二次立法で保護的に規定させようとすることだった．また，SSGIの保護に関心がある加盟国が議長国を務める際に，SSGI事業者を集めてSSGIフォーラムが開催されてきた．第1回のSSGIフォーラムは，ポルトガル議長国 (2007年9月17日)，第2回はフランス議長国 (2008年10月28-29日)，第3回はベルギー議長国 (2010年10月26-27日) のもとで行われた．これは域内市場サービス指令案による衝撃とSSGI概念の創出への反応として，自らをSSGIと考える公共サービス事業者らが潜在的なものから顕在的なものとして集団化してきたと見ることもできる．

この運動の成果はいくつかの点で成功もしてきた．たとえば，第1回SSGI

フォーラムの翌月に，後に現行の基本条約となるリスボン条約の素案の議定書に SGI の尊重規定（Protcol26）を盛り込むことに成功した．これは SGEI に続き，SGI が基本条約レベルの法的文言となった点で画期的である．ただし，そこでも議定書のタイトルは SGI なのだが，記述されているテキストの文言は SGEI がほとんどであり，SSGI という文言は，同年末12月17日調印されたリスボン条約でも出てこない．その一方で「非経済的なもの」が法的文言として議定書に記され，1996年の欧州委員会の政策文書と同じ趣旨で，いかなる場合にも基本条約の規定内容の影響は及ばないことが明記された．アムステルダム条約で挿入された EC 条約16条は EU 機能条約での14条となり，表記は SGEI のままではあるが，それにつき二次立法策定を想定する規定が追記されている．議定書でも二次立法策定を想定した記述が盛り込まれている．

また，第3回 SSGI フォーラムの直前の2010年10月8日に，欧州委員会や閣僚理事会の活動のサポートを担当する専門委員会の1つである社会保護委員会（Social Protection Committee＝SPC：各加盟国代表と欧州委員会代表から構成され，社会的側面にかかわる OMC の運用に関わる）によって「社会的サービスのためのヨーロッパの質の自発的なフレームワーク」（Voluntary European Quality Framework for Social Services）［The Social Protection Committee 2010］が作成された．これは，発想としては，1996年や2001年の SGI に関する欧州委員会の政策文書で見られたような，SGEI に，ユニバーサル原則などの満たすべき基準を，SSGI についてもさまざまな質の基準で参照されるようにしようとしたものである．もちろん，これは「自発的なフレームワーク」なので法的拘束力を有するものではないが，価格の安さだけではない評価基準を具体化したものとして，第3回 SSGI フォーラムでも公共サービス事業者らから高く評価された．

SSGI のサービスの事業者らが繰り返し要求してきたにもかかわらず実現していないという点で，SSGI フォーラムの失敗といえるのは，EU 機能条約14条や SGI の議定書で新規に追記された二次立法による SSGI の保護である．たとえば，リスボン条約草案に SGI の議定書が盛り込まれた翌月の2007年11月20日の政策文書［European Commission 2007c］にて，欧州委員会は，既存の法的枠組みのもとでセクターごとに対応すればそれで事足りるのであり，SGI に関して特別に二次立法を策定する必要性はないというスタンスを示した．それ以後，2009年12月のリスボン条約発効以降も，欧州委員会はその立場を崩してはいない．

2） 2011年12月20日の「SGEIパッケージ」による暫定的解決

　一連のSSGI関連フォーラムでの議論や報告文書から読み取れるのは，SSGI事業当事者からは，やはり国庫補助，公共調達ルール，域内市場ルールの適用に関する不確実性の問題が懸念されているということであった．この点で画期的であったのは，2011年12月20日の新たな「SGEIパッケージ」の採択である．これは2005年11月28日の「SGEIパッケージ」を改定するものであり，その一角を占めていた「国庫補助－補償フレームワーク」が元々6年後に期限設定されていたからタイミングとして実務的な改定ともいえなくもないが，SSGIにとっては実質的意義を有した改訂である．新たな「SGEIパッケージ」の中核をなしているのは，委員会決定［European Commission 2011d］,「国庫補助─補償フレームワーク」［Official Journal of the European Union 2012a］,委員会規則［Official Journal of the European Union 2012a］,「SGIのためのフレームワーク」［European Commission 2011g］である．

　新たな「SGEIパッケージ」で着目されるべきは，委員会規則であり，規則としての制定は翌2012年4月25日となった［European Commission 2012b］が，その方針は2011年12月20日の委員会決定の際に公にされていたものであった．この委員会規則がSSGIとの関わりで大きな意味を持つ．すなわち，2005年11月28日の「SGEIパッケージ」では病院，公営住宅，利用客が少ない公共交通が，国からであれ自治体からであれ公的機関からの補償額の多寡に関わらず，欧州委員会への事前届け出が免除されたわけだが，2012年4月25日の委員会規則はすべてのSSGIの事前届け出を免除することとされたのである．

　同じ2011年12月20日には，2004年の公共調達指令の改正提案［European Commission 2011e］とそれに関連する補償契約についての指令案［European Commission 2011f］も出されており，競争法の国庫補助や補償面だけではなく，域内市場ルールの角度からも，SSGIに関わる制度変更が行われようとしたと言える．SSGIとの関わりで公共調達指令の制度への不安が特に第3回SSGIフォーラムの場で出されてきたことも受けて，欧州委員会は既に2010年12月7日に公共調達ルールのガイドにあたる政策文書［European Commission 2010l］を出し，複雑性や曖昧性の低減を図ろうとしていた．2011年12月20日の改正案で着目されるのは，SSGIについては従来以上に調達ルールが簡素化される一方で，調達判断の条件として，価格のみではなく，特にあらゆる質と継続性の基準に照らすこともできるようにされたのである．これは，SPCが作成した「社会的サ

ービスのためのヨーロッパの質の自発的なフレームワーク」の価値が，公共調達指令案の内容に反映されたことを意味している．

2011年12月20日の新たな「SGEIパッケージ」と公共調達指令の改正提案により，SSGIにあたる公共サービス主体らの運動は目立たなくなり，SSGIフォーラムも以後は開催されていない．これは以後のEU議長国がSSGIの保護に関心を持っていないからというよりは，典型的にはSSGIであれば事前届け出が免除され，EU競争法に服さずに済むという結果を得たことによる安堵を示しているとみるほうがよいであろう．

（4）「経済的なもの」と「社会的なもの」の相対化あるいは包摂化

本節では約20年にわたる欧州委員会によるEUの「公共性」「公益」の扱い方について，SGEI，SGI，SSGIという概念を手掛かりに検討してきた．前半期はSGI概念の創出に伴い生じた「経済的なもの」と「非経済的なもの」との二分法の設定を経て，欧州委員会による方針転換で後者の前者への絡めとりが志向された．後半期はSSGI概念の創出に伴い，「経済的なもの」と「非経済的なもの」という設定は後景に退き，SGEIとSSGIという2つの概念のあいだでの拮抗関係が前面に出てきた．ただし，SSGI概念の創出当初よりそうであったように，病院や公営住宅はSSGIとされながらもEU競争法による国庫補助や補償の局面ではSGEIとされる一方で，公的な社会保障スキームなどの「非経済的なもの」もSSGIであるという幅の広さを持ち合わせたままである．

累積的に公益概念が創出された現在の状況は，EUの「公共性」「公益」の概念としてSGEIだけしかなかった1990年代前半以前に比べてはるかに複雑化しているようにみえる．しかし，1つ確実に言えることは，欧州委員会によるEU競争法の運用において，2011年12月にSSGIが全体として適用除外とされたことは，まるで「社会的なもの」が守られたかのような現象ではあるものの，それは概念のレベルでは，「社会的なもの」であるSSGIが確実に「経済的なもの」であると論理づけられたことを意味する．

現在の欧州委員会による国庫補助の判断フローチャート（図4-2参照）によると，判断の第1ステップで非経済的なサービスではない場合，経済的なサービスであると前提されたうえで，第1ステップから「いいえ」を3回経て，ようやく社会的サービス（SSGI）かどうかの判断ステップに至るのである．これ

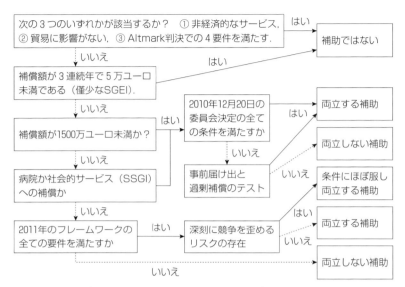

図 4-2 2011年12月20日の SGEI パッケージ以降の国庫補助の判断フロー
出典：European Commission ［2013a］より筆者加工.

は「社会的なサービス＝SSGI」が「経済的なサービス＝SGEI」へと相対化というどころか，論理的に完全に包摂されていることになるのである.

3．加盟国の福祉国家制度に関わる EU 政策過程

（1）福祉サービスでの公私ミックスへの視点：ベバリッジ型かビスマルク型か

第1節の域内市場サービス指令案の政策過程は，加盟国ごとの公共サービスの編成の違い，すなわち，各加盟国の部門毎の官民役割分担や公私ミックスの違いが，EU 域内単一市場での自由移動との関わりで矛盾を引き起こす状況を露呈した事例であった.[44] この節では，各加盟国の部門毎の官民役割分担や公私ミックスの違いが加盟国の福祉国家制度・政策との関わりで争点を形成した2000年以降の3つの EU 指令の形成過程に着目する．すなわち①職域年金 (Institutions providing Occupational Retirement Provisions: IORP) 指令（2003/41/EC）,[45] ②年金ポータビリティ指令（2014/50/EU）,[46] ③患者の自由移動指令（2011/24/EU）[47] の3つの政策過程を検討する.

比較政治学の範疇で展開されている比較福祉国家研究の分野では，福祉国家制度（≒社会政策）に関する権限は加盟国主権であり，EU には実効性に不確実性が伴う OMC のような調整的権限しかないことから，各加盟国の福祉国家改革に対する EU の影響を軽視する傾向が見られる．しかし，年金や健康保険でも見られるように，公的制度と民間サービスとを組み合せる加盟国がある場合，その民間サービスを担う事業者は EU の域内単一市場のもとで他の加盟国内でもサービス提供の自由が認められるべきかもしれないが，それは他の加盟国での公私ミックスのバランスを揺るがす恐れがある．このような形で，EU の域内単一市場との関わりで，EU 政策は有意に加盟国の福祉国家制度に影響を及ぼしうる．

たとえば，年金の場合での「公私ミックス」のあり方を考えてみよう．年金制度の構造としては 3 階構造として理解され，法定の公的基礎年金のスキームが第 1 階，産業セクターや個別企業ごとにその労働者向けに設けられている民間の職域年金（IORP）が第 2 階，個人的な民間貯蓄年金が第 3 階を構成するという理解がなされている［Immergut and Anderson 2009：21-3］．第 2 階の職域年金とは，公的基礎年金（第 1 階）に上積みとなる，被保険者の掛金に応じた受給となる保険方式であり，私的な民間年金として扱われる．

EU 加盟国ではすべての国で第 1 階の公的基礎年金スキームの比率が高いが，第 2 階の規模は国によって大きく異なる．たとえば，オランダ，デンマーク，スウェーデンでは 90％ 以上の労働者が第 2 階の職域年金でカバーされており，イギリスは職域年金セクターの規模は大きいもののカバー率としては全労働者の 90％ には達せず，ドイツでは約 50％ のカバー率である．EU 全人口のうちでは 10 人に 1 人程度しかカバーされていない．

また，年金における公私ミックスを考える場合，第 2 階の職域年金部分での給付額が現役時代の掛金に応じて所得比例である点はどの国でも共通だが，第 1 階の公的年金の給付額が現役時代の所得に関係なく定額制か所得比例か，賦課方式（pay-as-you-go scheme）か積立式（funded sheme）かという違いがあり，この違いが国ごとの職域年金スキームの重要性を規定し，大きく「ベバリッジ型」と「ビスマルク型」の国に分類できる［Anderson 2015：83-85］．

「ベバリッジ型」は，定額制の公的基礎年金と所得比例の民間職域年金を組み合わせるもので，イギリス，オランダ，デンマーク，スウェーデンなどが該当し，「ビスマルク型」は，所得比例の公的基礎年金と所得比例の民間職域年

金を組み合わせるもので，ドイツ，フランス，イタリア，スペイン等が該当する．概して，「ビスマルク型」の所得比例による公的基礎年金の給付水準は手厚いために，第2階の民間職域年金が必須となるわけではない．それに対して「ベバリッジ型」の定額制の公的基礎年金の給付水準は低く，それゆえに第2階の職域年金がほぼ必須となる．この国ごとの違いが先述のカバー率の差異にも表れているわけである．この場合，相対比較として，ベバリッジ型の加盟国では職域年金を提供する民間の金融サービスが発展する一方，ビスマルク型の加盟国ではあまり発展していないことになる．ベバリッジ型の加盟国で職域年金を提供する民間の金融サービス事業者（IORP事業者）は，ビスマルク型の加盟国内でも事業を展開したいかもしれないが，それがビスマルク型における公私ミックスのバランスを揺るがす恐れがある場合には，政治的な対立が発生することになる．これが実際に争点化した事例として最初に見るのが，職域年金指令（2003/41/EC）の政策過程である．

（2）職域年金指令の政策過程分析

EUの域内単一市場との関わりで金融サービスの自由移動を図るために，IORP事業者はそれを可能とするEU法案の策定を希望し，実際に1990年代前半から欧州委員会もその構想をし，関連する法案を提案していたが閣僚理事会の加盟国政府代表で意見が折り合わず停滞していた．それを踏まえて，欧州委員会は，2000年10月11日に新たにIORP事業の域内市場での自由化を導入するための指令案（COM（2000）507）を提案した．

各加盟国内で普及している職域年金は，所得比例の仕組みという点ではどの加盟国でも共通していても，IORP事業での拠出の仕組みや事業形態にも国ごとに細かな差異が存在する．その仕組みの違いの一端は次の事例で見るが，2000年に欧州委員会が提案した職域年金指令案においては，欧州委員会は，全タイプの職域年金に域内市場でのサービス提供の自由を認める内容の提案を行っていた．興味深いことに，職域年金（IORP）は，1999年の欧州司法裁判所判決（Case C-67/96 *Albany*）においてSGEIであるとされていた［van Meerten 2013：414］．

欧州委員会による提案後，欧州議会では，2001年7月4日の本会議で第一読会の票決が行われ，賛成458反対111棄権15で可決している．投票行動の傾向を政党会派ごとに見ると，中道右派（EPP-ED）とリベラル（ALDE）と保守

(UEN) はほぼ全議員賛成していたのに対して，環境会派 (Verts-ALE) と左翼会派 (GUE/NGL) はほぼ全議員が反対していた．中道左派 (PES) では，ほとんどの議員が賛成だが仏社会党17人（出席／全議員＝17/22）は全員反対するという投票行動を示した．

　他方で，閣僚理事会での交渉経緯を観察した Hennessy［2008；2014］によると，ビスマルク型諸国とベバリッジ型諸国との間の対立を見出し，最終的にはビスマルク型諸国が自国で普及している民間職域年金サービスのタイプについては，指令案の対象から適用除外することに成功したという．これは，2002年11月5日の閣僚理事会で「共通の立場」(Common Position) が採択されて確定的となった．

　この閣僚理事会での「共通の立場」を受けて，2003年3月12日に，欧州議会本会議にて第二読会の票決が行われた．最終的な法案を拒否するか受け容れるかについては点呼投票が実施されたため，そこから政治的アクターらの投票行動を読み取ることができる．すると，最終的な法案を拒否するかどうかにつき，拒否に賛成156，拒否に反対383，棄権7で拒否しない，つまり，法案を成立させることが賛成多数で決定し，職域年金指令の成立が決定付けられた[48]．ただし，この職域年金指令の実現によってどれほどの IORP 事業者が域内市場での自由化のメリットを享受しているかは疑問視されてきた．Anderson［2015：98］によると，指令成立から約10年を経た2012年において，加盟国を跨いで越境的にサービスを提供している IORP 事業者は12程度であるという．これは，たとえば，加盟国内で最大人口を占めるドイツではそもそも職域年金のカバー率が50％であり，かつ，ドイツで普及しているタイプの職域年金とは異なる仕組みや原理に基づくほか加盟国での IORP 事業者のサービスが市場として参入してきても，顧客獲得に難渋するのかもしれない．さらに，2008年以降の世界金融危機の混乱のなかでイギリスの IORP 事業者が破綻して年金受給者側が年金を受け取れないリスクが社会問題化し，職域年金一般への懸念が持たれた影響も考えられるが，職域年金指令を通じて，実際に EU 加盟国間での公私ミックスのバランスに大きな影響を及ぼすという事態は生じていない．

（3）年金ポータビリティ指令案とその帰結：戦略としての「転用」の活用
　同じ職域年金に関して，職域年金指令のように供給側からではなく，需要側から自由移動を促進しようとした EU 指令も欧州委員会から提案されている．

それが職域年金指令成立から約2年後の2005年10月20日に提案された，年金ポータビリティ指令案（COM（2005）0507）である．

　EU域内では労働者の自由移動を促進するため各国間の公的年金スキーム（第1階）の相互接続制度は90年代までに整えられたものの[49]，職域年金について同様の相互接続は整備できていなかった．そのため，職域年金を掛けてきたある加盟国の労働者が他の加盟国へ転職しようとする際に，その職域年金の受給権利が喪失すると労働移動インセンティブが削がれることになる．この不都合の解消を図ることが，欧州委員会による年金ポータビリティ指令案の目的であった．その政策内容としては，労働者が蓄積した年金権（accrued pension right），すなわち現金を，2年間の権利確定期間（vesting period：年金受給権が付与される最低勤務年数）の後に，新たな職へと持ち運ぶことを可能とする（ポータブルとする）条項が含まれていた．欧州委員会による提案後，この指令案に対し，閣僚理事会では，オランダ・ドイツ各政府が反対した．

　オランダ政府の反対は，指令案に含まれた，蓄積された年金権の移転可能性（transferability）に関する条項に向けられた．なぜなら，オランダはEU内で最大規模の積立型職域年金セクターを擁し，対GDP比で100％を超える規模を有しているため，指令案がそのままの内容で実現すれば，年金資金がオランダから他の加盟国に流出し，租税収入にとって潜在的に大きくロスとなることが見込まれたからである．

　他方で，ドイツ政府の反対理由は，ドイツ国内の職域年金の多くが「帳簿準備金型」であることに関係していた．帳簿準備型の職域年金とは，積立資金が伴わないものであり，年金給付（債務：liability）が企業のバランスシート（貸借対照表）上に記録され，企業の現在の収入のなかから年金が支出される．すなわち，帳簿準備金型の年金権がポータブルとなるためには現金化されなければならず，そのコストが企業にとって非常に高くなるがゆえに，ドイツ政府は反対したのであった．また，Mabbett［2009］によると，ドイツや国内制度がドイツに近い諸国の経営者らは，職域年金の待機期間（waiting period：実際に給付が始まるまでの期間）や受給権（vesting rights）などを，従業員の忠誠や企業固有のスキル獲得に報いるために用いてきたからこそ，ドイツ政府も反対したという．そのため，もともと国内においてもポータビリティが意図的に制限されて職業移動が妨げられている側面もあったのである．

　欧州議会ではこの年金ポータビリティに関する指令案に対して，2007年3月

21日の雇用社会問題委員会において，国境を跨ぐポータビリティの要素を指令案から削除し，各国内でのインターナル・ポータビリティを促進する内容へと書き換えた修正案が合意され，それが同年6月20日の欧州議会本会議第一読会でも賛成多数で追認された．これに伴って，従来の指令案の内容に強く反対してきたオランダ政府は，インターナル・ポータビリティ促進についてはそれを望んでいたため，逆に指令成立を最も後押しする立場に転じた［Mabbett 2009：786-7］．一方のドイツ政府は反対の立場を継続し，それゆえ指令案は成立しないままとなっていたが，最終的には2014年4月15日の欧州議会第二読会可決で指令成立が確定した．成立した指令 2014/50/EU では権利確定期間（vesting period）を3年以内としなければならない規定を含んでいた．先述のようにドイツの企業は職域年金を労働者の採用と保持のために用いている側面があり，従来のドイツの国内法では，最低の権利確定期間として5年を認めていたため，ドイツは国内制度改正が必要となった．その意味でドイツ政府はこの交渉では敗北したことになる．実際，当該 EU 指令の国内法制度化期限は2018年5月18日と設定されたが，ドイツは2015年12月中に *Gesetz zur Umsetzung der EU-Mobilitäts-Richtlinie* を可決・成立させている．

　以上のエピソードからは，EU 政策過程での「戦略としての政策変化の類型」を次の点に見出すことができる．欧州委員会の元々の提案では国境を跨ぐ職域年金の接続に関わる内容であった．ところが，オランダやドイツの既存の国内制度との不整合に由来する反対を受けて政策案を修正するなかで，EU 指令案の目的や内容自体が各国内での職域年金のポータビリティ向上だけを企図するものへと変化したのである．これは，政策が資する目的自体がすり替わったという意味で，マホニーとセーレンによる分析枠組での変化類型のロジックで言うところの「転用」に相当する．すなわち，もともとの年金ポータビリティ指令案が有していた越境的な要素が希釈化され，EU 政策が各国内での福祉国家制度に実効的に影響を及ぼす手段として活用されたのであった．

　法的には，社会政策など加盟国の福祉国家制度に実質的に関わる権限は EU にはないのであり，欧州委員会にもこれに関する政策提案はできないはずである．しかし，越境的な自由移動に関わる政策案の目的を「転用」し，立場を逆転させたオランダ政府も含め，国内の政策・制度改革の観点から「転用」後の指令案の内容に賛同する政治的アクターの支持も調達しながら，欧州委員会は，加盟国内の福祉国家制度への関与に成功したのである．

(4) 患者の自由移動指令案とその帰結：戦略としての「放置」の活用

福祉国家制度において年金と並んで重要な一角をなすのが健康保険である．欧州委員会は，この各EU加盟国の健康保険に影響が及びうるEU指令案についても「患者の自由移動指令案」として提案している．ここでは，このEU指令案を巡る政策過程を見ていく．

EU域内では，ある加盟国の国民が別の加盟国での旅行中や就労中に病気になった際に現地の医療サービスを受けるための制度的対応が1980年代までに整っていた．しかし，逆に言うと，それ以外の場合に越境的に発生する医療行為については明確なルールが定まっていなかった．この状況下において，1990年代から越境的な診療受診を患者の権利として認める趣旨の欧州司法裁判所判例が出され，それを受けて，欧州委員会が2008年7月2日に「患者の自由移動指令案」（COM（2008）0414）を提案した．その内容は，ある加盟国の国民が越境して別の加盟国の病院等で診療等を受ける場合に，自国での健康保険の適用・償還を可能とする道を開くものであった．

しかし，この指令案の提案以前に，第1節で見たように，欧州委員会は「域内市場サービス指令案」を提案しており，2004年から2006年にかけての政策過程において，医療分野をサービスとしてEU域内で自由移動できる分野に含むかどうかも含めた大論争が展開済みであった．結局，同指令案からは医療サービスは適用除外とされたため，欧州委員会としては，同指令案での医療サービスの自由移動の導入は失敗していた．そこで，第2節で見たように，欧州委員会は，SSGIという概念を創出しながら競争法の解釈上の工夫を施しながら，医療サービスの域内市場自由化を促進してきたのである．

さらに，欧州委員会は，域内市場面でのEU指令の実現も諦めておらず，その再挑戦として提案されたのが「患者の自由移動指令案」なのであった．この指令案では，域内市場サービス指令案のときのように，医療サービス事業者という供給サイドからの自由化では反対が強いので，それを想起させる「サービス」という文言を避けるように配慮し，患者という需要サイドを概念として強調して指令案を提案することで，成立可能性の向上が企図されていた［Greer 2009：43］．

医療や健康保険分野のEU加盟国間での制度の差異としては，年金の場合と同じく，EU加盟国内でも，イギリスや北欧諸国や南欧諸国での「ベバリッジ型」（市民権または居住ベース＋租税財源＋公的医療），ドイツやフランスなどの「ビ

スマルク型」（職域または家族ベース＋所得比例保険財源＋公的・民間医療）という区分が可能であり，その健康保険制度の差異によって，加盟国政府の間で欧州委員会の指令案への賛否が割れる可能性があった．実際，2008年12月の閣僚理事会ではスペイン，ポルトガル，ポーランド，ハンガリー等が懸念を示し，それらの国は病院・患者の流出や，逆に「ヘルス・ツーリズム」として安価な医療サービスを求めて近隣国より患者が殺到することを懸念していた．しかし，何よりも懸念されたのは，ある加盟国での健康保険基金が他の加盟国での医療行為にも拠出されることに伴う基金流出と，それを契機とする保険の持続可能性であった．

　欧州議会では2009年4月23日の本会議第一読会で指令案が可決されたが，閣僚理事会での政府間の見解相違が残っていた．2010年12月の欧州理事会でも政府間で見解が割れたままであり，ポルトガル，オーストリア，ポーランド，ルーマニアが反対し，スロバキアが棄権した．

　最終的に，年が明けた翌月の2011年1月19日の欧州議会本会議第二読会で可決成立が決まった．その内容は文言の用い方として，「患者の自由移動」(patients'mobility) から「患者の権利」(patients'rights) という表現に変更されるとともに，患者が必要とする医療メニューを提供する病院情報をより広く提供することが各国に求められたほか，元の政策案から以下の3点の変更が加えられて成立した．第1に，患者は原則として自国当局への事前承認なしに他の加盟国で医療サービスを受けられるが，1日でも入院を伴う医療や特殊な治療を伴う場合は事前承認が必要とされた．第2に，加盟国医療当局は非常に限られた場合のみ，事前承認で申請拒否ができるとされた．しかし，そこは解釈の余地が大きい．第3に，加盟国間での医療サービス価格差に伴って発生する超過治療費分は患者自身が負担することとされた．

　この内容は，結果として不明瞭性が残る点もあるが，総じて加盟国医療当局に患者の移動をコントロールする裁量が権限として残る内容となったと評価できる．欧州司法裁判所判例による混乱のなかで法的安定性が弱く曖昧な状態であったところを，欧州委員会としては，需要サイドで自由化する効果を確定させる狙いで提案した指令案であったものの，結果としては，かえって各加盟国医療当局による患者移動を規制する権限を確定させる効果として帰結したわけである．

　以上のエピソードから読み取れる，EU政策過程での「戦略としての政策変

化の類型」についての含意は次の通りである．欧州委員会が2008年に指令案を出すまでの状態，すなわち，法的に不安定性がある状態ながらも，患者の自由移動が自然発生的に生じると同時に欧州司法裁判所によって肯定的な判決を出されていた状態が，マホニーとセーレンの変化類型でいう「放置」であった．つまり，社会保障に関わる権限は基本的にはEUの権限ではなく加盟国の権限だが，その原則が自然な人の移動とそれに伴う医療受診の発生により損なわれ，本来の状態からのギャップが発生していたのである．このギャップから越境的に医療受診する患者らが恩恵を受ける構造が芽生えていたわけだが，これをギャップではなく，既成事実として公定化するのが欧州委員会の目的であった．しかし，この「放置」によるメリットに法的安定をもたらそうとしたところ，逆にそのメリットを制約的としてしまう内容での公定化に帰結してしまったわけである．これは，欧州委員会が，戦略としては，政策変化類型としての「放置」の効果に便乗しようとしたが，それが裏目に出たケースだといえよう．

4．「併設」「転用」「放置」および言説戦略の組み合わせ

第3節の福祉国家制度に関わるEU政策については，結果の成否に違いはあるが，年金関連の政策でも健康保険関連の政策でも，欧州委員会による「転用」「放置」を確認することができた．しかし，第1節での域内市場サービス指令案での政策過程の事例や，第2節での公共性概念の言説戦略を通じた事例について振り返れば，それらの事例での政策変化の類型としては「併設」が基調をなしている．

欧州委員会は，第1節で見た域内市場サービス指令案において，「原産国原則」という仕組みを導入して，サービスの域内市場自由化を図ることにしていた．これは，ある加盟国では民営事業化されている部門が，別の加盟国では公共性の観点から政府直接供給とされているケースで考えれば，特に後者の加盟国にとっては，「原産国原則」を介して，市場原理に基づく民間部門が，公共部門に外付け的に「併設」されることを意味する．これにより，国内政治での意思決定によって公的部門の民営化を行うまでもなく，自動的に事実上の民営化をもたらす効果が企図されていたのである．これは，政策変化の戦略の論理としては，「既定の制度・政策を廃棄することなく新しい制度・政策を創設・拡大することで，既存の制度・政策を形骸化・空洞化する変化類型」としての

「併設」(Layering) に他ならないであろう．

　また，第1節から第2節にかけて見た公共サービスの諸概念，すなわち，SGEI，SGI，SSGI や，それらと連動した「経済的」か「非経済的」かの概念区分の局面においても，「併設」の論理が見られた．まずは，SGEI という法的概念しかなかったところに，SGI という包括概念を創出することで，「経済的なもの」(economic) である SGEI と「非経済的なもの」(non-economic) である SGI との2つのカテゴリーが作られたが，これは SGEI と認定されることで EU (EC) 競争法の圧力に晒される部門を保護する目的で，欧州委員会が「併設」として「非経済的なもの」を概念化したところに意味があったのである．この時の欧州委員会の選好は公共サービスを保護するスタンスであり，そのためにこの「併設」戦略をとったわけだが，その欧州委員会の選好自体が変わって，域内市場の自由化を拡張することが優先されるようになると，自ら設定した「経済的」と「非経済的」との区別は，「時代とともに市場による提供が可能なサービス範囲が拡大し，より多くの活動が経済的妥当性を有するので，その区別は困難である」とし，「両者を区別するアプリオリな定義的リスト化は非現実的だし望ましくもない」との見解が示されるのである．この欧州委員会の「区分のあいまいさ」への志向性は，第3章のメタポリシーの基本条約改正時に，EU と加盟国との間での権限配分を忌避した志向性にも符合しており，概念そのものにおいて，変化類型の「放置」を採用しているといえよう．さらに，域内市場サービス指令案での失敗を経て創出された SSGI（社会的な公共サービス）という概念は，それが「経済的なもの」とされてきた SGEI と対置される「非経済的なもの」であるかのように装いつつも，「非経済的なもの」を含みながらも SGEI と部分重複した概念として用いられ，最終的には「非経済的なもの」とは別概念として，SSGI は SGEI に包摂される概念へと操作化されていたのであった．これは SSGI 概念そのものを欧州委員会自身が「転用」したと見ることができる．

　さらに，欧州委員会の戦略として指摘できるのは，域内市場自由化を進める手順として，まずは供給サイドを通じた政策を提案し，それが失敗した場合や実現しても機能として不十分な場合，続いて需要サイドに基軸を置いた政策提案に切り替えて実現を目指すというものである．これは年金部門，健康保険部門それぞれにおいて該当する．年金部門では，まずは職域年金（IORP）指令によって供給サイドを通じた政策対応がなされたものの，それが機能として不十

分であるため，今度は需要サイドに焦点を当てた「年金ポータビリティ指令案」が提案されたのであった．同じく，健康保険部門では，欧州委員会は，「域内市場サービス指令案」で供給サイドからの自由化を企図したが，ヘルスケアが適用除外とされて失敗に終わった後に，SSGI 概念の創出による対応と並行して，「患者の自由移動指令案」で需要サイドからの自由化を目指すというパターンを示したのであった．

注
1) たとえば，電力・天然ガスの域内市場化の流れに先鞭をつけた2つの指令案に対して，欧州議会は，単一欧州議定書による EEC 条約100A 条（協力手続）を活用しつつ，「環境上の整合性」の文言挿入に成功していた．児玉 [2004] 参照．
2) 「ある国で適法に販売されている商品やサービスは，社会的規制を除いて他の国でも制限なく販売できる」という「相互承認」が，既に1980年代の域内市場形成期に複数の均衡解のなかから選択されたことを，1979年の欧州司法裁判所でのカシス・ド・ディジョン判決が「フォーカルポイント」として機能したからであるとするギャレットとワインゲストの議論がある [Garrett and Weingast：1993]．原産国原則も相互承認の一類型であるが，これが手段として選ばれたのはフォーカルポイントとしてよりも経路依存性での説明のほうが適合しやすいと思われる．ギャレットとワインゲストによる EC での「相互承認」の選択に関する行論の解説は西岡 [2007] を参照のこと．
3) 規制権限配分に着目したいわゆる「相互承認」の類型論として，「同等性テスト」（輸出先加盟国が輸出加盟国による規制内容との重複の有無を検証するもの）が介在する「司法的・段階的な相互承認」と，EU 立法によって同等性の有無に関らず輸出加盟国の規制が適用される「立法的・自動的な相互承認」とに大別されるが，この指令案の「原産国原則」は後者のうち，特に同等性テストを介在させないものとして位置づけられる．庄司 [2006] 参照．
4) 本節では政治的アクターのスタンスに留意しているが，使用者団体や労働組合のスタンスを中心に域内市場サービス指令案における労働問題関係の論点を扱った研究としては，濱口 [2006] を参照．
5) 条約第86条2項前段では，「SGEI の運営を委ねられた事業に関して，それらへの条約中の特に競争法ルールの適用については，法的であれ事実上であれそれらの事業に割り当てられた特殊な任務のパフォーマンスを損ねないかぎりにおいて適用される」という主旨の規定がなされている．この適用で法的に論点となるのは，①「事業」主体の官民に関係なく「事業」に該当する「経済活動」と見なしうるかどうか，②パフォーマンスを損ねると見なす程度はどのようなものか，の判断である．①について，欧州司法裁判所は1991年の先行判決でドイツ連邦雇用庁の雇用斡旋サービスにつき，民間企業でも提供できる可能性さえ少しでもあれば「経済活動」に該当するとしてそ

の範囲を広く解していたが，1994年には Eurocontrol（国際協定に基づく航路管制サービス）を公共的性質を有するため「経済活動」に当たらないと判断したり，1998年に産業別労使協定による補完的年金基金（公的機関による強制加入を伴う）につき社会的一体性の観点から経済活動ではないとするなど，判断基準において活動の性質・目的・その活動が服するルールなどにも着目してきている．②については，従来は競争法適用によるパフォーマンス行使の「不可能性」を要件と解する厳格なものだったが，1993年にベルギー国営郵便についての見解を示して以降，パフォーマンス行使の「条件未満性」でも適用免除要件と解する緩やかな判断も行われてきている．Prosser[2005：125-41]，及び，Cruz[2005：169-212]を参照．

6) Prosser[2005：165]によれば，このグリーンペーパー作成については，2002年バルセロナ欧州理事会においてフランスがエネルギー分野でのさらなる自由化受け入れで妥協する交換条件として，欧州委員会による SGEI の「枠組指令」案の発議を求め，それを承諾した同欧州理事会が，欧州委員会に SGI のさらなる検討を要請したことも関係しているという．

7) もちろん，発議決定には委員会会合での合意を要するのであり，フランスのラミー（社会党）やバルニエ（UMP）など中道左派や保守系を所属政党とする欧州委員も含まれたが，指令案が「海外労働者派遣指令」に影響しないと受け取れるために社会的ダンピングへのセーフガードがあると判断して譲歩し，「サービスの自由移動」を規定する基本条約を遵守する欧州委員会のメンバーとしての職責を優先したと考えられる．委員会のメンバーが出身国の国籍よりも欧州委員としての所轄職責を優先する傾向をインタビュー結果から見出している研究としては，Smith[2003]を参照．

8) United Kingdom Permanent Representation to the European Union 'UK GOVERNMENT RESPONSE TO THE GREEN PAPER ON SERVICES OF GENERAL INTEREST'.

9) MEMORANDUM OF THE FRENCH AUTHORITIES 'Re: Answers to the Questionnaire in the Green Paper on Services of General Interest presented by the European Commission'.

10) 権能としては，前の法律問題・域内市場委員会を引き継ぐ．指令案の報告者もゲブハルトが再任された．

11) *EurActiv* 26 November 2004.

12) *Financial Times* 2 February 2005.

13) 4月には，ボルケシュタインがフランス国内に所有する住居への電気の供給が，指令案に反対する公共サービス部門の電気技師によりストップされるという嫌がらせまで発生した．

14) シュレーダー自身は欧州委員による妥協が表明されてから指令案の原案への批判を表明した．*Financial Times* 7 March 2005.

15) *Financial Times* 24 February 2005.

16) *Frankfurter Allgemeine Zeitung* 3 Marz 2005.
17) *EurActiv* 4 March 2005 一方で，この欧州委員会の妥協姿勢に対して，ハンガリーのジュルチャーニ中道左派・リベラル連立政権における EU 担当大臣のバラス (Etele Baráth) などからも批判が出された．*EurActiv* 10 March 2005.
18) *Le Monde* 3 Mars 2005 及び *Financial Times* 4 March 2005 においても同様の推察が記述されていた．
19) ファビウスが憲法条約反対理由のリストに域内市場サービス指令案の問題を含めていることにつき，欧州憲法条約擁護の立場からアジャンス紙も否定的な社説を掲載していた．*Agence Europe* 17/02/2005 A LOOK BEHIND THE NEWS.
20) ゲブハルト議員自身は，彼女が所属する PES グループ内部でも，特にイギリス労働党所属議員からは原産国原則を実質的に廃止する点について反対の声が上がったことを認めつつも，大多数は自らの修正案を支持したと述べるとともに，域内市場消費者問題委員会内の EPP-ED 勢力の中でもイギリス保守党所属議員よりもトービン (Jacque Toubon) などフランス UMP 所属議員からいっそうの支持があるとして，同委員会で自らの修正案が円滑に可決されるだろうと自信を見せていた．*Agence Europe* 19/04/2005.
21) 域内市場サービス指令案は，欧州議会内での審議手続きにおける「Hughe procedure」に従って，主管以外の委員会にも欧州委員会による原案修正の権限が拡張されており，10委員会が関与している．
22) 賛成34反対6棄権2でプルヴィスの修正意見を可決．産業委員会は正メンバー51人のうち EPP-ED 19人 PES 15人 ALDE 6 人 GUE/NGL 3 人 Verts-ALE 3 人という構成．
23) 賛成32反対6棄権9．雇用社会問題委員会の正メンバー50人のうち EPP-ED 16人 PES 15人 ALDE 6 人 GUE/NGL 4 人 Verts-ALE 3 人という構成比．EPP-ED や ALDE からも賛成票があったことについては，*EurActiv* 15 July 2005 参照．
24) 同委員会は正メンバー50人のうち EPP-ED 14人 PES 12人 ALDE 5 人 GUE/NGL 2 人 Verts-ALE 2 人という構成．
25) European Parliament News (Press Service) 24/11/2005.
26) 域内市場消費者保護委員会での EPP-ED の「影の報告者」であるハーバー議員（英保守党）の発言．
27) *Financial Times* 10 January 2006.
28) ただし，この SGI 除外との明註規定は4月の欧州委員会による修正提案では盛り込まれなかった．
29) 2005年91月11日のキリスト教民主社会同盟と社会民主党間での連立合意文書については英訳版 Working together for Germany-With courage and compassion Coalition Agreement between the CDU, CSU and SPD 11 November 2005 を参照．同文書97ページにおいて以下のように記述されている．「EU 域内市場の機能は，サービス部門も含め，ドイツにとって経済的に大きな利益となる．これは，EU 域内市場サービ

指令案の更なる審議において，われわれを導く基準となるであろう．EC 条約の一般原則の枠内で，加盟国はサービスに関する高水準の安全と質を課し続ける権限を保持しなければならず（たとえば，健康，環境公の安全を守るために）．今のままでは，原産国原則はわれわれがこの目的を達成する助けにならない．それゆえ，EU の域内市場サービス指令案は改訂される必要がある．われわれは，それが社会的にバランスがとれ，すべての市民にとって公正な価格で高品質の公共財へのアクセスを確保し，労働市場ルールの濫用が妨げられるかぎりにおいてのみ，ヨーロッパレベルでその案を是認するだろう」．

30) EPP-ED のリーダーが CDU 所属のポテリング（Hans-Gert Pottering），PES のリーダーが SPD 所属のシュルツ（Martin Schulz）で共にドイツ国籍であることも示唆的である．後に，ALDE リーダーのワトソン（Graham Watson）（グループとしては最終的な修正案に賛成票を投じる方針を採った）は，この両者の舞台裏での妥協を "the Berlin blockage" として批判し，特に EPP-ED のポテリングの態度が以前は ALDE と連携志向であったのに，ドイツでの大連立政権樹立以後は PES に迎合的となったとして，ドイツ大連立政権が欧州議会の大胆さを損ねる危険性を指摘している．*Financial Times* 28 February 2006.

31) リークされた 6 カ国閣僚による共同書簡は *EurActiv* 13 February 2006 のリンクにて入手．チェコは左派主導だが中道右派・右派と三党連立のパロウベク（Jiří Paroubek）政権，ポーランドは中道右派「法と正義」のマルチンキエヴィチ（Kazimierz Marcinkiewicz）少数単独政権，ハンガリーはジュルチャーニ（Gyurcsány Ferenc）中道左派・リベラル連立政権，オランダは中道右派キリスト教民主同盟（CDA）主導で 2 つのリベラル政党連立（VVD，民主66）のバルケネンデ政権，スペインは中道左派社会労働党のサパテロ（José Luis Rodríguez Zapatero）政権イギリスは労働党のブレア（Anthony Charles Lynton Blair）中道左派政権である．

32) *Financial Times* 10 February 2006.
33) *EurActiv* 15 February 2006.
34) アモン議員のホームページ内の2005年2月16日のブログ記載内容より．
35) *Financial Times* 14 February 2006.
36) ハンガリー出身 EPP-ED 所属議員全13名中の12名，ポーランド出身議員 EPP-ED 所属議員全15名中12名，ラトヴィア出身 EPP-ED 所属議員全 3 名，スロバキア出身 EPP-ED 所属全 8 名中 2 名，リトアニア出身 EPP-ED 所属議員 2 名中 1 名，スペイン民衆党所属議員 1 名，ドイツキリスト教社会同盟（CSU）所属議員 9 名．
37) チェコ出身 EPP-ED 所属議員全14名中12名，ポーランド出身議員 2 名，イギリス保守党所属議員 2 名．
38) フランス社会党所属議員29名とファン＝ランカー以外のすべてのベルギー出身 PES 所属議員．
39) 全ギリシャ社会主義運動（PASOK）所属議員 8 名とフランス社会党所属議員 1 名．

40) 票数内訳はRoll-call votes Final edition (PV PE369.549) 掲載 pp. 966-163の賛成反対棄権別欧州議員名と欧州議会ホームページ掲載の出身国籍―所属政党リストを照合して集計.
41) 中道左派政党のほとんどが「第三の道」を受容し，中道右派との間でその路線がほぼコンセンサスになっているという見解を示しているものとしては，Bonoli [2004] 参照.
42) 福田 [2004] は，EUの正当性を高める処方箋の1つとして欧州議会と加盟国議会の連携強化を挙げている．本節は，この制度としての両議会間での連携強化を具体的に担っている国内政党と欧州政党会派間での連携，及び，欧州政党会派を跨ぐ連携状況に着目する試みを含んでいる.
43) これは2004年の「SGIに関するホワイトペーパー」において2003年内に社会・ヘルスケア分野の政策文書を出すとしていたものに相当する.
44) ヨーロッパ諸国の各国内の福祉国家改革で福祉国家のどの局面に市場的要素を導入するかの諸類型を考察した研究としてはGingrich [2011] が参考になる.
45) 職域年金（公的基礎年金に上積みとなる被保険者の掛金に応じた受給となる保険形式．私的な民間年金として扱われる）が，投資・運用も含め，EU域内で事業を拡張する道を開こうとするもの.
46) 職域年金を掛けてきたある加盟国内の労働者が他の加盟国へと転職しようとする際に，その職域年金の受給権利が喪失すると労働移動インセンティブが削がれるため，この不都合の解消を図ろうとしたもの.
47) ある加盟国の国民が越境して別の加盟国の病院等で診療等を受ける場合に，自国での健康保険の適用・償還を可能とする道を開こうとしたもの.
48) この欧州議会本会議の第二読会での投票行動結果を，2年前の第一読会の時と比較した場合，欧州議会の政党会派でも国内政党でもほぼ同様の投票行動をしていた．しかし，唯一，中道左派（PES）に属するドイツ社会民主党（SPD）の議員らのみ大きく変動した．すなわち，第二読会の投票において，SPDの当日出席31議員中，拒否賛成（すなわちIORP指令成立に反対）が20人，拒否反対が11人となっており，2年前の第一読会では全員が指令成立に賛成だったことと比べると，傾向としては逆転している.
49) 欧州評議会による対応と併せつつ，EUによる社会保障政策について解説されたものとして岡 [2016] を参照.

第5章　メゾレベルの EU 政策過程
――総合計画と政策評価――

　本章では，メゾレベルの EU 政策過程として，2000年以降の EU の10ヵ年にわたる総合計画であり，政策評価の仕組みでもあったリスボン戦略の経年的な推移を分析していく．

　リスボン戦略が創設された当初は，同戦略に含まれた開放的調整方式（open method of coordination: OMC）という政策類型の意義に関心が強くもたれる傾向があり，その OMC の理論上の正統性を指摘する研究や，OMC 適用分野別の事例研究が数多く存在する一方で，OMC 適用分野間や OMC 適用分野と EU 立法適用分野を跨ぐ総合調整のあり方についての分析視座は弱かったといえる．また，リスボン戦略自体への評価も，設定目標の未達ゆえに単純に失敗と評価するものがある一方で，設定目標が未達であっても，コンストラクティビズム的に，実務家間で規範の内面化（社会化）や「学習」が進み，共通理解が醸成されたと肯定的に理解する向きもあるが，いずれにしても，評価の前提となる価値選択のされ方への分析視座は欠如してきた．この欠如を埋めるための分析をここで行うことになる．

　策定当初のリスボン戦略は経済社会の方向付けとして所謂「第三の道」路線に相似し，経済成長・競争力向上路線と社会性重視路線との両立が想定されたが，その後の運用実績を通じて両者の比重に非対称が生じるなど経時的変容が見られた．この動態を把握するため，同戦略の策定直前の政治環境を第1節で確認した後，第2節から第4節にかけて同戦略の10ヵ年に亘る展開を3つの時期に分けて検証していく．3つの時期区分は総合計画の構築・運用の論理が切り替わったとみなせるタイミングに応じた設定である．第5節ではリスボン戦略の後継的位置づけの EUROPE2020 の創設状況を検証する．第6節ではリスボン戦略の経時的変容を特に「併設」のテクニックが駆使された政策過程として考察を加える．

1. リスボン戦略と「第三の道」路線

(1) リスボン戦略と「第三の道」路線との相似性

リスボン戦略は2000年3月24日の欧州理事会議長総括で発表された．リスボン戦略は大きく分けて2つの柱，すなわち，①経済成長・競争力向上分野（情報社会・研究開発＋域内市場）と②「欧州社会モデルの現代化」分野（雇用，社会保護（Social Protection），社会的包摂（Social Inclusion））から構成されていた．[4] ①が経済成長路線，②が社会性重視路線であるが，これらは対立するものでなく，相互に強化しつつ同時に追求することが意図されていた．

すなわち，域内市場にて「規模の経済」と自由競争の恩恵を追求しつつ，あらゆる産業部門の生産性向上・技術革新が期待されるICT・研究開発分野への傾斜投資で経済成長を図る．経済成長が創出する雇用は，職業訓練を通じて生産性と雇用能力（Employability）を高めた人材により充当されることを期待して積極的労働政策を展開する．加えて社会的包摂により最貧層にターゲットを絞り込んだ実効的援助を促進する．以上のアプローチである．方法論としては，域内市場分野では共同体方式によるEU立法が可能であるが，他の分野は加盟国が主権を保持しているから，欧州雇用戦略（European Employment Strategy: EES）で既に実践され，新たに開放的調整方式（OMC）として再定位された方式を適用する．それによって正当性が担保されると理論上は想定される．

方法論はさておき，リスボン戦略の実質的内容は，いわゆる「第三の道」路線と相似することに気づかされるだろう．[5]「第三の道」とは，戦後福祉国家の構築を牽引した西欧の社会民主主義勢力や労働組合でさえも，石油危機を契機にグローバリゼーション進展の現実を痛感し，高齢社会化の言説の助けを借りつつ「福祉国家の縮減」「福祉から就労」へと重心を移し始めていた，その傾向と政策を指す．これがイギリスに及び，アンソニー・ギデンズが1994年の著書『左派右派を超えて』での議論をイギリス労働党向けの政策綱領と化したことで，路線の呼称として「第三の道」は確実に普及した［Giddens 1994, 1998］．そのイギリスでの「第三の道」を体現したトニー・ブレア政権の場合，前保守党政権から継続した公共サービス民営化等の市場志向と，前保守党政権からの差異化として重点を置いた積極的労働政策・社会的包摂とを組み合わせていた．これはまさにリスボン戦略の実質的内容と相似している．

また，リスボン戦略で情報社会・研究開発分野が重視されたことは，1990年代後半のアメリカのITバブルに牽引された高い生産性と経済成長に欧州が後塵を拝していることへの危機感と，1999年後半のEU議長国が相対的に情報通信分野で先進的なフィンランドであったことが反映されたものと考えられる．

(2) リスボン戦略策定を可能とした1999年の政治経済環境

では，そもそも，なぜEUでリスボン戦略が策定される必要があったのか．なぜ「第三の道」に相似した内容で策定されたのか，その前提条件は何か．これらについて直前の1999年段階のEUの政治経済環境を手掛かりに検討すると以下の4点が挙げられる．

第1に，1999年1月に長らく目標とされてきたユーロ発足でEMUが完成したことに加えタイミングとしても好景気だったため，Euphoria（ユーフォリア：幸福感）な状況にあった点が指摘できよう．欧州経済統合としての目標喪失に陥らず，次の目標として「世界で最も競争的でダイナミックな知識経済社会となる」という野心的な文言で記されたのはそれを反映している．また，方法論的特徴として，リスボン戦略ではOMCとともに雇用率等の10年後の数値目標が設定され，やがて同様の数値目標が累積的に随所に設定されていくことになるが，このやり方自体も，ユーロ参加の収斂基準での数値基準設定と10年程度の時間設定での成功体験が，方法論的に単純かつ楽観的に繰り返されたものと見ることができる．

第2に，1999年5月にアムステルダム条約が正式発効したことを受けて，リスボン戦略はそれに対応した施行計画としての意味があった．同条約の策定において，マーストリヒト条約段階では付属文書だった社会政策協定の条約本文への組み込みが行われた際に，新たに「社会的排除と闘う」(combat social exclusion)[6]という文言が盛り込まれていた．リスボン戦略における社会的包摂とは，「排除」から「包摂」へと表現を反転させたうえでそれを具体的に実施しようとしたものと理解できる．先行実施されはしたがEESも新設の雇用章で正式な基本条約上の法的根拠を持ったのであった．

第3に，1999年末段階で，当時のEU15加盟国のうち，スペインとアイルランドを除く13カ国で社会民主主義（中道左派）政党が単独であれ連立であれ政権にあった点が挙げられる[7]．1997年5-6月にイギリスとフランスで相次ぎブレア政権とジョスパン (Lionel Jospin) 政権が誕生し，決定的には翌1998年9月

にドイツでシュレーダー政権が誕生したことで，欧州規模での中道左派勢力が最高潮に達していた．その影響力の前兆が，先述のアムステルダム条約交渉でのEESの雇用章規定新設や，その発効前倒しでのルクセンブルク・プロセスとしての運用開始であった．それらの延長上に，欧州社会民主主義勢力が，リスボン戦略において「欧州社会モデルの現代化」ないし「アクティブな福祉国家の構築」を柱として盛り込んだわけである[8]．

　第4に，多くの加盟国の社会民主主義政党が，既に「第三の道」路線を受容していたか，あるいは，各国で政権与党に就いたうえでユーロ参加の収斂基準の財政規律と失業増大のジレンマを抱えつつEU政策過程に関与するなかで「第三の道」路線の不可避性を認識させられてきてはいたが，それでもやはり，各国間や各政党内部で「第三の道」路線のメンタリティの浸透のスピードの違いや温度差が残っており，それを調整・解決するための政治的決断がなされなければならなかった[9]．

　ユーロ発足で金融政策が共通化されたのちの欧州規模での経済運営のあり方としては，社会性を配慮するにしてもさまざまなアプローチがありえたが，特に，ドイツのシュレーダー (Gerhard Fritz Kurt Schröder) 政権で財務大臣となったオスカー・ラフォンテーヌ (Oskar Lafontaine) は，ユーロ圏での中央銀行たるECBの独立性や物価安定至上路線を厳格化するのではなく，ユーロ圏規模での金融・財政のポリシー・ミックスによる需要喚起や労使賃金調整の可能性を含めたネオ・ケインジアン的なアプローチを志向していた．積極的労働政策については，それが無意味とは考えないが，雇用対策としては補完的なものだというスタンスである．フランスのジョスパン左派連立政権もこの考えに近く，安定成長協定 (stability and growth pact: SGP) で財政規律を法定化する際の交渉では，「経済政府」概念を主張しながら，金融・財政の分離でなく連携を目指したものの敗北した経緯があった．SGPとは，「対GDP比で単年度赤字3％以下かつ政府債務60％未満」という条件をユーロ採択国に義務づけるルールであり，ユーロ参加国の財政監視システムと違反の際の制裁措置を定めるEU規則として1997年に成立したものである．

　これら独仏両政権の財務大臣，すなわち，ラフォンテーヌと仏ジョスパン政権のドミニク・ストラスカーン (Dominique Strauss-Kahn) が1998年後半からイニシアチブをとり，折しもドイツが議長国となる1999年前期において，ECBや欧州委員会と欧州レベルの労使を含む「マクロ経済対話」の制度化を画策し

た．しかし，シュレーダー首相をはじめドイツ社会民主党（SPD）や連立の緑の党はブレア流の「第三の道」に迎合し緊縮財政下での市場重視路線の感化を受けていたため，ラフォンテーヌは政権内で孤立し1999年3月11日に辞任した．ラフォンテーヌの辞任後も「マクロ経済対話」は議題として残っていたため，同年6月3-4日のケルン欧州理事会の際に議論された．その際，フランスのジョスパン政権とイタリアのダレーマ（Massimo D'Alema）政権がEUレベルでのネオ・ケインジアン的アプローチを主張したのに対して，イギリスのブレア政権はスペインの中道右派のアスナール（José María Aznar López）政権と共同で，労働者の雇用能力を労働市場のニーズに適合させるだけであるべきことを強調して対抗した［Council of the European Union 1999］．結果としては後者の，国境をまたぐ中道左右連携の2国の主張が勝利した．ケルン欧州理事会では「欧州雇用協定」（European Employment Pact）の一要素として，ケルン・プロセスという名称で，ECBも欧州労使も含めた対話を2年に一度だけ行うものとして矮小化された．

　この1999年6月段階で，EUレベルでの経済統合のあり方として，ネオ・ケインジアニズムはオプションとしては政治的に決定的な敗北を喫し，SGPによる恒常的な財政規律と市場重視のサプライサイド経済政策による経済成長，及びそれを補強する雇用能力付与の積極的労働政策という組み合わせが定式化された．それがリスボン戦略へと直結していったのであった．リスボン戦略の多くの分野でOMCの適用が示されることとなったが，そこには加盟国主権の経済政策や社会政策のEUへの委譲を忌避するという権限配分上のナショナリズム的契機が基底としては当然ありつつも，同時に社会民主主義政党間での根本的な考え方の差異を踏まえた政治的妥協があったことを看過してはならない．

2．リスボン戦略の経年的観察　第I期（2000年〜2002年3月）

（1）第I期における「欧州社会モデルの現代化」分野

　EUの議長国は，2000年後半にジョスパン政権のフランス，2001年は前半スウェーデン，後半ベルギーと推移したが，これら諸国の中道左派政権はブレア流の「第三の道」に比べて左寄りの志向を有しており，その影響が顕著にみられたのが，この時期の最大の特徴といえる．[10]

　第1に，フランスの働きかけで2000年6月28日に欧州委員会から「社会政策

アジェンダ」という文書が出された [European Commission 2000a]．この文書は，EES や社会的包摂などの OMC 適用分野のみならず，労働時間指令など職場の安全面や欧州会社法関連で従来から EU（EC）立法による共同体方式や欧州労使協約法で対応されてきた事項も合わせて，「社会政策」という枠組から，リスボン戦略の内容に沿う体裁をとりながらも全体を内側から包括的に組み替えようとさえしていた．この文書の内容は，中身の具体性は薄められつつも「欧州社会アジェンダ」（European Social Agenda）という名称で2000年12月7-9日のニース欧州理事会議長総括の付属文書として採択された[11] [European Council 2000b]．

第2に，リスボン戦略の2つの柱のうち②「欧州社会モデルの現代化」分野に位置づけられた「雇用」，すなわち EES の内容修正が試みられ，実現した．1997年以来の EES では，1999年2月22日の閣僚理事会にて雇用ガイドラインの4本柱として，雇用能力・企業家精神・適合性（多様な雇用契約形態の創出を意味する）・（育児手当給付等による）男女平等が確定し，数値目標を含まないものの，既に「第三の道」路線に沿った典型的な積極的労働政策の内容となっていた[12]．こうした EES の傾向を反転させるかのように，既に社会政策アジェンダや欧州社会アジェンダでも見られていたものであるが，2001年3月23-24日のストックホルム欧州理事会議長総括にて「雇用の質」に配慮する言説が持ち込まれ，次期 EES の雇用ガイドラインに反映させるべきことが明記された [European Council 2001a]．この「雇用の質」の定義や指標を巡っては，2001年7月6-7日のリエージュにおける非公式雇用社会問題閣僚理事会にて，イギリス代表が「質」には賃金面を含めるべきでないと強く反論し，またドイツ代表が「雇用の質」は国内労使で決めるべきことだと反発するなどの意見対立が見られたものの，年が明けて最終的に採択された2002年 EES の雇用ガイドラインにおいては，「雇用の質」につき，数値目標設定はなく定性的でありながら，quality の文言が，(A)〜(F)まで6つある雇用ガイドラインの「水平的目的」で3回，18ある個別ガイドラインでは随所に計12回溶け込ませる形で如実に反映される結果となった [Council of the European Union 2002]．

では，リスボン戦略の②「欧州社会モデルの現代化」分野のうち，雇用にあたる EES 以外の「社会保護」「社会的包摂」ではいかなる展開が見られたか．まず，これらの分野ではカテゴライズ上の混乱が見られた．リスボン戦略に先行して運用されていた EES では欧州委員会や閣僚理事会の活動のサポートを

担当する専門委員会として雇用委員会（Employment Committee: EMCO）が既に設けられていたが，2000年6月29日，これと同様の専門委員会として「社会保護」「社会的包摂」の両方のOMC運営を担当する社会保護委員会（Social Protection Committee: SPC）が設置された[13]。「社会保護」という概念は曖昧であったが，リスボン欧州理事会議長総括 point 31 の記述を見る限り，高齢化社会を見据えた年金システム持続性のための改革を特に中心的関心事項としつつ，福祉国家改革に関する全般が想定されていたと考えられる．それを裏付け，かつ，さらに混乱に拍車をかける点として指摘すべきは，経済政策委員会（Economic Policy Committee: EPC）というEMU関連分野を扱う専門委員会も存在しており，そのEPCが既に90年代末には「社会保護」として，生活保護・貧困及び社会的排除・年金・医療・高齢者介護分野をターゲットに置き，財政規律の観点からの「社会保護の現代化」として，たとえば年金であれば公的年金・職域年金の縮減や民間金融機関サービスの年金スキーム拡大によって「年金制度の持続性」を推奨する方向で検討を開始しており，欧州委員会の政策文書としてその内容を反映することに成功していた［European Commission 1999］．リスボン戦略での「社会的包摂」や「社会保護」の提示はこのEPCの直接的成果であった可能性が高いと思われるが，SPCが新設されてEPCとの間での役割分担が曖昧になった．また，仮に「社会保護」が年金改革を意味するとしても，連動するはずの雇用制度との調整が生じるはずであり，その局面でSPCとEMCOとの間での連携の必要があるだろう．しかし初期の頃は，先述のような左傾化の影響で意図的に分離させられたのか，SPCとEMCOのライバル意識ゆえであるかは解釈の問題であるが概して円滑に機能していなかった．SPC，EMCO，EPCという専門委員会の間での役割分担の混乱があったのである．

　こうした専門委員会同士の関係やそれに伴うカテゴライズ上の課題を抱えたものの，社会的包摂については，2001年夏に各加盟国が初めて提出した事実情報を基礎資料として踏まえたうえで，それまで混乱や意見対立が見られた指標選定や共通の全体目標のあり方（これは定性的なものになった）が一応解消し，2001年12月のラーケン欧州理事会での承認を経て，2年サイクルで各加盟国が実施計画（National Action Plan: NAP）を提出する仕組みでOMCとしての運用が始まった．一方，年金についても，同じくラーケン欧州理事会でOMCの適用実施が一応決定されていたが，社会的包摂よりも約1年遅れで2002年夏に事実情報を把握するための初の加盟国からの報告書が提出されるのを待つことに

なる.

(2) 第Ⅰ期における経済成長・競争力向上分野

第Ⅰ期において，リスボン戦略の柱のうち①経済成長・競争力向上分野（情報社会・研究開発＋域内市場）についてはどうだったか．情報社会・研究開発分野のうち，情報社会面では欧州委員会によりeEurope戦略がまとめられ，主に学校や公共施設も含めたブロードバンドの完全普及が目指された．他方で，研究開発面では，欧州イノベーション・スコアボードが2001年からベンチマークのツールとして設けられた．域内市場面では，基本的にOMCではなく共同体方式が適用されるため，EU（EC）指令による，鉄道・郵便・エネルギー・情報通信などのネットワーク型インフラ産業の指令案が量産され，金融サービス単一市場形成の計画ための指令案の策定や，サービス部門全般に関する域内市場形成の計画が進められた.[14] OMCに類するものとしては，2001年3月ストックホルム欧州理事会にて，2002年春までに域内市場自由化関連のEU指令の98.5％の国内法制化を中間目標として数値設定する［European Council 2001a］とともに，域内市場戦略（Internal Market Strategy）によって毎年スコアボードを設けて加盟国別の国内法制化率をランキング化するという手法が導入された.

3．リスボン戦略の経年的観察 第Ⅱ期（2002年4月〜2005年3月）

この第Ⅱ期は，第Ⅰ期の傾向を特色づけたフランスのジョスパン政権の終了を画期として始まる．2002年4‐6月大統領選と国民議会選挙によりコハビタシオン解消とともに保守・中道連合（UMP）のラファラン（Jean-Pierre Raffarin）政権に政権交代したのである．このフランスの選挙と同時にオランダでもバルケネンデ中道右派連立への政権交代が生じた．EU加盟国政権政党における右派への旋回の兆候はラファラン政権誕生前から進んできており，2001年5月にイタリアでベルルスコーニ（Silvio Berlusconi）政権，2001年11月にデンマークでP. N. ラスムセン（Poul Nyrup Rasmussen）政権からA. F. ラスムセン（Andres Fogh Rasmussen）政権へ，さらに2002年3月にはポルトガルでバローゾ政権が順次誕生していた．大国と目されるEU加盟国で社会民主主義政権であったのは，イギリスのブレア政権とドイツのシュレーダー政権だけであり，それらも市場志向の「第三の道」路線を継続していた．さらに，この第Ⅱ期後半にEU

に正式加盟した中東欧諸国の多くも，後に触れるであろうアングロサクソンモデルの社会構造を形成しようとしていた．欧州全体で総じて「第三の道」路線というよりも，新自由主義路線の傾向が強まった時期である[15]．それがどのようにEUのリスボン戦略に作用したか．

まず，仏ジョスパン政権が去る少し前から影響が現れ始めていたことを指摘しておこう．2002年3月23-24日のバルセロナ欧州理事会では，主導する議長国スペインのアスナール政権，イタリアのベルルスコーニ政権の両中道右派政権に，中道左派のイギリスのブレア政権が連携する形で，議題を公共エネルギー部門の自由化に集中させ，研究開発分野への投資を当時でGDPの1.9%であるものを2010年には3%に近づけ，新たな研究開発投資分の3分の2を民間投資とする数値目標設定で合意して議長総括に明記された（European Council 2002）．さらに，閣僚理事会自体の編成や名称も変更され競争力閣僚理事会（Competitiveness Council）が設置された．このバルセロナ欧州理事会では，リスボン戦略の2つの柱のうち①経済成長・競争力向上分野が主に推進されたのである．

（1）第Ⅱ期における雇用分野（EES）

2002年6月にジョスパン政権が去った直後からは，第Ⅰ期で「雇用の質」に色づけされたEESの雇用ガイドラインの修正が画策され始めた．それはリスボン戦略において②「欧州社会モデルの現代化」に位置付けられていたEESを，実質的には①経済成長・競争力向上分野に絡めとるような方法を通じて画策された点が特徴的であるため，この方法についてEESの修正内容より先に見ておこう．

1997年から年度サイクルで開始されたEESは，2002年で5年度目のサイクルを終えた後，その効果の見直し・検討を行うことになっていた．これは先述の2000年末のニース欧州理事会議長総括の付属文書とされた欧州社会アジェンダにての決定事項であった．このEESの見直し・検討にあたり，2002年9月3日，欧州委員会が，EESの年度サイクルと広範経済政策ガイドライン（Broad Economic Policy Guidelines: BEPGs）の年度サイクルとを同期化させる主旨の提案文書（European Commission 2002d）を出した．BEPGsとは，1993年から最終的なEMU参加基準クリアを促す意味で各加盟国の経済政策を調整・モニタリングするため年度ベースで運営されてきた仕組みがそのまま継続されたも

のである．これまで欧州委員会は，毎年4月頃にBEPGs案，9月頃にEESの雇用ガイドライン案を出していたが，これらの半年ずれたサイクルを揃えようというわけである．BEPGsとEESの雇用ガイドラインのサイクルを揃える時期は2003年4月とされており，EESのほうをBEPGsに連動させることになる．

同時に，連動させた両ガイドラインとも単年度でなく多年度化（3年）することが企図され，両ガイドラインとも基本条約の規定に則って毎年採択はするが，3年間はいずれにも本質的変更を行わないものとされた．

BEPGsについては，1997年合意の安定成長協定（SGP）により対GDP比率の財政赤字3％と政府債務残高60％という数値設定がなされ，中期計画である安定プログラムの毎年の提出を加盟国に義務づけ，ユーロ発足後も射程に含めて警戒する仕組みが登場したため，EMUとの関連でBEPGs自体の機能的な存在意義を低下させてはいた．しかし，毎年，欧州委員会は，各加盟国の経済政策をモニタリングする視点をガイドライン化しつつそれに沿った加盟国別の詳細な改革項目（country-specific economic policy guidelines）を併せて提案し，各加盟国での翌年度予算を組み始める時期に間に合うように，経済金融閣僚理事会（ECOFIN）で「勧告」（recommendation）として採択されてきた．「勧告」という形式とされた理由は，ユーロ圏加盟国の通貨金融主権がEUに委譲されるのに対して，事実上はどうあれ，法的には経済政策はあくまで加盟国の主権であることを強調するためだったと考えられる．

BEPGsは，EESと異なり，各加盟国がガイドラインに沿った実施計画（NAP）や報告書をEUに提出する仕組みはなく，EUから各加盟国へのある意味で一方的で非拘束的な勧告にすぎない．しかし，BEPGsは，リスボン戦略の登場とととともに，その①経済成長・競争力向上分野の一環として，各加盟国の経済政策で典型的な構造改革推進を促す具体的内容となっており，かつ，リスボン戦略全体の年度サイクルを形成するものとしての意味づけが与えられていた[16]．このBEPGsのサイクルにEESを連動させるということは，リスボン戦略のカテゴリー上では②「欧州社会モデルの現代化」分野に位置づけられたEES（雇用）が，実際の運営上は①経済成長・競争力向上分野のサブカテゴリー化されうることを意味したのである．

2003-2005年度までの適用を想定することになるであろう．2003年度からの新たなEESの雇用ガイドライン案は2002年内にEMCOを中心に検討が進め

られたうえで，欧州委員会による提案を経て，2003年7月22日に閣僚理事会で正式に決定された［Council of the Eutopean Union 2003］．その内容を見てみると，「雇用の質」の概念は，新たに大きく3つ設定された全体目標の2番目として一応残されていた．しかし「質とは多面的な概念である」として積極的労働政策の概念に薄める形での叙述となった．個別のガイドラインでも，2002年度版では随所に散りばめられた quality の文言は労働生産性向上と関連する概念へと組み換えられたうえで2つだけに留まった．EES やリスボン戦略にて，失業率ではなく雇用率と反転させた概念提示を前面に押し出す言説戦略がここでも発揮されていたと言える．個別ガイドライン数自体，2002年度の18項目から10項目に絞り込まれたが，逆に新たな数値目標は数多く盛り込まれた．[17]

なお，先述のサイクル調整の通り，この2003年度雇用ガイドライン案の欧州委員会による提案は，たしかに2003年4月8日付で出され，2003年度 BEPGs 案は4月28日付で出されている．それでも，欧州委員会からのそれぞれの提案文書が，一応，別個に提出されている点では両者の連動性にはまだ一定の留保は見てとれる．また，BEPGs のほうは2003-2005年度の3カ年版であることが明記されたものの，なぜか EES の雇用ガイドラインについてはその旨が明記されておらず，それだけを読むと単年度のものとも解釈できるという不一致は残されていたが，結果的にはどちらも内容変更されずに2004年度も継続更新し2005年に新規のガイドラインを策定するまで有効となった．

以上に見た BEPGs と EES の同期化と，新規の2003-2005年度の雇用ガイドラインの方向性については，2003年3月21-22日の欧州理事会の合意を得たが，EES の見直しという意味ではそれだけで終わりではなかった．同欧州理事会にて，イギリスのブレア政権とポルトガルのバローゾ政権からの要求により，改めて元オランダ首相のウィム・コックを座長とする雇用タスクフォースへの EES の詳細な再検討の委嘱が決定されたのである［European Council 2003］．同タスクフォースからは，2003年11月に *Jobs Jobs Jobs* という表題の答申書が提出され，雇用についての4つの構造的挑戦として「適合性」(adaptability)，「より多くの人々を労働市場に惹きつける」(生活保護給付額を最低賃金額よりも有意に引き下げることなど)，「雇用の質の改善」，「人的資本への投資」が挙げられ，積極的労働政策を正当化した．そして，労働市場の流動性を高めるために一部の国で強いとされる解雇に関わる規制の緩和と，「インサイダー」と称される正規雇用と「アウトサイダー」と称される不安定な就労状態にある非典型雇用と

の間の「二層化」の危険性を指摘しつつも，フレキシビリティとセキュリティのバランスをとって多様な非典型の雇用形態を増やすことが勧められることになった．ここで言われた「雇用の質の改善」とはまさにこのことを意味していた［European Commission 2003c］．

（2）第Ⅱ期における社会保護・社会的包摂

では，この第Ⅱ期における，リスボン戦略の②「欧州社会モデルの現代化」のうち，社会保護・社会的包摂はどのような状況だったのか．

第Ⅰ期で既に稼働を始めた社会的包摂のOMCについては，2年サイクルで加盟国がNAPを提出することになっており，そのスケジュール通り2003年7月に加盟国が第2次NAPを提出した．また，2004年5月EUに正式加盟した中東欧新規加盟国からは2004年7-9月に順次NAPが提出されている．社会的包摂のOMCはそれ自体としては運営上円滑に機能していた．

一方で，第Ⅰ期では停滞していた「社会保護」の要素とされた年金分野については，2001年末のラーケン欧州理事会でOMCの適用実施が一応決定されていた．この決定に応じて，2002年9月に当時の15加盟国がそれぞれ最初の戦略レポート（National Strategy Report: NSR）をSPCに提出した．ただ，それらのNSRの内容は年金制度の事実情報を記したものであり，新規加盟予定候補国からも2003年前期までに情報収集をしたうえで，それらをもとに2003年内に今後の方針を決めることとされた．

では，その今後の方針として何が決められたか．まず，SPCには，社会的包摂の指標選択等で技術的専門性を要したことから指標専門のサブグループ（Indicators Sub-Group: ISG）が設置されていたのだが，そのISGが各加盟国から提出されたNSRの分析に基づき，2003年9月10日までに年金OMCで適用可能な指標案につきSPCに報告をしたのち，2003年10月20日の社会問題閣僚理事会にて，年金OMCについての今後の方針が議論された．それまでに年金に関連する指標としては，EESの文脈で2002年3月のバルセロナ欧州理事会で設定された平均退職年齢5歳引き上げというものが存在していただけであり，それは既に見た2003年度以降のEESの雇用ガイドラインに含めて反映され，約3カ月前の7月22日理事会決定を済ませていたのであった．この退職年齢引き上げ以外の年金OMCの指標・目標については，結局この閣僚理事会では何も決定できなかった．結局，年金のOMCについては，次回は2006年に加盟国

がNSRを提出することとし，以後3年サイクルで行っていく方針が決まった．

　社会的包摂，年金改革としての「社会保護」以外で変化があった点としては，SPCが「社会保護」という枠内で管轄する事項として，新たに「医療・高齢者介護」の追加が決定したことである．第I期での行論でも触れたが，「医療・高齢者介護」は，EPCが90年代末から「社会保護」のカテゴリー内のものとして，財政規律面での監視対象や民間スキーム拡大の意図から想定に入れていたものの，リスボン戦略そのものでは直接言及はされなかった分野である．その後2001年12月のラーケン欧州理事会議長総括 point. 30 で医療・高齢者介護分野への OMC 適用検討を示唆していたものの，未実施となっていた．

　興味深いのは，この「医療・高齢者介護」を SPC 管轄事項として OMC 実施に移す提案自体が，SPC 管轄の複数の OMC の同期化のアイディアと同時に欧州委員会から提案された点である．既に見た BEPGs と EES の同期化と同様の発想で，2003年5月27日，欧州委員会は「リスボン戦略の社会面を強化する」という理由から，SPC が扱う OMC を単純化して整理する必要性を示した政策文書を発表した [European Commission 2003a]．そこにおいて，既に OMC 適用対象になっていた社会的包摂と年金に，新たに医療・高齢者介護も加えつつ，これらを3本柱とした共通目的（common objectives）を定義して，さらに「社会保護」として一括した共通年度レポートの作成が提案されたのであった．

　これに関しても，上記の2003年10月20日の閣僚理事会にて是非が議論された．見解としては，欧州委員会提案のように，社会的包摂，年金，医療・高齢者介護の各 OMC を「社会面」という括りで連動させるだけではなく，先行して連動の兆候が見られ始めた BEPGs と EES のサイクルに，「社会面」の OMC のすべてが連動するようにしたほうが政治的重要性を高めることができるという意見が出る一方で，BEPGs や EES のサイクルと連動させるよりは，独立性の観点から，新たに加わる医療・高齢者介護は別としても，社会的包摂と年金は，あえて別々にしておくのがよいとの見解も出された．欧州委員会提案では，3つの「社会面の OMC」として一括りのサイクルとすることに主眼があり，その一括りされる「社会面の OMC」と，BEPGs と EES のサイクルとの連動を望ましいとしながらも，その点については実はむしろあえて分離してずらしたまま2009年末に至るという巧妙なスケジュールが想定されていた．

　こうしたさまざまな同期化のあり方の是非について意見はまとまらなかった

が，結局12月1日の閣僚理事会で，先の欧州委員会の提案内容を承認する結果となった．それに伴い，10月20日段階では，年金OMCの加盟国からの次回のNSRは2006年と決めていたが，社会的包摂のサイクルに連動させる形で2005年へと変更された．この2005年夏段階で，新規加盟国も含めて，年金OMCでのNSRが提出されることになる．

(3) 第Ⅱ期における経済成長・競争力向上分野

第Ⅱ期においてリスボン戦略のうち①経済成長・競争力向上分野では，どのような展開があったのだろうか．研究開発分野については，大きな活性化は見られなかった．域内市場面では，単純に立法案の量的な意味ではそれほど増えたわけではない．むしろ，既に第Ⅰ期から始めていた域内市場スコアボードにより，成立済みのEU指令の国内法制化の遵守を促進することが中心であったともいえる．しかし，欧州委員会による金融サービス行動計画に基づく指令案の提案や2004年1月の域内市場サービス指令案提案など，第Ⅰ期から構想されてきた計画を実現に移す指令案が出され始めたインパクトにより，新自由主義路線が前面に押し出された．

なお，この時期には2002年来の景気後退の影響から3年連続での財政赤字3％基準超過が見込まれたフランスとドイツのSGP違反が問題となり，両国とも「早期警告」と「是正勧告」を受けた．ここで制裁発動するかどうかが問題となったが，2003年11月25日の経済金融閣僚理事会（ECOFIN）において2005年までに財政赤字を3％未満とすること等をコミットさせ，その達成状況のモニタリングと引き換えに制裁手続一時停止が決定され，欧州委員会が欧州司法裁判所に提訴するという事態になっていた．結果として2004年内にSGPの規律を若干緩めることで政治的に解決が図られたのであった．このきわめてわかりやすい3％基準違反が，リスボン戦略に含まれた他のどのOMCの数値目標よりも注目されたことは示唆的ではある．EUレベルでは欧州委員会による域内市場サービス指令案の提案によって新自由主義色が前面に出始めたが，各加盟国単位でもSGP違反したフランスとドイツ国内では財政赤字解消のための社会保障縮減等の圧力が強まることで新自由主義的な政策対応がとられることになった．

4. リスボン戦略の経年的観察　第Ⅲ期 (2005年4月～2009年末)

(1) 後期リスボン戦略と統合ガイドライン (Integrated Guidelines)

　2004年段階ではまだリスボン戦略前半期ではあったが，2002年からの景気後退の影響もあって，リスボン戦略提示段階で掲げられた雇用率の数値目標やその後ランダムに各分野で追加された多くの数値目標も2010年には達成できないことが一般的に確実視されていた．そこで，翌2005年がリスボン戦略の目標年である2010年の中間時点にあたるのを機会として，EESの5年経過のタイミングでの見直しと同様の発想で，リスボン戦略全体を検証し直したうえで後半期から再スタートさせることが，2004年3月24-25日の欧州理事会で決まり，EESの見直しと同じく再びコックを座長とするハイレベルグループにリスボン戦略全体のあり方につき検証を求めることになった [European Council 2004]．
　このハイレベルグループからは2004年11月に答申 [European Commission 2004c] が出されたが，それまでのリスボン戦略のアプローチ自体は間違ってはいないのであって，そのアプローチに基づく決定事項を確実にEU加盟国が「実施」(deliver) することが重要であるとし，5つの優先分野として，研究開発とICT活用を通じた知識社会を最優先とし，続いてサービス面が特に急務という域内市場完成，企業負担軽減のビジネス環境整備，前年の *Jobs Jobs Jobs* での提示通りの労働市場改革，そして環境持続性という順で挙げられた．同月中に開催された欧州理事会ではハイレベルグループの答申内容を踏まえたリスボン戦略見直しの包括的提案文書作成が欧州委員会に求められ [European Council 2004b]，同時期に発足した新欧州委員会が2005年2月2日付で「成長と雇用のための共同作業リスボン戦略の新たなスタート」という文書 [European Commission 2005a] を提出した．それが2005年3月22-23日の欧州理事会で了承されて，リスボン戦略の後半期が「成長と雇用」(Growth and Jobs) というモットーとともに開始される運びとなったのであった．
　しかし，この後期リスボン戦略の実質的内容は，既に2003年頃から画策されていたことの延長上に，新たな外観を与えたものにすぎなかった．すなわち，BEPGsとEESの雇用ガイドラインとを組み合わせて，成長と雇用のための統合ガイドライン (Integrated Guidelines 2005-2008) という形で前面に押し出して提示されたのである．2003年以降，連動させる意図はありながらも，一応，欧

州委員会は基本条約規定に則り，BEPGs 案と EES の雇用ガイドライン案とは別々の文書として提案してきていたが，2005年4月12日の統合ガイドライン案において，遂に1つの文書［European Commission 2005b］として提案するに至った．しかし，BEPGs と EES の条約規定の違いは存続しているので，内実においては2つの提案が並置される形となっており，それぞれ別個に閣僚理事会で審議・採択する手続きを踏む必要がある．「外観」と表現するのはそれゆえである．

　この統合ガイドライン（2005-2008年）に伴って，2003年からの両ガイドラインよりも項目数が大幅に絞り込まれた．統合ガイドラインは24のガイドラインとなり，そのうち，前半の No. 1～No. 16 が BEPGs，後半の No. 17～No. 24 が雇用ガイドラインという形で外観を与えていた．この比率を見ても EES が BEPGs に従属した体裁となっている．OMC の手続きとしては，加盟国は，統合ガイドラインに沿う内容で，初年度にそれぞれ自国の3カ年分の加盟国改革プログラム（National Reform Programme: NRP）を策定・提出したのち，以後毎年その NRP の実施報告を提出することとなった．

　この仕組みに伴って，これまでの BEPGs や EES よりも，統合ガイドラインでのそれらは OMC としての留保はありながらも，その超国家性が増したことになる．なぜなら，先述のとおり BEPGs は加盟国への一方的な勧告であり，特に加盟国側から EU に何らかの計画・報告の提出は無かったのだが，EES では毎年 NAP による計画報告システムがあったことに伴い，統合ガイドラインとして EES と組み合わされたことを契機に，BEPGs 部分にも EES 部分と同様の報告システムが各加盟国に新たに課されることになったからである．また，BEPGs と EES とは，それまで各々が国別の詳細な勧告（country-specific recommendations）を発してはいたが，統合ガイドラインとして BEPGs と EES が組み合わされたことを契機として，単独の理事会勧告として法的にも統合した形式で発せられることになった．[18] OMC が適用される政策分野の主権の所在は EU ではなく加盟国であるが，この OMC という枠内での EU と国家との間での権限バランスが，統合ガイドラインという外観にすぎないテクニックを用いつつ，de jure でなく de facto ながらも EU に比重を与えることになり，従来よりも超国家的要素が増したと判断できるのである．

　これらの統合ガイドラインは2005-2008年の3カ年で定められて運用された後，2008-2010年度の3カ年分も全く変更がないまま更新されることとなった．

（2）第Ⅲ期における「社会面のOMC」

　SPCが管轄する社会的包摂と年金分野のOMCにおける加盟国からの報告書（社会的包摂はNAP，年金はNSR）は，第Ⅱ期で決められたように，2005年夏に同時に提出された．それを受けて，欧州委員会が2005年12月12日に改めて提出文書［European Commission 2005e］を出し，新規に加わる医療・高齢者介護の分野も含めた「社会面のOMC」としての共通目的（Common Objectives）案が出されるとともに，社会的包摂，年金，医療・高齢者介護の各分野にもそれぞれ3つずつの共通目的が設定され，2006年3月の欧州理事会で承認された．同時に，SPCが管轄する社会面のOMCの中でも，「社会的包摂」だけが独自のカテゴリーであり，「社会保護」には年金と医療・高齢者介護を位置づけるというカテゴリー区分が生じた．さらに，サイクル調整が再び行われ，今後は，社会的包摂，年金，医療・高齢者介護を一括りとする加盟国戦略報告（NSR）が3年ごとに提出されるが，2006年10月に加盟国が特別に2カ年分（2006-2008 NSR）を提出し，2008年からは3カ年の統合ガイドラインとサイクルを合わせるものとされた．欧州委員会と閣僚理事会による「社会保護と社会的包摂についての共同レポート」は毎年作成されることになったが，加盟国からのNSRの実施報告は，統合ガイドライン分野のように毎年求められるわけでなく，3年に一度のNSR自体が実施報告を兼ねるのである．

　実際，前回版を更新しただけではあるが2008-2010年の統合ガイドラインが成立したのを受けて各加盟国が2008年に作成したNRPと，社会面でのNSRとは，タイミングだけは揃ったものの，オーストリアを除き，内容的に全く別々で連動しない形となっていた．そのため，後期リスボン戦略の全体像の中における比重としては，統合ガイドラインが前面に押し出され，また，後に見るように特にフレクシキュリティの推進に焦点が当てられていく過程で，「社会面のOMC」は残余的なものとされて重要性を低下させていった．

（3）福祉国家制度・労働法制の差異認識とハンプトンコート非公式欧州理事会

　リスボン戦略の後半期が，統合ガイドラインを前面に押し出して開始されたことは，既にEU加盟国の政権政党における左右変動や，中東欧新規加盟国を加えてさらに多様化した加盟国政権の左右変動に関わらず，もとのリスボン戦略では②「欧州社会モデルの現代化」分野に位置づけられた雇用（EES）が①経済成長・競争力向上分野に組み込まれたサブカテゴリーないしは「手段」と

して理解する形での新自由主義的パラダイムが EU との関わりにおいて浸透したことを示している．同時に柱としての②「欧州社会モデルの現代化」は残余的な「社会面の OMC」へと矮小化した．

このように後期リスボン戦略の開始とともに，第 I 期のようなイデオロギー次元の対立軸は薄れ，加盟国政権間での志向性は均一化したかのように見えた．しかし，加盟国ごとに異なる福祉国家制度や労働法制そのものが，ヨーロッパの経済統合との間で生じるジレンマの調整負荷が大きく痛感されると，それが主要な対立軸を規定するようになる．

この時期にその契機となったのが，特に第 II 期に見られたドイツとフランスの SGP 違反問題であり，それが EU の実務家レベルで，加盟国ごとの福祉国家制度や労働法制の差異をこれまで以上に大きく意識させることになった．ドイツでは，まだブレア流「第三の道」に感化されきっていたシュレーダー政権が2001年5月に年金改革法を実現させて公的年金財政負担の緩和を図り，SGP 違反期において失業給付抑制効果も含む一連のハルツ法を2003年内に実現させていたし，フランスのラファラン政権でもフランソワ・フィヨン（François Fillon）社会問題・労働・連帯大臣が，前政権でオブリが実現した週35時間労働法制を既に2002年内に実質的に解除する政令や法律を成立させる労働市場改革を行い，SGP 違反期においても，2003年7月には退職年金改革法を実現させる改革を行っていた．要するに，ドイツもフランスも努力してはいた[19]．

しかし，EES での積極的労働政策や，「社会保護」と位置づけられた年金分野で特に EPC 目線から想定されてきたような，社会保障の財政負担を緩和する福祉縮減方策の努力により，リスボン戦略に沿う形で改革を実行しても，景気後退期の負担増大で SGP 違反をしてしまい，その SGP 違反解消のためにさらに福祉縮減を行わざるをえないという繰り返しは，ウィーバーが言う「非難回避」[20]（blame-avoidance）[Weaver 1986]をせずにそれらを実施してきた独仏両国政府にとっても限度があり，政治的には耐えきれない圧力となる．各国の元々の福祉国家制度や労働法制の差異ゆえに同じ努力をしても限界があることが改めて認識される．

この EU 圏内での福祉国家制度や労働法制の差異を踏まえて，今後の EU の社会面をどうするかを正面から議論する場として構想されたのが，2005年後半の議長国イギリス・ブレア政権による，同年10月27日のハンプトンコート非公式欧州理事会開催のアイディアだった．SGP 違反問題のみならず，後期リス

ボン戦略の統合ガイドラインへの非難や，特に5月末の欧州憲法条約のフランス国民投票での批准拒否理由の多くもEUの社会性への配慮欠如に見出されていたのであった．

　これと軌を一にしてEU実務家レベルでの福祉国家制度と労働法制の加盟国間の差異認識を刺激したのが，2005年9月9日のマンチェスターでの非公式経済金融閣僚理事会（ECOFIN）に提出されたアンドレ・サピール（André Sapir）による論文「グローバリゼーションと欧州社会モデルの改革」[Sapir 2005]であった．学術的な福祉国家の類型論はエスピン・アンデルセンによる『福祉資本主義の三つの世界』[Esping-Andersen 1990]等が著名であるが，この時期にEU実務家レベルに直接影響を与えたのは，このサピール論文だった．そこでは，単一の欧州社会モデルとは存在しない幻想だと指摘されたうえで，欧州諸国の社会モデルには，「北欧モデル（デンマーク，フィンランド，スウェーデン，オランダ）」「アングロサクソンモデル（アイルランド，イギリス）」「地中海モデル（ギリシャ，イタリア，ポルトガル，スペイン）」「大陸モデル（オーストリア，ベルギー，フランス，ドイツ，ルクセンブルク）」の4類型があり，北欧モデルの優位性と持続性が説かれていたのだった．グローバリゼーションのもとでEUが生き残るための処方箋としては，地中海モデルと大陸モデルの加盟国が北欧の効率的な社会モデルへと改革していくこと，特に労働市場の高い流動性と比較的手厚い失業給付と職業訓練による社会保障を両立させるように改革することを推奨するとともに，EUレベルでは特に（既に域内市場サービス指令案が出され反対運動も強まっていた）サービスの域内市場を完成させるべきことと研究開発投資を刺激していくこと，以上が処方箋として示されたのであった．

　ただ，この類型論によって加盟国ごとの福祉国家制度や労働法制の差異が優劣とともに改めて示されたことは，政治的には刺激が強すぎ，ハンプトンコート非公式欧州理事会では，各国の社会モデルの差異を直接的には議論対象としないこと，すなわち「非決定」[Bachrach and Baratz 1962]とすることで政治的妥協がなされた．日程も当初の2日予定のものが1日とされたうえで，議題の比重はグローバリゼーションへの対応をEUとしてどう対処するかということにすり替わり，各国家首脳がビジョンをそれぞれに述べる場と化した．結論として成果があったのは，この非公式欧州理事会向けの欧州委員会による10月20日のグローバリゼーション調整基金創設案を含む提案文書[European Commission 2005c]への合意と，研究開発に今後力を入れていくということだけであった．

この会議の3週間後，イギリス・ブレア政権のストロー（Jack Straw）外相が欧州議会内でスピーチした際に，フランス代表の欧州議会議員による質問への答弁で，フランスの抵抗で労働時間指令改正案や域内市場サービス指令案の審議が遅滞していることを憂慮して，「古い社会モデル」と呼びつつフランス等の大陸諸国を非難する発言をするなど，根本的な福祉国家制度・労働法制の差異の溝は埋められないまま，課題として存続し続けることになった.

(4) 域内市場面の停滞とフレクシキュリティの焦点化

EU加盟国間での福祉国家制度や労働法制の差異が課題として残るなか，2006年に入ると2月には，コックを議長としたハイレベルグループやサピールの論文でもヨーロッパ経済の成長・競争力向上の鍵として強調されてきたサービス部門での域内市場自由化する法案については，前章で見たように，実質的に内容をかなり薄めた形で欧州議会の第1読会で書き換える内容に修正された．このことは域内市場面でのEUの正統性に対する疑問として，特に欧州委員会には重く受けとめられたようである．そのため，欧州委員会の域内市場担当総局自身が，2006年4月10日に「将来の域内市場」に関する公聴会を開き，5月10日には「市民のアジェンダ」と称する文書［European Commission 2006c］で広範なヒアリングを行うなど，2006年から2007年にかけて本格的に域内単一市場はどうあるべきかを問い直す作業が実施されたのであった.

このように，域内市場面での政策対応の活性度を低めながらも，欧州委員会がリスボン戦略との関わりで積極的に推進し始めたのが，「フレクシキュリティ」（Flexicurity）（フレキシビリティとセキュリティを組み合わせた造語）の推進であった．これは，統合ガイドラインでいえば，24つのガイドライン中の21番に相当するものであった．コンセプトとしては，雇用・労働関係においてフレキシビリティとセキュリティは矛盾するのではなく，補完的であり，相互強化的でありさえするとの想定に基づき，解雇に対する労働者への保護レベルを低めて労働市場の流動性を図るものの，失業者は高い失業給付と職業訓練とによって保護されることになるという，典型的な積極的労働政策であり，アイディアとしては以前からの雇用ガイドラインでも触れられてきたものだった.

フレクシキュリティの推進は，まず2006年11月半ばにグリーンペーパー（広聴文書）で意見を募るものとして公表され，2007年6月27日に白書［European Commission 2007a］として提案されるに至った．リスボン戦略のOMC関連でグ

第 5 章　メゾレベルの EU 政策過程　173

リーンペーパーが出されたこと自体が驚くべきことであった．というのも，通常グリーンペーパーは，何らかの重要案件で社会的な反応が大きいと想定されるイニシアチブをとる際に，周知効果とともに利害関係者の意見を調整するために欧州委員会から出される第一段階の文書であり，共同体方式での立法提案で主に用いられてきたものである．それが，OMC の一要素に焦点を当てて，あたかも共同体方式での重要な立法提案に関わる案件であることを想起させる形式で提示されたことは，域内市場という経済統合の根本的な正当性が問われている時期に，それに代わる「フレクシキュリティ」への力の入れようを印象付けるものだったのである．

　フレクシキュリティの白書には，先に見た加盟国間での福祉国家制度・労働制度の差異を踏まえて，先述のサピールの類型論に応じたかのように，各加盟国がそれぞれの置かれた状況に合わせて選択可能な 4 つの改革経路（pathways）が処方箋として含まれていた．どの国がどの改革経路をとるべきかを直接的に示しはしないものの，明らかにサピールの類型論で言う北欧モデルが追求すべき規範としてイメージされていた．これは，それまでのリスボン戦略の OMC の多くがそうであったような，各分野が具体的指標の比較を通じて学習していくという理論的想定に基づいた方法論ではなく，EU 域内での具体的な「模範国」というものを措定して，その国の福祉国家・労働法制を丸ごとベンチマークとするという方法を採用していたといえる．

　欧州委員会による白書提案後の展開としては，4 つの改革経路とともに示されていたフレクシキュリティに関する定性的な 8 つの共通原則については，2007 年 12 月 5 - 6 日の閣僚理事会で合意され，2007 年 12 月 14 日の欧州理事会で採択された．しかし 4 つの改革経路をはじめとする具体的な内容については，特に対応がなされないままとなった．フレクシキュリティの推進は，特定の加盟国が強力な圧力で起こした要素はあまり見られず，欧州委員会自身による強いイニシアチブであり，雇用社会問題欧州委員のシュピドラ（Vladimír Špidla）が各国の福祉国家制度と労働法制の事実情報を調査する「ミッション・フォー・フレクシキュリティ」と称する専門チームを立ち上げて推進に努めた．しかし 2008 年 12 月に簡単な最終報告［Council of the European Union 2008］を出したのみであり，既に発生していた世界金融危機が実体経済に影響しつつ失業者が増大するなかで，フレクシキュリティへの有効性にも疑問がもたれて目立った動きは見られなくなった．

5. EUROPE2020 の構築プロセス

(1) EUROPE2020 の構築過程と論点

2008年秋の世界金融危機への EU としての加盟国への対応は，2008年11月26日欧州委員会が発した「欧州経済復興計画」(European Economic Recovery Plan) [European Commission 2008b] にて行われた．これにより，需要喚起のための財政出動の規模は，SGP を尊重しつつも加盟国と EU 合わせ200ビリオンユーロ (GDP の1.5%) 注入で合意することが提案され，2008年12月11-12日の欧州理事会にて承認された [European Council 2008]．ただし，そのことは2008-2010年度の3カ年で策定されていたリスボン戦略の統合ガイドライン自体に影響はなく，各加盟国の実施報告も2009年の秋に提出された．

それと同時に2010年で期限切れとなるリスボン戦略の後をどうするのかが課題となった．これに関しては，2009年11月24日から2010年1月15日まで，欧州委員会が後継の戦略について「EU2020戦略」という仮称でコンサルテーションを行ったが [European Commission 2009]，この期間中の2009年12月1日に新たな基本条約であるリスボン条約が発効しており，欧州理事会常任議長としてファン・ロンパイ (Herman Van Rompuy) が就任していた．正式な議論のためのたたき台は，2010年2月11日の臨時欧州理事会のために，その3日前にファン・ロンパイが発表した *Seven Steps to Deliver on the European Strategy for Growth & Jobs* と題する提案文書により準備された．

このファン・ロンパイの案では，新たな戦略については，設定する目標項目としては数をより絞り込むべきであり，加盟国のコミットメントの確保を図るためには，研究開発支出，雇用率，高等教育，貧困削減など最大でも5つの数値ターゲットにするべき考えを示していた．そのように限定した数の各目標について，加盟国ごとに明確に締め切りと数値設定をさせるとしていた．また，各加盟国が2010年秋に作成して提出することになる後期リスボン戦略と同様の改革計画 (National Reform Program: NRP) と同時に SGP に関する財政赤字管理計画を提出させ，統合ガイドラインと SGP を連携させるアイディアを示す一方で，目標未達の場合に SGP 違反時で想定するような制裁的手段ではなく，目標達成の場合に欧州社会基金の割り当てにおいて優遇措置を設けるという報償システムの導入を提案していた．

これを受けた2月11日の臨時欧州理事会では，ファン・ロンパイ案のうち設定目標数の限定については留保がなされたものの大筋では合意を見て，新戦略の名称をEUROPE2020とすることが決められた．次は3月25-26日に欧州理事会開催予定であったが，それまでに欧州委員会がEUROPE2020のより具体的な原案を作成することとなった．

　その欧州委員会によるEUROPE2020の原案［European Commission 2010b］は2010年3月3日に公表された．同原案では，結局ファン・ロンパイ案に沿って数値目標は5つの「ヘッドラインターゲット」に絞り込まれていた．その5つとは，① 20-64歳人口の雇用率を現状の69％から75％に向上させる，② 研究開発への投資をEU全体のGDPの現状の1.7％から3％にまで向上させる，③ 1990年水準比でのCO_2排出20％削減と再生エネルギー利用率20％化，④ 初期中等教育退学者を現状の15％から10％にすると同時に，若年層の少なくとも40％が高等教育修了することの確保，⑤ 貧困線以下の生活水準者比率を25％減らし，現在8000万人いる貧困者のうち2000万人は貧困から脱出させること，であった．それらを達成するための主要方策として7つのフラッグシップ・イニシアチブも提示された．

　このように，設定する目標数を限定する点で，欧州委員会案はファン・ロンパイ案と同様であった．しかし，加盟国へのコンプライアンスを促すための方策については，ファン・ロンパイ案で示された統合ガイドラインをSGPと連動させるというアイディアをより具体的に踏み込んで提示していた．すなわち，SGPでの加盟国の安定収斂プログラムに研究開発や教育などの経済成長につながる分野の支出を関連付けることで経済政策調整の強化が企図されたのである．さらに，数値目標未達の加盟国に対しては，SGPの早期警戒の場合と同様に，リスボン条約発効で新たなBEPGs強化規定の121条4項により可能となった，閣僚理事会での審議を経ずに欧州委員会の単独判断で勧告を発することができる仕組みの発動を提案していた．

　この欧州委員会案をたたき台とした3月25-26日の欧州理事会では，目標設定項目についてそのまま合意したが，上記の④の教育分野と⑤の貧困削減についての数値目標では合意ができず，持ち越された[28]［European Council 2010b］．また，統合ガイドラインのSGPとの連動に関しては，加盟国への政策アドバイスの一貫性の観点から，加盟国が作成するNRPとSGPの安定収斂プログラムのタイミングは同じとしつつも，SGPの保全（integrity）の観点から，それら

は明確に区別されるという曖昧な表現となった．リスボン機能条約新設121条の活用は合意された．

その後は，6月17日の欧州理事会にて，教育分野の数値目標は欧州委員会の提案通りに，貧困削減も2000万人削減の数値で合意された．ただし，教育分野の数値目標の定義は加盟国主権であることと，貧困削減については各加盟国の置かれた状況に応じて，貧困危険・物質的剥奪・失業世帯のいずれかの指標を選択することが認められるという留保は残された [European Council 2010c]．この合意により，EUROPE2020 の採択が宣言された．

(2) EUROPE2020 の統合ガイドライン

後期リスボン戦略で5年間変わることがなかった統合ガイドラインは，EUROPE2020 ではどのように構築されたであろうか．そして，どのような内容となったのか．

3月25-26日の欧州理事会の後，2010年4月27日に欧州委員会からEUROPE2020 の統合ガイドラインの案が出された．BEPGs 案と EES の雇用ガイドライン案という別個のものを同日に提案する点，それらを組み合わせて1つのものとしての外観を仕立てる点は，2005年以降の後期リスボン戦略のケースと同様であった．

ただし，これまでには見られたことがない決定的に特殊な点があった．すなわち，BEPGs 案が Part I [European Commission 2010c]，EES の雇用ガイドライン案が Part II [European Commission 2010d] と連続したものとしながらも，別個の文書として提案された．しかも，BEPGs 案を SEC 形式，EES の雇用ガイドライン案を COM 形式としつつ，各文書タイトルの末尾に付した｛ ｝内にて他方の文書記号を記すという凝った形式であり，EES の雇用ガイドラインのほうが BEPGs よりも優先されたような文書形式のグラデーションが施されたのであった．このことは，両ガイドラインの連動が画策された2003年度以降，後期リスボン戦略の統合ガイドラインまで一貫してきた，EES の雇用ガイドラインが BEPGs のサブカテゴリーとされる関係が逆転したことを含意している．

ガイドライン数については，ヘッドラインターゲットが絞り込まれたのと同様に，以前の統合ガイドラインが全部で24つ（BEPGs 相当が16，EES 相当が8）あったものが，10にまで絞りこまれた．そのうち，1〜6までが BEPGs 部分，

7～10がEES部分となっている．このガイドライン数の比率だけ見れば BEPGsのほうがEES相当部分よりも多い．しかし，後期リスボン戦略での統合ガイドラインのBEPGsと比較してみると，いわゆる構造改革路線を推奨する内容がほぼ消失したことに気づかされるだろう．後期リスボン戦略での統合ガイドラインで12番目に掲げられていた「域内市場」への言及も消失した．

EES相当部分ではフレクシキュリティ推進の根拠ともなっていた，後期リスボン戦略での統合ガイドラインの21番目にあったようなflexibilityやsecurityのフレーズも無くなった．また，2003年段階以降，"quality and productivity at work"というように職場環境あるいは労働生産性と絡めるニュアンスに希釈された「雇用の質」概念が，"job quality"という職そのものの質を含意した表現で記されており，2002年段階の「雇用の質」概念が復活したとも解釈できるのである．[30]

さらに，これまでの統合ガイドラインに含まれることが一切なかった，実質的に「社会的包摂」に相当するガイドラインが10番目として初めて入ったことが注目に値した．EESの雇用ガイドラインに含まれる位置づけで提案されてはいるが，言うまでもなく，これはSPC管轄の「社会面のOMC」のうち社会的包摂のOMCが統合ガイドラインに組み入れられたことを意味している．

これらのガイドライン案は，BEPGs部分は7月7日の理事会による勧告 [Council of the European Union 2010c] で，雇用ガイドライン相当部分は10月21日に理事会決定 [Council of the European Union 2010d] でそれぞれ採択された．この採択によりEUROPE2020の統合ガイドラインが正式に成立したことになる．

6．リスボン戦略に見る「併設」のテクニック

(1) リスボン戦略の各期における政治的妥協の論理

本章では，2000年3月発表以降のEUのリスボン戦略の展開をⅢ期に区分して辿りながら，「第三の道」路線と相似しつつ示された，当初の2本柱である①経済成長・競争力向上分野と②「欧州社会モデルの現代化」分野との間でのバランスの変容を観察してきた．そもそものリスボン戦略提示段階でのOMCという政策類型の選択自体が，欧州社会民主主義勢力間での考え方の差異を踏まえた政治的妥協の結果ではあったが，その後の展開がどうであったのかを，改めて振り返る．

第Ⅰ期では，フランスのジョスパン政権による左派志向の影響が如実に見られ，いわゆるイデオロギー政治が有意に作用していたため，リスボン戦略の2本柱のバランスの比重としては，①経済成長・競争力向上分野よりも②「欧州社会モデルの現代化」分野のEESを中心とした左傾化傾向が目を引いた．①経済成長・競争力向上分野のうち域内市場分野では基本的に90年代からの自由化の延長で新規性をあまり感じさせなかったこと，また研究開発分野等ではOMCに類するものが細分化して遍在したことからインパクトとしては埋没していた．しかし，それだけをもってして①経済成長・競争力向上分野の比重が②「欧州社会モデルの現代化」分野よりも小さかったと判断することは，正確ではない．むしろ，①経済成長・競争力向上分野は，特に域内市場面を基軸にイギリスのブレア政権および連携したスペイン・アスナール政権やイタリア・ベルルスコーニ政権等が推進する一方で，②「欧州社会モデルの現代化」分野はフランスのジョスパン政権を中心に従来のEESの修正を試みるというように，それぞれが志向性は逆でありながら，①と②の間で分業的な運営がなされていた．これがこの時期の政治的妥協バランスのロジックであった．

　続く第Ⅱ期は，右も左も関係なく新自由主義化が進む時期であり，政治的妥協バランスというよりも，それが言説の駆使とともに制度的に構築・強化されていくロジックを，主にリスボン戦略のサイクル連動のあり方を描きながら明らかにしていった．当初のリスボン戦略の①経済成長・競争力向上分野と②「欧州社会モデルの現代化」分野のバランスでいえば，①経済成長・競争力向上分野に傾倒していった時期である．まず，②に位置づけられていたEESが，第Ⅰ期で刻印された「雇用の質」要素が概念操作とともに希釈されながら，BEPGsに合わせたサイクル連動が意図されたことで，①への絡め取りが進行した．また，②の社会保護や社会的包摂については，新たに医療・高齢者介護を加えつつそれらSPC管轄のOMC間での将来的なサイクル連動が計画されたものの，サイクル連動が始められたBEPGsとEESとは連動しない形が想定され，独自の周辺的分野へと押しのけられて，それらの総体が「社会面のOMC」等と名指しされながら，EESの①への絡め取りで縮小した②を残余的に代表することになった．さらに，第Ⅰ期で構想された域内市場サービス指令案の提案のインパクトがEUレベルでの①の域内市場面を活性化させるのみならず，SGP基準違反したフランスとドイツではその是正のために新自由主義的政策が否応なく迫られた．

第Ⅲ期では，後期リスボン戦略とともに前面に打ち出された統合ガイドラインによって新自由主義的な経済ガバナンス体制が完成した．それによって2000年3月当初の①経済成長・競争力向上分野と②「欧州社会モデルの現代化」分野というリスボン戦略の2本柱は，経済成長・競争力向上分野が統合ガイドラインとして体現されて君臨する一方，それに残余的な「社会面のOMC」が付加されている構図へと変容した．しかし，統合ガイドラインという表層的な部分よりももっと基底的なところでは，第Ⅱ期で発生していたSGP違反問題を契機とした，欧州化研究のタームを借りれば「適合性のよさ」(Goodness of Fit) の問題として，リスボン戦略との間で齟齬を生じる．加盟国ごとの福祉国家制度・労働法制の差異認識の高まりが顕在化しており，この問題についてはハンプトンコート非公式欧州理事会の前後で「非決定」という形による政治的妥協が図られた．ここでの政治的妥協のロジックは，第Ⅰ期のそれとは本質的に次元が変わって各国制度間の差異が対立軸を規定しており，この対立軸が持続的なもので解決困難なものだからこそ，決定を避けるという選択を行ったのだった．そして，それはおそらく2000年3月のリスボン戦略発表時にて，加盟国数が増えすぎて共同体方式による立法では円滑に物事が決定できないから，OMCという手段を幅広く活用するという選択がされた時の基底にあった政治的妥協の論理と同様であろう．

　この「非決定」による政治的妥協の後，統合ガイドラインとともに経済成長・競争力向上を追求するためのEUレベルの戦略としては，域内市場サービス自由化と研究開発投資振興と雇用の流動化の3点セットであったが，域内市場サービス指令案での失敗以降の域内市場の行き詰まりと研究開発投資の不活性という条件下では，結果的にサブカテゴリーとして絡め取ったEES分野で「雇用の流動化」を打ち出すことだけに頼らざるをえなかったのである．

（2）統合ガイドラインによる「併設」：
　　　法的に異なる政策類型の接合による単一政策化
1）2つのガイドラインの内容と機能の確認
　リスボン戦略を構築・運用していく流れは，2つのガイドラインを連動化・同期化していくことが基軸となっていた．それが，通常の法的拘束力を有するEU立法とは異なる，OMCの形式による，広範経済政策ガイドライン (BEPGs) と欧州雇用戦略 (EES) のガイドラインであった[31]．ただし，OMCといっても，

法的効果はさまざまに違う．

　たとえば，BEPGs は1993年発効の基本条約であるマーストリヒト条約で初めて導入されたものであり，やがては共通通貨圏となる経済通貨同盟（EMU）に参加するための基準（単年度財政赤字対 GDP 比3％，政府債務残高対 GDP 比60％以内）のクリアを促す意味で各加盟国の経済政策を調整するものとされ，規制緩和的な構造改革路線に則っていた．ただ，それは EU 全加盟国が準拠すべき項目を毎年度「勧告」として策定し，場合によって各加盟国別に「勧告」を出すこともあったが，いずれにしろ「勧告」なので加盟国に法的な拘束力は及ばない．その意味でソフトローという OMC の特徴にも類しているのである．

　一方の，EES は，1997年発効の基本条約であるアムステルダム条約で導入されたものであり，雇用率を上げるための全加盟国に共通するさまざまな雇用政策手法がガイドラインで項目として毎年度示され，それが BEPGs と同じく全加盟国が準拠すべきものとされたものである．各加盟国別に「勧告」が出される点も BEPGs と同じである．しかし，EES が BEPGs と異なる点が2点ある．それは法的措置の類型としては「勧告」ではなく「決定」で定められるものであること，そして，これゆえに「決定」となるのであるが，各加盟国は EES に対応した計画策定・実施報告義務が毎年課されるという点である．つまり，計画・報告につき，BEPGs には加盟国への法的拘束力はないが，EES には加盟国への法的拘束力を有するという違いがある．欧州委員会は，リスボン戦略を運用していく中で，この BEPGs と EES とを，見かけの上で接合して「統合ガイドライン」として提示したのであった．当初は年度の運用サイクルとして，ちょうど半年ずれていた BEPGs のサイクルと EES のサイクルをあわせたうえで，BEPGs の「勧告」案と EES の「決定」案とを政策提案する権限を有する欧州委員会により，2005年4月に1つの文書で両者が提案されたのである．両ガイドラインも，通し番号で1つのガイドラインとしての外観を呈する工夫が施された．このことにより，それまで EES にしかなかった各加盟国による計画・報告義務は，「勧告」ベースだから本来法的義務として必要ではない BEPGs についても，求められることになったのである．このような法的効果が異なる政策手段どうしを接合し「抱き合わせ」化した外観を施して単一の「政策」と化し，本来法的拘束力がない事柄についても拘束力を及ぼしてしまうという効果をもたらしたのであった．

2） リスボン戦略において欧州委員会が用いた政策変化の類型

　メゾレベルの EU 政策過程に相当するリスボン戦略においても，第 4 章で見たミクロレベルの EU 政策過程と同様に，欧州委員会は，折々に，概念操作を言説戦略として用いていた．たとえば，EES に含まれた「雇用の質」の内実としての意味を転倒させてみたり，非典型雇用拡大路線を正当化するかのように「フレクシキュリティ」概念を創出する局面に見出すことができた．さらに，リスボン戦略において，欧州委員会が採用した「政策変化の類型」としては，大きく以下の 3 点が見出せる．

　第 1 に，BEPGs を「転用」したことが指摘できる．BEPGs とは，マーストリヒト条約時に，約 10 カ年に亘る EMU（経済通貨同盟）構築の行程を基本条約で設定する際に，最終的に共通通貨ユーロ使用国として認定されるための経済・財政水準に各加盟国を導いていくための補助ツールとして機能することを想定して設けられたものであった．しかし，EMU が最終的に発足すると同時に BEPGs の存在意義がなくなったとして廃止するのではなく，リスボン戦略での第 1 の柱の中核としての新たな機能が付与され「転用」されたのである．

　第 2 に，「統合ガイドライン」として，EES を BEPGs に接合させつつ従属させていった方法に，典型的な「併設」の要素を見出すことができるだろう．政策提案の仕方を技術的に工夫するだけで，統合ガイドラインとして EES の内容を BEPGs と接合し，それによって EES の BEPGs への従属化に成功した．第 I 期においては，ジョスパン政権の影響下で，EES と BEPGs はそれぞれ別原理を有するという意味で対抗的ガイドラインとなっていたのだが，それを「併設」という戦略を用いて EES を内容的に無効化することにほぼ成功したのであった．

　第 3 に，第 2 の点と同時に，従属的となるはずの EES が法形式上は BEPGs よりも強制力があるために，その EES の効果については BEPGs にも及ぶという形の運用が行われた．すなわち，欧州委員会は，内容面での従属化とは裏腹に，機能面では EES の効果を BEPGs にも及ぼしたわけである．これは，マホニーとセーレンによる政策変化の類型には含まれていないことであるが，「併設」される 2 つの制度・政策のうち，内実としては弱化される制度・政策の外形的な機能面だけが，もう一方の制度・政策の外形的な機能をより強化する形で作用するという特殊な類型だと言えよう．

注
1) 典型例としては Radaelli [2003] がある．OMC への客観的視座を有する例外的な初期の研究として Wincott [2003] を参照．OMC を含むリスボン戦略全体を想定して，それを「紙のヨーロッパ」として揶揄する立場として Giddens [2013] 参照．
2) たとえば，欧州委員会自身によるリスボン戦略の評価文書 [European Commission 2010a] がある．
3) リスボン戦略にも寄り添いつつ，EU での「社会モデル」に関わる政策的動きの継続性が担保されている状況を詳細に探った研究として網谷 [2008] を参照．
4) リスボン戦略は，Ⅵ章立てのリスボン欧州理事会議長総括のうち，第Ⅰ章の「雇用，経済改革，社会的結束」にて記述されている．そのうち，Point 1.-7. は前文相当箇所の「次の10年の戦略的目標」であり，本体は，Point 8.-23. の「競争的，ダイナミックな知識基盤経済への移行への準備」，Point 24.-34. の「人的投資とアクティブな福祉国家の構築による欧州社会モデルの現代化」である．これらの実施方法として，残る Point 35.-41.「決定を実践に移す：より総合的なアプローチ」において OMC の説明等がされている．
5) 山本 [2000：33-9] は，「第三の道」路線を，行政原理としての NPM (New Public Management: 新公共管理) の発展型として捉え，NPM が有する住民・国民らの政府運営への能動的参加の要素を「第三の道」にも見出して評価している．これは，OMC を通じた利害関係者の参加を図るという理論的正統性を有するリスボン戦略と，「第三の道」路線とに相似性を見出す本章と似た視点である．山本は同時に NPM の業績評価や契約的側面の負の効果も「第三の道」路線が継受する可能性に懸念も示しているが，この懸念も同様に，EU のリスボン戦略にも当てはまる懸念であろう．
6) アムステルダム条約で確定した EC 条約118条2項第3パラグラフ．
7) オーストリアは1999年10月3日の選挙でハイダー (Jörg Haider) 率いる極右の自由党の躍進により，クリマ (Viktor Klima) 連立政権で主導の社会民主党が敗北し，2000年2月3日に国民党と自由党連立のシュッセル (Wolfgang Schüssel) 政権誕生に至ることとなった．そのためクリマ政権は1999年末段階ではレームダック化していたが，この13カ国に含めている．
8) 小川 [2005] も，リスボン戦略が有する OMC という政策類型を EU の社会的側面に適用することがヨーロッパ社会民主主義にとっての政治的「解」であったとの認識を示している．
9) 近藤 [2011] は，EU のリスボン戦略が含む OMC が，そのガイドラインの各加盟国によるダウンロード段階での強制力の無さゆえに政策波及効果を有し，ヨーロッパの福祉国家に「収斂と差異」を生み出すメカニズムとして機能した側面に着目している．井上 [2013：105-120] は，福祉国家の側面というよりも域内市場面での文脈ではあるが，共同体方式による立法手段と対比して，強制力がない OMC を通じては，加盟国間での「収斂」の可能性は低いと見ている．

10) 特に仏ジョスパン政権は,「第三の道」の影響を受けはするものの,雇用については他の加盟国とは明確に異なる独自のアプローチをとっていた.元欧州委員会委員長ジャック・ドロール (Jacques Lucien Jean Delors) の娘であり,ジョスパン政権のマルティヌ・オブリ (Martine Aubry) 雇用・連帯相が主導して,週35時間労働制法案を1999年末段階で可決させていた.これは,欧州雇用戦略が想定するような,非典型契約制度拡大による雇用創出アプローチや労働供給極大化を図る発想とは異なり,時短によるワークシェアリング効果を期したものであった.
11) この欧州社会アジェンダにつき,EU で既にフレクシキュリティの言説が前面に出された後の今日的観点からみて興味深いのが,「フレキシビリティ」や「セキュリティ」の概念の用い方である.Ⅵ章構成の欧州社会アジェンダのうち,第Ⅱ章は「フレキシビリティとセキュリティの間での新たなバランスをとることにより,労働環境の変化に備え,変化を活用する」という題が付けられている.そこで言う「フレキシビリティ」とは,域内市場環境下で訪れる可能性が仕方なく高まる現象としてマイナスイメージつきで所与化されたものであった.対して,「セキュリティ」とは,同時期の EU 立法過程で審議されていた案件と絡めて,フレキシビリティによる負の変化を緩和するために労使協議会の強化や解雇の場合の労働者への事前通知義務ルール強化などを通じて,労働者が経営環境・雇用環境変化についての予測可能性と自己決定の余地を高めることを意味する用語として意味づけられていた.
12) リスボン戦略の議長総括で「男女合わせた全体で当時の61％から2010年までに70％に出来る限り近づけること,女性の雇用率については当時の51％から2010年までに60％超」として,初めて EU として明示的に雇用の数値目標が示されたが,それは当然に次期 EES の目標として組み込まれることで,EES の積極的労働政策路線をより強化するものであった.リスボン戦略提示までは EES においても数値目標は掲げられなかったことに注意されたい.
13) EMCO も SPC も各加盟国代表2名と欧州委員会2名で構成.EMCO はアムステルダム条約の雇用章での記述で法的根拠は存在した一方で,設置当時の SPC には条約での言及はなかったため,2000年12月合意のニース条約で基本条約根拠が挿入された.
14) 1999年5月策定の金融サービス行動計画 (Financial Services Action Plan: FSAP) によって2005年までに金融サービスの域内市場統合が目指されていた.
15) 本節で「新自由主義」と言う場合,概括的には再配分的要素の極小化と市場原理導入による福祉国家解体を目指す路線を想定し,より具体的には,アイヴァーセンら [Iversen and Wren 1998] が提示した「サービス経済のトリレンマ」(財政規律・雇用増大・所得平等のトリレンマ) の概念にて,財政規律と雇用増大が優先されて所得平等が犠牲となる「ネオリベラルモデル」のうち,さらに財政規律が雇用増大より優先される路線や,ワークフェアに即して宮本 [2002] が言う「就労を福祉の条件とするという契機」「福祉が就労を支援するという契機」のうち前者が前面に出る路線を想定している.

16) たとえば2002年の BEPGs (Council recommendation of 21 June 2002 on the broad guidelines of the economic policies of the Member States and the Community) では，8分野にわたり計51項目存在した．
17) たとえば，長期失業者の積極的労働プログラム参加率を25％とすること，2001年段階の平均退職年齢59.9歳を2010年までに5歳は引き上げること，22歳の人のうち高等教育修了者を2010年までに少なくとも85％とすること，2EU 平均での生涯教育への参加率を2010年までに25-64歳までの労働人口を最低でも12.5％とすること，3歳から就学年齢までの子供の少なくとも90％に対する子供手当および3歳未満の子供については少なくとも33％に対する子供手当の充当の確保，初期中等教育での退学者を2010年までに10％以内とすることなどである．これらのうち，平均退職年齢5歳引き上げと子供手当の指標化と数値目標設定は，バルセロナ欧州理事会議長総括 point. 32 で掲げられたものが反映されたものであるが，それ以外はこの2003-2005年雇用ガイドラインで初出のものである．
18) その最初のものとして確定されたのが，COUNCIL RECOMMENDATION of 27 March 2007 on the 2007 up-date of the broad guidelines for the economic policies of the Member States and the Community and on the implementation of Member States' employment policies である．このような OMC を通じた事実上の超国家性増大に対して，後に欧州議会が危惧を表明する決議を採択している．European Parliament, Resolution of 4 September 2007 on Institutional and Legal Implications of the Use of 'Soft Law' Instruments. P6_TAPROV (2007) 0366.
19) 仏独の90年代から04年の福祉・労働制度改革は Vail [2004] を参照．特にドイツでのハルツ法の分析については Kemmerling and Bruttel [2006] を参照．そのハルツ法が EU のリスボン戦略と整合的である点につき森井 [2008：161-3] を参照．さらに仏独での労働市場が保護された正規雇用者と保護が弱い非正規雇用者との間での2層化が進展していることにつき Palier and Thelen [2010] を参照．
20) 福祉国家に関係する社会保障サービスでの給付水準の削減等の，いわゆる「福祉縮減」的な政策は，国民に不人気で実行すると強い反対を受けてしまうことが予想されるために，理論上の必要性を認識しつつも，政治家や政権としては自ら手を下す（実行する）ことを避けることを意味する．
21) 「北欧モデル」は高い平等性＋高水準の社会扶助＋高税率＋積極的労働政策，「アングロサクソンモデル」は貧困に至る事態のショック緩和のために限った社会扶助提供，「大陸モデル」は公的保険による社会扶助提供中心で市場によるそれが限定的，「地中海モデル」は高度の雇用保障＋低レベルの失業給付＋社会支出の年金への集中，という点がメルクマールとされた．
22) 主催者ブレアに議題としての取下げ依頼したのは，既に自らが国民投票に打って出た欧州憲法条約批准拒否で尊厳を低下させていた仏シラク大統領だった．ただ，シラクを弁護すれば，同批准拒否でラファランに代え誕生させたド・ビルパン（Domini-

que de Villepin）政権に，非典型雇用を増加させる労働市場改革を行わせ，翌06年初には初期雇用契約（Contrat première embauche: CPE）導入を図る等，リスボン戦略から見て正しいとされる努力は継続した．しかしCPEは若年者デモの強烈な反発で失敗し，前政権外相時のイラク攻撃反対国連演説で名声を得ていたド・ビルパンへの国民的評価も下がる結果となった．
23) 議長国イギリスのブレア政権が発案し，フランスのシラク大統領も半ば同意していたとされる．
24) 研究開発面に力を入れるべきことは，統合ガイドラインでも，サピールの論文でも常々指摘されてきた点ではあった．ハンプトンコート非公式欧州理事会の合意を受けて，リスボン戦略でのEUの研究開発分野を活性化するための検討を前フィンランド首相のエスコ・アホ（Esko Tapani Aho）を座長とする独立専門家グループに委嘱していたが，その成果として2006年1月20日にアホ報告が提出され（研究開発関連の協定策定や，バイオテクノロジー・ナノテクノロジー・神経科学などにも注力することを促していた），それをもとに研究開発分野への対応を考えるはずであった．しかし，アホ報告は域内市場面での流動性を基盤として活用することに主眼を置く提案内容で，域内市場サービス指令案成立を前提としたこともあり，同指令案の実質的内容が希薄化されてしまった結果，報告の意義は低下した．
25) *EurActiv* 17 November 2005.
26) そのヒアリングの結果は，2007年11月20日に「21世紀のヨーロッパのための単一市場」というタイトルの文書［European Commission 2007b］で公表され，その公表時の記者会見にて，欧州委員会委員長のバローゾは，域内市場の「果実」が消費者にあまり届いていなかった傾向を反省する旨を述べつつも，域内市場プロジェクトの正当性を訴えかけていた．
27) 4つの改革経路はCOM（2007）359 finalのANNEX Iで詳述され，①契約のセグメンテーション（期限の定めのない労働者と低い社会保護レベルしかない短期契約労働者の格差）の改善，②企業内部でのフレクシキュリティや異動保障の提供，③労働者間でのスキルと機会のギャップ改善，④受給者と闇労働者にとっての機会の改善（新規加盟諸国）がそれぞれ説明されていた．
28) 同欧州理事会総括のPoint. 5 b）参照．なお，従来の欧州理事会の議長総括に相当するものは，リスボン条約発効で欧州理事会常任議長が存在して以降，Presidency Conclusionsではなく単にConclusionsという．
29) SEC形式とは，欧州委員会が作成する文書の種類として補足的資料等であることを意味し，主たる政策文書であるCOM形式の文書に付随的に用いられることが多い．
30) 特にフレクシキュリティを正当化する文脈では「これまでのようなjob qualityではなくemployment qualityを目指すべきである」との言説が展開されていたのであった．
31) これらは，現行のリスボン条約のTFEUでは，5条1項にBEPGs，5条2項にEESの根拠が規定されている．第1章第6節を参照のこと．これらもガイドラインは，

先のウォーラスによる EU 政策過程の類型の④政策調整にあたり，その意味で OMC に含めて捉えられる．

第6章　政策体系の層を跨ぐ EU 政策過程
——欧州債務危機対応——

　本章では EU による欧州債務危機対応の政策過程を検討していく．直接契機となったのは2009年末からのギリシャ債務危機であり，EU の初期対応としては，第1章で見たウォーラスによる EU 政策過程類型での⑤集中的な政府間主義を通じて行われた．すなわち，EU 統治構造の共同体方式での立法に関与する3機関ではなく，加盟国首脳レベルで構成される欧州理事会が中心的な政策過程の舞台となった．折しも，2009年12月にリスボン条約が発効したばかりであり，それに伴い新設された欧州理事会常任議長であるファン・ロンパイが調停役を果たしながらも，ギリシャ救済のあり方を巡って主に独仏首脳の見解相違を擦り合わせていく過程であった．この経緯を第1節で見ていく．続いて，第2節では，欧州理事会での債務危機対応の途中から並行展開された，EU 統治構造の3機関による「経済ガバナンス強化」のための EU 政策過程を検証する．この EU 政策過程では，最終的には EU によるユーロ加盟国の国家予算事前監視に至る仕組みが構築されることになるが，政策過程自体の特徴としては，前章で見たガイドライン等のメゾレベルに関わる政策案が，ミクロなレベルの政策過程で見られる共同体方式で処理されたこと，すなわちメゾとミクロの層を交差した EU 政策過程が展開されたことであった．ここでは，政治的アクター間の対抗関係を理解するとともに，その非合理性が行政官僚制たる欧州委員会によってどのように乗り越えられたのかに注目していきたい．第3節では，前2節の経緯を要約しつつ，EU の政策過程の体系を構成する層の間のヒエラルキー関係について考察する．第4節では，この債務危機対応のケースから看取される，欧州委員会の「戦略としての政策変化の類型」である「併設」「放置」「転用」の要素を検証する．

1. 欧州理事会での「集中的な政府間主義」による EU 政策過程

(1) ギリシャ債務危機への初期対応：第1次支援策

2010年4月23日，債務危機に晒されたギリシャ政府が正式に財政支援策の発動要請を行った．要請した相手は，欧州委員会，ECB，ユーロ・グループ（ユーロ圏財務閣僚理事会のこと．以下，Euro Group）の議長，そして国際通貨基金（以下，IMF）である．ただし，この正式な支援要請までの段階で，ギリシャへの支援枠組を巡る政治が展開されてきたのであり，ここではその過程を検討する[1]．

ギリシャの財政赤字問題が顕在化したのは，2009年10月5日の総選挙で誕生したパパンドレウ（Georgios Andreas Papandreou）政権が前政権下での粉飾財政を明るみにしたことに端を発する．同年12月の信用格付け機関によるギリシャ国債の格下げで国債利回り低下とユーロ売りが始まったことから債務危機へと転化した．同じく国債格付け引き下げとなったポルトガルの他，イタリア，アイルランド，スペインなど南欧ユーロ加盟諸国の財政赤字への懸念もあり，これら諸国にギリシャの債務問題が飛び火する事態への恐れから，EUレベルでの対応が求められたのである．ギリシャ政府自身も，欧州委員会やユーロ圏各国の求めに応じ，2009年12月，2010年1月と財政赤字削減計画を策定したものの[2]，金融市場での信用不安の払拭に効果はなかった．

EU首脳レベルで初めてギリシャ問題が議題とされたのは，2010年2月11日の非公式欧州理事会であった．そこでは，必要となればユーロ圏各国がユーロ安定化のために断固たる協調行動をとるということを確認し，対応の具体策は2月16日の財務閣僚理事会（ECOFIN）に委ねられ［European Council 2010a］，前日15日のEuro Groupでの判断を踏まえつつも，実際はギリシャ財政再建案の追認と定期的モニタリングの必要性を確認するにとどまった［Council of the European Union 2010a：7-8］．要するに，この2010年2月中旬段階では，危機意識だけが持たれつつも，ギリシャへの直接的な支援は確定されていなかったのである．なぜか．

それは，ギリシャ支援のあり方につき主に独仏首脳間で見解が異なっていたからである．独アンゲラ・メルケル（Angela Dorothea Merkel）首相の場合，まずはギリシャ自身の財政緊縮路線の徹底に拘るスタンスを示しており，支援す

るにしてもそれは最終手段であって，供与でなく利子つき融資であり，財政緊縮路線のコンディショナリティを条件とすべきと考えていた．3月17日のドイツ連邦議会での演説においても，メルケルは「ギリシャ債務危機は重大な問題だが，ユーロ圏諸国による拙速な支援というのは正しい戦略ではない」「『連帯の迅速な行動』(A quick act of solidarity) は正しい答えでは決してない．むしろ正しい答えは根底で問題を解決すること……それゆえ，ギリシャの緊縮プログラムしか選択肢はない」と述べている[3]．

　フランスのサルコジ (Nicolas Sarkozy) 大統領の場合は，2010年2月11日の非公式欧州理事会後の共同記者会見の場で，「ヨーロッパはギリシャとの『連帯』(solidarity) を示すことにコミットするが，救済計画の詳細は戦略的理由からまだ明らかにできない」と述べており，同じ記者会見の場で，「ギリシャによる緊縮路線の断固継続が示されたことだけが非公式欧州理事会の成果だ」と述べたメルケルとは対照的であった[4]．独仏両首脳の対照的なスタンスは，3月上旬にも現れており，パパンドレウ首相が3月6日にメルケルと，3月7日にサルコジと会談した際，メルケルはギリシャへの直接支援の必要がないことを伝えた[5]のに対して，サルコジは，必要となればユーロ圏としてのギリシャ支援に前向きであることを伝えていた[6]．もちろん，パパンドレウ首相も直接支援は万が一のためで，まずは市場の投機的な動きを封じ込めるようEUが強力な支援メカニズムを導入することを求めるという姿勢であった．

　しかし，独仏の財務相の対応に目を転じると，一見すると，首脳レベルとはねじれた構図も垣間見えた．その例が，IMFの欧州版に相当するEMF (European Monetary Fund: 欧州通貨基金) 創設するというアイディアである．これは，独仏や他加盟国政府と調整しつつ構想中であることを3月8日に欧州委員会が明らかにしたものであり，メルケル政権のショイブレ (Wolfgang Schäuble) 財務相が主張したものである[7]．独首相としてのメルケルが，ギリシャへの支援を固辞するスタンスと比べた場合に，独財務相のショイブレが発案したEMFはその詳細が定まってはいないにしても，支援をする前提での着想ではある．メルケルは，EMFをアイディアとして支持するとしながらも，そのためにはリスボン条約の改訂の必要性を強調した[8]のであり，直近のギリシャ支援のための案として受け入れていなかったものと考えられる．また，EMF創設案について，サルコジの志向に沿いそうではあるものの，フランスのラガルド (Christine Lagarde) 経済財政雇用相は，「現在どうしても必要な優先課題ではない」

と述べ，長期的手段として選択肢とはなりうるが，直近のギリシャ支援策としての有効性には疑問を呈したのであった．

3月15-16日のEuro GroupとECOFINにおいては，ギリシャ支援実施の決定はなされなかったが，ギリシャから支援要請があった場合の支援の枠組としては，ユーロ圏諸国による対ギリシャ二国間融資の方式とすることが合意された［Council of the European Union 2010b：6］．供与ではなく融資であり，かつ，共同融資でなく二国間融資であるという枠組が示されたことは，具体化のレベルとしては一歩進んだことになる．ただ，それでも独メルケル首相は「ユーロ圏各国が安易にギリシャ救済に乗り出すのは正しい戦略ではなく，ギリシャの財政緊縮が最大の解決策」というスタンスを崩さなかったため，パパンドレウ首相は支援の実行可能性への不安と債務不履行への時間的制約からも，IMFへの支援要請も視野に入れざるを得ないとしつつ，3月25-26日の欧州理事会にてEUとしての支援枠組の合意を求めたのであった．

ギリシャ支援へのIMFの関与については，ドイツとしての支援分担は大幅に希釈されることもあって，もし支援するのならばIMFによることをメルケルは主張したが，反対論も根強かった．ギリシャとしては緊縮路線へのコンディショナリティが厳格なIMFからの融資はできれば避けたい選択肢であったし，ECBのトリシェ（Jean-Claude Trichet）総裁やEuro Group議長であるルクセンブルク首相兼経済財務相ユンカーらは，「ワシントンを本拠とする貸し手が関与することは，ユーロ圏が自分たちの問題を自ら解決できないというメッセージになる」として難色を示した．

結果として，欧州理事会の初日にあたる3月25日，ユーロサミット（ユーロ圏加盟国政府首脳会談）の場において，ギリシャ支援を想定した緊急時の支援枠組みとして，支援総額の3分の2をユーロ圏諸国による二国間融資とし，残りの3分の1をIMFによる融資とすることが合意された．また，二国間融資はユーロ圏加盟国の全会一致によるものとし，融資金利には優遇レートなどは適用しないことも合わせて条件として決定された［Euro Summit 2010］．この決定に従い，本節冒頭の4月23日のギリシャによる正式な支援要請に至るのである．6月2日には，ギリシャへの第一次支援策として，ユーロ加盟国による二国間融資800億ユーロとIMF融資300億ユーロを組み合わせた，三か年合計1100億ユーロの支援が決定されるに至った．

こうしてギリシャへの第一次支援策は整ったものの，この間に，債務危機は

ギリシャ以外のユーロ圏諸国に波及する危険が高まってきていた．その恐れから，5月7日の緊急のユーロサミットにて「枠組合意」が結ばれ，EFSF (European Financial Stability Facility：欧州金融安定基金) が創設されるに至った．EFSFは，実質的には，ドイツ，フランス，オランダ，ルクセンブルク，オーストリア，フィンランド各政府の信用力を裏づけとするEFSF債を発行することで資金を調達し，自力で資金調達ができなくなったユーロ圏加盟国へ金融支援を行うものであり，7500億ユーロ規模の基金とされた．既に二国間融資とIMF融資を組み合わせるという方法が決まっていたギリシャへの第1次支援の枠組としてEFSFが用いられることはなかったが，2010年11月にはアイルランドが，2011年5月にはポルトガルが，EFSFによる融資対象となった．これら2カ国は正式に支援対象となった段階で，ギリシャに対する第1次支援での二国間融資は免じられることとなった．なお，スロバキアのみ，ギリシャへの第一次支援での二国間融資を拒否した．スロバキアでは2010年6月12日の選挙を経て発足したイヴェタ・ラジチョヴァー (Iveta Radičová) 中道右派連立政権により，ギリシャへの二国間融資参加の是非の判断が議会に委ねられ，8月11日に否決されたのであった．

(2) ギリシャ債務危機への初期対応：第2次支援策

ギリシャへの第1次支援の開始後，残念ながら債務危機は南欧諸国に波及し，先述の通りアイルランドとポルトガルが支援対象となったが，EU，IMF，ECBによるトロイカ査察団による債務削減の進捗状況のチェックを受けつつ段階的融資の実行が進められたギリシャでも，2011年半ばから国債利回りは上昇し続け，再び債務不履行 (デフォルト) に陥る危険が高まった．

そのため，2011年7月21日のユーロサミットにおいて，ギリシャへの第二次金融支援として，総額約1590億ユーロ規模の融資が決定された [Euro Summit 2011a]．内訳としては，EFSFとIMFによる公的融資分で1090億ユーロ，「民間金融機関による関与」(Private Sector Involvement) 分で370億ユーロが盛り込まれた．前年の第1次支援策には存在せず，第2次支援策で新たに項目として現れた「民間金融機関による関与」とは，「自発的なもの」であり「ギリシャは例外的でユニークな解決策を必要としている」[Euro Summit 2011a : 3] として盛り込まれたものであるが，要するに「ヘアカット」と称される債務減免のことを意味している．想定された債務減免率は21％に相当した．

しかし，この決定は実行に移されないまま時が経過し，10月3日にギリシャ政府によって財政赤字削減目標未達の見通しが発表されるとさらに金融市場が悪化し，その対応として10月26日のユーロサミットにて，支援総額の増加とともに，2020年の債務残高 GDP 比率120％という目標設定がなされ，民間金融機関に対する債務減免率も拡張されることとなった［Euro Summit 2011b］．

この決定の直後の11月初旬には，第2次支援策受け入れの是非につきギリシャで国民投票を実施する意思をパパンドレウ首相が表明する騒動があった．11月1日の首相自身の発言を受け，翌2日には7時間にわたる緊急閣議にて全会一致で方針として承認された[12]．同日は，G20のカンヌ・サミット開催日でもあり，独メルケル首相や仏サルコジ大統領らが，パパンドレウ首相に対し圧力をかけて撤回を促すなど事態収拾に動いた．その結果，11月4日に国民投票方針は撤回され，翌11月5日にはパパンドレウ内閣の信任投票で僅差ながらも信任されたものの，連立交渉に失敗したパパンドレウは首相を辞任し，11月11日に前欧州中央銀行副総裁パパデモス（Lucas Demetrios Papademos）を首班とする，全ギリシャ社会主義運動（PASOK）と新民主主義党（ND）の大連立政権が発足した．

こうした支援受け入れ側での混乱も経つつ，10月26日のユーロサミットで決定した第2次支援策は実行に移されないままであったが，その主たる要因は，IMF からの融資実行条件としての債務残高対 GDP 比率を満たすために，民間銀行や保険会社で受け入れ可能な債務減免の削減率の調整と，その受け入れの説得に時を要していたからである．

結果として，2012年2月21日未明の Euro Group にて，第2次金融支援額を2014年までの期間で総額1300億ユーロに拡張しつつ，民間金融機関の債務減免率は53.5％とされ，利子分を含めた実質債務削減率は70％超ということとなった［Euro Group 2012］．これにより，ギリシャの債務は1070億ユーロ減ることになる．実際，3月に入り，ギリシャ政府は民間のギリシャ国債保有者からの損失受け入れ募集を行い，債券保有者の75％以上の同意で反対する少数派に受け入れを強制できる「集団行動条項」（Collection Action Clauses: CAC）を発動して，債務減免を実現した．この結果，2012年3月20日の国債元利払いでギリシャは債務不履行をなんとか免れることができた．では，なぜ債務減免は民間金融機関のものだけに適用されたのか．ユーロ圏各国の中央銀行も ECB など公的金融機関も当時550億ユーロ相当のギリシャ国債を保有していたのである．これ

については，2011年11月からトリシェに替わってECB総裁となったドラギ (Mario Draghi) により，「公的金融機関がギリシャ政府に対して保有する債権を減免することは，中央銀行やECBによる加盟国政府への融資となってしまう」ので，避けるべきとされたのであった．

2．メゾとミクロの層が交差したEU政策過程

本節では，以上に見た欧州理事会での政策過程による欧州債務危機対応と並行して，EU統治構造の3機関による共同体方式を通じて構築された，経済ガバナンス強化策のEU政策過程を検討する．これはミクロなレベルのEU政策過程ではあるが，形成する対象である政策そのものはメゾレベルの政策を含むものであり，メゾとミクロの政策が交差しながら展開したEU政策過程として位置づけられる．

（1）Six-Packの政策過程

経済ガバナンス強化策の第1弾となったのは，ギリシャへの第1次支援策が実行に移され始めた2010年9月29日に，欧州委員会から立法提案された，通称Six-Packであり，5つの規則案と1つの指令案から成るものであった［European Commission 2010f；2010g；2010h；2010i；2010j；2010k］．これは，従来からの「単年度赤字対GDP比3％，政府債務対GDP比60％」の財政規律基準ルールである安定成長協定（以下，SGP）を，基準自体は変えないものの，予防措置の面では，理事会勧告での意思決定での「逆特定多数決制」（準自動化）[14]導入し，是正措置の面では，違反の場合の制裁発動につき，従来は単年度赤字だけを基準としていたものを，政府債務も基準として考慮するものであった[15]．政府債務については，対GDP比で60％を超える場合，それを年平均で20分の1減少させることが求められる．是正措置として，勧告に従わない当該国に対して超過赤字手続（Excessive Deficit Procedure）が取られ，段階的に有利子供託金（前年度GDP比0.2％）→無利子供託金→制裁金となる仕組みで，そのすべての判断が「逆特定多数決制（準自動化）」で決定されるとされた．ただし，この是正措置の制裁金の仕組みはユーロ圏加盟国にのみ適用されるものである．

加えて，Six-Packには，SGPだけでなく，リスボン戦略のもとでEU加盟国の経済政策の調整のために，いわば「ソフトロー」として機能してきた広範

経済政策ガイドライン（BEPGs）についても，基準は明確でないものの，それからの逸脱を制裁対象とする仕組みへと強化する内容を含むものであった．その意味で，メゾレベルの政策でありソフトローである BEPGs を，ミクロレベルの共同体方式の政策過程を通じてハードロー化した事案と言えるだろう．

　欧州委員会による提案後，欧州議会の第一読会本会議で Six-Pack について議論が行われたのは2011年6月22日（票決自体は翌23日）及び同年9月28日（閣僚理事会との調整合意案を経た最終票決）であった．この欧州議会での票決における特徴は，中道右派で最大会派の EPP と中道左派で第二会派の S&D（従来のPES）との間で，割れていたことである．本会議までに Six-Pack の各法案を担当する6人の報告者（Rapporteur）[16]が割り当てられており，そのうちの2人が EPP 所属議員で SGP 強化の法案を担当し，S&D 所属議員からはフェレイラ（Elisa Ferreira）が BEPGs 強化の法案を担当した．各報告者からの報告書は，欧州委員会による提案法案の条文修正が主たる内容であり，それらの各修正項目への賛否が票決に付されることになる．

　6月23日と9月28日の両日ともに，S&D 所属議員らは自会派のフェレイラ担当の BEPGs 強化の法案だけには一斉に賛成し，その他5人の報告者が担当する法案については一斉に反対するという傾向を見せ，一方の EPP 所属議員らは，6つの全法案に賛成というスタンスであった[17]．結果として6法案とも可決され，2011年11月16日に欧州議会と閣僚理事会との間での署名を経て成立し，同年12月13日から Six-Pack は発効した．

（2）Two-Pack の政策過程

　Six-Pack の成立直後の2011年11月23日，欧州委員会から，通称 Two-Pack と呼ばれる2つの規則案 [European Commission 2011b；2011c] が提案された．一方の法案である COM（2011）819 は，財政危機に陥っているか又はそうなる恐れがあるユーロ加盟国の予算への統制に関わるものであり，もう一方の COM（2011）821 は，財政危機への恐れの有無に関わらず全ユーロ参加国の次年度予算案への統制に関わるものである．その案によると，全ユーロ参加国は毎年10月15日までに欧州委員会に次年度の自国の予算案を提出することが求められ，各ユーロ参加国から提出された予算案につき，財政状況の維持が困難と判断される場合には，欧州委員会は予算案の変更と再作成を求めることができる．その欧州委員会の判断に対して，加盟国側に法的遵守義務はない．しかし，Six-

PackでのSGPやBEPGsの強化という次元を超えて，ユーロ参加国の次年度予算案そのものを国内で可決する事前段階で欧州委員会が変更要請できるという仕組みであり，EUが国家主権の根幹に直接的に関与することになる内容として評価できよう．なお，Two-Pack法案と同日に，欧州委員会はいわゆる「ユーロ共同債」（Stability Bond）導入の実現可能性を問うグリーンペーパー（広聴文書）を併せて出している [European Commission 2011a].

　欧州委員会によるTwo-Pack法案提出後，閣僚理事会のECOFINでは，2011年11月30日，2012年1月24日，2月21日と審議されてきたが，法案原案につき実質的な修正はほとんどなく，ほぼ合意ができていた．

　欧州議会では，所管の経済金融委員会（Committee on Economic and Monetary Affairs）に付託され，報告者としてはCOM (2011) 819はEPPのゴーゼ議員（Jean-Paul Gauzès; フランス UMP）が，COM (2011) 821はSix-Packの審議でも1法案を担当したS&Dのフェレイラ議員が選ばれ，2012年1月9日を皮切りに毎月審議された．当初から，中道左派S&Dは欧州委員会によるTwo-Pack法案を「緊縮財政路線のみに偏ったもの」と認識し，経済成長促進に焦点を当てた条項を盛り込むことを目指した．中道右派EPPは，2012年3月に政府間合意として調印された財政協定（Treaty on Stability, Coordination and Governance in the Economic and Monetary Union: TSCG）の要素をより具体的にEU法のなかにできるだけ多く溶け込ませようと意図していた．それゆえ，両報告者による各法案への修正内容もそれぞれのスタンスを反映するものであった．より顕著であったのは，S&D所属のフェレイラ議員の報告書による原案修正内容であり，各国予算案の事前統制の強化を歓迎しつつも，原案には無かった欧州債務償還基金（debt redemption fund）や，ユーロビル（Euro bill: ユーロ共同債よりも償還期間が短期的なもの）の導入について書き加える修正が施されていた．つまり，Two-Pack法案と同時に欧州委員会が出したグリーンペーパーの着想をTwo-Pack法案に盛り込もうとしたのである．

　2012年5月14日の経済金融委員会で，両報告者による各法案の報告書に対する票決を行う予定だったが，当日になってS&D所属議員らから票決延期が求められた [European Parliament 2012b]．その理由は，直前の5月6日にフランス大統領選挙にてサルコジが破れ社会党のオランド（François Hollande）が次期大統領となることが決まり，また同日のギリシャ議会総選挙にて二大政党の中道右派NDと中道左派PASOKを合わせても過半数に届かず，連立協議もま

とまらずに6月に再選挙となる等の政治環境の変化を受けて，それに合わせて報告書案を練り直す必要があるからとのことであった．このS&D所属議員らの延期要請を受けて，それでも両報告書への票決を実施するか否かにつき票決が行われたところ，実施賛成21延期賛成19棄権3で実施が決まった．引き続き行われた両報告書への票決では，S&D所属議員らは棄権に回り，ゴーゼ議員の報告書は賛成25反対4棄権13，フェレイラ議員の報告書は賛成18反対12棄権14という結果となり，両方可決された［European Parliament 2012c：2-3］．しかし，S&D所属議員らの棄権によって拮抗的結果となったことから，通常ならば欧州議会内委員会で可決された後に，その報告書をもとに欧州議会側と閣僚理事会と欧州委員会による「非公式三者対話」（Trilogue）での調整が始められるところ，それは延期とし，代わって，両報告書案を欧州議会本会議に付託して，欧州議会全体としての賛否の度合いを確かめることで意見が一致した．

その欧州議会本会議では，審議及び票決が6月13日に行われ，ゴーゼ議員の報告書に基づくCOM（2011）819修正案は賛成471反対97棄権78で，フェレイラ議員の報告書に基づくCOM（2011）821修正案は賛成501反対138棄権36という結果で可決された．ここでは，Six-Packの票決のときとは異なり，両法案ともに中道右派EPPと中道左派S&Dが一致して賛成票を投じた［European Parliament 2012d］．この欧州議会本会議で可決された報告書を踏まえて，2012年7月以降，「非公式三者対話」が7回開催された［de la Parra 2013：15］．この過程で，欧州債務償還基金やユーロビルを忌避する加盟国政府が出てきたこともあり，それらを削除する方向に傾いたため，そのこと自体に反対したS&D所属議員らの要請で2012年12月には「非公式三者対話」の交渉が停止された．その妥協策としては，2013年2月に欧州委員会が欧州債務償還基金やユーロビル導入を検討する専門家グループを立ち上げることとし，しかしやはり法案にはそれらを盛り込まないということでで妥協され，その案をもとに再度2013年3月12日に欧州議会本会議での票決が行われた．

その結果，ゴーゼ議員が担当したCOM（2011）819は，賛成528反対81棄権71，フェレイラ議員が担当したCOM（2011）821は，賛成526反対86棄権66で可決した．両修正法案ともに，中道右派EPPと中道左派S&Dともに一致して賛成票を投じている［European Parliament 2013a］．その後，欧州議会と閣僚理事会と間での調印に基づきTwo-Packは2013年5月21日に成立・発効した．

（3）2つの政策過程をまたいで展開する政治的アクターの選好とその論理

　以上のSix-PackとTwo-Packを通じた経済ガバナンス強化の政策過程を，政治的アクターの選好の論理の観点から検討してみよう．解釈の鍵となるのは，Six-Packでは基本的に反対しTwo-Packには賛成した中道左派S&Dのスタンスである．Six-Packへの反対の理屈は，「緊縮財政だけを押しつけるSGP強化は，ギリシャ等の債務危機に陥っている国の経済をますます弱らせているだけに過ぎない」というものであり，緊縮財政路線一辺倒では正しくないという主張になる．しかし，S&Dのフェレイラ議員が担当したBEPGs強化法案についてはS&DもEPPとともに賛成をしているのであり，そのBEPGs強化法案にも最終的には逸脱の際の制裁の要素が含まれている．だから，EUからの法的義務の押し付けや加盟国主権侵害を忌避するからこそ，S&DはSix-Packに反対するのだという理屈では辻褄が合わない．BEPGs強化法案にだけはS&Dが賛成した理由の可能性としては，単に同会派議員が報告者として担当した法案だからというものか，別の理屈でもなければ説明がつかない．それはTwo-Packにおいて見えてくるのである．

　Two-Packでは，BEPGs以上に国家主権事項に直接踏み込み，各国予算案そのものをEUや欧州委員会が事前統制するという内容であり，ユーロ参加国間での政治統合を進める効果を持つものと評価できる．これについても，S&Dは賛成のスタンスを示していた．つまり，S&DはEPPとともに，国家主権がEUに委譲されるベクトルでの統合については「賛成」である．しかし，Two-Pack法案の審議過程から明らかなように，S&Dが各国予算に踏み込みつつ統合の進展に賛成するのは，経済政策の路線として，緊縮ではなく，欧州債務償還基金やユーロビルを実現して成長路線へと促すための前提としているからである．法的強制力をもって成長路線を確実に徹底させる手段となるからこそ，国家主権のEUへの権限委譲にも同意するというスタンスをとるわけである．[18]そして，2012年6月13日のTwo-Pack法案の1回目の欧州議会本会議での票決結果からして，EPPもこのスタンスに賛成していたのであった．しかし，その後の「非公式三者対話」の過程で，このスタンスでの法案成立は困難となり，結局はユーロビルの要素が削除されて，その代わりにユーロビル検討の専門家グループを立ち上げるという案で妥協されたうえで，国家からEUへの権限委譲の要素だけを強化する形でTwo-Packは成立・発効した．この国家予算案への事前統制の仕組みは，もちろん緊縮財政路線の遵守強化に活用

されることになる．そのため，S&Dとしては，自らが反対している「緊縮財政路線」をむしろ強化する結果となってしまう形での「統合」の推進に手を貸してしまったということになるであろう．

3．EU政策過程の体系性におけるヒエラルキー関係

　第1節では，集中的な政府間主義の政策過程として，欧州理事会を舞台に，基調としては財政健全化と緊縮財政遵守が規範として維持され，それが一貫してきたことを見た．ただし，それを前提としつつも，構築された支援枠組のバリエーションにおいて，付加的な形で，支援負担を共有化する要素も時折見出せるというのが，ギリシャ債務危機対応でのストーリーだった．たとえば，第1次支援策では，メルケルによる自己規律的な緊縮財政遵守路線の影響を受けながらも，構築された支援枠組であるEFSFは，二国間でなく共通化された融資枠組という意味で，支援負担を共有化する要素が強まったものであった．このEFSFにIMFを加えた第2次支援策では，既に支援が前提となっている状況下で，「支援側と被支援側」の関係以上に，支援側の間での「誰がどのように負担するか」を巡っての駆け引きがクローズアップされた．そこでは，IMFという外在的条件による制約を受けながら，「自発的」な債務減免の強制という形で，「公」が「私」に優先するという構図をはらむものだった．この欧州債務危機対応のEU政策過程は，欧州理事会を舞台としており，基本条約改正そのものではないために正確には機能が異なるものだが，マクロレベルのメタポリシー次元のEU政策過程になぞらえられるかもしれない．

　一方，第2節で見た，それらと並行した経済ガバナンス強化策のEU政策過程はメゾとミクロのレベルが交差したものと位置づけられよう．この政策過程の検証からは，第1節で見たマクロレベルで基調をなしてきた規律重視型の緊縮財政路線への問い直しを迫る議論が展開されていた．欧州議会の中道左派の政治会派であるS&Dが，BEPGs強化からユーロ圏各国予算案の事前統制へと至る選好を示しながら，加盟国の主権制約とEU権限強化を志向したのは，緊縮財政強化のためではなく，むしろ成長重視路線へとシフトし，その実行の確実性を高めるためだった．この議論では，規律性・義務性の内容が反転されつつ，ユーロビルのアイディア等の負担の共有化ないしは連帯性を志向するアプローチが読み取れるのであり，基調としては，経済成長路線のより確実な履

行を優先するがゆえに EU への権限委譲を志向するというスタンスであった．そして，中道左派 S&D のこの路線につき，少なくとも Two-Pack 法案への 1 度目の欧州議会本会議での票決においては，志向の強度はさておき，中道右派 EPP も同意していたのである．ここからは，「緊縮財政路線」か「成長重視路線」かという，債務危機対応における構想が正反対であっても，その処方箋は EU の各加盟国への統制を強制するというアプローチで一致することにあるのであり，いずれのアプローチが採択されるにせよ，EU の権限を強化することにつながり，実際にそうなった状況を看取することができたであろう．ここには，EU での統合の進展メカニズムが，決して自動的に作用しているわけではなく，中道左右の政治的アクター間での社会経済的次元での対立軸においての選好の相違が，弁証法的に乗り越えられてか，もしくは最大公約数的な一致点として，EU の権限強化という形で政治的に生み出されたことがよく露呈しているのである．

　ただし，メゾ・ミクロの政策過程においては，マクロなレベルでの議論に対抗的な「経済成長路線」の要素を含む法案が，「非公式三者対話」の過程を経るなかで，「経済成長路線」の要素が削ぎ落され，最終的な内容としてはマクロレベルで一貫して基調をなしてきた「緊縮財政路線」に資するものとなった．本事例で厳密に実証できているわけではないが，メゾ・ミクロレベルの政策過程へと，マクロなレベルの政策過程の選好が介在して影響力を及ぼしたとも考えられる．このことは，EU の政策過程を体系的に捉えたときに，マクロの政策過程の権力がミクロの政策過程へと及ぶヒエラルキー関係の存在可能性を感知させるのである．

4．「政策包含」と「政策移植」を通じた「併設」と「転用」

　本章で検討した欧州債務危機対応の EU 政策過程において，欧州委員会が活用した「戦略としての政策変化の類型」をどこに見出せるだろうか．また，欧州委員会が，政治的アクター間の見解相違を視野に入れながらも，政策案の合理性を確保するために採用した戦略はいかなるものであったか．これらにつき，以下で 3 点にまとめて示す．

図 6-1　ヨーロピアン・セメスターの概念図

（1）「政策包含」：ヨーロピアン・セメスターによる
　　 枠組創出を伴う「併設」の技術

　第1に指摘できる特徴は，Six-Pack と Two-Pack の提案が「ヨーロピアン・セメスター」（European Semester）という枠組に位置づけられたことである．ヨーロピアン・セメスターとは，第5章で見た，リスボン戦略での統合ガイドラインの後継に相当する EUROPE2020 をさらに包含する枠組として新たに概念創出されたものである．（図6-1参照）

　このヨーロピアン・セメスターの残余領域に，Six-Pack の場合であれば，SGP を位置づけて，この SGP と EUROPE2020（の BEPGs）と連動させることが行われた．SGP 自体も年度での評価サイクルで運用されてきたが，これに BEPGs を同期化させるパターンであり，リスボン戦略の統合ガイドライン構築において EES を BEPGs に同期化させたのと同様のことが行われたのである．第5章第5節では，リスボン戦略の統合ガイドラインが EUROPE2020 へと引き継がれる際に，BEPGs と EES とのバランスに転倒が見られ，構造改革路線よりも社会面が強化されたことを指摘した．しかし，結局，Six-Pack によって BEPGs が SGP と同期化されることにより，SGP の「単年度赤字対 GDP 比3％，政府債務対 GDP 比60％」の財政規律ルールが明確な上位規範となって，結果として，EUROPE2020 も，EU 加盟国に緊縮財政路線を促すことになるわけである．

　Two-Pack は，Six-Pack 成立直後に欧州委員会から提案され，同じく，ヨーロピアン・セメスターのうちの（EUROPE2020 ではない）残余領域に別の制度を併設しつつ関連づけるというものだった．ただし，Two-Pack で EUROPE2020 と関連づけられたのは，SGP のように従来からの EU 政策ではなく，事前監

視対象である加盟国予算案そのものだったのであり，ここにEUと加盟国の間の実質的な権限移転の要素が見出されたのであった．

　ヨーロピアン・セメスターという新規の包括的枠組を創出し，そのなかに従来からの政策・制度（この場合でならばEUROPE2020）を包含して，その残余部分に別の政策・制度（この場合でならばSGPや加盟国予算案）を「併設」させるという方式は，その残余部分に後から何でも追加できるバスケットを設けるという意味で，マホニーとセーレンによる制度変化の類型での「併設」概念では明確に意識されていない要素であろう．併せて指摘すれば，このヨーロピアン・セメスターでの「政策包含」の論理は，第4章や第5章で検討した「公共サービス」の概念操作や言説戦略にて，既存のSGEIという概念を包含する新概念のSGIを創出し，その残余領域を有意に概念化して活用していた際の欧州委員会の戦略と完全に符合するものといえるだろう．

（2）「政策移植」：「併設」と「転用」を同時に伴う機能強化

　Six-Packによって，BEPGsと，それ自体が強化されたSGPとがどのような意味で連動されたのだろうか．それは，SGPの予防措置と是正措置の両面で強化された仕組みを，そのままBEPGsでも同じく適用するということである．ただし，SGPと違いBEPGsでは「逸脱」基準は明示されていない．しかし，判断対象となる各国の経済政策とは何かと考えると，これも明示されていないが，EUROPE2020の統合ガイドラインに沿って各加盟国が欧州委員会に毎年提出することとなった加盟国改革プログラム（NRP：報告機能も兼ねるもの）に他ならないと考えられる．

　ここから，含意されることは，Six-Packにより，BEPGsの機能にSGPと同様の機能が備え付けられた，すなわち，政策機能の「移植」が見られたということである．SGPの仕組みをBEPGsに盛り込むという意味での移植である．従来のBEPGsは「勧告」であるためにその内容の遵守につき法的義務は無かったのに対して，SGPの場合は，明確な数値基準とともに目標達成につき罰則付きで法的義務が伴うという状態だった．それがSix-PackによりBEPGsはSGPと同様の効力を有することになったのである．

　つまり，SGPとの「併設」によって，BEPGsは無機能化されたわけではない．むしろ，「併設」される別政策・制度からの機能移植を通じて，その別政策・制度であるSGPの補完物として「転用」されながらも，BEPGsそれ自体

の機能は強化されたのである．そして，これに伴って，BEPGs に関わる（より正確には統合ガイドラインの一角をなす EES の要素も含む）NRP を元に制裁金の可能性が設けられたことは，欧州委員会の判断により，NRP を逸脱した加盟国に罰則が適用される可能性が生じたことを意味する[19]．

（3）政治的アクター間の対抗状況と欧州委員会による政策提案の技術

Six-Pack でも Two-Pack でも，政治的アクター間で，欧州議会の中道二大政党会派である EPP と S&D の間に，「緊縮財政路線」をとるのか「経済成長路線」をとるのかを巡る見解相違が見られた．すなわち，第2章で見た EU の政治的対立構造での表現を用いれば，「社会経済的左右次元」の対立軸において，EPP が「緊縮財政路線」を志向する右に位置し，S&D が「経済成長路線」を志向する左に位置したのである．ただし，その左右は違えども，両陣営がそれを確実に達成するための方法として，「EU―国家次元」の対立軸では，EU の権限を強化する選好を有する点では一致していたのであった．

これに関して，官僚制たる欧州委員会自身の選好はいかなるものであろうか．第3章のマクロなレベルでの検証状況から見ても，「EU―国家次元」において，欧州委員会は EU の権限強化を志向する選好であると想定できよう．一方で，「社会経済的左右次元」においては，欧州委員会は，経済政策面では EU 域内単一市場形成に伴う市場自由化志向であり，経済政策面については自由主義である傾向を第2章でも指摘しておいた．そして，この欧州委員会の選好の傾向は，第4章や第5章でのミクロレベルの EU 政策過程の事例研究からも裏付けられた．すると，EPP の「緊縮財政路線」と S&D の「経済成長路線」のいずれかで言えば，欧州委員会の「社会経済的左右次元」の選好は EPP に近いであろう．

問題は，欧州委員会が「EU―国家次元」と「社会経済的左右次元」のいずれの対立軸での選好をより重視するかである．これを正確に特定することは困難だが，この欧州債務危機対応の事例からは，「EU―国家次元」をより重視する政策提案行動を示していたと言えよう．EPP も S&D も，EU の権限を強化する点では欧州委員会の選好に沿っていたのであり，欧州委員会としては，Six-Pack も Two-Pack も「EU―国家次元」での選好に沿えば，最終的に正式な政策として成立することが最優先される．特に，Two-Pack は EU 加盟国予算に EU や欧州委員会が事前に監査する権限の獲得に絡むのであり，EPP と

S&D の反目によってそれが不成立に終わることは，欧州委員会にとっての損失となる．

　そこで欧州委員会が政策提案の技術において工夫をしていたのが，Two-Pack 法案とともに，「ユーロ共同債」(Stability Bond) 導入の実現可能性を問うグリーンペーパーを出すことだったのである．これを併せて出すことにより，Two-Pack は，「社会経済的左右次元」において右側の「緊縮財政路線」一辺倒ではなく，中立的であることを印象付けることができる．実際，欧州委員会による Two-Pack 法案提案後の欧州議会での審議過程において，中道左派の S&D は，まだ広聴段階にあるユーロ共同債のアイディアを Two-Pack 法案の実質的要素として盛り込む修正案を提出した．[20] これは欧州委員会の想定どおりであろう．欧州委員会としては，最初の段階で「経済成長路線」についても配慮している姿勢を示しておかないと，S&D が Two-Pack 法案の審議自体を拒否する可能性があり，そうなってしまうと，欧州委員会が「EU―国家次元」で本当に欲している加盟国予算事前監査権限を得る可能性自体を失うことになってしまう．そこで，Two-Pack 本提案には含めず，広聴文書で対抗的要素に配慮した案を併せて出すというグラデーション設定を施すことで，欧州委員会の「社会経済的左右次元」での選好傾向が緊縮財政路線寄りであることを表しつつも，EPP にも S&D にも受入可能な両論併記的な提案を戦略的に行ったということができるだろう．そして，結果として，S&D が志向した「経済成長路線」の要素は削除されつつ，Two-Pack 法案は成立したのであり，政治的アクターのうちで選好が近いもの，このケースでは EPP と連携しながら，欧州委員会は「EU―国家次元」でも「社会経済的左右次元」でも自らの選好に近似した結果を得ることに成功したのであった．

5．緊縮財政路線に対する反発と文化的対立軸の顕在化

　本章で見てきた2010年代初頭の欧州債務危機対応の EU 政策過程においては，特に「経済成長路線」という対抗言説としての異論が出されても，危機対応の方法として基調をなしてきた「緊縮財政路線」が継続してきた．そして，それを可能としたのは，第4章や第5章でも見てきたように，ミクロ・メゾの両レベルを跨ぎながら，欧州委員会が，「公共性」の概念操作を戦略的に用い，また，本来的に OMC として法的拘束力がない政策類型をガイドライン形式で抱

き合わせて「併設」「転用」を駆使したことの結果でもあった．しかし，これは，第2章で見たEUの政治的対立構造での「社会経済的左右次元」（自由市場志向か社会的規制志向か）における右派にばかり有利な政策・制度状況を，EUや欧州委員会が構造的に強化している．すなわち，新自由主義とマネタリズムのパラダイムに沿ったEUの経済政策を構造化しているものとして批判されれながら，左派からの不満，とりわけ債務危機の当事者となったギリシャを含めた南欧諸国を中心に，欧州懐疑主義や反EU勢力が伸張する結果を招いている．

　他方で，この欧州債務危機とほぼ同時に，2010年代に入って以降，2000年代一桁の時期には顕著ではなかったEU政策の争点が出てきている．すなわち，第2章で見たEUの政治的対立構造において，「単一の左右次元」として「社会経済的左右次元」と融合的に捉えられていた，「環境―保守次元」（環境・リバタリアン志向か伝統・権威・保守志向か）に直接的に関わる争点がEU政策過程に出現するようになってきている．

　その理由としては，制度的には，2009年12月に現行のEU基本条約であるリスボン条約が発効したことに伴い，概ねリバタリアン志向に沿った価値観が反映された欧州基本権憲章が正式に発効したことが挙げられるが，社会構造や政治変動の観点からすれば，2004年の中東欧諸国のEU正式加盟以後，その新規加盟国から大量に移動してきた移民との関わりで，主に従来からの加盟国社会において，文化的な価値観を含めた問題が遅効的に噴出してきたからだと理解できる．そして，とりわけ移民の問題は，第2章の政治的対立次元でも明らかにされていたように，「環境―保守次元」での保守陣営の強力な反EUの志向性を規定するものでもあり，この問題がEU政策過程でも本格的に顕在化してくるのが2010年代ということになるのである．しかも，この「環境―保守次元」は，第2章で見た仮説においても，「社会経済的左右次元」と融合的に「単一の左右次元」として観念されていたように，「社会経済的左右次元」でのEU政策過程にも影響を及ぼすこともあるだろう．たとえば，移民に関わる問題も，移民受入国社会とのライフスタイルの差異から生じる摩擦の問題と捉えればそれは「環境―保守次元」の事象であるが，同時に，安価な労働力として移民受入国社会の雇用情勢に影響する問題であると捉えれば，それは「社会経済的左右次元」の事象でもある．

　このように，2010年代のEU政治行政を取り巻く環境や基底的な社会構造が従来の状況から変化し，この社会構造の変化がEU政策過程にも反映されると

き，それに EU の行政官僚制たる欧州委員会はうまく対処できるのであろうか．政治的アクターの選好自体も社会構造の変容に伴って変質するのであれば，その状況も把握しなければならない．本章までの事例研究でも見てきたように，主に経済政策を中心とした EU 政策過程に関しては，EU 域内市場形成に伴う市場自由化志向の傾向を持つ欧州委員会は「戦略的な政策変化の類型」と言説・概念の操作を駆使しつつ，（限定されながらも）合理性の実現に概ね成功してきたと評価できる．では，2010年代の社会構造の変化が反映された EU 政策過程の展開において，欧州委員会は引き続き合理性を追求できているのであろうか．以上の問題関心に誘われながら，次の第Ⅲ部（第7章）での EU 政策過程の事例を検討していく．

注
1) 以降の流れも含め，ユーロの制度上の危機も合わせ論じたものとして田中［2016］を参照．
2) 1月は，脱税取り締まり強化や防衛費の削減，公務員の賃金凍結，年金受給年齢の引き上げ，医療改革などで財政赤字を対 GDP 比で2009年の12.7％から2010年に8.7％，2011年に5.6％，2012年に2.8％に引き下げる計画．
3) *EurActiv* 18/03/2010 Merkel wants scope to expel Eurozone trouble maker.
4) *EurActiv* 11/02/2010 EU leaders withhold details of Greece rescue plan.
5) *The Guardian*, 5 March 2010 No financial help for Greece, Merkel tells Papandreou.
6) *The Guardian*, 7 March 2010 Nicolas Sarkozy pledges French support for beleaguered Greek economy.
7) *Financial Times* March 11, 2010 Why Europe's monetary union faces its biggest crisis By Wolfgang Schäuble.
8) *EurActiv* 18/03/2010 EU at odds over treaty change for EMF.
9) *Financial Times* March 14, 2010 Lagarde criticizes Berlin policy.
10) *EurActiv* 24/03/2010 German consent for helping Greece has strings attached.
11) EFSF FRAMEWORK AGREEMENT (the "Agreement").
12) *EurActiv* 02/11/2011 Greek referendum gamble panics leaders, markets.
13) 次の①～④が SGP の強化，⑤⑥が BEPGs の強化のための法案である．
　① COM (2010) 526 2010/0280/COD Proposal for a Regulation of the European Parliament and of the Council amending Regulation (EC) No 1466/97 on the strengthening of budgetary surveillance and coordination of economic policies.
　② COM (2010) 522 2010/0276/CNS Proposal for a Council Regulation amending

Regulation (EC) No 1467/97 regarding speeding up and clarifying the implementation of the excessive deficit.

③ COM (2010) 524 2010/0278/COD Proposal for a Regulation of the European Parliament and the Council Directive on the effective enforcement of budgetary surveillance in the euro area.

④ COM (2010) 523 2010/0277/NLE Proposal for a Council Directive of on requirements for the fiscal framework of the Member States.

⑤ COM (2010) 527 2010/0281/COD Proposal for a Regulation of the European Parliament andof the Council on the prevention and correction of macroeconomic imbalances.

⑥ COM (2010) 525 2010/0279/COD Proposal for a Regulation of the European Parliament and of the Council on enforcement action to correct excessive macroeconomic imbalances in the euro area.

14) 基本的には勧告を発することとしておき，もし勧告を差し止める場合には，その差し止めの決定に特定多数決を必要とすることを指す．

15) 政府債務については，対GDP比で60％を超える場合，それを年平均で20分の1減少させることが求められる．また，是正措置として，勧告に従わない当該国に対して超過赤字手続（Excessive Deficit Procedure）が取られ，段階的に有利子供託金（前年度GDP比0.2％）→ 無利子供託金 → 制裁金となる仕組みで，そのすべての判断が「逆特定多数決制」（準自動化）で決定されるとされた．ただし，この是正措置の制裁金の仕組みはユーロ圏加盟国にのみ適用されるものである．

16) Corien Wortman-Kool (EPP：蘭キリスト教民主同盟)，Diogo Feio (EPP：ポルトガル民主社会中道・人民党)，Sylvie Goulard (ALDE：欧州自由民主同盟グループ)：フランス民主独立連合グループ／民主運動)，Carl Haglund (ALDE：フィンランドのスウェーデン人民党)，Elisa Ferreira (S&D：ポルトガル社会党)，Vicky Ford (ECR：欧州保守改革グループ)：英保守党) の6人である．

17) Roll Call Vote P7_PV(2011)06-23(RCV) 及び P7_PV(2011)09-28(RCV) で確認．

18) 尾上［2014：328］は，自身も共感しつつ，フランスの研究者に多い立場として，ユーロ共同債の導入とともに，強固にコントロールされた金融システムを持つ経済連邦制を志向するとしている．これは現実政治から少し距離を置いた研究者の志向ではあるものの，ここでのS&Dの立場とほぼ符合するものであろう．

19) この点について，最終成立のSix-Packを閣僚理事会で採択する直前の2011年10月28日付で追加文書としてオーストリアが声明を出して懸念しているのが興味深い．Brussels, 28 October 2011 (03.11) COUNCIL OF THE EUROPEAN UNION Interinstitutional File: 2010/0280 (COD) 15998/11 ADD 1 Statement by Austria Economic Governance Package.

20) ここでは，法案の審議・成立に消極的なS&D陣営に対する間接的な誘引として，ユ

ーロ共同債というアイディアを欧州委員会が意図的に用いた可能性があり，それが最終的には，欧州委員会の選好に近い結果をもたらすことに成功したという論理が成り立つことに注目したい．この事例とは文脈が異なるが，アイディアが直接的にアクターの選好に作用することで生じる政策変化の論理を中心としながら，アイディアが政策変容をもたらす類型への洞察を含むものとしては，秋吉［2006］を参照．

第Ⅲ部　社会構造変化とEU政策過程

第 7 章　2010年代の文化的対立軸をはらむEU政策過程

1．EU政策過程におけるリベラルと保守の対抗関係

（1）EU政策過程に新たな対立軸が入り込む契機

　EU政策過程を，EU域内のガバナンスに関わる「内政」現象として捉えるとき，その政治的対立軸は，従来は経済面での左右次元を中心に展開してきた．たとえば，EU域内単一市場での脱規制や再規制の密度，域内経済格差是正の問題，債務危機の対応問題（緊縮財政路線か経済成長路線か）などである．しかし，2010年代に入り，EU域内に起因する事象を契機として，第一義的には経済面からは規定し難い「リベラル―保守」の価値に関わる対立次元が，EU政策過程で現れ始めている．

　たしかに，リベラルな価値の表出としての環境政策がEUで取り組まれるなかで，環境規制の密度がEU域内市場での自由な経済活動との関係で争点となるケースが従来見られてきたが，これは半ば経済面の対立軸に吸収されたものだった．また，保守的価値の表出形態としては，いわばナショナリズムや国家主権を重視する加盟国政府の選好が，EUの基本条約改正交渉期間という時限的範囲において，EU―加盟国間での権限配分問題として争点化することはあった．しかし，確定した基本条約に基づき展開される，ミクロなレベルでの通常のEU政策過程の場において，保守的価値に関わる争点が扱われることはなかった．不法移民としての第三国民が引き起こす犯罪・テロ対策も保守的価値に関わる事象ではあるが，EU域外に由来する対外問題としての性質を帯びてきた．

　ところが，2010年代に入ると，EU域内に起因する「リベラル―保守」に関わる争点が，ミクロなレベルのEU政策過程，特に，欧州議会の審議過程で対

立軸を構成するという新たな事象が生じている．その表出形態は，EU 域内で保守的価値に関わる問題が発現し，それが経済的対立次元に回収されることもなく，「リベラル―保守」の独立した対立次元での剥き出しの争点として，欧州議会で審議対象になるというものである．具体的な審議対象は，本節の事例で取り扱う，民族的マイノリティへの差別的待遇に関わる仏・サルコジ政権によるロマ追放問題，及び，民主主義や「法の支配」の尊重の侵害疑惑に関わるハンガリーのオルバン（Viktor Orbán）政権の統治スタイルの問題である．ここでは直接に検証範囲に含めないが，2015年10月成立のポーランド「法と正義」政権の統治スタイルも，ハンガリーのオルバン政権に類似する形で争点化している．こうした EU 域内起源の保守的価値の表出に直面して，リベラルな価値を尊重する勢力が対抗的に追及するという構図が，欧州議会を舞台にして生じ始めている．

　もちろん，当のヨーロッパ地域で，こうした「リベラル―保守」の対立次元に関わる諸問題は以前から存在した[1]．ただ，それらは各国内政治という相対的に閉じた政治空間内で処理される一方，EU 政治のアジェンダとなることは無かった[2]．では，なぜ，2010年代から EU 政策過程でのアジェンダ化が可能となったのか．その理由は，決定的には，2009年12月発効のリスボン条約に連動する形で，とりわけリベラルな価値観に則った欧州基本権憲章が正式な法的拘束力をもって発効し[3]，「リベラル―保守」次元の問題に EU が関与する制度基盤が整ったからである．欧州基本権憲章は，民主主義や「法の支配」の原則の確認に加え，表現の自由，年齢・性別・宗教・民族・性的指向性等を含む平等の保障などを規定しており，総じてリベラルな価値に沿う内容である．そのため，これらの法的根拠とともに，EU 域内でリベラルな価値に抵触する保守的な現象が生じる場合，あるいは，リベラルな価値を能動的に推進する動きに対して保守的な価値を尊重する勢力がその阻止を試みる場合に，「リベラル―保守」の対立契機が，通常の EU 政治過程の場に持ち込まれることが可能になったのである．

　本節では，この2010年代の EU 政策過程での「リベラル―保守」次元に基づく対立構造を，とりわけ欧州議会での政党会派間の連携・対抗状況に見出し，そこで争点化した点で共通する 3 つの事例を通じて解明するとともに，欧州委員会による対処方法がどのようなものであったのかを見ていく．3 つの事例のうち 2 つは，先述の仏・サルコジ政権によるロマ追放，ハンガリー・オルバン

政権の統治スタイルが争点化された事例である．これらは主に保守的価値に関わる事象がリベラルな価値の志向勢力から追及される構図が欧州議会で展開した事例であり，リベラル勢力からすれば，望ましくない制約要素の除去に関わる「消極的自由」の追求行為と見ることができる．第3の事例としては，同時期に，リベラルな価値の志向勢力が「積極的自由」の追求行為として能動的にその価値の実現を目指し，それに保守勢力が対抗した事例として，男女平等というリベラルな価値の実現に関わる「企業社外取締役のジェンダーバランス改善に関する指令案」の審議・票決状況を取り扱う．第1事例と第2事例は，域内由来事象をもとに保守的価値が明確に争点化したものであり，第3事例は前2者と対照検証するリベラル牽引型の事例として同時期・同アクター（欧州議会の議員構成が同一）によるもの事例として選択する．

　本節の検証で，政治的アクターの選好に関して，欧州議会の政党会派で「リベラル―保守」対立次元に着目する際，リベラルな価値の志向勢力の中心がALDEであると想定するが，その真偽，及び真である場合はALDEと他のどの会派が同調するかが検証の関心となる．また，保守的価値の志向勢力としてはECRを基本想定としつつ，EPPにも有力な保守国内政党が含まれるため，これらの会派間連携状況に着目する．

（2）仏政府によるロマ追放問題への欧州議会決議
1）問題の発生状況

　2010年2月に発足した第2次バローゾ新欧州委員会では，前年12月の欧州基本権憲章の正式発効に対応して，同憲章関連事項を管轄する「正義・基本権・市民権」担当欧州委員の職が新たに設けられ，ルクセンブルクのキリスト教社会人民党（EPP）所属のヴィヴィアン・レディング（Vivian Reding）が就任した．レディングは，早速4月7日に政策文書を発し，元々主に東欧諸国で差別されつつ遍在してきた少数民族ロマの共同体を各国内での排除状態から救うべく，各加盟国でのEU資金による対策を促した［European Commission 2010e］．ただし，この文書は法的義務を生じないあくまで勧告的なものである．ロマ民族は2004年のEU東方拡大に伴い西欧諸国に多く移動していたが，その移動先でも差別的排除状況にあることが危惧され，全EU加盟国の共通課題として，民族的マイノリティの非差別・平等実現という欧州基本権憲章に織り込まれたリベラルな価値に沿うものとして勧告が発せられたのであった．

一方，フランスでは2007年に誕生したサルコジ大統領とフィヨン首相によるUMP政権が2010年段階でも継続していた．同政権は2010年までは主に国内経済政策面での経済活性化策に注力したが，2010年以降，移民取締・治安維持等の保守的な志向性を強めてきた．典型的には2010年7月28日にサルコジは「反犯罪イニシアチブ」を打ち出した．それは「ロマ」との明言は無いものの，実質的には，ロマの違法キャンプ閉鎖や，不法行為を犯したルーマニア・ブルガリア出身のロマの国外追放方針を骨子としていた．具体的には，治安対策として，ロマの300のキャンプの撤去と「自発的帰国」の要請，犯罪を起こした帰化国民の国籍剝奪などを提案し，「自発的帰国」を受け入れたものには1人当たり300ユーロ（子供は100ユーロ）の「帰国費用」を支払うという内容である［土谷 2004：64］．

ロマという特定民族のみを標的とする差別的取組は，欧州基本権憲章での民族的マイノリティ非被差別というリベラルな規範に抵触する可能性がある．また，EC指令2004/38では，EU市民（EU加盟国の国籍を有する者すべて）が，どんなに資力がなかろうと他加盟国で3カ月までは無条件で居住する権利が認められており，当該国で就労しているか十分な資力保有を証明できれば，3カ月超の居住権も保障されうる．この条件を満たさない場合，そのEU市民は「不法移民」となり，受入国による国外追放措置が合法的に可能となる．ルーマニア・ブルガリア出身者が多くを占めるロマ民族の場合は，両国がEU加盟国であるのでEU市民であり，EC指令2004/38のルールに服する．仏UMP政権の対応がEU法に抵触しないためには，ロマを国外追放処分とするにしても，事前に，EC指令2004/38の規定に照らした各ロマの滞在の違法性の有無や不法行為の存在につき確認のステップが必須である．そのステップも省略して，ただロマというだけで国外追放処分とすることは，民族的マイノリティへの差別的対応かつEU市民の権利侵害として明確なEU法違反行為を構成する．

仏UMP政権の動きにつき，レディング欧州委員は，明らかにロマが標的にされていることに懸念しつつも，それを裏付ける証拠もなかったため，当初は「犯罪行為者の国外追放は各国主権事項である」として，仏UMP政権の動きに対して慎重なスタンスであった．しかし，2010年8月に入り，仏政府から仏警察に対する指令書で，追放最優先対象としてロマが名指しされながら，事前確認も行わずにロマを標的とした組織的に意図された国外追放の証拠が明るみになると，それまでの「ロマの集団追放ではない」とする仏政府公式見解は明

確に否定され，一転してレディングは態度を硬化させた．

２）欧州議会審議での政党会派間の連携状況

この時点で既に欧州基本権憲章の発効を見ているため，「リベラル―保守」次元に関わる争点の欧州議会の場への持ち込みは制度的に可能な状態となっていた．そこで，欧州基本権憲章に基づく欧州議会での初の正式な審議対象として，この仏 UMP 政権によるロマ追放問題が取り上げられた．この問題につき，欧州議会本会議では9月7日に審議が行われたが，それを牽引したのは予想通りにリベラル会派 ALDE であった．さらに，単に審議するというだけではなく，この ALDE に牽引されて，中道左派会派 S&D，環境会派 Verts-ALE，左派会派 GUE/NGL の4会派が共同で，仏 UMP 政府を非難し，即時の是正を促す決議案も提出した．

さらに，この ALDE ら4会派連携による共同決議案への対抗決議案として，中道右派 EPP と保守会派 ECR による共同決議案も提出された．EPP と ECR の共同決議案の内容は，仏 UMP 政権を非難するのではなく，仏政府としての治安維持の必要性からロマの国外退去処分を仏の国家主権として認める内容だった．つまり，保守的志向勢力として，UMP が属する EPP が会派全体で UMP を庇いながら保守会派 ECR と連携し，それらが ALDE ら4会派連携によるリベラル勢力と対抗する構図となったわけである．

審議を経たうえでの票決は9月9日に実施された．その結果，EPP と ECR による共同決議案は，賛成287反対328棄権20で否決された．ALDE ら4会派の共同決議案は，賛成337反対245棄権51で採択された［European Parliament 2010：2-5］．欧州議会での決着としては，保守陣営が敗北し，リベラル陣営が勝利したことになる．

欧州議会による決議は，名指しされる対象に法的対処義務を課さないが，政治的圧力として機能する．また，議院内閣制同様，欧州議会の信任を経て発足する欧州委員会（欧州委員会の各担当委員は選挙による選出ではない）にとっても，民主的正統性を持つ欧州議会の決議を，アカウンタビリティ確保の点から尊重する．そのため，欧州議会決議は欧州委員会に対して組織的対応を取る事実上の圧力を及ぼす．そして，欧州委員会が発動する手段，たとえば欧州司法裁判所への提訴を通じ，決議で名指しされた対象，この場合であれば仏政府は，政治的圧力から1歩進んで，法的強制力とともに是正措置や罰金が科される恐れ

も発生する．

　この欧州議会によるリベラルな価値に沿った決議を受けて，9月29日，レディングは公式にEU法違反手続発動，すなわち欧州司法裁判所への提訴可能性を警告しつつ，仏UMP政権に対して10月15日までに事態の是正方策の提出を求めた．特にレディングが問題点として指摘したのは，仏国内では，そもそもEU域内での人の自由移動に伴う国籍・民族の差異に基づく差別的取扱禁止を含むEU法が完全に国内法制化がなされていないことであった．10月15日深夜，仏政府からEU法に沿って国内立法を行う主旨の是正方策案が提出され，これを受けて10月20日にレディングは仏政府への公式なEU法違反手続は発動しない方針を明らかにし，欧州議会でも仏UMP政権よるロマ追放問題はひとまず収束した扱いとされることになった．仏UMP政権は翌2011年6月16日に該当する法律を国民議会で可決させ，これを見届けた欧州委員会のレディングは2011年8月25日に仏政府が問題解決したとみなしている［URL 1］．

（3）ハンガリーのオルバン政権の統治スタイルへの糾弾
　1）　EU安定成長協定（SGP）の遵守と年金の国有化
　2010年4月11日と25日の選挙により，ハンガリーで政権交代が生じ，ヴィクトル・オルバンを首班とするフィデス＝ハンガリー市民同盟とキリスト教民主人民党による連立政権が誕生した．連立与党で国民議会386議席中321議席を占め，重要法案可決に必要な3分の2を超える83％の議席占有率となった．この議会基盤をもとに，2010年だけで10回も憲法改正しつつ，オルバン政権の保守主義的な国内政策が急速に推し進められた．その政策の方向性については，「ネオリベラリズムと国家主義と新保守主義という，異なるイデオロギーを併せ持つ拡散的なもの」と評する論者もいる［Szikra 2014：495］．オルバンはハンガリーがEUに正式に加盟する以前の1998年から2002年にかけても政権を担っていたが，その時から，近隣諸国に居住するハンガリー人マイノリティに権利を付与する「在外ハンガリー地位法」を成立させるなど，自国の民族性を重視するあまりに近隣諸国との摩擦を引き起こす傾向を既に見せていた[5]．

　EUとの関わりでは，2010年に再び政権を獲得したオルバンにとってまず課題となったのは，EUの安定成長協定（SGP）で求められる対GDP比単年度赤字3％未満の遵守であり，それを実現するために年金制度改革を行ったのだが，その方法が特殊であった．ハンガリーでは1990年代初頭に，共産主義時代から

の公的年金スキームの一部を切り分けることで民間年金を導入したが，まだ途上で「移行期間」とされる民間年金への充当金として GDP の1.3%分の歳費が投入されていた．民間年金の加入者は全労働者の4分の3が加入するほどに広がり，その加入者らの拠出金の規模はハンガリーの GDP 比で約10%に相当していた．

　各国で公的年金でなく民間年金比率を高めることは EU の方針に沿うものでもあったため，オルバン政権はこの GDP の1.3%分の財政赤字計上からの除外を欧州委員会に求めたが，2010年8月に欧州委員会はこれを拒否した．その結果，オルバン政権は，同年11月に民間年金スキームを公的年金に繰り入れる形で年金制度を国有化する方針を打ち出し12月13日に実現した．不満を持つ民間年金加入者としては，財産権の侵害としてオルバン政権を憲法裁判所に訴えることもかなわなかった．というのも，11月に別個の法改正を通じて，国・地方の財政・予算・税制に関する法律に，憲法裁判所の違憲審査権が及ばない制度改正が済まされていたからである．こうして憲法裁判所の機能を半ば恣意的に制限しつつ，民間年金の国有化の結果として増大した歳費の多くを財政赤字削減に充当することにより，ハンガリーは2012年に財政赤字を GDP 比で1.9%まで抑え込むことに成功している [Eurostat 2013]．これは，経済面での次元に属する事象かもしれないが，まずはオルバン政権の保守的性質の一端として，民営化の趨勢に逆行する「年金の国有化」を行うことで，「公私」区分における「公」の優先状況を垣間見せているのである．

2）　メディア統制に対する糾弾と欧州議会での審議状況
　一方で，2010年12月21日にオルバン政権がメディア統制のために実現させた立法及び憲法改正は，出版・放送・海外のものも含めたインターネット上のオンライン・メディアも監視対象とする内容であった．政権批判等の政権に不都合な内容を報じるメディアは，与党フィデス関係者が従来のメディア規制当局（Media Authority）の要職を独占できるよう改正されたメディア法を通じて常時検閲されつつ，政権批判に対する高額な罰金の他，恣意的な放送免許取消が想定された．また，憲法改正を通じて，Media Authority を補完する，5名の評議員から成る独立の第三者機関のメディア評議会（Media Council）が新設され，これもテレビ・新聞に限らずあらゆるメディアの内容に政権批判的な「偏向」的内容が含まれないかどうかを監視する機関とされた [Bugarič 2014：8-9；17-

18].5名の評議員にはフィデス関係者が就任した.この事態は,民主主義の基盤となる表現の自由とメディアの多様性という価値を根本的に損ねる国家統制的動きであり,これらの価値を保証する欧州基本権憲章に抵触する事象だった.しかし,オルバン政権は2011年1月から半年任期のEU議長国政府となる矢先であったため,EU全体の議事運営に支障が及ぶことを懸念して,当初は欧州委員会としても慎重に対応していた.

　欧州委員会によるオルバン政権への直接的な対応は1月21日から開始された.欧州委員会がそれまで慎重であったのは,メディア法について是正通告をするにしても,その主たる根拠の選択,すなわち,欧州基本権憲章を中心とする表現の自由への抵触とするのか,あるいは,別途2007年にEUで成立していたメディアの多様性に関するEU指令への抵触とするのか,この判断に慎重だったからでもあった.欧州委員会は後者に比重を置くことを選択した.そこで,欧州委員会としてオルバン政権に対応するのは,仏UMP政権によるロマ追放問題を扱った正義・基本権・市民権担当欧州委員のレディングではなく,メディア担当欧州委員のクルース（Neelie Kroes）となった.クルースは,オルバン政権の副首相とメディア法の是正につき交渉し,2月1日には,EU法に沿ってメディアの多様性を確保するよう是正する主旨の言質を得た[6]．

　2月16日には,欧州議会本会議での審議が行われた.そこでは,クルースによる状況説明の後,まずは,オルバンのフィデスを所属政党として含む中道右派EPPを代表して,自身はイタリア「自由の家」所属のスクリア（Marco Scurria）議員が「クルース欧州委員による対応で十分であるため,このことを議論すること自体にもうあまり意味はない」と発言した.それに対して,中道左派S&Dを代表して,自身は英労働党所属のモラエス（Claude Moraes）議員は,「クルース欧州委員による対応の内容だけでは,ハンガリーのメディア規制当局メンバーを政権が恣意的に任命可能な状態が継続する余地があるため,問題は解決できていない」として,欧州委員会の対応の不十分性をも含めて問題視した.リベラル会派ALDEの代表発言者として,自身はルーマニアの自由国民党所属のウェバー（Renate Weber）議員も,モラエス議員に同調しつつ,「クルース欧州委員が対応したのは,『もっとはるかに大きな絵の一部にすぎない』（only a part of a much bigger picture）,政治的に莫大な権力がメディア管理当局者の手中に残るままである」として糾弾した.

　一方で,自身はポーランドの「法と正義」所属のジョブロ（Zbigniew Ziobro）

議員は，保守会派 ECR を代表して，次のように発言している．「この件を議論することにはあまり意味がない．この議論の場は，単に中道左派陣営が，右派で保守的なオルバン政権を批判するだけの場に成り下がっている」「たしかに発言の自由は大事である．わたしの祖国のポーランドでも，政権が権力ポストの上層部を握り，保守的・右派的な思考をしているというだけで公共放送のジャーナリストも辞職させられているので，政治的志向性の左右とは切り離して，純粋に政治権力からのメディアの自由の問題として考えるべきだ」[Official Journal of the European Union 2011：162-81]．

　この欧州議会の本会議では，主要6会派から個別の決議案も提出されている[7]．中道左派 S&D・ALDE・環境会派 Verts-ALE・左派会派 GUE/NGL は共同決議案も併せて提出し[8]，オルバン政権によるメディア法への追及をさらに厳しく求めていた．これら4会派が連携しながら，オルバン政権や及び腰に見える欧州委員会の対応の不十分性を糾弾するのに対して，EPP と ECR がオルバン政権を弁護するという構図が再現した．欧州議会の政党会派間での「リベラル─保守」の会派間対抗図式としては，大枠では，仏 UMP 政権によるロマ追放問題と同様の状況にあることが確認できるだろう．

　しかし，上記の個別議員の発言を見ると，特に保守会派 ECR を代表したジョブロ議員が，暗にポーランド国内での当時与党の市民プラットフォームによるメディア統制を批判しているのは興味深いものである．なぜなら，市民プラットフォームは欧州議会政党会派としては中道右派 EPP に属しており，このハンガリーのメディア統制問題に関しては，ジョブロ議員も欧州会派 ECR の一員として EPP と連携する立場にあるはずなのだが，ジョブロ議員が所属する「法と正義」は，ポーランド国内で当時与党の市民プラットフォームと対抗する主要野党であり，国内政治での政党間亀裂を内在させながらも，欧州議会政党会派間としては連携するという，歪みをはらんだ状況を如実に示しているからである．これは，表面上の連携の水面下で，保守陣営の EPP と ECR の間での結束度合いは実は強固ではなかったことを示唆する要素である．この事案で，さらに中道右派 EPP と保守会派 ECR が完全には連携しきれていなかった証左として解釈可能であるのは，リベラル陣営の4会派が各個別の決議案に加えて共同決議案を提出した一方で，EPP と ECR は共同決議案を提出していない点である．これは，仏 UMP 政権によるロマ追放問題の際には，EPP と ECR による共同決議案の提出があったことと比較するとその違いが際立って

意識される．このような2月16日の審議を経て，実際に決議案への票決が行われたのは3月10日のことである．そこでは，3月4日に修正版として提出されたS&D・ALDE・Verts-ALE・GUE/NGLによる「ハンガリーのメディア法に関する決議案」が，賛成316反対264棄権33で採択された[European Parliament 2011：2]．

3）「民主主義の原理」の解釈をめぐる会派連携間の対抗

ハンガリーのオルバン政権の保守主義に対する懸念は，終わらないどころか，すぐに加熱することとなった．2011年4月にハンガリーの新憲法が制定され，2010年までの改革内容を憲法レベルで規定して盛り込みつつ，メディアに限らずに国家制度を全般にわたって，政権による統制色を強めたものとして解釈されたのである．たとえば，年金制度を国有化する際に憲法裁判所の違憲審査権を制限していたことは先述のとおりだが，新憲法の規定と合わせて，重要法律（Act CXCIX/2011）として，公務員及び裁判官につき62歳での強制退職制度（従来70歳で制度移行期間1年）及び，62歳未満の公務員対象に「信頼を損ねた場合の緊急解雇」制度が導入された．これはオルバン政権にとって不都合な裁判官らの追放手段として設けられた制度であると解釈された．経済政策の面でも，失業保険給付期間短縮化（9カ月から3カ月へ）とともに，失業者は職業訓練よりも低賃金の強制公務参加制度と結び付けられた．この強制公務参加制度は，従来の公務員をリストラする方便としても意図されつつ財政負担緩和に寄与した．さらに，新憲法では保守的な「家族的価値」を重視し，異性間を前提とした婚姻制度を規定するとともに，女性ができるだけ子どもを産みやすいような家族政策も展開した．これは育児休業期間の延長だけでなく，子どもの数に応じて税の優遇措置を拡張するもので，生活保護等の社会給付水準を低下させたことと合わせると，全体として逆進的再分配として機能した．

EUの欧州委員会としての公式対応は，2012年1月17日，再び，正義・基本権・市民権担当欧州委員のレディングが，ハンガリー政府に対してEU法違反手続を視野に入れた通告を発して行われた．改善を求めた内容は，①中央銀行の独立性の歪み（中央銀行の会議議題の政府への事前通告義務があり，大臣はいつでも会議に参加できる点），②先述の裁判官および公務員の62歳定年制，③データ保護当局の独立性の歪みの3点であった．

欧州議会本会議では，レディングによる通告の翌日の1月18日に議論が行わ

れ，オルバン首相自身も自分の意思で参加・演説し，各会派から多くの意見が出されて長時間の議論となった．ALDE のリーダーのヒー・フェルホフスタット (Guy Verhofstadt) は「問題の本質は，中央銀行の独立性や裁判官・公務員の急な強制的定年引下など個別の技術的な事柄ではなく，根底にある大きな問題として捉えるべきである．ハンガリーの問題では，民主主義や法の支配の原理そのものが問われているのであり，自由や民主主義，多元主義，法の支配などの諸価値に抵触する問題として，リスボン条約 7 条に規定されている，加盟国政府の EU での投票権や権利の制限に至る手続きの発動を視野に入れるべきである」と述べた．このリスボン条約 7 条による EU 加盟国政府への制裁措置とは，同条約 2 条に規定されている EU が立脚する基本原理に抵触する場合の発動が想定されているもので，欧州司法裁判所への提訴による EU 法違反手続の次元を超えた重みを持つ．これまでに一度も発動された実績はない．

　フェルホフスタットに典型的な ALDE の主張に，これまで通り S&D・Verts-ALE・GUE/NGL の各会派所属議員らも概ね同調した．一方で，ECR や EPP 所属議員らからは「(ALDE らは) 問題を大きく捉えすぎだ．昨日に欧州委員会が通告手続をとったのだから，その行方を見守りさえすればよい」[11]「オルバン政権はハンガリー国民により民主的に選ばれ，今でもその支持があるのだから，そのハンガリー国民の意思を信頼することこそが，民主主義の尊重である」[12]と，やはりオルバン政権を弁護する発言がなされた [Official Journal of the European Union 2012b : 76-122]．この議論を経て 2 月 16 日に EPP 決議案 (B7-0050/2012)，ECR 決議案 (B7-0053/2012)，ALDE・S&D・Verts-ALE・GUE/NGL 共同決議案 (B7-0095/2012) の三決議案をもとに票決が行われ，前 2 者は各々，賛成 265 反対 324 棄権 38，賛成 293 反対 329 棄権 8 で否決された．否決された両決議案を比較すると，オルバン政権により寛容であるのは EPP 案だった．その第 1 条では「ハンガリー政府の民主的取組を問い質す根拠のない攻撃を拒否する」とされていたのである．いずれにしても，再び保守陣営には共同決議案が無い点に留意すべきである．最終的にはリベラル陣営 4 会派による共同決議案が賛成 315 反対 263 棄権 49 で，「ハンガリーの最近の政治展開についての決議」として採択された [European Parliament 2012a : 4-5]．その第 7 項目ではリスボン条約 7 条の発動可能性にも言及している．[13]

（4）ジェンダーバランス改善指令案をめぐる対抗図式
1） 企業におけるジェンダーバランス改善指令案の内容

EU における男女平等政策は，1970年代から均等待遇指令などにおいて見られたが，今世紀に入っても依然として社会的実態として男女間賃金ギャップの存在が懸念され，あらゆる機会での平等を図るイニシアチブが継続的に行われてきた．その延長上に，企業の幹部層でのジェンダーバランスが論点として浮上した．イニシアチブをとったのは再び欧州委員のレディングだった．2011年3月に EU 域内の上場24企業代表を集め，女性幹部比率改善には，企業による自主的取組と公的立法措置による取組とのいずれがより有効かについて議論した．それを踏まえて，レディングは，企業による自主的取組による効果を確かめるべく，約1年間にわたり「2015年までに30％，2020年までに40％の女性幹部を置く誓約書」への署名を EU 域内全上場企業に呼びかけつつ，同時並行で上場企業での女性幹部参画実態をモニターした［武田 2013：144-45］．いわば企業による自主的取組の有効性についてレディング自身が実証実験を行ったわけだが，レディングはその結果がおもわしくない場合には，欧州委員会として法案を策定することを公言していた．レディングの実験結果からは，企業による自主的取組みによる効果は限定的でしかないと判断された．そこで，2012年1月段階で EU 域内上場企業のうち取締役会及び代表取締役に占める女性比率が各々14％，3％と低い状態にある不均衡を是正するため，レディングは EU 指令案の策定作業に着手し，2012年11月14日に「企業社外取締役のジェンダーバランス改善に関する指令案」［European Commission 2012c］を提案した．

その骨子は，非業務執行取締役（企業社外取締役）の女性割合が40％未満の上場企業に対し，非業務執行取締役に関して，その採用選考の際の客観的基準の事前設定とともに，女性比率を「49％を超えずに40％に最も近い」数値目標設定を義務付けること，それにより，2020年1月1日（公的機関の場合は2018年1月1日）までに女性比率40％実現を加盟国が確保すること，業務執行取締役（社内取締役）については各上場企業が2020年までに自ら男女比率目標設定の義務づけを加盟国が確保すること，対象企業による年一度の状況報告と公開を義務付けることである．さらに，目標未達の企業に対する罰則，すなわち，加盟国が定める行政罰や，一旦は選任された非業務執行取締役の選任取消までを含めた制裁措置の適用可能性も開く内容となっていた．ただし，制裁措置の適用は厳格な数値目標未達によるとは限らず，未達の場合はその理由が正当化される

かどうかによる．従業員200人未満の中小企業については指令の対象外とされた．

2）　指令案への反発の状況

ジェンダーバランスでの一定の強制性を帯びたクォータ制（比率割当制度）を含む欧州委員会の指令案は，男女平等のリベラルな価値観を反映するものであるため，閣僚理事会や欧州議会での審議では，保守的な価値観を有するアクターからの抵抗が予想された．欧州委員会による指令案への抵抗は，2012年11月14日の提案以前に予兆があった．たとえば，レディングが担当委員として主導しつつ本指令案をまとめたわけだが，欧州委員会として正式に欧州議会と閣僚理事会に提案する事前段階で，欧州委員会内での合意を得なければならない[14]．この段階で他の欧州委員らから懸念が示された．当時の欧州委員全27名のうち9名が女性であったが，このうち，マルムストロム司法内務担当欧州委員のほか，外交担当欧州委員として外務・安全保障上級代表でもある英労働党（S&D）所属のアシュトン（Catherine Ashton），気候変動担当欧州委員のデンマーク保守党所属（EPP）のヘデゴー（Connie Hedegaard）が，女性幹部比率割当制には反対していた．当のレディング本人も「わたしは個人的には割当制の大ファンではないです．しかし，それがもたらす結果は好みます」と述べたことがあった[15]．

レディングによる公式な指令案を受けた欧州議会議員の反応としては，英保守党（欧州議会会派 ECR）所属のヤナコダキス（Marina Yannakoudakis）議員が「これは法的に拘束力がある指令案であって，ブリュッセルによる英国の雇用法規への干渉は嬉しくない」と述べている．これは明らかに指令案への反対意見である．繊細な発言としては，リベラル会派 ALDE 所属でオランダ民主66所属のイントベルト（Sophie in't Veld）議員が「リベラルとしては割当制という不自然さを好みはしないものの，過去40年何もせずに自然の成り行きに任せてきてみた結果は惨めなものでしかない」と述べている[16]．この ALDE 所属議員の発言が有するニュアンスは，後述するが，大きな意味を持つ．

3）　独 CDU/CSU によるリベラルな価値への妥協

2013年初には独国内政治で興味深い動きが観察された．独上院連邦参議院では野党 SPD（S&D）と同盟90/緑の党（Verts-ALE）が多数派となっていたが，

それらがレディングによる EU 指令案に沿う法案，すなわち，2023年までに独フランクフルト証券取引所上場主要銘柄30社の非業務執行取締役の40%を女性とするように仕向ける法案を発案していた．この野党案に，与党 CDU/CSU（EPP）からも同調する議員が出始めた．そのうち25名が，第1段階として2018年までに非業務執行取締役の女性比率20%とすることを目指す「ベルリン宣言」に署名してグループを形成した[17]．メルケル首相をはじめとして CDU/CSU 議員の多くは取締役への女性比率割当には反対だったため，2013年4月半ばに野党案への票決を連邦議会で採る際に「ベルリン宣言」署名グループらが野党に与する「造反」の食いとめに苦労するほどであった．

独ではこの年の9月22日に総選挙が行われ，従来の連立与党の自由民主党（ALDE）が5%条項を満たせず議席を失い，630議席中の310議席獲得で第1党となった CDU/CSU は，第2党で193議席獲得した SPD（S&D）との大連立を視野に入れて連立交渉を進めた．その過程で，SPD が主張してきた企業取締役への女性割当比率導入案に CDU/CSU は妥協することにした[18]．これにより独では国内企業につき，非業務執行取締役での女性30%割当を2016年から要求し，2021年以降はさらに40%割当を目指すことになった．

4） 欧州議会本会議での審議過程と票決の検証

欧州議会では，2013年を通じて指令案を2つの常設委員会（女性の権利とジェンダー平等委員会および法的問題委員会）が主管して検討していた．その過程では，環境会派の Verts-ALE 所属議員から「女性取締役比率40%の目標は非業務執行取締役だけでなく業務執行取締役にも拡張すべきである」との意見も出されたが，それは却下された．両委員会で合同票決は2013年10月14日に採られた．その結果，賛成40反対9で，ほぼレディングの指令案に沿った形での修正指令案を採択した．付加項目としては，非業務執行取締役の女性比率割当目標未達の罰則の選択肢として，EU から配分される構造基金受取資格の停止や公共調達入札不参加措置という選択肢が追加された．中道左派 S&D の本指令案担当者を務める墺・社会民主党所属のレグナー（Evelyn Regner）議員によれば，審議過程で「何人かの保守会派 ECR 所属議員から，同族会社の大企業は適用除外とする提案があったが，それでは自動車メーカーの BMW や玩具メーカーのレゴは除外されてしまい意味がないので，受け容れられなかった」[19]．

独で大連立交渉中の両党間による企業取締役女性割当の合意ができたまさに

その翌日の11月19日，両主管委員会で前月10月19日に採択された修正指令案をもとに欧州議会本会議での審議が行われた．そこでの議論においては概ねの議員が賛意を表明するなか，ECR を代表して英保守党のヤナコダキスは，「この指令案と同様の2000年代ノルウェーでの取組は，黄金のスカート（golden skirts）現象と呼ばれる，一握りの有能な女性が90以上もの企業の非業務執行取締役を兼ねて裕福になる反面，ポストがその人たちに独占されて，実質的な女性取締役の数としては逆に減少するという失敗をしたのであり，割当制は逆効果である．女性への機会提供や役職就任の意欲喚起にとどめるべきでる．強制的に割当するのは逆に女性への侮辱である」と述べ，明確に反対した［Official Journal of the European Union 2013：431］．

審議翌日の20日に票決が行われた結果，賛成459反対148棄権81で欧州議会としての修正指令案が確定した．この票決は点呼投票で行われたため個別議員の投票行動を確認できる．「点呼投票結果」［European Parliament 2013c：110-1］と欧州議会議員リスト［URL 2］との照合作業で，各議員投票行動結果をもとに，欧州議会会派内の国内政党の投票傾向の読み取りができる．これを実行した結果を整理すると，表7-1〜表7-3のような状況であった．

表7-1は，ECR に反対が多いことを示している．これは保守志向に基づく男女平等という「リベラルな価値への抵抗」として予想を裏切らないように見えるが，必ずしもそうとは断言できない．なぜなら「EU から国家主権に関わることに干渉されたくない」という要因のほうが大きく作用した可能性も排除できないからである．しかし，その2つの要因は相互に矛盾することなく同時追求できる志向性であるため，ECR の凝集性（造反が出ないこと）が非常に高いと解釈できる．表7-2からは ECR の主要構成国内政党である英保守党とポーランドの「法と正義」ともに確実に EU の指令案に反対しているのがわかる．

表7-1では，さらに ALDE が非常に分裂的であることを示しており，男女平等のリベラルな価値との親和性に照らして考慮すると驚きである．この謎を読み解くには先に触れた同会派所属のイントベルト議員の発言のニュアンスを受けとめる必要がある．つまり，割当制等の人為的な規制の不自然さを好まない選好も大きいのである．男女平等の実現もリベラルな選好として大事であるが，それを実現するのが規制的な方法であるとき，リベラルはジレンマに陥る．そのいずれを重視するかで賛否がわかれ，ジレンマのままであれば棄権となる．ALDE で反対したのは独自由民主党7名，蘭自由民主国民党3名で，

表7-1 主要欧州会派別投票内訳

	GUE/NGL	Verts-ALE	S&D	ALDE	EPP	ECR
賛成	16	49	160	45	182	2
反対	8	2	1	22	27	50
棄権	5	0	17	15	39	0

表7-2 国内政党の欧州議会政党会派括りによる整理

S&D				EPP				ECR	
英労働党 全員棄権	仏社会党 賛成	SPD 賛成	MSZP 賛成	UMP 賛成	CDU 分裂	PO 賛成	フィデス 賛成	英保守党 反対	法と正義 反対

注:SPD:独社会民主党 MSZP:ハンガリー社会党 UMP:仏国民運動連合 CDU:独キリスト教民主党(CSU=キリスト教社会党を含む) PO:ポーランド市民プラットホーム

表7-3 加盟国ごとの二大国内政党に着目した投票傾向の整理

イギリス		フランス		ドイツ		ポーランド		ハンガリー	
英労働党 全員棄権	英保守党 反対	仏社会党 賛成	UMP 賛成	SPD 賛成	CDU 分裂	PO 賛成	法と正義 反対	MSZP 賛成	フィデス 賛成

棄権には英自由民主党3名,蘭民主66が3名,独自由民主党1名が含まれる.

表7-2からは,S&Dにおける英労働党所属議員らの逸脱的行動に気づかされる.表7-1でのS&Dの棄権17のうち英労働党が12名を占め[20],デンマーク社会民主党2名も棄権である.EPP内では独CDU/CSUの離反的投票行動が見られ,所属42議員のうち当日出席議員は35人で,投票内訳は賛成23反対8棄権4である.これは先述の通り,独国内でのSPDとの連立を見据えた妥協が2日前に合意されたとはいえ,保守的観点から承服できない選好の残滓を示すものであると解釈できよう.

(5) 三事例を通じたEU政策過程でのリベラルと保守の対抗関係

2010年代の欧州議会に焦点を当てた「リベラル―保守」の対抗状況を整理してみよう.欧州議会では,リベラルな価値の唱導連携として,リベラル会派ALDE+中道左派S&D+環境会派Verts-ALE+左派会派GUE/NGLが構成される一方で,保守志向の唱導連携として中道右派EPP+保守会派ECRが構成され,それら陣営間での対抗関係が基調をなしている.これは仏UMP政権ロ

マ追放問題の検証事例からもうかがわれた．ただし，各陣営内での結束度合いは異なる．オルバン政権糾弾の事例でも，リベラル陣営は保守陣営に対抗する際，陣営内での会派間連携は一貫して強固であった．対して，保守陣営内での会派間連携はリベラル陣営ほどには強固ではないことが窺われた．その要因の一端は，EPP と ECR をまたいで国内政治で対抗関係にあるポーランドの2大与野党が存在するなど，国内政治の亀裂が影響を及ぼすことにある．

しかし，リベラル陣営の連携は，保守的事象というリベラルから見た制約の除去に関わる「消極的自由」の局面では強固だが，いわば「積極的自由」としてのリベラルな価値を自ら追求しようとする場合には，その連携は弱化する．というよりも，欧州議会での唱導連携の対抗関係の線引きが，表 7-1 に即して言えば，中道右派 EPP と保守会派 ECR との間か，もしくは中道右派 EPP 内のどこかで線引きされるのである．

企業社外取締役のジェンダーバランス改善の指令案の事例では，リベラルな価値を追求しようとする際に，自己が忌み嫌う規制手法に対して覚える違和感からリベラル会派 ALDE がジレンマに陥るのを見た．この点では，むしろ中道左派 S&D のほうがジレンマを抱えておらず，リベラルな価値を追求する独 SPD が保守的な CDU/CSU を国内政治で妥協させたように，中道左派 S&D （英労働党は除く）が中道右派 EPP を取り込みながら連携するのである．これはいわば欧州議会内での2大会派による大連立となるが，そこにおいてリベラル会派 ALDE は埋没し，この2大会派の大連立によるリベラルな価値の追求に対して，保守会派 ECR が対抗的にそれを阻止しようとする．これが「積極的自由」としてリベラルな価値の追求が行われる場合の，EU 政策過程での，とりわけ欧州議会政党会派間連携でのリベラル―保守の政治的対抗関係として見出すことができるだろう．2010年代になって欧州議会で現出してきたこの新たな政治的対抗関係を，EU の行政官僚制としての欧州委員会は，主にリベラル陣営の政治的アクターに寄り添いながら乗り越えようとしているが，経済面の EU 政策過程ほどには円滑に処理できていない．

2．EU 懐疑主義と EU 政策過程
—— ポピュリズムと福祉ショーヴィニズム ——

(1) ポピュリズムの概念と EU 懐疑主義との親近性の契機

2010年代に入り，従来の支配的な政治勢力・政治スタイルとは異なる政治運動・現象を「ポピュリズム」という概念で捉えることが増えている．2016年に生じた事象でも，国民投票による英国の EU 離脱決定や，トランプ米大統領誕生などが，ポピュリズム現象の発露として語られる．そして，「ポピュリズム」と定位される勢力や現象は，従来の支配的な政治勢力によるレッテル貼りの場合も含め，民主主義に対する脅威として否定的に扱われる傾向が強い．ポピュリズムとはなにか．主にヨーロッパ諸国や南北アメリカのポピュリズムを比較検討した水島治郎によれば，ポピュリズムの定義としては，「固定的な支持基盤を超え，幅広く国民に直接訴える政治スタイル」と「『人民』の立場から既成政治やエリートを批判する政治運動」の2種類に整理できるという．さらに，水島自身は後者の定義に寄り添いつつ，ポピュリズムの特徴として，①主張の中心に「人民」を置くこと，②人民重視の裏返しとしてのエリート批判，③「カリスマ的リーダー」の存在，④イデオロギーにおける「薄さ」の4つを挙げている［水島 2016］．

本節の目的は，ヨーロッパにおける EU 懐疑主義や反 EU を主張する政治勢力をポピュリズムと定位して理解し，その EU 懐疑主義の実相を描き出そうとすることにある．2016年6月に英国の EU 離脱を決する国民投票結果を受けて，メディアでは「EU 離脱ドミノが生じるのではないか」との懸念が囁かれたが，それは英国以外の各 EU 加盟国にも EU 懐疑主義勢力が存在するからであった．EU に統合されたヨーロッパの主権国家システムを戦後欧州国際秩序と見立てるとすれば，EU 懐疑主義としてのポピュリズムが引き起こしかねない EU 離脱ドミノとは，その戦後欧州国際秩序の崩壊を意味するであろう．このシナリオは現実的か．本節はこれを考察するための素材となることも意図している．

EU 懐疑主義勢力とポピュリズム概念とを接続する手がかりは，まず基本として，水島が挙げたポピュリズムの4特徴のうち，②人民重視の裏返しとしてのエリート批判に見出せるであろう．なぜなら，これまでの EU の統合過程そのものも，EU が意思決定し実行している政策も，ブリュッセルの欧州委員

会の官僚や加盟国政府高官ら一握りのエリートが，人民の意思から乖離して深刻な「民主主義の赤字」を孕みつつ，場合によっては加盟国の主権を損ねながら，勝手に決めているというのが，典型的な EU 批判の言説だからである．また，各加盟国内での中道左右の二大政党以外のマイノリティ政党が EU 懐疑主義である場合，そのマイノリティ政党は，中道左右の二大政党を談合関係にある「カルテル政党」[Katz and Mair 1995] とみなしたうえで，それらは自国と EU との政治的相互作用を独占する「エリート」だとして批判し，さらに，中道左右のいずれが政権政党であったとしても EU の既定方針に取り込まれているだけでしかないことを糾弾する．

こうして，EU とそれに関わるアクターの総体が「エリート」＝「人民が対抗姿勢を示すべき明確な敵」として，EU 懐疑主義による攻撃の標的とされる．逆に，「親 EU 派」「EU 体制派」とでもいうべき従来の支配勢力である「エリート」側からは，EU 懐疑主義を標榜し EU を敵視する政治勢力は，おしなべて「ポピュリズム」と呼称されることになる．

ただし，おしなべて「ポピュリズム」と呼称される EU 懐疑主義勢力のあいだで，「反エリート」という基本要素を共有しながらも，あわせて EU のどの要素を攻撃するかの違いによって，ポピュリズムとしてのバリエーションが存在する．すべての EU 懐疑主義勢力が，EU のすべての面に懐疑的であるというわけではないのである [五月女 2005]．次項（2 項）では，それを，① 南欧左派ポピュリズム（ギリシャの SYRIZA，スペインのポデモス），② 極右系統ポピュリズム（フランス国民戦線，オランダ自由党，デンマーク国民党）と大きく 2 つに分類できることを示す．

続く 3 項では，2 項で検討した EU 懐疑主義勢力の 2 類型のうち，従来は相互に独立的であり，左右という次元では逆に位置してきたはずの① 南欧左派ポピュリズムと② 極右系統ポピュリズムとのあいだで政策面の主張に重なりが見られ始めている状況を，「メインストリーム化」と「福祉ショーヴィニズム」という概念とともに検討する．これは水島が挙げたポピュリズムの 4 特徴のうち④ イデオロギーの「薄さ」，すなわち，政策内容の主張が浮動的であることと関係する．そこでは，南欧左派ポピュリズムと極右系統ポピュリズムとの政策面の重なりが発生するメカニズムの検討に加えて，やはり根本的には，移民に対する寛容度・包摂性の志向において大きな断絶をはらんでいることを指摘する．

(2) EU 懐疑主義としてのポピュリズムの類型論
1) 南欧左派ポピュリズム

　EU 懐疑主義ないし反 EU を標榜する政治勢力が2010年代に入り台頭してきた大きな原因の1つが、ギリシャに端を発する欧州債務危機であることは間違いない。南欧地域を中心とする債務危機国では、何らかの形で EU や IMF による援助を受ける必要に迫られたが、その援助対象国は国名の頭文字を組み合わせて、PIIGS 諸国（ポルトガル、アイルランド、イタリア、ギリシャ、スペイン）と呼ばれた。そして、援助＝融資の条件として、痛みを伴う緊縮財政策の実施が EU から要求されることになる。この痛みを伴う緊縮財政策への抵抗が、そのまま反 EU 政党の勢力拡大ないし新興の反 EU 政党の誕生につながったのである。そのため、南欧諸国での反 EU 勢力は、第2章で見た EU の政治的対立構造で言うところの「社会経済的次元」において、左派的な志向性を有するものが多い。たとえば、2015年1月にギリシャで政権獲得に成功した SYRIZA（急進左派連合）、スペインの新興政党ポデモス（Podemos）（2014年1月発足）が典型的である。

　「社会経済的次元」において左派に位置する政党勢力が、EU を、規制緩和や加盟国の福祉縮減を強制する新自由主義プロジェクトであるとみなして反対するという構図は、必ずしも南欧に限らず、従来から存在した。第五章で扱った、2000年代最初の10年に EU の域内経済社会の方向性を規定したリスボン戦略は、端緒としては中道左派が右傾化した「第三の道」路線を反映したものであり、「欧州社会モデル」に配慮するとされつつも、欧州委員会による総合計画・政策評価の枠組設計の過程で各加盟国に新自由主義的に作用するものであった。この過程で、たとえばドイツでは、新自由主義に迎合したとみなされた中道左派のドイツ社会民主党（SPD）を見限った勢力が、より左派的な政党勢力として左翼党（Die Linke）へと糾合し、ドイツ国内の政党システムの左右バランスの変容をもたらした［河崎 2015］。

　2010年代にギリシャとスペインで台頭している南欧左派ポピュリズムのうち、ギリシャの SYRIZA は従来の中道左派の全ギリシャ社会主義運動（PASOK）を無力化するほどに政党システムを変容させながら国内で政権を担っているが、スペインのポデモスは国内で政権を担うには至っていない。しかし、反新自由主義・反緊縮財政というスタンスで EU に対抗するにあたり両者は提携している。それは、ポデモスの党首パブロ・イグレシアス（Pablo Iglesias）が党のマニ

第 7 章　2010年代の文化的対立軸をはらむ EU 政策過程　*231*

フェストとしても位置づける著書［Iglesias 2015］の序文を，SYRIZA 党首のアレクシス・ツィプラス（Alexis Tsipras）が寄稿していることにも如実に表れている．また，EU の議会にあたる欧州議会の選挙は 5 年に 1 度実施されるが，直近の2014年 5 月の選挙では，SYRIZA はギリシャの全21議席中 6 議席を獲得して第 1 党となる一方，ポデモスもスペインの全54議席中 5 議席を獲得し，ともに欧州議会の会派として GUE/NGL（欧州統一左派・北方緑の左派同盟）に加盟して協調している．

2）　極右系統ポピュリズム

ヨーロッパで，従来から EU 懐疑主義や反 EU 勢力としてイメージされてきたのは，左派的な志向性を有するものというよりも，むしろ逆に「極右」とカテゴライズされる政治勢力の系統であった．ただし，かつてのネオナチのような反体制的で過激な暴力に訴えることをも厭わない極右からは変質し，今日の極右は体制転覆的ではなく既存の政治体制の枠内で活動している．そこで，かつての反体制的・過激派的な極右と区別する意味で，今日的な極右に基づくポピュリズムを，ここでは差し当たり「極右系統ポピュリズム」と表現したい．

極右系統ポピュリズムは，ナショナリズムや「ネイティビズム」（Nativism）を重視し，とりわけ，反移民を強く主張してきた．ポピュリズム研究者のミュデによれば，「ネイティビズム」とは，「国家は自生的なグループ（国民）の構成員によってのみ排他的に居住されるべきであり，（人であれ理念であれ）非自生的な要素は，根本的には，同質的な国民国家への脅威となると考えるイデオロギー」とされる［Mudde 2007］．つまり，この極右系統ポピュリズムとは，先述の水島が挙げたポピュリズムの 4 特徴になぞらえれば，①「一体としての自国民」を主張の中心に置き，併せて，②エリート批判という特徴については，エリートも批判するが，批判の標的として「自国民でない移民」も強く敵視する．野田［2013］が述べるように，ポピュリズムは攻撃の政治を特徴とし，つねに敵を措定し，その敵との関係でみずからを定義づけるのであり，エリートに加え，移民も「社会の同質性」を脅かす敵と認識されるし，敵としての移民の存在を許している既存の制度自体，すなわち EU の制度自体が攻撃対象になるのである．[21]

この極右系統ポピュリズム勢力の立ち位置は，南欧左派ポピュリズムのような，「社会経済的左右次元」での反 EU 路線というのではなく，移民問題とい

う，「環境―保守次元」(環境・リバタリアン志向か伝統・権威・保守志向か)での保守の要素に立脚してEUに反対する立場をとるのが特徴である．ここでいう「移民」とは，宗教的な文化の差異を伴うイスラム系住民に見出されることもあれば，同じEU域内の他加盟国からの移民，EU域外からの第三国民，さらには難民，テロ予備軍も含まれうるのであり，極右系統ポピュリズムによって敵視される「移民」の範囲は伸縮的である．いずれにせよ，この広義の「移民」の自由移動を円滑化する政策を，たとえば「人の自由移動」の推進としてEUが企図すると，それがこの極右系統ポピュリズムによる格好の攻撃対象となる．

極右系統ポピュリズムは，各加盟国内政治でも従来から一定の支持を維持しており，ヘルト・ウィルダース (Geert Wilders) 率いるオランダの自由党，フィンランドの「フィンランド人党」，デンマークの国民党，オーストリアの自由党など，各国内での連立政権参加や閣外協力を経験することも，当たり前のようにして受けとめられている．フランスの国民戦線も，国内の国民議会選挙では小選挙区2回投票制により議席の獲得は困難を極めているが，比例代表制を用いる欧州議会選挙では，2014年5月の選挙において，全フランス74議席中24議席を獲得し，欧州議会でのフランスの国内政党として第1党となっている．2017年5月のフランス大統領選の決選投票に党首マリーヌ・ルペン (Marine Le Pen) を進出させるだけの党勢を維持している．

3) 2つのポピュリズム類型の増幅現象からさらなる相互作用へ

① 南欧左派ポピュリズムと② 極右系統ポピュリズムとの関係を見てみると，政治的スペクトラムの左右両極の勢力のあいだで，主たる対立軸として，「社会経済的左右次元」に立脚するか，それとも「環境―保守次元」での保守の要素に立脚するかという違いが根本的には存在してきたものの，エリート批判としてのEU懐疑主義の要素は共通しており，この共通点とともに，異なる要素も合わせて多重的にEUへの懐疑を唱えてきたのであった．それゆえに，いっそう増幅的な形で，2010年代のEU懐疑主義としてのポピュリズム勢力の伸長が意識されたのである．これが2010年代のEU懐疑主義としてのポピュリズムの基本類型である．ただし，これらポピュリズムの類型間をまたぐ相互作用ともいうべき現象も見られ始めており，この相互作用のメカニズムの把握によって，いっそう今日的なEU懐疑主義の実相に迫ることができるのである．これ

を次項で見ていく．

（3）メインストリーム化と福祉ショーヴィニズム
1）極右系統ポピュリズムのメインストリーム化と左右糾合の契機

　興味深いことに，2010年代の時の経過とともに，南欧左派ポピュリズムと極右系統ポピュリズムという，左右両極のEU懐疑主義としてのポピュリズムのあいだでは互いに異なっていた（相互に独立していた）はずの対立軸に，重なりの兆しが見られる．具体的には，極右系統ポピュリズムのほうが，政権獲得経験を有したりその可能性を高めたりするなかで，中間層の有権者を取り込むために「中道化」ないし「メインストリーム化」（mainstreaming）するに伴い，「社会経済的左右次元」での新たな選好として「福祉国家の擁護・充実・再構築」を唱えるケースが出てきている．これは，極右系統ポピュリズムが，福祉国家の制度やサービスが中間層の有権者に人気があると想定して採用している新たな戦略である．

　しかし，前項で確認したように，そもそも極右系統ポピュリズムは「社会経済的左右次元」には立脚しないのではなかったのか．アッカーマンら［Akkerman, de Lange, and Rooduijn 2016］によると，極右系統ポピュリズムの「極端さ（ラディカル性）」の特徴の1つとして，「ニッチ性」（niche）があると言う．そのニッチ性とは，伝統的に存在してきた「社会経済的左右次元」での左右のイデオロギーに属さない領域，つまり，「環境—保守次元」での保守の要素だけに焦点を絞って，中道左右政党などの従来の支配的な政党がタブー視して争点化したがらない，犯罪や安全保障，移民流入やその社会統合などの問題を取り上げて，それによって有権者の支持を集めようとすることである．つまり，極右系統ポピュリズムは，選挙市場での既存政党との争いで埋没してしまわない差異化戦略として，あえて「社会経済的左右次元」を避け，「環境—保守次元」の保守の要素だけで戦うことを選択していた．

　それでは，極右系統ポピュリズムは「社会経済的左右次元」について，どのような選好を有するのであろうか．この点については論者によりニュアンスが若干異なる．たとえば，ミュデやアッカーマンらは「中道的」あるいは「基本的に無関心」であると解釈している［Mudde 2007；Akkerman, de Lange, and Rooduijn 2016］．それに対して，水島［2016］は，「1980年代から90年代にかけて西欧諸国で勢力を伸ばしたポピュリズム政党は，当初は福祉国家を批判して経済

的自由主義を主張する傾向が強かったが，それ以後はグローバル化批判の立場から，むしろ福祉国家擁護の論陣を張る傾向」があるとしている．これは，イデオロギーの「薄さ」ゆえか，敵である支配的な政治勢力のイデオロギー自体が転倒したがゆえか，極右系統ポピュリズムが「経済面での対立軸」で示す選好が時期によって変動することを意味している．それが現在の傾向としては「福祉国家の擁護・充実・再構築」として表出されるというわけである．

　たとえば，オランダ自由党は，2010年の下院選挙で150議席中の24議席を獲得して第3党の地位を得て，自由民主国民党のマルク・ルッテ（Mark Rutte）首相が率いる少数連立政権（52議席）に閣外協力を行ったが，ルッテ首相を含む連立政権が，単年度赤字を対 GDP 比で3％以内とすることが求められる EU の安定・成長協定を遵守すべきところ，オランダの財政は2011年度で赤字が4.7％となっていたために，緊縮財政による引締めを行うことが画策された．この緊縮財政案が実行されれば福祉縮減が生じることになるはずであり，オランダ自由党の党首ウィルダースはそれに反対して閣外協力を解消し，結果として内閣総辞職となったのであった．これは，反イスラムの主張で注目されがちなウィルダース党首のオランダ自由党が，EU 懐疑主義の立場と両立させつつ，「社会経済的左右次元」において福祉国家の擁護を示している事例である．

　こうした極右系統ポピュリズム勢力の新たな立場は，EU からの緊縮財政による自国福祉制度縮減に反対するスタンスと重なるため，2項で確認した，南欧左派ポピュリズムの主張と符合することになる．だからこそ，元来左派志向で福祉充実を望む有権者が，自国の中道左派政党が EU の緊縮財政に迎合する形で右傾化してしまい当てにはできないと考えて，支持政党として極右系統ポピュリズムへと乗り換える現象さえ見られ始めたのである．ここで，従来は相互に交わることがなかった「社会経済的左右次元」と「環境—保守次元」とが交錯しながら，非常に内実的な次元において左右両極が結びつく契機が生じたのである [Arzheimer 2013]．

　このような支持政党の乗り換え現象に関する説明としては，福祉国家制度とも連動する労働市場面での「インサイダー」（主に工業部門の大企業正社員）と「アウトサイダー」（非正規雇用労働者）との違いによって，「労働者のうちでもインサイダーは従来どおり中道左派を指示する一方で，アウトサイダーは極右政党へと支持を移す傾向がある」との見解 [Rueda 2005, 2007] も存在する．

　しかし，その一方で，極右系統ポピュリズム政党が，中間層の有権者を取り

込む目的で福祉国家を重視するなど「社会経済的左右次元」で左派的なスタンスを示すことは，単独での政権獲得が困難で，連立政権への参加が現実的な場合，ジレンマをはらむ可能性が高い．なぜなら，極右系統ポピュリズムが連立政権を組む組み合わせとして「社会経済的左右次元」では中道右派政党がパートナーとなることが多く，その中道右派政党は，「社会経済的左右次元」においては，経済的自由主義を望む右派であることが想定されるからであり，連立パートナーが左派的なスタンスを強めすぎると連立ができなくなってしまうからである [Akkerman 2016]．上述のオランダ自由党の連立政権への閣外協力の解消は，このような意味での事例としても理解できるだろう．

2) 根本的な分断の論理：福祉ショーヴィニズム

以上のように，極右系統ポピュリズムが「福祉国家の擁護・充実・再構築」を唱えることで，南欧左派ポピュリズムの主張と重なり，左右両極が結びつきうる可能性を示唆した．しかし，極右系統ポピュリズムによる「福祉国家の擁護」が，「福祉ショーヴィニズム」（welfare chauvinism）の要素とともに唱えられる場合には注意を要する．

福祉ショーヴィニズムとは，自国の福祉制度を熱狂的に信奉するナショナリズムの一形態である．水島 [2016] は，現代のヨーロッパで伸長しているポピュリズムの特徴の1つとして，「福祉ショーヴィニズム」と同義で「福祉排外主義」を挙げており，「福祉・社会保障の充実は指示しつつ，移民を福祉の濫用者と位置づけ，福祉の対象を自国民に限定するとともに，福祉国家にとって負担となる移民の排除を訴える主張」と説明している．この概念に既に1995年段階で着目していたキッチェルトによると，福祉ショーヴィニズムに一番の利害関係者として最も共鳴するのは，自らの経済的な生活が，社会政策に基づいた公的年金，医療手当，失業給付等の恩恵で維持されている社会集団で，職域としてはブルーカラー労働者，低廉な事務員，あるいは年金生活者等であり，教育水準が高くない人々であるとされている [Kitschelt 1995]．

たとえば，直接的には欧州債務危機を契機に南欧諸国への援助拒否を主張し反ユーロ政党として結成されたドイツの新興政党 AfD（Alternative für Deutschland: ドイツのための選択肢）は，移民自体には反対しないが，移民のドイツの社会保障システムへの編入は拒否するとの主張を行っている [河崎 2015]．また，次章でも見るように，英国が EU 離脱の是非を問う国民投票（2016年6月23日）

の約4カ月前の欧州理事会にて，英キャメロン首相が英国内世論をEU残留へと傾ける説得材料として，英国が国民投票を経てEUに残留する場合には，①英国内で就業する他のEU加盟国出身の労働移民に対し，低所得世帯向けの家族扶養税額控除等の「在職給付」(in-work benefits) を就業から4年間は給付しないこと，②英国内で就業する他のEU加盟国出身の労働者が出身国に残す子供に対する児童手当を英国水準ではなく出身国水準に合わせる，③英国のEU残留が決まり次第，これら①②を実現するためのEU法案を審議するという譲歩を他のEU加盟国首脳から引き出していた．これは，UKIP (UK Independence Party: イギリス独立党) の支持者をはじめとする英国内のEU懐疑主義勢力が有する不満がEU加盟国出身移民に向けられ，その不満解消の手立てとして，同じEU市民であっても社会給付につき英国民と他の加盟国民との間で差別的待遇を求めるものであり，文字通り，福祉ショーヴィニズムに基づく内容だったのである．

「福祉ショーヴィニズム」は，各EU加盟国の福祉国家を制度的に持続可能とするという意味で左派を惹きつけはするものの，究極的には左右間での分断の契機をはらんでいる．すなわち，極右系統ポピュリズムは，自国福祉制度を維持しようとするが，そこから自国民以外の移民は排除しながら，余計な負荷としての移民を制度から排除することをも手段としながら自国福祉国家制度の持続性を確保しようとするのである．それに対し，南欧左派ポピュリズムは，移民を自国民に近い形で福祉制度へと包摂しながら自国の福祉国家制度維持を志向する．つまり，南欧左派ポピュリズムは，自国民と移民との間で福祉面での平等を図ろうとする [Emmenegger and Klemmensen 2013]．そして，この自国民と（EU加盟国出身の）移民との間で福祉面での平等を確保するのが，EUとしての価値規範なのである[22]．

たしかに，ギリシャのSYRIZA政権は，南欧左派ポピュリズムのEU懐疑主義としてEUからの緊縮財政策に抵抗して福祉制度縮減の極小化を試みはするものの，決して移民の排除を求めるのではなく，自国内の他EU加盟国出身移民を自国福祉制度に積極的かつ平等に包摂すべきとのEUの規範を遵守している [Stavrakakis and Katsambekis 2014]．政権与党になってはいないが，スペインのポデモスも同様である．もちろん，ギリシャやスペインの南欧諸国は欧州債務危機のなかで高失業率を抱え，EUの他の加盟国へと労働移民を送出しているがゆえに，自国からの労働移民が受入国内で当該国民と同等の労働条件・

社会的福利厚生を受けられることに利益を見出しているという要素も作用しているであろう．そして，これら左派的志向のEU懐疑主義勢力は，EU体制からの離脱を主張はしない．あくまでEU体制は尊重し，「経済面での対立軸」におけるEUのあり方を緊縮財政策ではなく成長路線に反転させようとするなど，EU体制内での方針転換を目指している．このような南欧左派ポピュリズムのスタンスは，フランス国民戦線やオランダ自由党など，少なくとも言説のうえではイギリス同様にEU離脱を目指すとする極右政党を出自とするEU懐疑主義勢力とは，一線を画していると言わなければならないだろう．

　EU懐疑主義としてのポピュリズムは，本節で確認した二類型やその主張内容を理解しないまま，「EU離脱志向」として，十把一絡げにして理解されがちである．しかし，EU懐疑の度合いにもグラデーションや温度差があることに鑑みれば，英国に続いて「ただちにEU離脱ドミノが生じる」と想像するのは単純すぎるであろう．

3．文化面と経済面が交錯するEU政策過程
―社会給付と自由移動の問題―

(1) BREXITの争点とミクロなEU政策過程との関わり

　英国のEU離脱（やそれに伴う問題）は，BRITAINとEXITを混成したBREXITという造語で呼称されている．このBREXITの阻止を目的として，2016年2月18-19日の欧州理事会にて，EU離脱の是非を問う国民投票を想定する英国への特別措置決定が合意された［European Council 2016］．これは英国内世論をEU残留へと傾ける説得材料として企図され，英国内の離脱志向派がEU関連で有する懸念事項を緩和する措置が盛り込まれたものだった．この合意に至るまで，2015年後半からの半年余りにわたり，英国首相デビッド・キャメロン（David Cameron）がEU各加盟国首脳を訪問交渉して理解を求め，それを欧州理事会常任議長ドナルド・トゥスク（Donald Franciszek Tusk）が取り持つ形で交渉が進められた．[23]

　交渉での最大争点は，同特別措置決定のセクションD「社会給付と自由移動」の内容であり，これにつきキャメロン首相が2015年11月段階で示した要求は次の2点である．① 英国内で就業する他のEU加盟国出身の労働移民に対し，低所得世帯向けの家族扶養税額控除等の「在職給付」(in-work benefits)を

就業から4年間は給付しないこと，②英国内で就業する他のEU加盟国出身の労働者が出身国に残す子供に対する児童手当を英国水準ではなく出身国水準に合わせること．

　これは，BREXITを志向する英国内のEU懐疑・離脱派が有する不満が，EU加盟国出身移民に向けられ，その不満解消の手立てとして，同じEU市民であっても社会給付につき英国民と他の加盟国民との間で差別的待遇を求めるものであり，制限適用期間設定が施されつつも最終的な合意内容となった．もちろん，EU機能条約45条は，雇用・給付・報償その他の労働条件につき国籍に基づくいかなる差別も禁止しており，この合意が成立したことは，時限的措置であってもEU市民間の平等という規範への挑戦とみなせる．いずれにせよ，BREXITの是非をめぐる対抗図式の中核を占める問題が，EU域内での「社会給付と自由移動」のあり方そのものであることが如実に示されたのであった．

　一般的傾向として，EU域内移民の流れのベクトルは，東欧諸国から英国を含む西欧諸国という方向で生じているため，この合意内容で得をするのは，国内移民への社会給付節減と移民抑制効果を見込める英国であり，損をするのは移民送出側の東欧諸国である．交渉当初に抵抗する姿勢を見せた東欧諸国も最終的には受忍したのだが，その理由として「英国のEU離脱に伴う不利益（移民を英国に送り出せなくなる，英国拠出分のEUからの再配分財源の減額見込等）のほうが，英国内自国民への社会給付制限の不利益を上回ると判断したからだ」と想像するのはたやすい．ただし，実情としては，もう少し複雑な交渉力学が併せて作用していた．本節では，この交渉力学が作用した状況をミクロなレベルでのEU政策過程に見出すことになる．

　また，同特別措置決定の合意に至る交渉では，英国以外の移民受入側の西欧諸国政府も，EU市民間の平等の規範にもかかわらず，英国政府の要求内容に強硬な反対を見せなかった．仏政府が表明した英政府要求内容への懸念事項に「社会給付と自由移動」の論点は含まれず，また，独雇用・社会大臣ナーレス（Andrea Nahles）も「英国が抱えるEU移民への社会給付問題の解決策を見出す準備がある」とさえ述べていた．これはなぜか．その理由の説明を，本節では伏線となるミクロな共同体方式でのEU政策過程の検証を通じて提供することになる．

　このEU政策過程の検証においては，英国要求内容と直結する域内移民の争点に加えて，サービスの自由移動の一環としての国外派遣労働（posted workers) の争点も射程に入れる必要がある．なぜなら，国外派遣労働でも他加盟国への労働者の移動を伴うために，域内移民の場合と同様，社会給付や国内雇用の問題が生じるからである．つまり，域内移民の争点と国外派遣労働の争点とは，より包括的な「社会給付と自由移動」というテーマのもとで同じ地平に立脚しており，この両争点を跨ぐ取引関係においてこそ，重要な交渉力学の作用の形跡が見て取れるからである．検証素材となるのは，2012年から2014年にかけて並行して審議・成立した2つのEU指令の政治過程である．1つは労働者権利行使促進指令(以下「権利促進指令」)[26]であり，もう1つは国外派遣労働者指令実施指令[27](以下「実施指令」)である．これらは提案時期が約1年異なるが2014年3-5月と時期的に収束する形で成立した．この両指令成立に至る政治過程での，英仏独ポーランド各々の2大政党の選好の配置状況を，欧州議会や閣僚理事会での選好表出結果を中心に検証していく．以下の本節の構成は次の通りである．次の第2項では，キャメロン英政権による労働移民対応と，それに対抗する権利促進指令案を巡る各国政党の選好状況を読み解く．第3項では実施指令の制定過程での各国政党の選好状況を検証する．そのうえで，第4項において両指令成立に至るEU政策過程を突合した考察を展開し，2016年2月の英国への特別措置決定にまで延伸的に作用した交渉力学の論理を詳らかにする．

（2） 英国の移民抑制志向と労働者権利行使促進指令案
1） 英キャメロン政権による域内移民対策の問題状況

　保守党・自由民主党連立による英デビッド・キャメロン政権の誕生は2010年5月11日であった．同政権は前労働党政権の金融危機対応である景気拡大路線を反転させて緊縮政策をとり，その一環として2012年3月には福祉改革法を成立させた．これに連動して低所得層向け在職給付も「ユニバーサル・クレジット」に統合され，受給要件労働時間引上も含めつつ社会保障予算削減が企図された [URL 3]．一方，政権発足時から英国民の雇用への影響を危惧して移民制限策も順次取られたが，その対象はEU域外の第三国出身移民に限られた．これらだけならば英国民とEU域内移民との間で政策効果の差異は発生しない．しかし，次のように，EU域内移民への社会給付申請制限を通じて，実質的な差別的取扱が行われた．

　英国では，2004年当時のブレア労働党政権により，いわゆる「福祉ツーリズ

ム」(他国のより整った社会保障給付や医療などの制度を目当てとした移民)防止のために，EU域内移民による求職者手当等の社会給付申請要件として滞在理由や滞在状況の審査(居住権テスト)が導入されていた．この居住権テストの適用範囲を2011年にキャメロン政権は低所得層向け在職給付や失業手当の申請にも拡張した．これは「福祉ツーリズム」防止目的という次元を踏み越え，EU市民である労働者の平等に関し，他加盟国出身労働移民の申請者を英国人申請者とは異なる扱いとするものであった．

　もちろん，英国に限らず，他の西側EU加盟諸国も「福祉ツーリズム」への懸念を共有していたため，中東欧10カ国EU加盟直前に，「福祉ツーリズム」対策を目的として含むEUの二次立法が制定された．2004年4月29日成立のEC指令2004/38によると，未就労のEU域内移民の移動先加盟国での居住期間が3カ月未満の場合は，当該加盟国はいかなる社会給付の申請も拒否できる．居住期間3カ月以上5年未満の場合は，社会給付面で当該国に「不合理な負荷」とならない十分な資力が証明できれば居住が継続でき，居住期間が5年を経過すれば就労の有無に関わらず社会給付受給権を獲得するとされた．つまり，EU移民受入加盟国は，居住3カ月未満のEU移民への社会給付負担忌避はもちろん，理論的には，居住5年未満で就労していないEU移民が十分な資力が証明できない場合，国外退去措置が可能である[28]．

　これと照らして，2011年のキャメロン政権による居住権テストの拡張で問題となるのは，たとえば，英国居住が5年未満かつ就労していたが失業したEU移民は，十分な資力がないと見なされれば居住権なしとされ，居住権がなければ，就労中に納税義務を全うしてきたにもかかわらず，失業手当給付申請権もないと判断される不合理性などであった．これは福祉ツーリズム対策という次元を超えて，同じ労働者でも自国民と他のEU加盟国民との間での実質的な差別的取扱として機能するため，2011年から欧州委員会が居住権テスト是正を勧告してきたもののキャメロン政権は拒否し，2013年5月30日に欧州委員会は英国政府をEU法違反として欧州司法裁判所に提訴するに至った[29]．

2) 英政府のさらなる域内移民抑制と他加盟国の同調傾向

　2014年初からのルーマニア・ブルガリア両国出身労働者の自由移動解禁を見据えて，2013年になると英政府はEU域内移民流入抑制を主張し始めた．これは，タブロイド誌の助けを借りてイギリス独立党(UKIP)が両国移民流入の危

機感を煽るなか，2015年総選挙を睨んだ政権政党としての保守党の戦略でもあった．既に2013年初に将来的なEU離脱の是非を問う国民投票の可能性に言及していたキャメロン首相は，2013年11月26日の *Financial Times* 誌への寄稿で，EU移民抑制策として，すべての新規入国EU移民への低所得層向け住宅給付申請や入国3カ月未満のEU移民への求職者手当給付申請の禁止措置等の構想を示し[30]，これに対し欧州委員会がEU法違反の懸念を示す構図が繰り返された．これについては保守党の連立パートナーである自由民主党もEU法違反の懸念を示した．野党の労働党はこの問題に対して明確な選好を示してはいない．

ここで興味深いのは，2013年に硬化した英国のEU移民抑制案について同情的スタンスを示す加盟国が現れたことである．典型的には2013年4月23日，英国・ドイツ・オランダ・オーストリアの内務大臣らが連名で当時議長国であるアイルランド政府を通じて各加盟国政府と欧州委員会に書簡を発した[31]．この書簡は，他加盟国出身移民流入により市町村の学校・病院・住宅等の公共サービスに支障が出ていることや，追放した非合法移民の再入国を規制できない問題等を挙げつつ，EU移民受入国側の社会保障制度負担軽減のために，先述のEC指令2004/38をより移民抑制の方向で改訂することを要望した．この2日後，欧州委員会は，むしろ移民は受入国経済に貢献していることを強調しつつ要望を退けたが[32]，少なくとも3カ国が英国と同様にEU移民抑制を志向していたことは明らかである．

3）　労働者権利行使促進指令案とその票決状況

英キャメロン政権による居住権テストの是正拒否や，英国に同調してEU移民規制強化を望む加盟国が出てくるなか，それに対抗する格好となる欧州委員会は，欧州司法裁判所への英国政府提訴だけでなく，新たな指令案を提案した．それが4カ国内務大臣書簡の3日後の2013年4月26日に提案された労働者権利行使促進指令案［European Commission 2013b］である．その内容は，受入国内で差別的取扱を受けたと考える移民労働者が受入国内での司法手続に訴求可能な状態を確保することを加盟国当局に求めるもので，各加盟国は，移民労働者やその家族らの労働権が国籍を理由とする差別・不公正な制限を受けないように監督する担当組織もしくは中核拠点（central point）を少なくとも1つ指定しなければならない．

この指令案は約1年後の2014年3月11日に欧州議会本会議で審議・翌12日票

決(賛成566反対92棄権25),同年4月14日に閣僚理事会の審議・票決を経たうえで4月16日に成立した.その内容は欧州委員会の原案を踏襲していたため,移民の受入国内での平等な取扱を志向する勢力が勝利し,移民抑制派は敗北したといえる.ここでは,この欧州議会本会議での票決状況を検証してみよう.予測としては,一般的に移民送出国の東欧諸国政府・政党は受入国で自国民の権利行使が強化されるため積極的に賛成するであろうし,移民受入国は先述の書簡送付4カ国政府・政党を中心に躊躇・反対を示す可能性があるだろう.2014年3月12日の欧州議会本会議での票決は点呼投票で行われ,その点呼投票結果[European Parliament 2014a]と欧州議会議員リスト[33]の照合作業により,欧州議会での国内政党の投票行動の読み取りができる.その結果を本章で特に注目する英仏独およびポーランドの主要二大政党について整理したのが表7-4である.

移民受入側に相当する西欧加盟国の英仏独の各主要政党の選好を比較すると,各国内での中道左右に関わりなく,仏独が賛成し英国が反対する構図が読み取れる.

英保守党の反対投票は予測通りであるが,EU移民受入に対する見解を国内で示さなかった英労働党も,移民差別的状況の是正につき,消極的というのではなく(であれば棄権する),保守党やUKIP同様,積極的反対であると解釈できる.ドイツは書簡送付国に含まれたため反対が予想されるところ,書簡当時政権与党の中道右派のキリスト教民主・社会同盟(CDU/CSU)は賛成しており,選好の変化が観察できる.その理由としては,書簡送付とこの欧州議会票決の間の2013年9-11月にドイツ総選挙を経た中道左派のドイツ社会民主党(SPD)との大連立政権成立に伴い,SPDの移民平等志向との調整による可能性がある.ただし,表7-4に含んでいないが,点呼投票記録を確認すると,他の書

表7-4 2014年3月12日労働者権利行使促進指令案に対する欧州議会本会議票決の状況

政党名	英労働党	英保守党	仏社会党	仏UMP	独SPD	独CDU/CSU	ポーランド市民プラットフォーム	ポーランド法と正義
出席/全議員	12/13	22/25	7/14	22/29	20/22	37/42	18/24	8/16
賛成	1	0	7	16	19	34	17	4
反対	11	22	0	0	0	2	1	4
棄権	0	0	0	6	1	1	0	0

注:太字は各国内政党での賛成・反対・棄権のうちの多数を示す.

簡送付国である蘭と墺の政権与党に属する欧州議会議員は全員賛成票を投じていた[34]．これを勘案すると，移民抑制志向の書簡送付4カ国のなかでも，英国以外の3カ国と英国とでは究極的には袂を分かつ断絶があったと考えるほうが自然である．それは，同じく移民抑制志向ではあっても，現行EU法のもとでの域内移動と社会給付における国籍差別禁止の規範を遵守するか，その規範以上に国益を優先するかの間での分断といえよう．フランスは，書簡送付に加わらなかったためEU移民抑制志向は薄いとみなせたが，実際，与党の社会党も，野党の国民連合運動（UMP）（棄権6名の躊躇が感知できるものの）も，移民の国籍差別禁止規範の遵守・強化志向を示す賛成票を投じている[35]．

一方の移民送出国の東欧加盟国はどうか．ポーランドの国内政権与党・市民プラットフォーム（以下「ポ市プ」）（当時首相は現欧州理事会常任議長ドナルド・トゥスク）は予想通りの賛成票を投じているが，野党で保守政党の「法と正義」所属議員らは見解が割れた状況が見て取れる．この理由は，「法と正義」が欧州議会政党会派において英保守党とともに「欧州保守改革グループ」（ECR）を構成しており，互いの国内での自国民優先という保守志向の選好で英保守党と連携する考えと，英国含めた移民先でのポーランド人の利益を重視する考えとの間で引き裂かれた結果である．しかし，表7-4に含んでいないが，ハンガリーやスロバキア出身議員らは与野党問わず総じて賛成票を投じており，移民送出国として当然の投票行動を示したことを勘案すると，東欧諸国はほぼ一致して本指令案に賛成していたと解釈できる．

この欧州議会票決後，2014年4月14日の閣僚理事会の票決結果は賛成27反対1棄権0となり，唯一反対の英国が孤立する形で権利促進指令の成立が確定した．この閣僚理事会での票決の実施自体が交渉力学上の大きな意味を持つが，それは第4項で扱う．

（3）国外派遣労働者指令実施指令案の政治過程
1）1996年国外派遣労働者指令の機能不全による「社会的ダンピング」問題
本項では，EU域内移民の場合と同様に，他加盟国への労働者派遣を伴うがゆえに派遣先加盟国の労働市場や社会給付への影響が想定される，国外派遣労働者指令実施指令を巡る政治過程を検証する．

元々の国外派遣労働者指令（EC指令96/71）自体は中東欧諸国のEU加盟前の1996年に成立していた．当時は南欧諸国の低い賃金水準により価格競争力を有

するサービス産業，とりわけ建設関連企業が西欧諸国の事業を請負うケースが多くを占めていたが，派遣労働者の待遇が派遣先労働市場水準に比べ過度に低いことは不公正な「社会的ダンピング」と理解された．その防止ルールとしてEC指令96/71は，実際に派遣される労働者に対する，派遣先国の最低賃金を含む法定労働条件の確保（法定最低賃金等がない派遣先国でも該当産業部門で普遍的労働協約が存在すればそれに服する）を規定した．一方で，派遣労働者に係る社会保障は派遣後24カ月までは派遣元国によりカバーされ，24カ月超過部分からは原則として派遣先国の社会保障制度に服するとされた[36]．しかし，このルールは厳格に遵守されず，派遣先国の最低賃金を下回る待遇での事業遂行が横行した．この問題は，中東欧諸国がEU正式加盟したまさに2004年5月に，ラトビア事業者 *Laval* 社によるスウェーデンの小学校校舎増改築事業への労働者派遣の事案でも生じ，2007年12月18日の欧州司法裁判所先決裁定に至った[37]．この先決裁定では，派遣労働者の権利よりも派遣事業者側のサービス提供の自由が優先されたとの解釈も相まって論争を呼び，労働者権利保護を重視する勢力から，「社会的ダンピング」防止の実効性強化が求められた．また，2009年1-6月には，英国内の *Lindsey* 製油所建設事業の一部を請負うイタリア企業の派遣労働者よりも，「英国の仕事は英国人に」という標語とともに英国人労働者の雇用の要求を含むストが英国各地に波及して展開された[38]．これは，金融危機下で失業問題が先鋭化する中，EC指令96/71が派遣先国民の雇用にとっての脅威と認識され，国内雇用保護的観点からも懸念されたのである．一方で，同指令での社会的ダンピング防止機能を回避して，派遣元国内の派遣企業（相対的に低い国内賃金水準の維持が可能）や派遣先国内の事業発注者（より安い請負金額の実現が可能）は恩恵を受けてきたのであり，当然，それらは状況変化を望まない．以上の問題状況を受け，欧州委員会は2012年3月21日，EC指令96/71の実施細則という形式で，国外派遣労働者指令実施指令案（以下「実施指令案」）［European Commission 2012a］を提案した[39]．

2）　実施指令案での争点と各国政党の選好状況

実施指令案は，閣僚理事会（雇用・社会政策・健康・消費者問題）では2012年6月21日，12月6日，2013年6月20日と審議された．主要争点は実施指令案原案の9条と12条関連であった．原案9条では，派遣労働受入国が派遣企業に課す報告項目として，限定列挙（closed list）で，業務開始宣言，労働契約内容，給

料明細票，勤務実績表，給与支払証明，全派遣期間が規定され，派遣企業側には受入国当局との連絡担当責任者任命が義務付けられた．これにつき，仏・ベルギー・スペイン・フィンランド・オランダが，限定列挙ではなく，「オープンリスト」方式，すなわち，受入国が派遣企業に列挙項目以外の項目を課す余地の認容を主張し，英国及び東欧諸国がこれに反対した[Richard 2016]．原案12条では，建設部門限定で，労働法制違反等に係る雇用者側の責任範囲として発注者と元請の共同責任（joint liability）が規定されていた．つまり，建設部門で見られる多重下請構造の場合でも，元請の次段階の下請企業には責任は及ばない．これにつき，9条の場合と同様の仏等諸政府が，共同責任制度の全部門への拡張適用と，多重下請構造を構成するすべての下請企業にも責任が及ぶ仕組みを主張し，これに英国と東欧諸国が反対する構図となった．この段階では独政府は明確な立場を示してはいない．

　欧州議会では，所管常設委員会の雇用社会問題委員会にて，ポ市プ所属のヤズロウィエスカ（Danuta Jazłowiecka）議員が報告者となって原案への修正項目をまとめ，同議員による修正案報告書は2013年6月20日の票決で賛成23・反対18・棄権6で辛くも可決した[European Parliament 2013b]．これは閣僚理事会での仏等による主張内容，つまり，派遣労働受入国が派遣企業に課す報告項目をオープンリスト方式とし，共同責任制を全セクターかつ多重下請構造の全企業も含め適用する修正内容であった．同報告書は2013年7月4日の欧州議会本会議に上程されたものの，所管委員会での見解拮抗の繊細性に鑑みてすぐには票決を採らず，閣僚理事会での妥協を経たうえで改めて票決を採ることとされた．

3）　閣僚理事会での妥協成立と欧州議会での審議・票決状況

　欧州議会所管委員会の修正案を受けた後として初となる閣僚理事会（2013年10月15日）では，政府間で意見は収斂しなかったが，2013年12月9日の閣僚理事会で妥協が成立した．その妥協内容は，9条を実質的にオープンリストとし，12条では，英キャメロン政権の要求で，共同責任制度適用は建設部門に限りかつその責任範囲は事業発注者と元請までとするものの，責任範囲はそのままで建設部門以外の部門でも，他に有効な違反制手段の採用を認容するという両義的な内容となった[Council of the European Union 2013]．ただし，社会的ダンピング防止の徹底度としては先の欧州議会所管委員会案よりも弱い．これを最終

的な妥協内容とするか否かにつき，英国・ハンガリー・チェコ・ラトビア・エストニア・マルタが反対したが[40]，正式な票決は採らず，それを押し切る形での妥協成立とされたのであった．これを可能としたのは，従来は実施指令案自体に反対してきたポ市プが，仏等の主張に折れたからである[41]．また，態度が曖昧だった独もこの段階で，仏等の立場寄りに追従した．

　欧州議会所管委員会の修正案と，閣僚理事会妥協の修正案とでは内容が異なるため，その後，両機関に欧州委員会担当も加わった「非公式三者対話」（Trilogue）が2014年3月まで12回繰り返された[42]．その折衝結果は，2013年6月20日の欧州議会所管委員会の票決内容を覆し，2013年12月9日の閣僚理事会での妥協内容にほぼ則したものとなった．この折衝・調整済の修正案は，欧州議会本会議での2014年4月15日審議・翌16日票決の結果，賛成474反対158棄権39で可決された．この票決状況を，英仏独ポの主要2大政党について点呼投票結果［European Parliament 2014c］をもとに整理すると表7-5の通りである．

　英国は与野党で賛否が分かれている．与党保守党は，2013年12月9日閣僚理事会の妥協で，原則的な規定文言では共同責任制の建設部門への限定と元請までへの限定に成功したが，実施指令案全体には反対していたため，欧州議会票決ではそれを翻しての賛成ということになる．これはなぜか．その解釈は次章で示す．英労働党の反対理由は，同党所属ヒューズ（Stephen Hughes）議員によると「この法案は両義的であり意味が無いから」というものだった［European Parliament 2014b：348］．

　フランスでは，与党の社会党こそが，この実施指令案による「社会的ダンピング」防止強化推進の実質的な中心アクターだった．欧州委員会の指令案提案前の構想段階から，同党所属で欧州議会雇用社会問題委員会の長でもあるベレ

表7-5　2014年4月16日実施指令案に対する欧州議会本会議票決の状況

政党名	英労働党	英保守党	仏社会党	仏UMP	独SPD	独CDU/CSU	ポーランド市民プラットフォーム	ポーランド法と正義
出席／全議員	13/13	22/25	8/14	26/29	19/22	37/42	22/24	9/16
賛成	0	**22**	**8**	**26**	0	**37**	**22**	**9**
反対	**13**	0	0	0	**19**	0	0	0
棄権	0	0	0	0	0	0	0	0

注：太字は各国内政党での賛成・反対・棄権のうちの多数を示す．

ス (Pervenche Berès) 議員が「社会的ダンピング防止のために96年指令は本質的に変更しなければならない」と主張し，2012年5月の社会党への政権交代以降は，労働・雇用大臣サパン (Michel Sapin) が「全セクターで多層下請構造全体の共同責任によってこそ有効な対処となる」として，停滞する国内雇用情勢の打開策に位置づけていた．[43] これに野党 UMP も同意しており，[44] 主要与野党とも賛成票を投じた．仏2大政党の主たる動機は，社会的ダンピング阻止のレトリックを用いつつも，高く停滞する失業率への懸念と国内での自国民雇用保護にあったと見てよい．[45] 債務危機に喘ぐ隣接国スペインからの労働者流入増加も懸念に拍車をかけていた．その意味で，仏2大政党の選好は，自国民優先主義・保護主義という点で，労働移民問題として取り組んだ英キャメロン政権と大違はない．

　ドイツは，与党 CDU/CSU は当初は明確な選好を示さなかったが，2013年秋の大連立政権成立に伴い，社会的ダンピング防止強化志向の SPD や仏二大政党に追従する姿勢を示し，[46] 2013年12月の閣僚理事会の妥協成立にも寄与した．にもかかわらず，この欧州議会票決では，連立与党間で想定とは逆の構図で見解が割れた．すなわち，ダンピング防止志向の SPD が反対票を投じ，追従的にすぎなかった CDU/CSU がむしろ賛成票を投じている．SPD の反対理由は，同党所属シュタインルック (Jutta Steinruck) 議員によれば「非公式三者対話を経た実施指令案の修正内容では社会的ダンピング防止強化策としては実効性が薄いから」というものだった ［European Parliament 2014b：358-59］．逆に CDU/CSU の賛成理由は，実効性が薄いがゆえに，低価格の国外派遣労働の恩恵を受けてきた独国内の輸出工業部門等も受忍できると判断したからであり，また，同一会派の仏 UMP を含む仏2大政党からの指令成立圧力に屈したからでもあった．この事情は次項で説明するが，いずれにせよ，CDU/CSU は消極的賛成というスタンスである．[47]

　ポーランドは，与党ポ市プが，実施指令案の趣旨が自国の派遣企業に不利益となるために英保守党と連携して反対してきたが，2013年12月の閣僚理事会では英保守党を裏切る形で仏等に妥協しており，この欧州議会票決でも賛成票を投じている．この与党ポ市プの意図は次項で説明する．野党「法と正義」の賛成理由の理解は困難だが出席率の低さは消極的賛成を伺わせる．

　なお，実施指令案の事後展開としては，上述の欧州議会本会議可決法案の是非を問う票決が閣僚理事会で2014年5月13日に行われ，賛成25反対2（ハンガ

リー,ラトビア)棄権 1 (エストニア) で可決されて指令成立が確定した.

(4) 両 EU 指令を架橋した交渉力学の考察:パッケージ・ディール

本項では,両指令策定過程を跨いだ検証により,特に英保守党とポ市プの選好の戦略性を説明する.いずれも仏2大政党の選好との関係が鍵となる.そこで英ポの両政党について述べる前に,同じく仏政党の選好との関わりで特に実施指令案の政治過程で対抗関係にあった,独政党の状況に触れておく.

1) 実施指令案における独仏間の対抗関係

独には法定最低賃金制度が存在してこなかった.そのため EC 指令96/71のルールとして,派遣先国の労働法制に服するとはいえ,独国内では東欧出身派遣労働者の出身国水準の低賃金はそのままで,しかし違法ではないという状態だった.独国内では,独国民が忌避しがちな屠殺場を含む食品加工等の農業部門で東欧出身の低賃金派遣労働者が活用され,仏農家らが「独農家は不公正な低コストで競争力を高めており,仏農業の競争力を脅威に晒している」との不満・批判を強めていた.[48] この解決策として,独産業との対抗的観点からも,仏2大政党は挙国一致的に国外派遣労働者での労働者保護を強く要請してきたのである.裏を返せば,独 CDU/CSU 政権が SPD との大連立成立まで実施指令案への選好を曖昧としていたのは,自国での法定最低賃金制度欠如による相対的な産業競争力のアドバンテージを十分に理解していた可能性が高い.

独国内の事情に目を移すと,農業部門とは異なり,独の建設部門の労使は,東欧からの国外派遣労働増加の影響で賃金下方圧力に晒される危機を十分意識しており,労働協約によるオプションも含めて最低賃金制度の導入を検討し始めていた.それに対し,国際競争力を有する輸出工業部門や独経営者団体の頂上団体のドイツ経営者連盟 (BDA) が反対した.それらは建設サービスの購入側であり低価格を望むからである.また,独では2000年代前半のシュレーダー SPD・緑の党連立政権下で,90年代を通じた長期失業者増加に伴う福祉国家制度の負荷軽減を目的として,フォルクスワーゲン社役員ペーター・ハルツ (Peter Hartz) を長とする専門委員会の答申に基づく,いわゆる「ハルツ改革」で労働法制と社会保障制度改革が行われていた.この改革により,雇用増大と失業減少効果を企図して,従来の制度枠組では不可能だったミニジョブと呼ばれる短時間・非正規雇用形態の解禁が行われた.同時に,従前賃金水準と連動

した「失業扶助」（失業保険受給期間終了後の給付制度）が廃止され，その受給者は，従来の「社会扶助」（日本の生活保護に相当するもの）受給者のうち就労可能な者とともに，租税を財源とする低水準の均一金銭給付制度である，新設の「求職者基礎保障制度」へと組み入れられ，その受給条件として就労支援や就労機会の受け入れが義務化された．このハルツ改革は，社会保障モデルの類型論に則して言えば，従前賃金に連動した拠出と給付による所得比例機能を特徴とする社会保険方式中心の「ビスマルク型」社会保障モデル（独仏が典型例）から，低水準の均一拠出及び均一給付による最低保障を特徴とする「ベバリッジ型」社会保障モデル（英国が典型例）への転換であった．ビスマルク型の場合ならば所得比例機能によって中間層も含めて各社会階層の維持・安定が図られるが，それが最低保障機能のみのベバリッジ型へと転換することは，中間層の階層脱落リスク低減のための制度的担保が失われることを意味する．実際，ハルツ改革の結果，サービス部門を中心にミニジョブ等の非正規雇用就労者が増大したが，低賃金のために就労したものの求職者基礎保障給付を受給せざるをえないワーキングプアとして拡大し，格差社会化が進行したのであった．これが中間層を中心とする国民の反発を招き，改革を推進したSPDの2009年総選挙での下野へとつながった．

　国民支持低下を自覚したSPDが人気回復策として主張し始めたのが法定最低賃金制度の導入であった．それに対して輸出工業部門やBDAが反対した．与党CDU/CSUは，ビルマルク型での社会階層安定の伝統に照らして，ベバリッジ型での低所得世帯増大を懸念し，その改善策として法定最低賃金制度導入に一定の理解は示しつつも，労使協約での解決を待つスタンスだったが，結局労使協約はまとまらなかった．[50] この状況下で2013年11月にSPDとの連立合意に伴って，CDU/CSUはSPDの主張に寄り添い，加えて，国内農家の要求に押された仏2大政党からの批判圧力も受けて，法定最低賃金導入方針を2014年4月2日に閣議決定したのである．[51] これは実施指令案に対する欧州議会本会議票決の2週間前にあたる．この時点で，CDU/CSUは，EUの国外派遣労働の枠組において，自国の法定最低賃金制度欠如による相対的な産業競争力のアドバンテージを放棄する決断を済ませていたからこそ，同様の効果が見込まれる実施指令案への2週間後の欧州議会本会議票決でも，CDU/CSUは賛成票を投じる用意が整っていたのである．先述の仏社会党所属の欧州議会議員ベレスも，独での法定最低賃金制度導入構想が浮上した段階から，それが実施指令案

と同様に社会的ダンピング防止効果を有するとして強く期待を寄せていたよう
に, この独 CDU/CSU の動きは, 実施指令案の成立を強く望む仏の両党を満
足させることとなった.

2) 英保守党の両指令を跨ぐ選好状況

英保守党政権は, 自らの労働移民制限策への対抗として提案された権利促進
指令案には当然反対する一方, 他加盟国からの派遣労働活用による低価格の恩
恵維持の観点から2013年12月9日閣僚理事会でも実施指令案には原則的に反対
して妥協阻止を試みた. では, 内容に変更が無いのに, なぜ英保守党は2014年
4月16日欧州議会票決では翻って賛成したのか. その理由は, 2日前の2014年
4月14日に権利促進指令案の閣僚理事会票決で孤立的敗北を見たにもかかわら
ず, 英国内では労働移民への差別的措置を継続・強化する意思を有しており,
それに対し予期される他加盟国からの批判を緩和するための妥協バランスをと
る目的で, 実施指令案のほうでは賛成に転じたのであった. これは実施指令成
立を目指す仏政権に恩を売る効果を持つことにもなる. 実際, キャメロン首相
は実施指令成立から約2か月後の2014年7月28日付 *Telegraph* 誌への寄稿に
て, 同年11月から EU 移民への求職者手当と児童手当の給付期間短縮案 (従来
6カ月から3カ月へ) を発表した. これは EC 規則2004/883で規定された最低6
カ月給付ルールの明確な違反となる. 英保守党政権としては, 動機は英国と同
じく国内雇用保護でありながらも, その実現方法として国外派遣労働の流入制
限を企図した仏等に妥協しておくことで, 労働移民への差別的措置を継続・強
化する自国への批判を予め弱める効果を期待した. 英保守党の無理矢理とも見
える方針は, 英国内の反移民世論を受けて翌2015年5月に迫る英総選挙で
UKIP を抑えるためのものであり, 保守党政権継続となれば「EU 離脱の是非
を問う国民投票を実施する」との公約も掲げた. これが現実化し, その瀬戸際
戦略として他 EU 加盟国民への差別的措置を正面から要求した結果が2016年2
月欧州理事会の特別措置決定だったのである. ただし, キャメロン政権による
域内移民へのさらなる硬化的態度を惹起したのは, UKIP への警戒だけでなく,
交渉力学の中で遭った裏切りへの憤りでもあった. その裏切りの当事者に相当
するポ市プの選好状況を次に見る.

3） ポーランド与党・市民プラットフォームの戦略的な選好状況

　2013年6月20日欧州議会所管委員会にて，社会的ダンピング規制をより強化する内容で実施指令修正案が可決したことは，主要派遣元国としてのポーランドにとって，その時点では敗北であった．しかし，その約半年後の2013年12月9日の閣僚理事会では，一転して，与党ポ市プのトゥスク政権は，連携してきたキャメロン英保守党政権を裏切り，仏等が求める妥協案成立を受け容れた．妥協をせずに実施指令案が不成立となればポーランドは損失を被らないにもかかわらず，敢えて自国にとっての損失を引き受けるという，この選好スライドの理由は何か．

　それは，取引として，自国に利益となる権利促進指令案成立の言質を，仏等の実施指令案成立を強く望む勢力から引き出したからであった．権利促進指令案は，EU移民への差別的措置をとる英キャメロン政権への牽制的意味合いから提案されたものだが，その内容は，実現すれば移民先国内での自国民権利強化となるためポーランドの利益となる．しかし，この法案は，新規に実体的権利を移民労働者に付与するわけではなく，移民受入側加盟国当局の行政コストを高めるため，英国以外の独仏等の移民受入国側の諸政党であっても反対する可能性があった．加えて，仮に欧州議会票決で可決されても，閣僚理事会で可決に至らない恐れもあった．なぜなら，閣僚理事会では，制度上の二重多数決制は存在するが，事前交渉でコンセンサス形成したうえで儀式的に全加盟国が賛成票を投じて可決することが多く，よほどの事情が無い限り，多数決で敗北する少数政府が見込まれる際には票決が発動されないからである．その場合，法案は不成立となる．権利促進指令案では，英キャメロン政権による反対が見込まれ，しかも英国のみが反対の意思である可能性すらあり，その状況での票決発動には政治的決断を要する．票決が発動されなければ，法案は実現せず，ポーランドの利益は実現しない．この不確実性が伴うがゆえに，仏等によるその確実な成立の約束は，トゥスク・ポ市プ政権に対する有意味な取引材料として機能したのである．実際，2014年4月14日の閣僚理事会において，権利促進指令は，英国の単独反対を押し切って票決が発動されて成立が確定した．これで約束の履行を見届けたトゥスク政権の与党ポ市プは，2日後の4月16日欧州議会での実施指令案票決において賛成票を投じることで応え，仏等が望む実施指令の成立に寄与したのであった．

(5) 交渉力学の論理の整理

　域内移民と国外派遣労働の両争点を架橋した「社会給付と自由移動」の EU 政策過程を通じて，各国政党が示した選好にはそれぞれの論理の存在が感知できたであろう．たとえば，英キャメロン保守党政権は，東欧諸国に対し，域内移民面で差別的措置を通じて損失を与える一方，国外派遣労働面では「緩い」規制志向で同調して恩恵を約そうとした．仏社会党政権は，東欧諸国に対し，国外派遣労働面で「強い」規制志向で損失を与える一方，域内移民面では平等性の遵守徹底を通じて恩恵を保障しようとした．この英仏両政権による対東欧戦略は，逆の構図でありながらも，自国の社会保障制度や国民雇用を保護する目的で共通していたし，それを互いに十分理解していた．このことは，本節冒頭に述べた2016年 2 月特別措置決定に至る過程で，英国要求内容に仏を含む他の西欧諸国が強硬な反対を見せなかった理由についての合理的説明を提供する．すなわち，本節で検証した交渉力学に照らせば，最終的に英保守党が国外派遣労働指令実施指令成立を阻まなかったことは，仏にとっては，英保守党による仏の保護主義的意図を汲んだ行為なのであり，これに対する取引関係上の返礼的意味合いで，英国要求内容に黙認したのであった．

　英仏両政権が各々提示した上記の対東欧戦略のいずれに乗るかを選ぶにあたり，東欧諸国のトゥスク・ポ市プ政権は，究極的には仏社会党政権に与することを選択した．その選択理由は，自国移民の平等取扱を重視したからでもあるが，同時に，その当時の段階で既に，英国民投票を通じた BREXIT の現実化を想定に入れていたからでもあろう．さらに，本節で検証した交渉力学に照らせば，東欧諸国が，自国に不利益となる2016年 2 月特別措置決定での英国要求内容を受忍したのは，特にポーランドの場合，交渉過程での裏切りに対する代償として解釈できる．ポーランドは2015年11月に「法と正義」政権に交代しており，ポ市プが直接的な償いの当事者だったわけではない．しかし，幸か不幸か，裏切り当時のポ市プ党首で首相のトゥスクが2014年12月から欧州理事会常任議長に就任しており，特別措置決定に至る2015年後半からのキャメロンの加盟国訪問交渉を取り持つことでトゥスク個人は償いを果たしていたのであった．[56]

注
1) 本章では「リベラル―保守」概念に深く拘泥しないまま，概ね名称的に対応する政党アクターに焦点を当てて議論を展開するが，「リベラル」「保守」ともにそれ自体が

論争的概念であり，ヨーロッパとアメリカとの間でも異なり意味で使用される．この概念及びその錯綜についてのコンパクトな解説として杉田［2018］を参照．
2) 例外として，1999年に墺で極右と目されたハイダー党首の自由党を連立として含むシュッセル国民党・自由党連立政権が発足した際の2000年2月から7カ月間にわたる，当時の他EU14国協調による墺政府との二国間関係停止事案があった．
3) CHARTER OF FUNDAMENTAL RIGHTS OF THE EUROPEAN UNION. http://www.europarl.europa.eu/charter/pdf/text_en.pdf 2018年3月8日閲覧．2000年12月に欧州議会，閣僚理事会，欧州委員会による厳粛な宣言とともに公布されたEU市民の諸権利を定めた文書であり，2000年代半ばに起草・調印された欧州憲法条約ではその条文本体に組み込まれていたが，同憲法条約が仏蘭の国民投票での批准失敗で頓挫したことで，正式な法的効力は有しない状態となっていた．起草・調印当時のEU加盟国政府の多くが社会民主主義政権であったこと（15カ国中13カ国）が，同憲章の内容をリベラルな価値に与するものへと導いたと推察される．
4) 実際，1999年段階で，当時サンテール（Jacques Santer）を長とする欧州委員会に対し，複数欧州委員の不正事件に端を発した信任問題の追及において，欧州議会が，欧州委員会が自発的に総辞職をしない場合，総辞職を迫る決議を可決する旨を表明した段階で，欧州委員会は総辞職を決断した．詳細は福田［2000］参照．このように欧州議会の決議は，厳密な法的義務を伴わなくても，欧州委員会に対して政治的圧力として有効に機能する．
5) 2001年成立の在外ハンガリー地位法とその諸問題については［羽場 2004：124-30］を参照．
6) *EurActiv* February 1, 2011 Hungary told to amend three elements of media law.
7) B7-0099/2011（EPP），B7-0100/2011（ECR），B7-0103/2011（Verts-ALE），B7-0104/2011（ALDE），B7-0107/2011（GUE/NGL），B7-0112/2011（S&D）．
8) B7-0103/2011．
9) B7-0191/2011．
10) このうち，中央銀行の独立性についてはオルバン政権による改善方針が見られ違反手続対象から除外されたが，残る2件につき2012年4月25日にEU法違反手続きとしてハンガリー政府を欧州司法裁判所に提訴した．裁判官および公務員の定年制に関しては，欧州司法裁判所は，2012年11月6日，年齢による雇用や職場での差別禁止に関するEU指令違反と判断し，それを受けてオルバン政権は2013年3月11日に新たな法律を制定し，1年での強制的62歳定年制移行ではなく，10年かけて65歳定年制へと改めた．これにより欧州委員会は裁判官および公務員の定年制の問題の違反手続きを停止した．残るデータ保護当局の独立性については，2014年4月8日に欧州司法裁判所がEU法違反であると判断したが，その後もハンガリー政府による改善は行われていない．
11) EPP・マルタ国民党所属のバスティーユ（Simon Busuttil）議員の発言．

12) ECR・ポーランド「法と正義」所属のレグトコ（Ryszard Legutko）議員の発言．
13) こうした制裁的な態度の是非は，ロールズが構想した正義に適う国際秩序のもとでの，リベラルではないが「良識ある」社会への寛容の構想に関わる問いを突きつけるものだろう［Rawls 1999：邦訳 83-89］．
14) 基本的に欧州委員会としての合意はコンセンサスで決せられるが，票決とされる場合は単純多数決による．11月14日の欧州委員会会合での本指令案採択の合意はコンセンサス方式で決された．
15) *EurActiv* October 22, 2012 Reding in uphill fight over corporate gender quotas.
16) *EurActiv* Nobember 15, 2012 Reding pushes 40% female quota on corporate boards.
17) *EurActiv* April 16, 2013 Merkel faces party rebellion over gender quotas.
18) *EurActiv* November 19, 2013 German parties agree to introduce quota for women on boards.
19) *EurActiv* October 16, 2013 MEPs back 40% quota for women on company boards.
20) 英労働党所属の欧州委員で外務・安全保障上級代表のアシュトンがレディングの指令案に懸念を示していたことも符合する．
21) 2000年代1桁までのEUでの移民難民政策の展開をドイツの動きを中心に据えつつ示しているものとしては，佐藤［2008］を参照．
22) これは，EUがそれ自体で公共空間たりえるかどうかに関わる基準になりえると思われる．片岡［2002：150-1］は，実存としてではなく，人の相互作用を通じて醸成され，必要に応じて具体的状況に即して公共性の判断を導き出す必要から「過程としての公共性」に着目し，そのチェックポイントとして挙げられる要素のトップに「内包性」を挙げている．この内包性とは，公共性に対する共通の認識が持たれようとする公共空間の中に関連する総ての人々が含まれることを意味するのであり，係わりを持つべき誰かが排除されるようなことがあっては，公共性は成り立たないと判断されるのである．
23) この経緯については庄司［2016］を参照．
24) 2016年6月23日の国民投票の結果，英国のEU離脱が確定的となることで同特別措置合意内容自体は破棄され，現実的な挑戦としては消失した．
25) *EurActiv* 10 February 2016, In-work benefits emerge as main stumbling block ahead of Brexit summit.
26) Directive 2014/54/EU of the European Parliament and of the Council of 16 April 2014 on measures facilitating the exercise of rights conferred on workers in the context of freedom of movement for workers Text with EEA relevance.
27) Directive 2014/67/EU of the European Parliament and of the Council of 15 May 2014 on the enforcement of Directive 96/71/EC concerning the posting of workers

in the framework of the provision of services and amending Regulation (EU) No 1024/2012 on administrative cooperation through the Internal Market Information System ('the IMI Regulation') Text with EEA relevance.
28) 同日には，移動労働者の社会保障調整に関する EC 規則1408/71の改訂更新に相当する EC 規則2004/883も成立し，EU 移民への失業手当給付期間が従来の最低3カ月から最低6カ月へと延長された．ただ，同規則の実施規則の成立は2009年9月16日で，その発効はキャメロン政権発足10日前の2010年5月1日となった．
29) *EurActiv* 31 May 2013, EU takes UK to court over labour restrictions.
30) *Financial Times* 26 November 2013, Opinion: Free movement within Europe needs to be less free by David Cameron.
31) 書簡の連名サインは，当時英内相テリーザ・メイ（Theresa Mary May）（英・保守党），独内相ハンス・ペーター・フリードリヒ（Hans-Peter Friedrich）（独・キリスト教社会同盟（CSU）），蘭移民相フレッド・ティーヴェン（Fred Teeven）（蘭・自由民主国民党），墺内相ヨハナ・ミクルレイトナー（Johanna Mikl-Leitner）（墺・国民党）による．筆者参照の書簡は蘭上院ホームページにて保管された墺・内務省版の書簡であり，それは蘭上院ホームページ内の次の URL にて入手した．https://www.eerstekamer.nl/eu/overig/20130516/afschrift_van_de_brief_aan_het/document 2018年3月8日閲覧．
32) *EurActiv* 26 April 2013, Commission doubtful over 'benefits tourism' claims.
33) European Parliament MEPs Directory http://www.europarl.europa.eu/meps/en/directory.html. 2018年3月8日閲覧．
34) 墺・国民党6名，墺・社会民主党5名，蘭・自由民主国民党3名，蘭・社会党3名．
35) なお，仏極右政党の国民戦線所属欧州議会議員3名（うち2名がルペン父娘）は全員反対票を投じた．
36) これは指令96/71発効後に EC 規則2004/884において規定された．
37) この先決裁定への法的評釈は枚挙に暇がないが，*Laval* 事件自体の優れた研究としては本田［2009］を参照．
38) このストにつき，本田［2011］及び Ince *et. al.*［2015］を参照．
39) なお，同日には，国外派遣労働を伴うサービス事業でのスト権の範囲確定を目的とする理事会規則案（COM（2012）130）も提案されたが，労働組合の権利制限の恐れがあるとして，リスボン条約で規定されたイエロー・カード（加盟国議会が補完性原則抵触の懸念を表明することで欧州委員会に立法提案の再考を促す制度）が初めて発動され，半年後の2012年9月26日に撤回された．
40) *EurActiv* December 10 2013, Labour ministers hammer out agreement on posted workers.
41) *Ibid*.
42) 2014年4月16日欧州議会審議での雇用社会問題・包摂担当欧州委員アンドール

(László Andor) の発言による.
43) 実際, 実施指令可決前に先取りする形で, 2014年2月25日の国民議会にて, 仏社会党政権は野党 UMP の支持も受けつつ, 欧州委員会原案よりも強化した内容の反社会的ダンピング法を可決・成立させた.
44) 仏 UMP の国外派遣労働者指令での懸念事項には, 仏国内で行われる事業であるのに24カ月の社会保障拠出分が企業・労働者分ともに派遣元国に納入されてしまうことによる逸失利益の問題が含まれた. これは英キャメロン政権の労働移民に絡む社会給付懸念と類似した懸念スタンスと言えよう.
45) Eurostat によると2013年7月失業率は独5.2%, 英7.7%, 仏10.4%.
46) CDU/CSU と SPD の連立合意文書でも EU の国外派遣労働者指令実施指令での社会的ダンピング防止強化の方針が明記された. 連立合意文書はコンラート・アデナウアー財団による英訳版 [Konrad-Adenauer-Stiftung 2014：106] を参照.
47) 独 CSU 所属のカストラー (Martin Kastler) 議員は, 審議において, むしろ過度の社会的ダンピング規制強化が域内自由市場を歪める懸念を中心に述べており, それにもかかわらず, バランスが取れた法案だから賛成すると発言している [European Parliament 2014b：360].
48) *EurActiv* 9 January 2014, Social issues divide France and Germany on agriculture.
49) 社会保障モデルの類型としての両タイプの差異につき, Pestieau [2006：38-49] を参照.
50) 以上の独国内の経緯は, Mabbett [2016] を参照.
51) 一方, 仏でも, サルコジ大統領の UMP 政権下の2008年に, 従来の最低所得保障制度 RSI (*Revenu Minimum d'Insertion*) を新たな RSA (*Revenue de Solidarité Active*) へと組み込むことで, 就労を給付条件とする在職給付が導入された. その税源につき与党 UMP と野党社会党間で見解相違はあったが, 基本的に両党間で選好の差異はなかったという. この点につき Vlandas [2013] を参照.
52) *EurActiv* 9 December 2014, Pervenche Berès: le Partenariat transatlantique est une machine de guerre contre le modèle social européen.
53) この実施指令案への英国政府の立場変更の理由を, Martinsen [2015：221] は「孤立回避」と解している. しかし, 実施指令案の対抗局面だけで単に孤立回避と解するのは一面的にすぎない. 実施指令案が議題となった, 英国下院内のヨーロッパ委員会 (European Committee C) の2014年4月3日の議論にて, 当時ビジネス・革新・技術担当政務次官ジェニー・ウィロット (Jenny Willot) は, 実施指令案への政府立場変更理由の説明を求められた際,「域内移民の問題と国外派遣労働の問題とをわけて考えることが重要である.」「英国の場合は他の EU 諸国よりも国外派遣労働受入数が非常に少なく影響は小さいため, 実施指令案は妥協が可能であった.」と答弁している. この答弁からは英国政府のスタンスとして, 域内移民面では妥協しないが, それとのバ

ランスのうえで国外派遣労働面では妥協をする姿勢が読み取れる．同委員会議事録は House of Commons［2014］を参照．
54) *The Telegraph* 28 Jul 2014, David Cameron: We're building an immigration system that puts Britain first.
55) 注28参照．
56) トゥスクは2014年8月30日非公式欧州理事会にて次期欧州理事会常任議長に内定した．そのタイミングからして，彼の常任議長就任実現の要因は，本節で検証した交渉過程での手腕が仏独から評価されたことにあったとも言える．

終　章　政策技術の論理と成否

　本書の第Ⅱ部では，政策体系の層ごとのEU政策過程の実証分析から，EU官僚制たる欧州委員会が戦略的に活用した「併設」「転用」「放置」という変化類型の特徴や，それとの相乗効果が企図された概念操作や言説戦略の特徴を見出し，既に各章ごとに概括してきた．ここでは，それらを改めて振り返りながら本研究の学術的な意義にも触れ，その延長上に，第Ⅲ部（第7章）で見た，文化的対立軸をはらむEU政策過程での欧州委員会の行動様式の特徴を浮かび上がらせてみる．

　第3章のマクロレベルの（メタポリシーでの）政策過程からは，統治構造の改革議論の内容そのものにおいて，EU官僚制たる欧州委員会が確実に自己の権限拡大を志向していた様子が観察された．ここでは，欧州委員会の超国家主義的な志向性を見出すうえでの従来の標準的手法，すなわち基本条約の法的な権限配分規定を根拠として組織の選好を静態的かつ演繹的に措定する手法からは一線を画し，実際の欧州委員会の行動の観察を通じて，自己の権限拡大を選好として示すことが帰納的にも実証された点に学術的な意義がある．また，第3章でこのマクロレベルのEU政策過程の検証とともに基本条約改正の論点をたどることで，第4章以降のミクロおよびメゾのレベルのEU政策過程の位置づけの見取り図を得ることもできたであろう．

　第4章のミクロレベルのEU政策過程では，通常の共同体方式によるEU政策過程において，特に「公共性」や「福祉国家」に関わる争点を含む事例を見た．EU政策過程で典型的なコンフリクトは，域内単一市場の創出に伴う市場自由化路線と，各EU加盟国が国内で形成してきた公共部門や福祉国家制度の差異との矛盾から生じるものである．このEU政策過程において，EUの行政官僚制たる欧州委員会が，政治的アクター間での対抗や角逐を含む非合理性を効果的に処理し，一定の（限定的な）合理的解決に帰着させるべく，歴史的新

制度論で指摘される制度・政策変化類型，すなわち「併設」「転用」「放置」の各類型に相当する戦略を駆使している状況が多く見出された．そこでは，同時に，ただ政治的アクターらの対抗関係を処理するだけでなく，欧州委員会が自己の組織的選好（域内市場自由化）を実現する目的としても「隠された変化」(Hidden Change) の類型としての「併設」「転用」「放置」を駆使しているという観点も重要である．すなわち，効果を及ぼし変更したい対象であるところの制度・政策そのものの直接的改廃は，特にそれが加盟国内の制度・政策である場合であれば権限関係上不可能であるし，「福祉国家を縮減する政策は不人気であるから避けたがる」という「非難回避」の論理と同様に政治的反発を恐れるがゆえに，欧州委員会もあえてそれを選ぶことはない．だからこそ「隠された変化」の手法を用いるのである．さらに，相乗効果を期待して，欧州委員会が用いている戦略が，公共性の概念そのものを操作する言説戦略に見出された．そのパターンは，既存の概念内容そのものを解釈し直すというよりも，既存概念を包括化する概念を新規創出して生み出される残余領域に意味づけを与えたり，それによって生み出された領域間の区別を相対化したりするものであった．そして，この概念操作の言説の次元においても，政策そのものと同じように「併設」や「転用」による概念変化のパターンが見られたのであった．

　さらに，欧州委員会の行動様式としては，供給面での自由化の画策が不調に終われば，それに続いて，需要面からの自由化政策を提案する傾向も看取された．ただ，「自由化の画策の不調」とはいっても，域内市場サービス指令案の場合もそうであったが，希釈化された内容ではありながらも政策としては一応成立し，実際にサービスの自由移動は以前に比べれば僅かながらも進展がもたらされる．このパターンがまた次の政策提案でも繰り返されるものの，決して最終的な大きなゴールには辿り着かず，それに近似していく距離が徐々に細分化され短くなっていくという，単にインクリメンタルなのではなく，限界効用の概念にも類した「積分的統合」とでも表現すべき状況が生じるわけである．

　第5章で見たメゾレベルのEU政策過程においても，EU官僚制としての欧州委員会が，「併設」と「転用」の政策変化類型と「雇用の質」の概念やフレクシキュリティ概念等の言説戦略を駆使する状況を確認できた．このメゾレベルのEU政策過程は，第Ⅰ部の分析枠組において検討した山口による政策過程の類型で言えば，「総合機能」と「基本設計」が交差する「一元的意思決定≒戦略過程」に相当する部分である．山口による政策の体系性の考え方でも，マ

クロやミクロに比して，このメゾレベルの政策は，計画志向性が高く，政治的アクターの関与が薄いものとして特徴付けられている[1]．これは，OMCという政策類型が有する参加民主主義的要素を通じてEUの正統性に寄与するという期待を裏切るかのような特徴づけであろう．しかし，実際に第5章で示されたメゾポリシーのEU政策過程の検証からは，当初は仏ジョスパン政権による政治的志向性に影響を受けたものの，その後は比較的に政治的アクターらによる関与から隔離される形で，欧州委員会が裁量性を発揮しながら，統合ガイドラインの創出など政策・制度の構築を行った状況が看取されたのであり，山口が指摘したメゾレベルの政策過程の特徴に符合していた．

　政策体系の層をまたいで展開された欧州債務危機対応（第6章）のケースでは，メゾレベルの政策（統合ガイドライン後継のEUROPE2020）が，ミクロレベルでの政治的アクターらが対抗するEU政策過程で取り扱われつつ，マクロレベルに相当する欧州理事会からのトップダウンの政治的影響力も受けながら決定された状況をみた．ここでも，欧州委員会が戦略的な「政策変化」類型を用いる様子が観察でき，特に「政策移植」「政策包含」というパターンが識別できた．この事例からは，対抗する政治的アクター間の選好の差異を踏まえつつ，自己権限拡大の機会を活かすための欧州委員会の戦略的な工夫も観察でき，自己の選好に近い政治的アクターと提携しつつ，合理的に政策結果に導くEU官僚制の行動様式が見て取れたのであった．

　とりわけ，「政策包含」というパターン，すなわち，新たな包括的枠組の設定に伴って既存の政策・概念に隣接する部分が新たに限定領域化されることで，既存の政策・概念に「併設」「転用」の効果が及ぶというパターンは，本書の事例研究では，EU政策過程での政策そのものだけでなく，公共性の概念を操作する言説の次元でも見られたものであり，本書での研究が発見した，欧州委員会が政策過程で用いる戦略の特徴として指摘してよいだろう．接合した政策をさらに包含したり，包含の上に包含を重ねたりしながら，あたかもマトリョーシカのごとく政策概念を重層的に構築していくのである．そして，「政策包含」という政策変化類型を概念として把握することは，歴史的新制度論でこれまで予定されてきた変化類型とは厳密には異なるパターンであるため，この意味で本研究は理論的な貢献を果たしたことになる．加えて，同じく既存のマホニーとセーレンによる分析枠組では予定されていない事項として，新たな政策・制度に「併設」されることで既存の政策・制度が強化されるというパター

ンも本書の事例から見出せており，これも政策変化の新類型として理論的貢献を果たすことになる．

　さらに，第1章でも触れたハースによる新機能主義の統合メカニズムの論理と，本書が着目した欧州委員会による「併設」の戦略的活用とを対比した思考からも示唆を得られるだろう．ハースによる新機能主義の統合メカニズムの「機能的スピル・オーバー（波及）の自動性仮説」では，一部のセクター（部門）は非常に相互依存的で切り離しが不可能なものであるために，「石炭鉄鋼分野の統合が，原材料の円滑な輸送を確保する必要から運輸政策の統合が必要となる」という具合に，一部のセクターの統合は，隣接するセクターも統合へと向かわせる技術的な圧力が生じ半ば自動的にセクターの統合が拡張していくというものであった．本書で見出せたEU官僚制たる欧州委員会の「政策包含」を伴った「併設」，しかも併設される政策の機能を弱化・形骸化させるのではなく，機能強化するというパターンからは，「機能的スピル・オーバー」とは，自動的に生じるものとは限らず，やはり究極的には人為的な意思決定で生じているという対抗的解釈を示すこともできるのである．第6章で見た事例においても，Six-PackとTwo-Packとの間には，後者で突然に加盟国国家予算監視という要素が政策案に盛り込まれたことからして，本質的には飛躍的な断絶があり，厳密には隣接的な分野でのスピル・オーバーではないはずである．それにもかかわらず，Two-Packの実現が可能となったのは，ヨーロピアン・セメスターという「政策包含」が生み出した残余領域に「国家予算監視」という要素が定位されることで隣接的な概観を呈しながら，Six-Pack成立直後のタイミングに乗じて，政治的アクターらの意思決定の慣性の活用を企図した欧州委員会による人為的判断の結果であった．これも自動的ではなく，人為的な欧州委員会による判断によってなしえたものである．こうした欧州委員会による人為性とともに，新自由主義的で緊縮財政路線に沿ったEU政策・制度がいかに構築されてきたのかを，本書は具体的に描いたことにもなるであろう．

　第Ⅲ部を単独構成する第7章では，2010年代以降には，必ずしも経済面での問題だけではなく，移民問題等の文化面での対立軸もEU政策過程に影響を及ぼすようになった実態に鑑みて，これに関するEU政策過程での対抗関係の処理のされ方を検証した．その結果，特に保守的な価値観に関わる事案については，EU官僚制としての欧州委員会は合理的な対処ができていなかった．一方で，リベラルな価値観に基づく事案では，ジェンダーバランス改善指令案の事

例のように，欧州委員会は，経済面での争点へと回収しながら EU 政策過程として管理することもできている．このように，EU 官僚制としての欧州委員会のパターンとしては，文化面の対立次元に絡む案件でも，経済面での EU 政策過程へと事案の性質自体を「転用」させようとする傾向が感知できた．欧州委員会と同じく 2 つの対立軸をまたぐ選好を示す政治的アクターとしては，従来は基本的に文化面での反移民志向だけに選好の軸足を置いていた極右系統ポピュリズム政党が，福祉国家重視を打ち出しながら経済面での対立次元での選好も表出するようになってきている．しかし，これは「福祉ショーヴィニズム」という，福祉サービスの享受を自国民だけに限定し，他の EU 加盟国出身の者も含めて移民は排除すべきとの主張を行うものである．これは，EU 域内での労働移民は移民受入国の国民と平等であるべきとの規範に真っ向から抵抗する主張となり，欧州委員会の選好と対抗する格好となる．この福祉ショーヴィニズムの問題をはらんでいたのが英国の EU 離脱問題（BREXIT）であったが，欧州委員会の対応としては，EU 域内移民の平等性の規範を損ねる動きをする英国キャメロン政権を牽制する目的で，文化面ではリベラルに立つ EU 指令案（労働者権利促進指令案）を提案した．しかし，その政策成立メカニズムは，欧州委員会の合理的戦略に基づく行動によるものではなく，並行審議されていた別の EU 指令案（国外派遣労働者指令実施指令案）を架橋する，政治的アクター間のパッケージ・ディールの論理が帰結を導いていた．このように，第 7 章の検証からは，2010 年代以降の文化的対立軸に関わる EU 政策過程においては，とりわけ保守的な価値に関わる事案について，欧州委員会は戦略的な政策類型をまだ見出せていないことを示している．

注
1) 山口［1987：90］による説明は次の通りである．「これらの政策は計画志向性が高いことが特徴である．安定性や総合性を確保するという要請から，その作成に携わる者には，部分的利害に影響されないだけの視野の広さ，長期的展望，専門的技術的知識などの資格要件が課せられる．こうした能力を備えているのは，選挙による国民の委任に立脚した政治家ではなく，専門的能力によって任用される官僚である．制度的にも，この型の政策は，法律の形で議会による最終的決定を経るものとは限らず，政治家などの他のアクターが直接的にアクセスする経路は狭い」．

あ と が き

　本書は，2017年11月に同志社大学に提出した博士論文「EU政策過程と公共性」を原型として加筆修正を施したものである．
　筆者が京都で高校生活を過ごした1990年代初頭は，冷戦体制終了という国際政治環境の大きな変動期にあった．その頃，既に教科書的知識としては承知していたECが，EUという新名称とともに新たな統合段階へと踏み出すマーストリヒト条約調印の大々的な報道をリアルタイムで目の当たりにし，大きく変動する時代に立ち会っている実感を得たことを今でも鮮明に覚えている．
　早稲田大学政治経済学部政治学科に入学してからは，法学や経済学など隣接する社会科学分野とのバランスもよく設計された履修コースに加え，政治学自体についても，規範的な政治思想から行動主義的な政治科学まで，対象としても地方自治から国際政治まで幅広く開講された恵まれた環境のなかで，複眼的に政治事象を捉える見方を涵養していただいた．この学部時代に行政学専攻の演習（ゼミナール）に参加して以降，筆者を一貫して指導いただいてきたのが片岡寛光先生である．片岡先生の歴史的分析を踏まえた行政国家パラダイムや，古今東西の政治思想から科学的な行政設計手法までの幅の広さと造詣の深さ，さらにそれらを講学的次元にとどまらず実務的な行政事象との接続を射程に含むご知見に驚嘆させられながら，政治行政や社会現象全般に対する筆者の認識枠組が構築されていった．近親者に研究者がいなかった筆者にとっては，初めて懇意にさせていただく研究者が片岡先生であり，そのお人柄にも非常なる感銘を受けてきた．先生のお好きな早稲田大学野球部のおはなしをされたり，高田牧舎という早稲田大学西門向かいのお店や，ときにはご自宅や伊豆の別荘にゼミ生たちとともにお招きいただきながら，気さくで屈託のない笑顔に触れさせていただき，研究者としてのみならず，人格者として誰からも慕われるお人柄にも学ばせていただくばかりであった．
　大学院修士課程では，引き続き片岡寛光先生の研究室に所属させていただき，所属する諸先輩方が主に国別で研究対象を絞っていらっしゃるなか，片岡先生からの勧めもあり，筆者は国際次元の行政を研究対象とすることとし，先述のとおりマーストリヒト条約でのEU発足に強い衝撃を受けていた筆者は，

1998年4月にEUを主体的な研究対象として定めることになった．今から約20年遡ることになる．同時に，この時期に，国際行政学のご担当として早稲田大学に福田耕治先生が着任されたばかりであり，福田先生がEU研究についての大家でいらっしゃることから，片岡寛光先生とともに，福田耕治先生にもご指導をいただくこことなった．以後，筆者の博士課程やそれ以降の時期も含めて現在に至るまで，一貫して両先生からのご指導や学恩を賜り心から感謝している．福田先生からは，二次文献を渉猟して悦に入っていたそれまでの筆者が不得手としていた，一次資料を手掛かりに実証的に研究することの重要性を大きく学ばせていただいた．EUの公文書にどのようにアクセスするのかという研究ノウハウそのものまで，当該分野の第一人者から教わる贅沢な機会をいただいたのである．筆者自身としても，福田先生に教わった一次資料を元にした研究スタイル体得の成果が，本書の実証研究部分にも随所に表れていると考えている．また，筆者の初の学会報告（日本国際政治学会2002年度研究大会国際統合部会における論題「EUの正統性問題——国際行政学的観点からの考察——」）の機会をご案内くださったのも福田先生であり，活字化していなかったその成果も本書第1章の概念的な分析枠組の行論に織り込むことができた．福田先生からも，研究者としての礼儀作法や，教育活動とのバランスのなかでの時間管理の大切さなども教えていただき，それらの大切さを専任教員になってみた今でも改めてかみしめているところである．

　研究者としての筆者の育成において，片岡先生，福田先生の両先生からの学恩は計りしれないが，大学院時代や所属学会等でお会いした多くの先生方のご知見に刺激を受けていたことは言うまでもない．全員のお名前を挙げきれないが，大学院時代には，行政学の縣公一郎先生，外交史研究の田中孝彦先生，比較政治学の伊東孝之先生，政治思想史の佐藤正志先生および飯島昇蔵先生，国際社会学の平野健一郎先生，中国政治の毛里和子先生の各先生から，楽しくも時に厳しい研究の世界に触れさせていただいたことを心から感謝している．大学院の片岡寛光先生の研究室での先輩方にあたる，久邇良子先生，松田憲忠先生，久保木匡介先生，上﨑哉先生，安章浩先生，武藤桂一先生，中沼丈晃先生，武岡明子先生，大学院での同期にあたる，西岡晋さん，日野愛郎さん，長野基さん，稲永祐介さん，大学院生研究室でご一緒した藤井達夫さん，井上弘貴さん，上谷直克さん，安藤丈将さん，栗原康さん，福田耕治先生の研究室でご一緒し

た武田健さん，土谷岳史さん，武井信幸さん，Olena Mycal さん，岩野智さん，越智貴子さんには，筆者の研究の駆け出し期から難渋しているときまでさまざまにお世話になった．

　EU 研究の分野では，筆者の初の日本 EU 学会の報告の際に，鋭くも厳しくも非常に刺激に富んだ E メールでの質問と回答を繰り返させていただいた中村民雄先生，同報告の際に司会をおつとめ下さった庄司克宏先生，欧州議会を中心とした視点をいつも刺激的に投げかけてくださる児玉昌己先生，高校で同じクラスメイトであった 2 人が偶然にも EU を対象とする研究者になったという関係にある井上淳先生ほか，いつも多くの先生方からの知見に刺激をいただいている．

　大学教員として，非常勤講師のキャリアを初めて積ませていただいた駒沢女子大学では，臼井実稲子先生，福王守先生，冨土原光洋先生，同じく非常勤講師を担当させていただいた拓殖大学政経学部では，池谷知明先生（現早稲田大学），大谷博愛先生，立花亨先生，井上治先生，寺家村博先生，浅野正彦先生には非常にご親切にしていただいた．厚く御礼を申し上げる．また，これらの非常勤講師としてのキャリアと並行して，筆者を雇い収入維持の機会ばかりでなく組織的な仕事のあり方や官公庁実務との接点での視野も革新的に拡げる機会をいただいた株式会社東京リーガルマインドおよびそこでの業務を通じてお会いした方々にも感謝の意を記したい．

　現在奉職している同志社大学政策学部でも，非常に良好な研究教育環境のもと，事務の方々をはじめ多くの先生方のお世話になっている．なかでも，筆者の博士論文を審査いただいた，新川達郎先生，山谷清志先生，風間規男先生には，ご審査の労も含めて感謝の念に堪えない．山谷先生には本書刊行の道筋をつけて下さるという特別なご恩も賜っている．月村太郎先生には研究会のほか息抜きの機会などでも非常にお世話になり改めて御礼申し上げたい．また，同志社大学のなかでも，法学部を拠点とした国際政治統合研究会においては，鷲江義勝先生，安江則子先生，梅津實先生，荒岡興太郎先生，山本直先生，力久昌幸先生，辰巳浅嗣先生，久門宏子先生，荒島千鶴先生，浦川紘子先生からもさまざまなご教示をいただいている．同じく同志社大学法学部では，大矢根聡先生，鈴木絢女先生からもそれぞれ別学会や研究会にてお世話になっている．関東をベースに研究していた筆者にとって，出身が関西であるとはいえ，久しぶりに居を移して関西を拠点として研究するという環境変動のなかでも，これ

まで円滑に研究教育に従事できたのは，ひとえに同志社大学を中心に知己を得た方々のサポートに負うところが大きい．改めて御礼申し上げる．

　本書の完成にまでは，晃洋書房の丸井清泰氏，石風呂春香氏のご助力に大変お世話になった．単著刊行に初めて携わる筆者の不慣れゆえ，この両氏のご助力がなければ本書の完成は不可能であった．

　最後に，筆者の情操面に刺激を与えてくれた亡き祖父の野口健一，研究者として自立する姿を見せられなかったことが悔やまれる亡き父の原田耕司，筆者の博士学位取得を長らく期待しつつサポートしてきた現在同居する母・原田節子に感謝を捧げる．

　　2018年4月

　　　　　　　　　　　　　　　　　　　　　　　　　　　原　田　　徹

初 出 一 覧

【第1章第3節 行政学による EU 政策過程への着目——既存の学術的政策過程類型論】
「国際行政としての EU の政策類型とその運用実態」『拓殖大学論集 政治・経済・法律研究』16(2)，2014年．

【第2章第1節 歴史的新制度論での政策変化類型を手がかりとした EU 政策の把握】
「歴史的新制度論による EU 政策研究の検討と展望」『同志社政策科学研究』19(1)，2017年．

【第2章第2節 EU 政策過程での政治的要因の捉え方】
「ギャリィ=マークス，マルコ=スティーンベルゲン編『欧州統合と政治的対立』」『日本 EU 学会年報』26，2006年．

【第3章 マクロレベルの EU 政策過程——基本条約改正での政官関係 第1節〜第4節】
「EU ガバナンス改革と欧州委員会——ポスト・ニースをめぐる議論の動向を中心に」堀口健治・福田耕治編『EU 政治経済統合の新展開』早稲田大学出版部，2004年．

【第3章第6節 リスボン条約での政策及び政策過程類型の設定方式】
「国際行政としての EU の政策類型とその運用実態」『拓殖大学論集 政治・経済・法律研究』16(2)，2014年．

【第4章 ミクロレベルの EU 政策過程——「公共性」と域内市場の相克】
「EU の公共サービス概念を巡る政治的対立の布置状況——域内市場サービス指令案における『原産国原則』適用の是非を通じて」『日本 EU 学会年報』27，2007年．
「EU における公共性の認定のあり方とその課題——「社会的なもの」の「経済的なもの」への包摂化？」『公益学研究』14，2015年．

【第 5 章　メゾレベルの EU 政策過程——総合計画と政策評価】
「EU における政治的妥協の変容と持続性——リスボン戦略の再検討と次期戦略の動向を通じて」『駒沢女子大学研究紀要』19，2012 年．

【第 6 章　政策体系の層を跨ぐ EU 政策過程——欧州債務危機対応】
「欧州債務危機下での EU における連帯と統合」『拓殖大学論集　政治・経済・法律研究』17(2)，2015 年．

【第 7 章第 1 節　EU 政策過程におけるリベラルと保守の対抗関係】
「EU 政治過程におけるリベラルと保守の対抗関係——欧州議会での政党会派間連携を中心に」『同志社政策科学研究』18(2)，2017 年．

【第 7 章第 2 節　EU 懐疑主義と EU 政策過程——ポピュリズムと福祉ショーヴィニズム】
「EU 懐疑主義としてのポピュリズムと福祉ショーヴィニズム」『グローバル・ガバナンス』4，2018 年．

【第 7 章第 3 節　文化面と経済面が交錯する EU 政策過程——社会給付と自由移動の問題】
「BREXIT と「社会給付と自由移動」をめぐる EU 政治過程——域内移民と国外派遣労働を架橋する交渉力学を中心に」『日本 EU 学会年報』37，2017 年．

付　　録

第4章第1節関連　欧州議会議員数の加盟国別及び所属政党グループ別内訳
2006年2月段階

	EEP-ED (欧州人民党―民主党)	PSE (欧州社会党)	ALDE (リベラル)	Verts/ALE (環境グループ)	GUE-NGL (左翼統一党)	UEN (穏健保守ナショナリスト系)	ID (反EU・ナショナリスト系)	Non Attached (無所属)	合計
ベルギー	6	7	6	2				3	24
チェコ	14	2			6		1	1	24
デンマーク	1	5	4	1	1	1	1		14
ドイツ	49	23	7	13	7				99
エストニア	1	3	2						6
ギリシャ	11	8			4		1		24
スペイン	24	14	2	3	1				54
フランス	17	31	11	6	3		3	7	78
アイルランド	5	1	1		1	4	1		13
イタリア	24	15	12	2	7	9		9	78
キプロス	3		1		2				6
ラトヴィア	3		1	1		4			9
リトアニア	2	2	7		2				13
ルクセンブルグ	3	1	1	1					6
ハンガリー	13	9	2						24
マルタ	2	3							5
オランダ	7	7	5	4	2		2		27
オーストリア	6	7	1	2				2	18
ポーランド	15	10	5			10	7	7	54
ポルトガル	9	12			3				24
スロヴェニア	4	1	2						7
スロヴァキア	8	3						3	14
フィンランド	4	3	5	1	1				14
スウェーデン	6	5	3	1	2		2		19
イギリス	27	19	12	5	1		10	4	78
合計	264	201	90	42	41	30	28	36	732

出典：欧州議会ホームページ掲載表を筆者加工.

第5章関連
● BEPGs (2003-2005)

⟨2.1. Growth-and stability-oriented macroeconomic policies⟩ ⇒ No. 1〜3

⟨2.2. Economic reforms to raise Europe's growth potential⟩
(i) Towards full employment: more and better jobs ⇒ No. 4〜8
(ii) Towards a competitive and dynamicknowledge-based economy with better jobs: increasing productivity and business dynamism ⇒ No. 9〜14

⟨2.3. Strengthening sustainability⟩
(i) Economic sustainability: ensuring the long-run sustainability of public finances
⇒ No. 15&16
(ii) Social sustainability: contributing to economic and social cohesion ⇒ No. 17〜19
(iii) Environmental sustainability: promoting efficient management of natural resources
⇒ No. 20〜23

⟨3. Euro-area-specific challenges⟩
No. 24. Contribute to a policy-mix that is compatible with price stability and the need to enhance confidence among business and consumers in the short run as well as with economic growth close to potential in the medium term.
No. 25. Maintain budgetary positions of close to balance or in surplus throughout the economic cycle in cyclically-adjusted terms, and as long as this has not yet been achieved, take all the necessary measures to ensure an annual improvement in the cyclically adjusted budget position of at least 0.5% of GDP. Countries with excessive deficits need to correct them according to the Treaty.
No. 26. Analyse the causes of inflation differences to identify instances when they are undesirable, with a view to Member States addressing them through using the levers available to them.
No. 27. Deepen the analysis of and discussion on economic developments and policy requirements, including the policy mix and exchange information where appropriate, focus more on implementation, and strengthen the external representation of the euro area in terms of communication and visibility.
No. 28. Improve the efficiency of the existing coordination procedures in the area of structural reforms that aim at strengthening the euro area's growth potential and its resilience to shocks. Intensifying structural reform will also help to raise potential growth.

● EES の Employment Guidelines (2003-2005)

(COUNCIL DECISION of 22 July 2003 on guidelines for the employment policies of the Member States (2003/578/EC の ANNEX)
※各ガイドラインのタイトルのみ

〈Overall Objective〉
1. Full employment
2. Improving quality and productivity at work
3. Strengthening social cohesion and inclusion

〈Specific Guidelines〉
1. ACTIVE AND PREVENTATIVE MEASURES FOR THE UNEMPLOYED AND INACTIVE
2. JOB CREATION AND ENTREPRENEURSHIP
3. ADDRESS CHANGE AND PROMOTE ADAPTABILITY AND MOBILITY IN THE LABOUR MARKET
4. PROMOTE DEVELOPMENT OF HUMAN CAPITAL AND LIFELONG LEARNING
5. INCREASE LABOUR SUPPLY AND PROMOTE ACTIVE AGEING
6. GENDER EQUALITY
7. PROMOTE THE INTEGRATION OF AND COMBAT THE DISCRIMINATION AGAINST PEOPLE AT A DISADVANTAGE IN THE LABOUR MARKET
8. MAKE WORK PAY THROUGH INCENTIVES TO ENHANCE WORK ATTRACTIVENESS
9. TRANSFORM UNDECLARED WORK INTO REGULAR EMPLOYMENT
10. ADDRESS REGIONAL EMPLOYMENT DISPARITIES

●統合ガイドライン (2005-2008) & (2008-2010)

〈Macroeconomic guidelines〉
(1) To secure economic stability.
(2) To safeguard economic and fiscal sustainability.
(3) To promote a growth-and employment-orientated and efficient allocation of resources.
(4) To secure economic stability for sustainable growth.
(5) To ensure that wage developments contribute to macroeconomic stability and growth.
(6) To contribute to a dynamic and well-functioning EMU.

〈Microeconomic guidelines〉
(7) To increase and improve investment in R&D, in particular by private business.
(8) To facilitate all forms of innovation.
(9) To facilitate the spread and effective use of ICT and build a fully inclusive information society.
(10) To strengthen the competitive advantages of its industrial base.

⑾ To encourage the sustainable use of resources and strengthen the synergies between environmental protection and growth.
⑿ To extend and deepen the internal market.
⒀ To ensure open and competitive markets inside and outside Europe and to reap the benefits of globalisation.
⒁ To create a more competitive business environment and encourage private initiative through better regulation.
⒂ To promote a more entrepreneurial culture and create a supportive environment for SMEs.
⒃ To expand, improve and link up European infrastructure and complete priority cross border projects.

〈Employment guidelines〉
⒄ Implement employment policies aiming at achieving full employment, improving quality and productivity at work, and strengthening social and territorial cohesion.
⒅ Promote a life-cycle approach to work.
⒆ Ensure inclusive labour markets, enhance work attractiveness, and make work pay for job-seekers, including disadvantaged people, and the inactive.
⒇ Improve matching of labour market needs.
(21) Promote flexibility combined with employment security and reduce labour market segmentation, having due regard to the role of the social partners.
(22) Ensure employment-friendly labour cost developments and wage-setting mechanisms.
(23) Expand and improve investment in human capital.
(24) Adapt education and training systems in response to new competence requirements.

●EUROPE2020の統合ガイドライン（Integrated Guideline）

Guideline 1: Ensuring the quality and the sustainability of public finances.
Guideline 2: Addressing macroeconomic imbalances.
Guideline 3: Reducing imbalances in the euro area.
Guideline 4: Optimising support for R&D and innovation, strengthening the knowledge triangle and unleashing the potential of the digital economy.
Guideline 5: Improving resource efficiency and reducing greenhouse gases emissions.
Guideline 6: Improving the business and consumer environment and modernising the industrial base.
Guideline 7: Increasing labour market participation and reducing structural unemployment.
Guideline 8: Developing a skilled workforce responding to labour market needs, promoting job quality and lifelong learning.
Guideline 9: Improving the performance of education and training systems at all levels and increasing participation in tertiary education.
Guideline 10: Promoting social inclusion and combating poverty.

主要参考文献

【邦文献】

秋吉貴雄［2006］「政策変容の様態とアイディア──わが国の航空輸送産業における規制改革を事例として──」『年報行政研究』41.

網谷龍介［2008］「『社会モデル』言説の定着とその制度的基盤」，平島健司編『国境を越える政策実験・EU』東京大学出版会.

石田徹［2016］「福祉政治における『再国民化』の言説──福祉ツーリズム，福祉ポピュリズムをめぐって──」，高橋進・石田徹編『「再国民化」に揺らぐヨーロッパ──新たなナショナリズムの隆盛と移民排斥のゆくえ──』法律文化社.

井上淳［2013］『域内市場統合における EU‐加盟国間関係』恵雅堂出版.

臼井陽一郎［2015］「EU のマルチレベル・ガバナンス論──その統合理論としての意義の再考──」『国際政治』182.

遠藤乾［2002］「ポスト・ナショナリズムにおける正統化の諸問題──ヨーロッパ連合を事例として──」『年報政治学2001』.

遠藤乾［2013］『統合の終焉── EU の実像と論理──』岩波書店.

岡伸一［2016］『欧州社会保障政策論──社会保障の国際関係論──』晃洋書房.

岡沢憲芙［1992］『政党』第5版，東京大学出版会.

小川有美［2005］「新しい統治としての OMC（開放的協調）とヨーロッパ化する政党政治」，中村民雄編『EU 研究の新地平──前例なき政体への接近──』ミネルヴァ書房.

押村高［1999］「機構改革と民主化に向けて」，村田良平編『EU ──二一世紀の政治課題──』勁草書房.

尾上修悟［2014］『欧州財政統合論──危機克服の連帯に向けて──』ミネルヴァ書房.

風間規男［1998］「ヨーロッパ政策と行政改革」，片岡寛光編『国別行政改革事情』早稲田大学出版部.

片岡寛光［1976］『行政国家』早稲田大学出版部.

片岡寛光［1990］『国民と行政』早稲田大学出版部.

片岡寛光［2002］『公共の哲学』早稲田大学出版部.

加藤淳子［1997］『税制改革と官僚制』東京大学出版会.

鴨武彦［1985］『国際統合理論の研究』早稲田大学出版部.

河越真帆［2006］「『欧州化』研究の系譜── EU 政策過程の視点から──」『日本 EU 学会年報』26.

河崎健［2015］「ドイツ」，池谷知明・河崎健・加藤秀治郎編『新・西欧比較政治』一藝社.

川嶋周一［2008］「大西洋同盟の動揺と EEC の定着1958-69年」，遠藤乾編『ヨーロッパ統合史』名古屋大学出版会.

北山俊哉［2011］『福祉国家の制度発展と地方政府』有斐閣.

児玉昌己［2004］『欧州議会と欧州統合』成文堂.
児玉昌己［2011］『EU・ヨーロッパ統合の政治史——その成功と苦悩——』日本放送出版協会.
近藤康史［2013］「比較政治学との対話——国際的収斂と国家間差異との間で——」，大矢根聡編『コンストラクティヴィズムの国際関係論』有斐閣.
五月女律子［2005］「EU 加盟国における EU 懐疑傾向——スウェーデンを事例として——」『国際政治』142.
佐藤俊輔［2008］「統合か政府間協力か——移民・難民政策のダイナミズム——」，平島健司編『国境を越える政策実験・EU』東京大学出版会.
佐藤満［2009］「政策過程論」，見上崇洋・佐藤満編『政策科学の基礎とアプローチ』第2版，ミネルヴァ書房.
庄司克宏［2006］「EU 域内市場政策——相互承認と規制権限の配分——」，田中俊郎・庄司克宏編『EU 統合の軌跡とベクトル——トランスナショナルな政治社会秩序形成への模索——』慶応義塾大学出版会.
庄司克宏［2016］「イギリス EU 改革合意と欧州統合のゆくえ」，国際貿易投資研究所（ITI）欧州経済研究会編　調査研究シリーズ No. 27『欧州の政治・経済リスクとその課題』.
城山英明［1994］「国際行政学」，西尾勝・村松岐夫編『講座行政学——第 1 巻行政の発展——』有斐閣.
城山英明［1997］『国際行政の構造』東京大学出版会.
城山英明［2013］『国際行政論』有斐閣.
進藤榮一［2001］『現代国際関係学——歴史・思想・理論——』有斐閣.
杉田敦［2018］「ねじれつつからみ合う二つの流れ——保守とリベラル——」『現代思想』46(2).
鈴木一人［2012］「EU の規制力の定義と分析視角」，遠藤乾・鈴木一人編『EU の規制力』日本経済評論社.
曽我謙悟［2013］『行政学』有斐閣.
武田健［2013a］「EU 基本条約交渉における加盟国政府の立場の変更（上）」『早稲田政治公法研究』103.
武田健［2013b］「EU 基本条約交渉における加盟国政府の立場の変更（下）」『早稲田政治公法研究』104.
武田美智代［2013］「ジェンダーの平等に向けた EU の施策——企業の女性役員割合に関する指令案を中心に——」『外国の立法』257.
田中素香［2016］『ユーロ危機とギリシャ反乱』岩波書店.
谷聖美［1990］「インクリメンタリズム」，白鳥令編『政策決定の理論』東海大学出版会.
土谷岳史［2014］「『ノマド』という罪—— EU シティズンシップのポリシング——」『高崎経済大学論集』56(4).
中村健吾［2005］『欧州統合と近代国家の変容—— EU の多次元的ネットワーク・ガバナン

ス──』昭和堂.
新川達郎［2011］「公的ガバナンス論の展開可能性──ガバメントかガバナンスか──」，新川達郎編『公的ガバナンスの動態研究──政府の作動様式の変容』ミネルヴァ書房.
西岡晋［2007］「政策アイディア論・言説分析」，縣公一郎・藤井浩司『コレーク政策研究』成文堂.
野田昌吾［2013］「デモクラシーの現在とポピュリズム」，高橋進・石田徹編『ポピュリズム時代のデモクラシー──ヨーロッパからの考察──』法律文化社.
羽場久浘子［2004］『拡大ヨーロッパの挑戦──アメリカに並ぶ多元的パワーとなるか──』中央公論新社.
濱口桂一郎［2006］「EUサービス指令案における労働関係規定について」『世界の労働』56(3).
濱口桂一郎［2017］『EUの労働法政策』労働政策研究・研修機構.
早川有紀［2011］「制度変化をめぐる新制度論の理論的発展── James Mahoney and Kathleen Thelen [2010] *Explainig Institutional Change* を手がかりに──」『相関社会科学研究』21.
原田徹［2006］「ギャリィ＝マークス，マルコ＝スティーンベルゲン編『欧州統合と政治的対立』」『日本EU学会年報』26.
福田耕治［1990］『現代行政と国際化──国際行政学への序説──』成文堂.
福田耕治［1992］『EC行政構造と政策過程』成文堂.
福田耕治［1996］「欧州統合が雌伏期に入る」，金丸輝男編『ヨーロッパ統合の政治史』有斐閣.
福田耕治［1997］『現代行政と国際化──国際行政学への序説──』第二版，成文堂.
福田耕治［2000］「欧州委員会の総辞職と欧州議会」『早稲田政治経済学雑誌』341.
福田耕治［2003］『国際行政学──国際公益と国際公共政策──』有斐閣.
福田耕治［2004］「EU機構改革とガバナンスの変容」，堀口健治・福田耕治編『EU政治経済統合の新展開』早稲田大学出版部.
福田耕治［2012］『国際行政学──国際公益と国際公共政策──』新版，有斐閣.
福田耕治・福田八寿絵［2009］『EU・国境を越える医療』文眞堂.
本田雅子［2009］「EU拡大と労働移動──第5次拡大におけるスウェーデンとラトビアのケース──」『大阪産業大学経済論集』11(1).
本田雅子［2011］「EUにおける国外派遣労働者──イギリスで生じた労働争議に関する一考察──」『大阪産業大学経済論集』12(2).
マックス・ウェーバー［1947］濱嶋朗訳『権力と支配』講談社，2012年.
真渕勝［1981］「第三章 再分配の政治過程」，高坂正堯編『高度産業国家の利益政治過程と政策──日本──』トヨタ財団学術奨励金報告書.
水島治郎［2016］『ポピュリズムとは何か──民主主義の敵か，改革の希望か──』中央公論新社.

宮本太郎［2002］「社会民主主義の転換とワークフェア改革」『年報政治学2001』．
宮本太郎［2008］『福祉政治――日本の生活保障とデモクラシー――』有斐閣．
村松岐夫［1981］『戦後日本の官僚制』，東洋経済新報社．
最上敏樹［1996］『国際機構論』東京大学出版会．
森井裕一［2008］『現代ドイツの外交と政治』信山社出版．
安江則子［2007］『欧州公共圏――EUデモクラシーの制度デザイン――』慶應義塾大学出版．
山口二郎［1987］『大蔵官僚支配の終焉』岩波書店．
山本清［2000］『自治体経営と政策評価――消極的顧客主義を超えるNPMを――』公人の友社．
山本直［2000］「歴史的制度主義によるEU分析の特徴と諸問題――加盟国政府の自律性をめぐって――」『同志社法學』52(4)．
山本直［2001］「EU東方拡大過程の胎動とフランス・ミッテラン政権――歴史的制度論の視点から――」『同志社法學』53(1)．
山谷清志［2012］「政策終了と政策評価制度」『公共政策研究』12．
力久昌幸［2007］「欧州統合の進展に伴う国内政治の変容――「欧州化」概念の発展と課題に関する一考察――」『同志社法学』59(2)．
蝋山政道［1928］『国際政治と国際行政』巌松堂書店．
鷲江義勝［2002］「EUの将来に関するラーケン宣言――欧州の将来に関する諮問会議の設置――」『同志社大学ワールドワイドビジネスレビュー』3(2)．
鷲江義勝編［2009］『リスボン条約による欧州統合の新展開――EUの新基本条約――』ミネルヴァ書房．

【外国語文献】

Akkerman, T., de Lange, S., and Rooduijn, M. [2016] "Inclusion and Mainstreaming？――Radical Right-Wing Populist Parties in the New Millennium," in Akkerman, T., de Lange, S., and Rooduijn, M. eds., *Radical Right-Wing Populist Parties in Western Europe――Into the Mainstream？*, London: Routledge.
Akkerman, T. [2016] "Conclusion," in Akkerman, de Lange, and Rooduijn eds., *op. cit.*
Anderson, K. M. [2015] *Social Policy in the European Union*, New York: Palgrave Macmillan.
Arzheimer, K. [2013] "Working-Class Parties 2.0？: Competition between Center Left and Extreme Right Parties," in Rydgen, J. ed., *Class Politics and the Radical Right*, London: Routledge.
Bachrach, P. and Baratz, M. S. [1962] "Two Faces of Power," *American Political Science Review*, 56(4).
Banchoff, T. and Smith, M. P. [1999] *Legitimacy and the European Union――the contested*

polity, London: Routledge.
Bailey, I. [2002] "National Adaptation to European Integration: Institutional Vetoes and Goodness-of-Fit," *Journal of European Public Policy*, 9(5).
Beetham, D. and Lord, C. [1998] *Legitimacy and the European Union*, London: Longman.
Bonoli, G. [2004] "Social Democratic Party Policies in Europe-Toward a Third Way?," in Bonoli, G. and Powell, M. eds., *Social Democratic Party, Policies in Contemporary Europe*, London: Routledge.
Brayrooke, D. and Lindblom, C. E. [1963] *A Strategy of Decision: policy evaluation as a social process*, New York: Free Press of Glencoe.
Bugarič, B. [2014] "Protecting Democracy and the Rule of Law in the European Union — The Hungarian Challenge," *LSE 'Europe in Question' Discussion Paper Series LEQS Paper*, 79.
Bulmer, S. [2009] "Politics in Time Meets the Politics of Time: Historical Institutionalism and the EU Timescape," *Journal of European Public Policy*, 16(2).
Caporaso, J. [1996] "The European Union and Forms of State: Westphalian, Regulatory or Post-modern," *Journal of Common Market Studies*, 34(1).
Christiansen, T. [1997] "Tensions of European Governance — Politicized Bureaucracy and Multiple Accountability in the European Commission," *Journal of European Public Policy*, 4(1).
Cini, M. [2014] "Institutional Change and Ethics Management in the EU's College of Commissioners," *British Journal of Politics and International Relations*, 16.
Cruz, J. B. [2005] "Beyond Competition: Services of General Interest and European Community Law" in de Burca, G. ed., *EU Law and the Welfare State*, Oxford: Oxford University Press.
Dahl, R. A. and Lindblom, C. E. [1976] *Politics, Economics and Welfare*, Chicago: University of Chicago Press（磯部浩一訳『政治・経済・厚生』東洋経済新報社, 1961年）.
Dahrendorf, R. [1990] The Modern Social Conflict: an essay on the politics of liberty, Berkeley: University of California Press（加藤秀治郎・檜山雅人訳『現代の社会紛争』世界思想社, 2002年）.
Day, S. [2006] "Transnational party political actors: the difficulties of seeking a role and significance,"『日本EU学会年報』26.
de la Parra, S. [2013] "The two pack on economic governance: an initial analysis," *Background analysis* 2013.03 Brussels, 2013: ETUI aisbl.
Dimitrakopoulos, D. G. ed. [2011] *Social Democracy and European Integration — The Politics of Preference Formation*, London: Routledge.

Dror, Y. [1964] "Muddling through — "science" or inertia?," *Public Administration Review*, 24.

Dror, Y. [1968] *Public Policymaking Reexamined*, San Francisco: Chandler Publishing Company（足立幸男・木下貴文訳『公共政策決定の理論』ミネルヴァ書房，2006年）．

Easton, D. [1957] "An Approach to the Study of political Systems," *World Politics*, 9(5).

Emmenegger, P. and Klemmensen, R. [2013] "Immigration and Redistribution Revisited: How Different Motivations Can Offset Each Other," *Journal of European Social Policy*, 23(4).

Esping-Andersen, G. [1990] *The Three Worlds of Welfare Capitalism*, Princeton: Princeton University Press.（岡沢憲芙・宮本太郎監訳『福祉資本主義の三つの世界——比較福祉国家の理論と動態——』ミネルヴァ書房，2001年）．

Etzioni, A. [1967] "Mixed-scanning: A 'Third' approach to Decision-making," *Public Administration Review*, 27.

Garret, G. and Weingast, B. R. [1993] "Ideas, Interest, and Institutions: Constructing the European Community's Internal Market," in Goldstein, J. and Keohane, R. O. eds., *Ideas and Foreign Policy: beliefs, Institutions, and Political Change*, Ithaca, New York: Cornell University Press.

Giddens, A. [1994] *Beyond Left and Right — The Future of Radical Politics*, Cambridge: Polity Press（松尾精文・立松隆介訳『左派右派を超えて——ラディカルな政治の未来像——』而立書房，2002年）．

Giddens, A. [1998] *The Third Way — the renewal of social democracy*, Cambridge: Polity Press（佐和隆光訳『第三の道——効率と公正の新たな同盟』日本経済新聞社，1999年）．

Giddens, A. [2013] *Turbulent and Mighty Continent — What Future for Europe?*, Cambridge: Polity Press（脇阪紀行訳『揺れる大欧州——未来への変革の時——』岩波書店，2015年）．

Gingrich, J. R. [2011] *Making Markets in the Welfare State: The Politics of Varying Market Reforms*, Cambridge: Cambridge University Press.

Greer, S. L. [2009] *The Politics of European Union Health Policies*, Maidenhead: Open University Press.

Haas, E. B. [1958] *The Uniting of Europe: Political, Social, and Economic Forces 1950-1957*, Stanford: Stanford University Press, Stanford, California.

Hacker, J. [2002] *The Divided Welfare State: The Battle over Public and Private Social Benefits in the United States*, New York: Cambridge University Press.

Hacker, J. [2005] "Policy Drift: The Hidden Politics of US Welfare State Retrenchment," in Streeck, W. and Thelen, K. eds., *Beyond Continuity — Institutional Change in Advanced Political Economics*, Oxford: Oxford University Press.

Hall, P. A. [1992] "The Movement from Keynesianism to Monetarism — Institutional Analysis and British Economic Policy in the 1970s," in Steinmo, S., Thelen, K. and Longstreth, F. eds., *Structuring Politics — Historical Institutionalism in Comparative Analysis*, Cambridge: Cambridge University Press.

Hall, P. A. and Soskice, D. [2001] "An Introduction to Varieties of Capitalism," in Hall, P. A. and Soskice, D. eds., *Variety of Capitalism: The Institutional Foundations of Comparative Advantage*, Oxford: Oxford University Press (遠山弘徳・安孫子誠男・山田鋭夫・宇仁宏幸・藤田奈々子訳『資本主義の多様性——比較優位の制度的基盤——』ナカニシヤ出版, 2007年).

Ham, V. P. [2001] *European Integration and the Postmodern Condition*, London: Routledge.

Häusermann, S., Picot, G. and Geering, D. [2013] "Review Article: Rethinking Party Politics and the Welfare State — Recent Advances in the Literature," *British Journal of Political Science*, 43(1).

Hennessy, A. [2008] "Explaining German Selectivity Regarding European Union Pension Directives," *Journal of Public Policy*, 28(3).

Hennessy, A. [2014] *The Europeanization of Workplace Pensions: Economic Interests, Social protection, and Credible Signaling*, Cambridge: Cambridge University Press.

Héritier, A. [1999] "Elements of Democratic Legitimation in European Alternative Perspective," *Journal of European Public Policy*, 6(2).

Hix, S. and Gabel, J. M. [2004] "Defining the EU political space: an empirical study of the European election manifestos, 1979-1999," in Marks, G. and Steenbergen, M. R. eds., *European Integration and Political Conflict*, Cambridge: Cambridge University Press.

Hodson, D. [2001] "The Open Method as a New Mode of Governance: The Case of Soft Economic Policy Co-ordination," *Journal of Common Market Studies*, 39(4).

Horeth, M. [1999] "No Way Out for the Beast? The Unsolved Legitimacy Problem of European Governance," *Journal of European Public Policy*, 6(2).

Iglesias, P. [2015] *Politics in a Time of Crisis: Podemos and the Future of a Democratic Europe*, London: Verso.

Immergut, E. M. [1992] "The Rules of the Game: The Logic of Health Policy-Making in France, Switzerland, and Sweden," in Steinmo et. al., *op. cit.*

Immergut, E. M. and Anderson. K. M. [2009] "Editor's Introduction: The Dynamics of Pension Politics," in Immergut, E. M., Anderson, K. M. and Schulze, I. *The Handbook of West European Pension Politics*, Oxford: Oxford University Press.

Ince, A., Featherstone, D., Cumbers, A., MacKinnon, D. and Strauss, K. [2015] "British Jobs for British Workers? Negotiating Work, Nation, and Globalisation through the

Lindsey Oil Refinery Disputes," *Antipode,* 47(1).

Inglehart, R. F. [1977] *The Silent Revolution: Changing Values and Political Styles among Western Publics,* Princeton: Princeton University Press (三宅一郎・金丸輝男・富沢克訳『静かなる革命——政治意識と行動様式の変化』東洋経済新報社, 1978年).

Ivaldi, G. [2016] "A New Course for the French Radical Right?: The Front National and 'De-demonisation'," in Akkerman et. al., *op. cit.*

Iversen, T. and Wren, A. [1998] "Equality, Employment, and Budgetary Restraint: The Trilemma of the Service Economy," *World Politics,* 50(4).

Katz, R. S. and Mair, P. [1995] "Changing Models of Party Organization and Party Democracy: The Emergence of the Cartel Party," *Party Politics,* 1.

Kemmerling, A. and Bruttel, O. [2006] ""New Politics" in German Labour Market Policy? The Implications of the Recent Hartz Reforms for the German Welfare State," *West European Politics,* 29(1).

Kitschelt, H. [1995] *The Radical Right in Western Europe,* Ann Arbor: University of Michigan Press.

Klasse, M. [2013] "The Impact of Altmark: The European Commission Case Law Responses," in Szyszczak, E., van de Gronden, J. W. eds., *Financing Services of General Economic Interest,* Hague: T・M・C Asser Press.

Klemens, J. and France, W. [2004] *Successful Lobbying in the New Europe,* Berlin: Berliner Wissenschafts-Verlag (平島健司監訳『EUにおけるロビー活動』日本経済評論社, 2005年).

Kohler-Koch, B. [1996] "Catching up with Change in the Transformation of Governance in the EU," *Journal of European Public Policy,* 3.

Konrad-Adenauer-Stiftung [2014] *Shaping Germany's Future Coalition Treaty between CDU/CSU and SPD 18th legislative period* (http://www.kas.de/wf/doc/kas_36853-544-2-30.pdf?140820093605 2018年3月8日閲覧).

Koukiadaki, A. [2012] "EU governance and social services of general interest: When even the UK is concerned," in Barbier, J. C. ed, *EU Law, Governance and Social Policy European Integration,* Online Papers (EIoP). (http://eiop.or.at/eiop/texte/2012-005a.htm. 2018年3月8日閲覧).

Ladrech, R. [2000] *Social Democracy and the Challenge of European Union,* Boulder: Lynne Rienner.

Laffan, B. [1998] "The European Union: A Distinctive Model of Internationalization," *Journal of European Public Policy,* 5(2).

Leibfried, S. [2015] "Social Policy: Left to the Judges and the Markets?," in Wallace, H., Pollack, M. A. and Young, A. R. eds., *Policy-Making in the European Union,* 7th ed,

Oxford: Oxford University Press.
Lindblom, C. E. [1959] "The Science of 'muddling through'," *Public Administration Review*, 19.
Lindblom, C. E. [1965] *The Intelligence of Democracy*, New York: Free Press.
Lindblom, C. E. [1977] "Still Muddling, not yet through," *Public Administration Review*, 39.
Lowi, T. J. [1972] "Four Systems of Politics, and Choice," *Public Administration Review*, 32(4).
Mabbett, D. [2009] "Supplementary Pensions between Social Policy and Social Regulation," *West European Politics*, 32(4).
Mabbett, D. [2016] "The minimum wage in Germany: what brought the state in?," *Journal of European Public Policy*, 23(8).
Mahoney, J. and Thelen, K. [2010] "A Theory of Gradual Institutional Change," in Mahoney, J. and Thelen, K. eds., *Explaining Institutional Change — Ambiguity, Agency, and Power*, Cambridge: Cambridge University Press.
Majone, G. [1996] *Regulating Europe*, London: Routledge.
Majone, G. [1999] "The Regulatory State and Its Legitimacy Problems. *West European Politics*," 22(1).
Majone, G. [2000] "The Credibility Crisis of Community Regulation," *Journal of Common Market Studies*, 38(2).
Majone, G. [2014] *Rethinking the Union of Europe Post-Crisis — Has Integration Gone Too Far?*, Cambridge: Cambridge University Press（庄司克宏監訳『欧州統合は行きすぎたのか（上）──〈失敗〉とその原因』『欧州統合は行きすぎたのか（下）──国民国家との共生の条件』岩波書店，2017年）．
Marks, G., Hooghe, L. and Blank, K. [1996] "European Integration from the 1980s: State-Centric v. Multi-level Governance," *Journal of Common Market Studies*, 34(3).
Marks, G., Hooghe, L. and Wilson, J. C. [2004] "Does left/right structure party positions on European integration?," in Marks, G. and Steenbergen, M. R. eds., *op. cit.*
Manunza, E. and Berends, W. J. [2013] "Social Services of General Interest and the EU Public Procurement Rules," in Neergaard, U., Szyszczak, E., van de Gronden, J. W., and Krajewski, M. eds., *Social Services of General Interest in the EU*, Hague: T・M・C Asser Press.
Martinsen, D. S. [2015] *An Ever More Powerful Court? The Political Constraints of Legal Integration in the European Union*, Oxford: Oxford University Press.
Mayntz, R. [1978] *Soziologie der Öffentlichen Verwaltung*, Heidelberg: C. F. Müller（片岡寛光監訳・縣公一郎訳『行政の機能と構造──ドイツ行政社会学──』成文堂，1986年）．

McCormick, J. [1999] *The European Union: Politics and Policies*, Boulder: Westview Press.
McElroy, G. and Benoit, K. [2011] "Policy Positioning in the European Parliament," *European Union Politics*, 13(1).
Milward, A. [1992] *The European Rescue of the Nation State*, Berkeley: University of California Press.
Moravcsik, A. [1991] "Negotiating the Single European Act: National Interests and Conventional Statecraft in the European Community," *International Organization*, 45(1).
Moravcsik, A. S. [1998] *The Choice for Europe — Social Purpose and State Power from Messina to Maastricht*, Ithaca, New. York: Cornell University Press.
Moravcsik, A. and Nicolïdis, K. [1999] "Explaining the Treaty of Amsterdam: Interests, Influence, Institutions," *Journal of Common Market Studies*, 37(1).
Mudde, C. [2007] *Populist Radical Right Parties in Europe*, Cambridge: Cambridge University Press.
Nugent, N. [2000] *At the Heart of the Union — Stuidies of the European Commission*, 2nd ed, Basingstoke: Macmillan.
Obradovic, D. [1996] "Policy legitimacy and the European Union," *Journal of Common Market Studies*, 34(2).
Palier, B. and Thelen, K. [2010] "Institutionalizing Dualism: Complementarities and Change in France and Germany," *Politics & Society*, 38(1).
Pestieau, P. [2006] *The Welfare state in the European Union: Economic and Social Perspective*, Oxford University Press.
Pierson, P. [1996] "The Path to European Integration: Historical Institutionalist Analysis," *Comparative Political Studies*, 20(2).
Pinder, J. [1995] *European Community*, Oxford University Press.
Pollack, M. A. [2009] "The New Institutionalism and European Integration," in Wiener, A. and Diez, T. eds., *European Integration Theory*, 2nd ed, Oxford: Oxford University Press（東野篤子訳『ヨーロッパ統合の理論』「新制度論とヨーロッパ統合」勁草書房，2010年）.
Popper, K. R. [1945] *The Open Society and Its Enemies*, London: Routledge & Kegan Paul.（内田詔夫・小河原誠訳『開かれた社会とその敵——第一部　プラトンの呪文』『開かれた社会とその敵——第二部　予言の大潮：ヘーゲルマルクスとその余波』未來社，1980年）.
Prosser, T. [2005] *The Limits of Competition Law*, Oxford: Oxford University Press.
Radaelli, C. M. [2003] "The Open Method of Coordination: A new governance architecture for the European Union?," *Swedish Institute for European Policy Studies*, 1.

Rawls, J. [1999] *The Law of Peoples*, Cambridge: Harvard University Press (中山竜一訳『万民の法』岩波書店, 2006年).

Richard, S. [2016] "The implementing directive on posted workers: and what now?," *Robert Schuman Foundation European Issue*, 383 (http://www.robert-schuman.eu/en/doc/questions-d-europe/qe-383-en.pdf　2018年3月8日閲覧).

Rueda, D. [2005] "Insider-Outsider Politics in Industrialized Democracies: The Challenge to Social Democratic Parties," *American Political Science Review*, 99(1).

Rueda, D. [2007] *Social Democracy Inside Out: Partisanship and Labor Market Policy in Industrialized Democracies*, Oxford, Oxford University Press.

Ruggie, J. G. [1982] "International Regimes, Transactions, and Change: Embedded Liberalism in the Postwar Economic Order," *International Organization*, 36(2).

Sandholtz, W. and Sweet, A. [1998] *European Integration and Supranational Governance*, New York: Oxford University Press.

Sapir, A. [2005] Globalisation and the Reform of European Social Models (Background document for the presentation at ECOFIN Informal Meeting in Manchester, 9 September 2005).

Scharpf, F. W. [1988] "Joint-Decision Trap—Lessons from German Federalism and European Integration," *Public Administration*, 66(2).

Scharpf, F. W. [1997] "Introduction: Problem-solving Capacity of Multi-level Governance," *Journal of European Public Policy*, 4(4).

Scharpf, F. W. [1999] *Governing in Europe—Effective and Democratic?*, Oxford: Oxford University Press.

Schwarzer, D. [2012] "The Euro Area Crises, Shifting Power Relations and Institutional Change in the European Union," *Global Policy*, 3(1).

Simon, H. A. [1958] *Models of Man, Social and Rational: Mathematical Essays on Rational Human Behavior in a Social Setting*, New York: John Wiley and Sons (宮沢光一監訳『人間行動のモデル』同文舘出版, 1970年).

Simon, H. A. [1983] *Reason in Human Affairs*, Stanford: Stanford University Press (佐々木恒男, 吉原正彦訳『意思決定と合理性』筑摩書店, 2016年).

Simon, H. A. [1997] *Administrative Behavior—A Study of Decision-Making Processes in Administrative Organizations*, 4th ed., New York: Free Press (二村敏子・桑田耕太郎・高尾義明・西脇暢子・高柳美香訳『新版　経営行動——経営組織における意思決定過程の研究——』ダイヤモンド社, 2009年).

Smith, A. [2003] "Why European Commissioners Matter," *Journal of Common Market Studies*, 41(1).

Stavrakakis, Y., and Katsambekis, G. [2014] "Left-Wing Populism in the European Periphery: the Case of SYRIZA," *Journal of Political Ideologies*, 19(2).

Steenbergen, M. R. and Marks, G. [2004] "Introduction: Models of Political Conflict in the European Union," in Marks and Steenbergen eds., *op. cit.*

Streeck, W. and Thelen, K. [2005] "Introduction: Institutional Change in Advanced Political Economies," in Streeck and Thelen eds., *op. cit.*

Szika, D. [2014] "Democracy and Welfare in Hard Times: The Social Policy of the Orbán Government in Hungary between 2010 and 2014," *Journal of European Social Policy*, 24(5).

Thomassen, J. A., and Noury, G. A. [2004] "Political competition in the European Parliament: evidence from roll call and survey analyses," in Marks and Steenbergen eds., *op. cit.*

Vail, M. I. [2004] "The Myth of the Frozen Welfare State and the Dynamics of Contemporary French and German Social-Protection Reform," *French Politics*, 2.

van Kersbergen, K. [1999] "Contemporary Christian Democracy and the Demise of the Politics of Mediation," in Kitschelt, K., Lange, P., Marks, G. and Stephens, J. D. eds., *Continuity and Change in Contemporary Capitalism*, Cambridge: Cambridge University Press.

van Meerten, H. [2013] "The Scope of the EU 'pensions"-Directive: Some Background and Solutions for Policymakers," in Neergaard, U., Syzyszczak, E., van de Gronden, J. W., and Krajewski, M. eds., *Social Services of General Interest in the EU*, New York: Springer.

Vlandas, T. [2013] "The Politics of In-work Benefits: the Case of the 'Active Income of Solidarity' in France," *French Politics*, 11(2).

Wallace, H. [2010] "An Institutional Anatomy and Five Policy Modes," in Wallace, H., Pollack, M. A. and Young, A. R. eds., *Policy-Making in the European Union*, 6th ed., Oxford: Oxford University Press.

Weiler, J. H. [1991] "The Transformation of Europe," *The Yale Law Journal*, 100(8).

Wessels, W. [1996] "The Modern West European State and the European Union Democratic Erosion or A New Kind of Polity?," in Andersen, S. S. and Eliassen, K. A. eds., *The European Union: How Democratic Is It?*, London: Sage.

Wessels, W. [1997] "An Ever Closer Fusion? — A Dynamic Macropolitical View on Integration processes," *Journal of Common Market Studies*, 35(2).

Wessels, W. [1998] "Comitology: Fusion in Action. Politico-administrative Trends in the EU System," *Journal of European Public Policy*, 5(2).

Weaver, R. K. [1986] "The Politics of Blame Avoidance," *Journal of Public Policy*, 6(4).

Whitefield, S. and Rohrschneider, R. [2015] "The Salience of European Integration to Party Competition: Western and Eastern Europe Compared," *East European Politics and Societies and Cultures*, 29(1).

Wincott, D. [2003] "Beyond Social Regulation? New Instruments and/or a new agenda for social policy at Lisbon?." *Public Administration*, 81(3).

【一次資料】

Council of the European Union [1999] European Employment Pact — Member States Contributions, Brussels: document 8906/99.

Council of the European Union [2002] Council Decision of 18 February 2002 on guidelines for Member States' employment policies for the year 2002 (2002/177/EC).

Council of the European Union [2003] COUNCIL DECISION of 22 July 2003 on guidelines for the employment policies of the Member States.

Council of the European Union [2004a] 6648/04 (Presse 62) 2570th Council meeting-COMPETITIVENESS (Internal market, Industry and Research) Brussels, 11 March 2004.

Council of the European Union [2004b] 14687/04 (Presse 323) PRESS RELEASE 2624th Council Meeting Competitiveness (Internal Market, Industry and Research) Brussels, 25 and 26 November 2004.

Council of the European Union [2005a] 10 January 2005 Interinstitutional File: 2004/2001 (COD) 5161/05.

Council of the European Union [2005b] 14155/05 (Press 287) PROVISIONAL VERSION PRESS RELEASE 2694th Council Meeting Competitiveness (Internal Market, Industry and Research) Brussels, 28-29 November 2005.

Council of the European Union [2008] Report of the Mission for Flexicurity: Implementation of the common principles of flexicurity within the framework of the 2008-2010 round of the Lisbon Strategy — Report by the "flexicurity" mission, 17047/1/08.

Council of the European Union [2010a] 6477/10 (Presse 28) COMMUNIQUÉ DE PRESSE 2994ème session du Conseil Affaires économiques et financières Bruxelles, le 16 février 2010.

Council of the European Union [2010b] 7498/10 (Presse 63) COMMUNIQUÉ DE PRESSE 3003ème session du Conseil Affaires économiques et financières Bruxelles, le 16 mars 2010.

Council of the European Union [2010c] 7 July 2010 11646/10 Recommendation for a COUNCIL RECOMMENDATION on broad guidelines for the economic policies of the Member States and of the Union.

Council of the European Union [2010d] Council Decision of 21 October 2010 on guidelines for the employment policies of the Member States.

Council of the European Union [2013] 09/12/2013 Debate in Council.

Euro Group [2012] Eurogroup statement 21.02.2012.

European Commission [1996] Communication from the Commission: Services of General Interest in Europe, Brussels 11.09.1996, COM (1996) 443 final.

European Commission [1999] A concerted strategy for modernising social protection, COM (1999) 347.

European Commission [2000a] Social policy agenda, COM (2000) 379.

European Commission [2000b] Communication from the Commission: Services of General Interest in Europe, Brussels, 20.9.2000, COM (2000) 580.

European Commission [2001a] European Governance — A White Paper, COM (2001) 428.

European Commission [2001b] Report to the Laeken European Council: Services of General Interest, 17.10.2001, COM (2001) 598.

European Commission [2001c] Communication from the Commission on the Future of the European Union EUROPEAN GOVERNANCE: RENEWING THE COMMUNITY METHOD, COM (2001) 727.

European Commission [2002a] Communication from the Commission A project for the European Union, COM (2002) 247final.

European Commission [2002b] Communication From The Commission on Impact Assessment, COM (2002) 276final.

European Commission [2002c] Communication From The Commission Action plan "Simplifying and improving the regulatory environment", COM (2002) 278final.

European Commission [2002d] Communication from the Commission on Streamlining the Annual Economic and Employment Policy Co-ordination Cycles, COM (2002) 487 final.

European Commission [2003a] Strengthening the social dimension of the Lisbon strategy: Streamlining open coordination in the field of social protection, COM (2003) 261 final.

European Commission [2003b] Green Paper on Services of General Interest, 21.5.2003, COM (2003) 270.

European Commission [2003c] *Jobs, Jobs, Jobs: Creating more employment in Europe Report of the Employment Taskforce chaired by Wim Kok, November 2003.*

European Commission [2004a] Proposal for a Directive of the European Parliament and of the Council on Services in the Internal Market, COM (2004) 0002.

European Commission [2004b] White Paper on services of general interest, 12.5.2004, COM (2004) 374 final.

European Commission [2004c] *Facing the challenge The Lisbon strategy for growth and* employment Report from the High Level Group chaired by Wim Kok, November 2004.

European Commission [2005a] Working together for growth and jobs: A new start for the Lisbon Strategy, COM (2005) 24.

European Commission [2005b] INTEGRATED GUIDELINES FOR GROWTH AND JOBS (2005-2008) including a COMMISSION RECOMMENDATION on the broad guidelines for the economic policies of the Member States and the Community (under Article 99 of the EC Treaty) and a Proposal for a COUNCIL DECISION on guidelines for the employment policies of the Member States (under Article 128 of the EC Treaty), COM (2005) 141.

European Commission [2005c] European values in the globalised world — Contribution of the Commission to the October Meeting of Heads of State and Government, COM (2005) 525 final.

European Commission [2005d] Commission Decision of 28 November 2005, C (2005) 2673 on the Application of Article 86(2) of the EC Treaty to State Aid in the Form of Public Service Compensation Granted to Certain Undertakings Entrusted With the Operation of Services of General Economic Interest (OJ 2005 L 312/67).

European Commission [2005e] Working together, working better: A new framework for the open coordination of social protection and inclusion policies in the European Union, COM (2005) 706final.

European Commission [2006a] Amended proposal for a Directive of the European Parliament and of the Council on services in the internal market, COM (2006) 160.

European Commission [2006b] Implementing the Community Lisbon programme: Social services of general interest in the European Union, COM (2006) 177.

European Commission [2006c] A citizens' agenda-Delivering results for Europe, COM (2006) 211. final.

European Commission [2006d] Consultation regarding Community action on health services SEC (2006) 1195/4.

European Commission [2007a] Towards Common Principles of Flexicurity: More and better jobs through flexibility and security, COM (2007) 359final.

European Commission [2007b] A single market for 21st century Europe, COM (2007) 724.

European Commission [2007c] Accompanying the Communication on "A single market for 21st century Europe" Services of general interest, including social services of general interest: a new European commitment, 20.11.2007, COM (2007) 725 final.

European Commission [2008a] Commission Staff Working Document: Biennial Report on social services of general interest, 2.7.2008, SEC (2008) 2179.

European Commission [2008b] A European Economic Recovery Plan, COM (2008) 800.
European Commission [2009] Commission working document—Consultation on the future "EU 2020" strategy.
European Commission [2010a] Commission Staff Working Document: Lisbon Strategy evaluation document, SEC (2010) 114.
European Commission [2010b] EUROPE 2020 A strategy for smart, sustainable and inclusive growth, COM (2010) 2020.
Europeaan Commission [2010c] SEC (2010) 488 final, Recommendation for a COUNCIL RECOMMENDATION of 27.4.2010 on broad guidelines for the economic policies of the Member States and of the Union Part I of the Europe 2020 Integrated Guidelines {COM (2010) 193 final}.
European Commission [2010d] COM (2010) 193 final, 2010/0115 (NLE) Proposal for a COUNCIL DECISION on guidelines for the employment policies of the Member States Part II of the Europe 2020 Integrated Guidelines{SEC (2010) 488 final}.
European Commission [2010e] The social and economic integration of the Roma in Europe, COM (2010) 133final.
European Commission [2010f] Proposal for a Council Regulation amending Regulation (EC) No 1467/97 regarding speeding up and clarifying the implementation of the excessive deficit, COM (2010) 522.
European Commission [2010g] Proposal for a Council Directive of on requirements for the fiscal framework of the Member States, COM (2010) 523.
European Commission [2010h] Proposal for a Regulation of the European Parliament and the Council Directive on the effective enforcement of budgetary surveillance in the euro area, COM (2010) 524.
European Commission [2010i] Proposal for a Regulation of the European Parliament and of the Council on enforcement action to correct excessive macroeconomic imbalances in the euro area, COM (2010) 525.
European Commission [2010j] Proposal for a Regulation of the European Parliament and of the Council amending Regulation (EC) No 1466/97 on the strengthening of budgetary surveillance and coordination of economic policies, COM (2010) 526 2010.
European Commission [2010k] Proposal for a Regulation of the European Parliament and of the Council on the prevention and correction of macroeconomic imbalances, COM (2010) 527.
European Commission [2010l] Commission Staff Working Document: Guide to the application of the European Union rules on state aid, public procurement and the internal market to services of general economic interest, and in particular to social services of general interest 7.12.2010, SEC (2010) 1545 final.

European Commission [2011a] GREEN PAPER on the feasibility of introducing Stability Bonds, COM (2011) 818final.
European Commission [2011b] Proposal for a REGULATION OF THE EUROPEAN PARLIAMENT AND OF THE COUNCIL on the strengthening of economic and budgetary surveillance of Member States experiencing or threatened with serious difficulties with respect to their financial stability in the euro area, COM (2011) 819 final.
European Commission [2011c] Proposal for a REGULATION OF THE EUROPEAN PARLIAMENT AND OF THE COUNCIL on common provisions for monitoring and assessing draft budgetary plans and ensuring the correction of excessive deficit of the Member States in the euro area, COM (2011) 821 final.
European Commission [2011d] Commission Decision of 20 December on the application of Article 106(2) of the Treaty on the Functioning of the European Union to State aid in the form of public service compensation granted to certain undertakings entrusted with the operation of services of general economic interest.
European Commission [2011e] Proposal for a DIRECTIVE OF THE EUROPEAN PARLIAMENT AND OF THE COUNCIL on public procurement Brussels, 20.12.2011, COM (2011) 896 final.
European Commission [2011f] Proposal for a DIRECTIVE OF THE EUROPEAN PARLIAMENT AND OF THE COUNCIL on the award of concession contracts 20.12.2011, COM (2011) 897final.
European Commission [2011g] A Quality Framework for Services of General Interest in Europe Brussels 20.12.2011, COM (2011) 900final.
European Commission [2012a] Proposal for a DIRECTIVE OF THE EUROPEAN PARLIAMENT AND OF THE COUNCIL on the enforcement of Directive 96/71/EC concerning the posting of workers in the framework of the provision of services, COM (2012) 131.
European Commission [2012b] COMMISSION REGULATION (EU) No 360/2012 of 25 April 2012 on the application of Articles 107 and 108 of the Treaty on the Functioning of the European Union to de minimis aid granted to undertakings providing services of general economic interest.
European Commission [2012c] Proposal for a Directive of the European Parliament and of the Council on improving the gender balance among non-executive directors of companies listed on stock exchanges and related measures. COM (2012) 614final.
European Commission [2013a] Commission Staff Working Document: Guide to the application of the European Union rules on state aid, public procurement and the internal market to services of general economic interest, and in particular to social

services of general interest, 15.2.2013, SWD (2013) 53 final.

European Commission [2013b] Proposal for a DIRECTIVE OF THE EUROPEAN PARLIAMENT AND OF THE COUNCIL on measures facilitating the exercise of rights conferred on workers in the context of freedom of movement for workers, COM (2013) 236.

European Commission [2016] Proposal for a DIRECTIVE OF THE EUROPEAN PARLIAMENT AND OF THE COUNCIL amending Directive 96/71/EC of The European Parliament and of the Council of 16 December 1996 concerning the posting of workers in the framework of the provision of services, COM (2016) 128final.

European Convention [2002a] "Introduction Speech By President V. Giscard D'estaing to the Convention on The Future of Europe", Speeches delivered at the inaugural meeting of the Convention on 28 February 2002, CONV4/02 annex 4.

European Convention [2002b] Note on the Inaugural Meeting 28 February 2002 Brussels, CONV7/02.

European Convention [2002c] Note on the plenary meeting-Brussels, 21 and 22 March 2002, CONV14/02.

European Convention [2002d] Note on the plenary meeting-Brussels, 6 and 7 June 2002, CONV97/02.

European Convention [2002e] Note on the plenary meeting-Brussels, 24 and 25, June 2002, CONV167/02.

European Convention [2002f] Conclusions of Working Group I on the Principle of Subsidiarity CONV286/02.

European Convention [2002g] Final report of Working Group III on Legal Personality, CONV305/02.

European Convention [2002h] Note: Summary report on the plenary session-Brussels, 3 and 4 October 2002, CONV331/02.

European Convention [2002i] Final report of Working Group II, CONV354/02.

European Convention [2002j] Note: Summary report on the plenary session-Brussels, 28 and 29 October 2002, CONV378/02.

European Convention [2002k] Final report of Working Group IV on the role of national parliaments, CONV353/02.

European Convention [2002l] Final report of Working Group V, CONV375/02.

European Convention [2002m] Final report of Working Group VI on Economic Governance, CONV357/02.

European Convention [2002n] Final report of Working Group X on "Freedom, Security and Justice", CONV426/02.

European Convention [2002o] Final report of Working Group IX on Simplification,

CONV424/02.
European Convention [2002p] Final report of Working Group VIII-Defence, CONV461/02.
European Convention [2002q] Final report of Working Group VII on External Action, CONV459/02.
European Convention [2003] Draft Treaty establishing a Constitution for Europe, CONV850/03.
European Council [2000a] Presidency Conclusions Lisbon European Council 23 and 24 March 2000.
European Council [2000b] Presidency Conclusions Nice European Council Meeting 7, 8 and 9 December 2000 Annex I.
European Council [2001a] Presidency Conclusions Stockholm European Council 23 and 24 March 2001.
European Council [2001b] Presidency Conclusions Göteborg European Council 15 and 16 June 2001, SN 200/01/01 REV I.
European Council [2001c] "Laeken Declaration on the Future of the European Union" Presidency Conclusions European Council meeting in Laeken 14 and 15 December 2001, SN 300/1/01/REV I) Annex I.
European Council [2002] Presidency Conclusions Barcelona European Council 15 and 16 March 2002.
European Council [2003] Presidency Conclusions European Council Brussels 20 and 21 March 2003.
European Council [2004a] Presidency Conclusions European Council Brussels 25 and 26 March 2004.
European Council [2004b] Presidency Conclusions European Council Brussels 4 and 7 November 2004.
European Council [2005] Presidency Conclusions European Council Brussels 22 and 23 March 2005.
European Council [2008] Presidency Conclusions European Council Brussels 11 and 12 December 2008.
European Council [2010a] Statement by the Heads of State or Government of the European Union Brussels, 11 February 2010.
European Council [2010b] Conclusions European Council 25-26 March 2010.
European Council [2010c] Conclusions European Council 17 June 2010, Annex 1 New European Strategy for Jobs and Growth EU Headline Targets.
European Council [2016] Conclusions Annex I Decision of the Heads of State or Government, Meeting within the European Council, Concerning A NEW Settlement

for the United Kingdom within the European Union.
European Parliament [2001] European Parliament resolution on the Treaty of Nice and the future of the European Union, 2001/2022 (INI).
European Parliament [2004] DT¥551156EN. doc PE 353.297v01-00 Committee on the Internal Market and Consumer Protection 21.12.2004 Working Document.
European Parliament [2005a] DRAFT REPORT PART I on the proposal for a directive of the European Parliament and of the Council on services in the internal market.
European Parliament [2005b] OPINION of the Committee on Industry, Research and Energy for the Committee.
European Parliament [2005c] DRAFT REPORT on the proposal for a directive of the European Parliament and of the Council on services in the internal market.
European Parliament [2005d] OPINION of the Committee on Employment and Social Affairs.
European Parliament [2005e] European Parliament News (Press Service) 24/11/2005.
European Parliament [2005f] 0015.12.2005 FINAL A6-0409/2005 REPORT on the proposal for a directive of the European Parliament and of the Council on services in the internal market.
European Parliament [2005g] Minutes of 21/22/23.11.2005 IMCO _PV (2005) 1121_1.
European Parliament [2006a] European Parliament News (Press Service) 13/02/2006.
European Parliament [2006b] P6 TA (2006) 0061 Services I European Parliament legislative resolution on the proposal for a directive of the European Parliament and of the Council on services in the internal market.
European Parliament [2010] (P7_PV (2010) 09-09 (VOT)) Minute Annex 1 Results of votes.
European Parliament [2011] (P7_PV (2011) 03-10 (VOT)) Minute Annex 1 Results of votes.
European Parliament [2012a] (P7_PV (2012) 02-16 (VOT)) Minute Annex 1 Results of votes.
European Parliament [2012b] European Parliament Press Service *News Economic governance "two pack" Q&A.* Reference No: 20120607BKG46436 (http://www.europarl.europa.eu/pdfs/news/expert/background/20120607BKG46436/20120607BKG46436_en.pdf 2018年3月8日閲覧).
European Parliament [2012c] ECON_PV (2012) 0514_1 EUROPEAN PARLIAMENT 2009-2014 Committee on Economic and Monetary Affairs MINUTES Meeting of 14 May 2012, from 16.30 to 20.00 BRUSSELS pp. 2-3.
European Parliament [2012d] Roll Call Vote P7_PV (2012) 06-13 (RCV)_EN.doc.
European Parliament [2013a] Roll Call Vote P7_PV (2013) 03-12 (RCV)_EN.doc.

European Parliament [2013b] A7-0249/2013 REPORT 4.7.2013 Committee on Employment and Social Affairs Rapporteur: Danuta Jazłowiecka.
European Parliament [2013c] Minute Annex 1 Results of votes, P7-PV (2013) 11-20 (RCV).
European Parliament [2014a] Minute Annex 2 Result of roll-call votes, P7-PV (2014) 03-12 (RCV).
European Parliament [2014c] Minute Annex 2 Result of roll-call votes, P7-PV (2014) 04-16 (RCV).
European Parliament [2015b] Debates Tuesday, 15 April 2014 Strasbourg.
Eurostat [2013] General Government Gross Debt. Brussels: Eurostat.
Euro Summit [2010] Statement by the Heads of State and Government of the Euro Area 25 March 2010.
Euro Summit [2011a] Statement by the Heads of State or Government of the Euro Area and EU Institutions Brussels, 21 July 2011.
Euro Summit [2011b] Euro Summit Statement Brussels, 26 October 2011.
House of Commons [2014] Parliamentary Debates House of Commons Official Report European Committee C the Posting of Workers Thursday 3 April 2014 (http://www.publications.parliament.uk/pa/cm201314/cmgeneral/euro/140403/140403s01.pdf 2018年3月8日閲覧).
Official Journal of the European Union [2001] "23. Declaration on the future of the Union" Treaty of Nice amending the Treaty on European Union, the Treaties establishing the European Communities and certain related acts Declarations Adopted By The Conference Official Journal 80, 10/03/2001.
Official Journal of the European Union [2004] Directive 2004/18/EC of the European Parliament and of the Council of 31 March 2004 on the coordination of procedures for the award of public works contracts, public supply contracts and public service contracts.
Official Journal of the European Union [2005] Community framework for State aid in the form of public service compensation (2005/C 297/04).
Official Journal of the European Union [2011] Debates of the European Parliament Wednesday, 16 February 2011.
Official Journal of the European Union [2012a] Communication from the Commission, European Union framework for State aid in the form of public service compensation (2011) (Text with EEA relevance) (2012/C 8/03).
Official Journal of the European Union [2012b] Debates of the European Parliament Wednesday, 18 January 2012.
Official Journal of the European Union [2013] Debates of the European Parliament

Tuesday, 19 November 2013.

Social Protection Committee [2010] A Voluntary European Quality Framework for Social Services, SPC/2010/10/8 final.

Swedish Presidency [2001] Report on The Debate on The Future of The European Union, Presidency Report to the European Council (9520/01POLGEN14).

【URL等】

1．European Commission [2011] August 25, 2011 *European Commission-Press release Free movement: Determined Commission action has helped resolve 90% of open free movement cases* (http://europa.eu/rapid/press-release_IP-11-981_en.htm?locale=en 2018年3月8日閲覧).
2．European Parliament MEPs Directory (http://www.europarl.europa.eu/meps/en/directory.html. 2018年3月8日閲覧).
3．独立行政法人労働政策研究・研修機構 [2012]「福祉改革法, 成立——就労促進を主要目的に」(http://www.jil.go.jp/foreign/jihou/2012_5/england_02.html 2018年3月8日閲覧).

人名索引

〈ア　行〉

アスナール　157, 161, 178
イグレシアス　230
イングルハート　58
イントベルト　223, 225
ウィルダース　232, 234
ウェーバー　14
ウォーラス　23-26, 28, 33, 52, 97, 101, 186, 187
エスピン・アンデルセン　171
エチオーニ　29, 31, 32, 50
オブリ　170, 183
オランド　195
オルバン　212, 216-221, 227, 253

〈カ　行〉

片岡寛光　3, 34, 254
キッチェルト　235
ギデンズ　154
キャメロン　236, 237, 239-241, 247, 250, 251
クルース　218
ゲブハルト　119-121, 123, 124, 127
コック　121, 163, 167, 172

〈サ　行〉

サイモン　50
サパテロ　151
サピール　171-173, 185
サルコジ　189, 192, 195, 212, 214, 256
サンテール　253
ジスカール・デスタン　78
シャルプフ　40, 61
シュルツ　151
シュレーダー　122, 149, 156, 157, 160, 170
ショイブレ　189
ジョスパン　155-157, 160, 161, 178, 181, 183, 261
ジョブロ　218, 219
シラク　42, 122, 184, 185

城山英明　3
ストラスカーン　156
セーレン　44, 46-49, 59, 93, 143, 146, 181, 201, 261
曽我謙悟　3, 22, 23, 27, 30, 97, 100

〈タ　行〉

ツィプラス　231
トゥスク　237, 243, 251, 252, 257
ド・ゴール　9
ド・ビルパン　184, 185
ドラギ　193
トリシェ　190, 193
ドロー　29, 31, 32, 50, 194
ドロール　183

〈ハ　行〉

ハース　9, 34, 262
ハイダー　182, 253
ハッカー　44
パパデモス　192
パパンドレウ　188-190, 192
ハルシュタイン　9
ハルツ　170, 184, 248, 249
バローゾ　120-122, 125, 126, 160, 163, 185, 213
ピアソン　39, 41
ファビウス　150
ファン・ロンパイ　46, 174, 175, 187
フェルホフスタット　221
フェレイラ　194-197
福田耕治　3, 4, 23, 27, 28, 97, 98, 100, 152, 253
ブレア　151, 154, 155, 157, 160, 161, 163, 170, 172, 178, 184, 185, 239
プロディ　70, 116
ベルルスコーニ　160, 161, 178
ポテリング　151
ポパー　35
ボルケシュタイン　118, 120, 122, 149

〈マ　行〉

マクリーヴィ　122, 126, 128
真渕勝　20, 21, 26
マホニー　44, 46-49, 59, 93, 143, 146, 181, 201, 261
マヨーネ　11, 17, 19, 34, 107
ミトラニー　34
ミルワード　34
村松岐夫　20
メイ　255
メルケル　188-190, 192, 198, 224
モネ　12
モラヴシック　10, 11, 14, 34

〈ヤ　行〉

ヤズロウィエスカ　245
山口二郎　20
ユンカー　121, 122, 190

〈ラ　行〉

ラガルド　189
ラファラン　160, 170, 184
ラフォンテーヌ　156, 157
リンドブロム　18, 29-31, 35, 50
ルペン　232, 255
レディング　213-216, 218, 220, 222-224, 254
蝋山政道　3

事項索引

〈アルファベット〉

AfD (Alternative für Deutschland)　235
ALDE (Alliance of Liberals and Democrats for Europe group)　54, 56, 124, 127, 140, 150, 151, 206, 213, 215, 218-227, 253
BEPGs (broad economic policy guidelines)　80, 161-163, 165, 167, 168, 175-181, 184, 185, 194, 195, 197, 198, 200-202, 205
BREXIT　237, 238, 252, 263
CDU/CSU　53, 223, 224, 226, 227, 242, 247-250, 256
CFSP 上級代表　81, 83, 85, 91, 92, 108
COREPER　6, 13, 16, 74, 121
EAEC (European Atomic Energy Community)　9
EC (European Communities)　4, 12, 40
ECB (European Central Bank)　46, 156, 157, 188, 192, 193
ECR (European Conservatives and Reformists)　54, 206, 213, 215, 219, 221, 223-227, 243, 253, 254
ECSC (European Coal and Steel Community)　1, 2, 5, 8, 12
EEC (European Economic Community)　9, 148
EES (European Employment Strategy)　154-156, 158, 161-165, 167-170, 176-181, 183, 185, 200, 202
EFD (Europe of Freedom and Democracy)　54
EFSF (European Financial Stability Facility)　191, 198
EMF (European Monetary Fund)　189
EMU (Economic and Monetary Union)　2, 25, 111, 121, 155, 161, 162, 181
EPP (European People's Party)　53, 54, 56, 57, 61, 194-197, 199, 202, 203, 206, 213, 215, 218, 219, 221, 223, 224, 226, 227, 253
EPP-ED (European People's Party-European Democrats)　120, 123-128, 140, 150, 151
EU (European Union)　1, 5
EUROPE2020　153, 174-177, 200, 201, 261
EU 懐疑主義　228-230, 232, 236, 237
EU―国家次元　54-56, 202, 203
EU 市民　13-15, 214, 236, 238, 240
「EU の将来」議論　65-70, 75
EU のためのプロジェクト　67, 78-80, 82, 84-89, 91, 92
GUE/NGL (Confederal Group of the European United Left/Nordic Green Left)　54, 124, 127, 141, 150, 215, 219-221, 226, 231, 253
IGC (Inter-Governmental Conference)　10, 14, 15, 65, 66, 68, 69, 74, 94
IMF (International Monetary Fund)　46, 188-192, 198, 230
IORP (Institutions providing Occupational Retirement Provisions)　138-141, 147, 152
NAP (National Action Plan)　159, 162, 164, 168, 169
Negative Integration　40
NPM (New Pulic Management)　182
NRP (National Reform Program)　168, 169, 174, 175, 201, 202
NSR (National Strategy Report)　164-166, 169
OMC (open method of coordination)　25, 28, 33, 72, 93, 94, 129, 135, 139, 153-155, 157-160, 164-166, 168, 169, 172, 173, 177-180, 182, 184, 186, 203, 261
PASOK (ギリシャ)　151, 192, 195, 230
PES (Party of European Socialists)　53, 56, 57, 61, 119, 120, 124-129, 141, 150-152, 194
Positive Integration　40
S&D (Progressive Alliance of Socialists and Democrats)　53, 54, 57, 194-199, 202, 203, 206, 215-221, 223, 224, 226, 227, 253

SGEI(services of general economic interest)
　112-119, 121-138, 140-149, 201
SGI(services of general interest)　112, 113,
　115-120, 122-128, 130-137, 147, 149, 150,
　152, 201
SGP(stability and growth pact)　156, 157,
　162, 166, 170, 174, 175, 178, 179, 193-195,
　197, 200, 201, 205, 216
Six-Pack　193-197, 200-202, 206, 262
SPD(ドイツ社民民主党)　53, 119, 150-152,
　157, 223, 224, 226, 227, 230, 242, 247-249,
　256
SSGI(social services of general interest)
　128, 130, 133-138, 144, 147, 148
SYRIZA(ギリシャ)　229, 230, 236
Two-Pack　194-197, 199, 200, 202, 203, 262
UKIP(UK Independence Party)　236, 240,
　242, 250
UMP(フランス)　53, 149, 150, 160, 195, 214-
　216, 218, 219, 226, 243, 247, 256
Verts-ALE(Groupe des Verts/Alliance libre
　européenne)　54, 124, 127, 141, 150, 215,
　219, 220, 221, 223, 224, 226, 253

〈ア　行〉

アウトサイダー　163, 234
アカウンタビリティ　14, 18, 71, 107, 215
アップ・オア・アウト原則　51
アムステルダム条約　10, 66, 84, 112, 116, 135,
　155, 180
安定成長協定　→SGP
域内移民(EU移民)　238-243, 250-252, 263
域内市場サービス指令案　111-113, 118-130,
　132-134, 138, 144, 146-148, 150, 151, 166,
　171, 172, 178, 179, 185, 260
域内単一市場　2, 34, 40, 51, 60, 111, 113, 129,
　131, 138, 140, 172, 211, 259
イギリス独立党　→UKIP
イシュー・ネットワーク　16
一元的意思決定　20, 21, 360
一般的利益サービス　→SGI
イデオロギー　8, 9, 20, 21, 34, 170, 178, 228,
　231, 233, 234

意図せざる結果　38, 39, 41, 42
委任措置　103, 104, 106
移民　3, 81, 84, 204, 229, 231-233, 235, 236
インクリメンタリズム　18, 29-31, 33
インサイダー　163, 234
埋め込まれた自由主義　2
エイジェンシー　8, 17, 73
エリート　51, 66, 122, 228, 229, 231, 232
黄金のスカート(golden skirts)現象　225
欧州委員会　3-6, 14, 30, 37, 38, 47, 50, 51, 59
欧州委員会委員長　5, 9, 47, 68, 83, 106, 183,
　185
欧州化　42, 179
欧州ガバナンス白書　65, 67, 69, 74-76, 82,
　83, 86, 88, 90, 92
欧州議会　5, 7, 13, 53
欧州基本権憲章　68, 69, 77, 81, 85, 87, 95, 204,
　212, 214, 215, 218
欧州憲法条約草案　32, 59, 65, 92, 93, 95, 105,
　106
欧州雇用戦略　→EES
欧州債務危機　46, 60, 187, 193, 199, 202, 204,
　235, 236, 261
欧州司法裁判所　73, 86, 114, 130, 131, 134,
　144, 146, 148, 215, 221, 241, 253
欧州社会憲章　41
欧州社会モデル　112, 116, 117, 120, 121, 123,
　129, 156-158, 161, 169, 171, 177-179, 182
欧州政治共同体　9
欧州統合　2, 8, 9, 12, 60
欧州同盟　1
欧州防衛共同体　9
欧州理事会　6, 8, 14, 25, 33, 46, 47
欧州連合　1
オープンリスト　245
オランダ自由党　229, 234, 235, 237

〈カ　行〉

概念操作　37, 94, 129, 178, 181, 201, 203, 259,
　260
会派連携　215, 220
開放的調整方式　→OMC
隠された変化　44, 47, 260

事項索引

閣僚理事会　5, 6, 14, 15, 26, 27, 40, 42, 52
ガバナンス　5, 13, 42, 107, 211
カルテル政党　229
環境—保守次元　55, 57, 58, 204, 232-234
勧告　78, 80, 83, 89, 99, 100, 102, 162, 166, 168, 175, 177, 180, 193, 201, 206, 213, 240
患者の自由移動指令(案)　138, 144, 148
関税同盟　9, 95
官房　6
官僚制　3-5, 11, 14, 28, 32, 37, 38, 50-52, 92, 202, 259-263
議院内閣制　5, 7, 14, 101, 215
議会制民主主義　13, 15, 18, 28, 30
企業社外取締役　213, 222, 227
規制国家　11, 17, 19, 29
規則　8, 17, 89, 99, 100, 102, 104, 109, 156, 193, 194, 250, 255
議長国　47, 48, 65, 67-70, 94, 107, 118-122, 124, 125, 134, 137, 155-157, 161, 170, 185, 218, 241
機能主義　34
基本条約　2, 7, 10, 32, 37, 40, 43, 51, 52, 59, 65
逆特定多数決制　193, 206
行政学　3, 4, 13, 19, 21, 22, 26-29, 35, 37, 50
行政官僚制　3, 5, 6, 49, 67, 187, 205, 227, 259
行政国家　7, 35, 101, 104
行政の一体性　6
競争法　113-117, 132-134, 136, 137, 144, 147, 148
共通外交安全保障政策　25, 40, 104
共同決定手続き　7, 14, 15, 40, 82-84, 89, 90
共同体方式　5, 8, 24, 26, 27, 30, 32, 46, 48, 51, 60, 67, 73-76, 78, 80-84, 87-94, 97, 102, 106, 107, 154, 158, 160, 173, 179, 182, 187, 193, 194, 238, 259
共有権限　95-98, 102, 106
協力手続き　7, 14
極右系統ポピュリズム　229, 231-236, 263
居住権テスト　240, 241
拒否点　39, 40, 42
緊縮財政路線　195, 197-200, 202, 203, 211, 262
クォータ制　223

グッド・ガバナンス　70
経済的な一般的利益サービス　→ SGEI
経路依存性　41, 43, 148
ケインズ主義　2
健康保険　128, 131, 139, 144-146
原産国(country of origin)原則　112, 118, 120-126, 128, 146
言説戦略　60, 129, 146, 181, 259, 260
限定合理性　3, 35, 49, 50
限定列挙　244, 245
公共サービス概念　111-113, 133
公共性　3, 60, 111-113, 115, 117, 124, 128, 129, 137, 146, 203, 254, 259, 260, 261
公共政策　4, 19, 29, 45
公共調達指令　132
後期リスボン戦略　167, 169, 170, 176, 179
公私ミックス　138-141
広範経済政策ガイドライン　→ BEPGs
効率性　12-18, 28-30, 93
国外派遣労働　238, 239, 243, 244, 247-250, 252, 263
国際機構　23, 129
国際行政　3, 19-23, 26-28, 51, 97, 98, 100, 101, 104, 105
国際行政連合　33
国際政治学　3-5, 8, 9, 18, 19, 34, 51, 52, 60, 93
国際統合理論　3, 8
国内議会　15, 16, 66, 68, 77-79, 84, 86, 87, 89, 92, 107
国内政党　7, 49, 52-59, 61, 113, 152, 225, 232, 242
国民戦線(フランス)　229, 232, 237, 255
国民党(デンマーク)　229, 232
国民投票　1, 39, 69, 95, 122, 123, 171, 184, 192, 228, 235-237, 241, 250, 252-254
国家主権　9-12, 34, 52, 55-57, 195, 197, 211, 215, 225
国庫補助　111, 113, 114, 131, 134, 136, 137
コミトロジー　8, 73
雇用の質　158, 161, 163, 164, 177, 178, 181, 260
混合走査法　32

コンベンション　65-67, 69, 76-81, 84, 92, 94, 107, 108
根本的決定　29, 31, 32, 50

〈サ　行〉

サービス経済のトリレンマ　183
最低賃金制度　248, 249
再分配　17-21, 24, 26, 220
債務減免　191, 192, 198
サッチャリズム　2
左翼党（ドイツ）　230
参加型民主主義　16
ジェンダーバランス　213, 222, 223, 227, 262
支持権限　88, 96-98, 102, 106
実施権限の授権　103-106
司法内務協力　25, 40, 80
市民プラットフォーム（ポーランド）　53, 219, 243, 245-248, 250-252
社会給付　220, 236-240, 243, 252, 256
社会経済的左右次元　55, 57, 58, 202-204, 231-235
社会的ダンピング　123, 125, 149, 243-247, 250, 251, 256
社会的な一般的利益サービス　→ SSGI
社会的包摂　154, 155, 158, 159, 164-166, 169, 177, 178
社会党（フランス）　53, 120, 122, 123, 126, 141, 149, 151, 195, 243, 246, 247, 249, 252, 256
社会保護　135, 154, 158, 159, 164, 165, 169, 170, 178, 185
社会面のOMC　165, 169, 170, 177-179
自由・安全・正義の領域　79, 80, 81, 84, 96
自由移動　60, 81, 112, 113, 118, 127, 138, 140-146, 149, 216, 232, 237-240, 252, 260
消極的自由　213, 227
消極的受容　12, 47
常駐代表委員会　→ COREPER
唱導連携　127, 128, 226, 227
職域年金　138-143, 147, 152, 159
指令　8, 72, 74, 99, 100-102, 104, 105, 111
新機能主義　9-11, 34, 43, 52, 262
新自由主義　2, 161, 166, 170, 178, 179, 183, 204, 230, 262

スピル・オーバー　9, 262
政官関係　3, 4, 50, 52, 59, 65, 92, 93, 105
政策学習　25
政策過程　3, 4
政策共同体　16
政策執行　8, 14, 24, 70-72, 75, 80-82
政策実施　8, 17, 70
政策終了　61
政策体系　3-5, 21, 22, 28, 29, 31, 33, 104, 187, 259, 261
政策調整　24, 25, 33, 46, 97, 98, 126, 175, 186
政策提案権　7, 12, 27, 101, 105
政策ネットワーク　15-17, 19, 29, 31, 34
政策の体系性　3, 28, 32, 33, 59, 260
政策発議　16, 17, 70, 71, 74, 75, 83, 84, 86, 87, 92
政策評価　8, 25, 28, 33, 50, 60, 153, 230
政策変化　3, 4, 37, 38, 49, 59-61, 92-94, 143, 145, 146, 181, 187, 199, 205, 207, 260-262
政策包含　199, 200, 201, 261, 262
政策類型　3, 17, 19-21, 24-28, 33, 37, 95-98, 102, 103, 106, 109, 153, 177, 179, 182, 203, 261, 263
政治過程　3, 4
政治行政分離論　22, 27
政治行政融合論　22, 28, 37
政治的対立構造　54, 55, 57, 202, 204, 230
政争過程　20, 21
政体　5, 11-13, 19, 34
政党会派（欧州会派，政党グループ）　7, 120, 124-126, 152
政党システム　230
正統性　5, 12, 13, 15-19, 28-31, 33, 34, 40, 60, 67, 79, 82, 93, 153, 172, 182, 215, 261
制度変化　3-5, 37, 43-45, 48, 49, 59, 201
政府間会議　→ IGC
政府間関係　1, 23, 97
積極的自由　213, 227
積極的労働政策　154, 156-158, 163, 170, 172, 183, 184
全会一致制　6, 32, 40, 42, 81, 84, 89, 91, 92
全ギリシャ社会主義運動　→ PASOK
戦略過程　20, 21, 260

事項索引 303

総局　　5, 6, 16, 30, 33, 106, 108, 172
総合計画　　8, 28, 32, 33, 50, 60, 153, 230
相互承認　　148
総辞職　　5, 234, 253
ソフトロー　　24, 25, 93, 180, 193, 194

〈タ 行〉

第三国民　　211, 232
第三の道　　127, 152-158, 160, 161, 170, 177, 182, 183, 230
大連立　　151, 192, 224, 227, 242, 247, 248
多元的相互調節　　18, 20, 21, 30
脱物質主義的価値観　　58
単一欧州議定書　　7, 8, 10, 14, 25, 34, 114, 148
断続平衡モデル　　43
超国家主義　　9-11, 34, 52, 75, 259
帳簿準備型　　142
通常立法手続（き）　　7, 99-101, 103-106
積立式　　139
適合性のよさ　　42, 179
鉄の三角同盟　　51
点呼投票　　141, 225, 242, 246
転用　　37, 44, 46-48, 59, 61, 93, 141, 143, 146, 147, 181, 187, 199, 201, 204, 259-261, 263
統合ガイドライン　　167-169, 171, 172, 174-177, 179-181, 185, 200-202, 261
統治構造　　1, 4, 5, 7, 8, 10, 13, 15, 16, 30, 32, 39, 46, 47, 51-53, 60, 65, 93, 111, 187, 193, 259
特定多数決制　　6, 34, 40, 73, 84, 89-92, 94, 193

〈ナ 行〉

ナショナリズム　　157, 211, 231, 235
南欧左派ポピュリズム　　229-237
ニース条約　　10, 14, 65-67, 69, 91, 106, 108, 183
ニース宣言　　65-70, 74, 76, 77, 85
二院制　　7, 39, 101
二重多数決制　　6, 251
ネイティビズム　　231
年金の国有化　　216, 217
年金ポータビリティ指令　　138, 141-143, 148

〈ハ 行〉

排他的権限　　89, 95-97, 102, 106, 108
ハンプトンコート非公式欧州理事会　　169-171, 179, 185
ヒエラルキー　　14, 61, 89, 90, 187, 198, 199
非業務執行取締役　　222, 224, 225
非経済的なもの（活動）　　115, 116, 130-133, 135, 137, 147
非決定　　171, 179
非公式三者対話　　196, 197, 199, 246, 247
ビスマルク型　　138-141, 144, 249
非難回避　　170, 260
非立法措置　　103
フィデス　　53, 216-218
賦課方式　　139
福祉国家　　2-4, 39, 56, 57, 60, 61, 111, 138, 139, 143, 144, 146, 152, 154, 156, 159, 169-173, 179, 182-184, 233-236, 248, 259, 260, 263
福祉ショーヴィニズム　　228, 229, 233, 235, 236, 263
福祉ツーリズム　　239, 240
不法移民　　79, 211, 214
プリンシパル・エイジェント理論　　→本人・代理人関係
フレクシキュリティ　　169, 172, 173, 177, 181, 183, 185, 260
ブレトンウッズ体制　　2
文化的対立軸　　203, 211, 259, 263
ヘアカット　　191
併設　　37, 44, 46-48, 59, 61, 93, 146, 147, 177, 179, 181, 187, 199-201, 204, 259-262
ベバリッジ型　　138-141, 144, 249
ベンチマーク（ベンチマーキング）　　24, 107, 160, 173
法人格　　79, 81, 86, 87
放置　　37, 44, 46-48, 59, 61, 94, 144, 146, 147, 187, 259, 260
法と正義（ポーランド）　　54, 151, 212, 218, 219, 225, 243, 247, 252, 254
法の支配　　212, 221
補完性　　68, 72, 74, 76, 77, 79, 82, 84, 86, 87, 92,

94, 255
ポ市プ　→市民プラットフォーム（ポーランド）
保守　53-55, 57, 58, 118, 120, 140, 149, 160, 204, 211-215, 217, 219-221, 223-227, 232, 233, 243, 252, 262, 263
保守主義　216, 220
保守党　41, 54, 123, 150, 151, 154, 206, 223, 225, 239, 241-243, 246-248, 250-252, 255
ポデモス　229, 230, 231, 236
ポピュリズム　228-235, 237
本人・代理人関係　3, 22, 23

〈マ　行〉

マーシャル・プラン　12
マルチレベル・ガバナンス　15, 16, 19, 29, 31, 66, 67, 74
民営化　111, 114, 121, 132, 146, 154, 217
民間委託　132
民主主義の赤字　8, 12, 13, 15, 34, 66, 101, 229
民主主義のジレンマ　15, 18
命令系統の一元性　14
メインストリーム化　229, 233
メタポリシー　29, 31-33, 50, 52, 59, 65, 66, 93, 94, 147, 198, 259
メッシーナ会議　9
メディア規制　217, 218
メリットシステム　5
目的—手段のヒエラルキー　29, 33

〈ヤ　行〉

有効性　13, 17, 19, 58, 71, 72, 77, 81, 107, 173, 190, 222
ユーロ　2, 46, 80, 81, 95, 96, 155, 156, 162, 181, 187-195, 197, 198, 205, 206, 235
ユーロ・グループ　188
ユーロ共同債　195, 203, 206
ユーロサミット　190-192
ユーロビル　195-198
ヨーロピアン・セメスター　200, 201, 262

〈ラ　行〉

ラーケン宣言　65, 77, 80
利益過程　20, 21
リスボン条約　6, 7, 46, 59, 65, 94, 95, 105, 106, 109, 130, 135, 174, 175, 185, 187, 189, 204, 212, 221, 255
リスボン戦略　25, 28, 32, 33, 60, 69, 75, 112, 113, 116, 119, 121, 153-167, 169, 170, 172-174, 176-185, 193, 200, 230
立法措置　8, 95, 99, 100, 102-104, 222
リベラリズム　51, 55, 112
リベラル　211, 212, 213, 215, 226, 252
リベラル政府間主義　10, 11, 14, 15, 30, 43, 51, 93
冷戦　3, 12
冷戦構造　2
歴史的新制度論　3-5, 37-39, 41-43, 45, 49, 61, 259, 261
連邦主義　10, 34
労働党（イギリス）　53, 128, 151, 154, 223, 226, 227, 241, 246
ローマ条約　113, 118, 130

〈ワ　行〉

ワーキングプア　249
ワークフェア　183

《著者紹介》

原田　徹（はらだ　とおる）

　1974年　生まれ
　2006年　早稲田大学大学院政治学研究科博士後期課程修了
　2018年　博士（政策科学），同志社大学
　現　在　同志社大学政策学部助教

主要業績

『EU 政治経済統合の新展開』（共著），早稲田大学出版部，2004年.
「EU の公共サービス概念を巡る政治的対立の布置状況——域内市場サービス指令案における『原産国原則』適用の是非を通じて」『日本 EU 学会年報』27，2007年.
「EU における政治的妥協の変容と持続性——リスボン戦略の再検討と次期戦略の動向を通じて」『駒沢女子大学研究紀要』19，2012年.
「国際行政としての EU の政策類型とその運用実態」『拓殖大学論集 政治・経済・法律研究』16(2)，2014年.
「BREXIT と「社会給付と自由移動」をめぐる EU 政治過程——域内移民と国外派遣労働を架橋する交渉力学を中心に」『日本 EU 学会年報』37，2017年.
「歴史的新制度論による EU 政策研究の検討と展望」『同志社政策科学研究』19(1)，2017年.
　など.

ガバナンスと評価 4
EU における政策過程と行政官僚制

2018年8月30日　初版第1刷発行　　＊定価はカバーに表示してあります

著　者	原　田　　　徹 ⓒ
発行者	植　田　　　実
印刷者	江　戸　孝　典

著者の了解により検印省略

発行所　株式会社　晃　洋　書　房
〒615-0026　京都市右京区西院北矢掛町7番地
電話　075(312)0788番（代）
振替口座　01040-6-32280

装丁　クリエイティブ・コンセプト　印刷・製本　㈱エーシーティー

ISBN978-4-7710-3078-7

JCOPY　〈（社）出版者著作権管理機構 委託出版物〉
本書の無断複写は著作権法上での例外を除き禁じられています．複写される場合は，そのつど事前に，（社）出版者著作権管理機構（電話 03-3513-6969, FAX 03-3513-6979, e-mail: info@jcopy.or.jp）の許諾を得てください．